MINGDE JISHI
——KECHENG SIZHENG YOUXIU JIAOXUE SHEJI

# 明德济世
## ——课程思政优秀教学设计

医学、经管文法艺篇

华北理工大学课程思政建设委员会　著

编写组成员　张艳博　许　莹　曹　蕾　王晓雷

吉林大学 出版社

·长春·

**图书在版编目(CIP)数据**

明德济世:课程思政优秀教学设计 / 华北理工大学
课程思政建设委员会著. ——长春:吉林大学出版社,
2022.12

ISBN 978-7-5768-1379-1

Ⅰ. ①明… Ⅱ. ①华… Ⅲ. ①高等学校-思想政治教
育-教学设计-中国 Ⅳ. ①G641

中国版本图书馆 CIP 数据核字(2022)第 250617 号

| | | |
|---|---|---|
| 书　　名 | 明德济世——课程思政优秀教学设计 | |
| | MINGDE JISHI——KECHENG SIZHENG YOUXIU JIAOXUE SHEJI | |
| 作　　者 | 华北理工大学课程思政建设委员会 | |
| 策划编辑 | 李承章 | |
| 责任编辑 | 卢　婵 | |
| 责任校对 | 王寒冰 | |
| 装帧设计 | 刘　丹 | |
| 出版发行 | 吉林大学出版社 | |
| 社　　址 | 长春市人民大街 4059 号 | |
| 邮政编码 | 130021 | |
| 发行电话 | 0431－89580028/29/21 | |
| 网　　址 | http://www.jlup.com.cn | |
| 电子邮箱 | jldxcbs@sina.com | |
| 印　　刷 | 三河市文阁印刷有限公司 | |
| 开　　本 | 787mm×1092mm　1/16 | |
| 印　　张 | 23.75 | |
| 字　　数 | 460 千字 | |
| 版　　次 | 2022 年 12 月第 1 版 | |
| 印　　次 | 2022 年 12 月第 1 次 | |
| 书　　号 | ISBN 978-7-5768-1379-1 | |
| 定　　价 | 84.00 元 | |

# 前　言

2020 年教育部印发《高等学校课程思政建设指导纲要》，"纲要"明确指出全面推进课程思政建设是落实立德树人根本任务的战略举措，落实立德树人根本任务，必须将价值塑造、知识传授和能力培养三者融为一体、不可割裂。2021 年教育部发布《教育部关于开展课程思政示范项目建设工作的通知》，进一步体现课程思政建设的重要性。课程思政要紧紧抓住教师队伍"主力军"、课程建设"主战场"、课堂教学"主渠道"，让所有高校、所有教师、所有课程都承担好育人责任，守好一段渠、种好责任田，使各类课程与思政课程同向同行，将显性教育和隐性教育相统一，形成协同效应，践行"门门课程有思政""教师人人讲育人"，提高课堂教学效果和质量，提升学生学习热情和成效。

本书是在华北理工大学教学建设委员会五育建设专门委员会的整体谋划、设计、指导下完成的课程思政类教材，旨在充分发挥各类课程的德育功能，落实立德树人根本任务，寓价值观引导于知识传授和能力培养之中，加强专业课程教育与立德树人的深度融合，将思政之"盐"溶入课程之"汤"，充分挖掘课程所蕴含的思政教育元素，提炼各课程中蕴含的思政教育资源、文化价值与育人元素，打造"一课一德"，使各类课程与思政课程同向同行，构建全员、全过程、全方位育人格局。

医学、文学等学科课程内容多而杂，蕴含着丰富的思政元素。本汇编依据《纲要》分类指导，依据学校办学定位及学科特点，分成医学篇及经管文法篇两章，深入分析各学科的课程特点及其与思想政治教育的关系，挖掘课程所蕴含的思政元素契合点，将每门课程作为教学基本单元，实现知识传授、能力培养和价值塑造相统一的功能，根据不同的专业人才培养特点，融入丰富的德育元素，形成专业课教学与思想政治理论课教学紧密结合，依据人才培养的需求，以"立德树人"为核心，通过课程定位、课程思政教学目标、课程思政教学设计、课程思政元素融合、教学效果、案例推广应用等几个方面进行整门课程的教学设计，结合经济、医学、人文、艺术等各专业门类的特点，将社会主义核心价值观的基本内涵、主要内容等有机、有意、有效地纳入整体教学布局和课程安排，做到专业教育和核心价值观教育相融共进，引导学生做社会主义核心价值观的坚定信仰者、积极传播者、模范践行者。

# 目　录

医学篇

## 经管文法篇

课程思政优秀教学设计（医学、经管文法艺篇）

# 医学篇
## Medicine

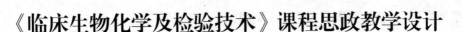

# 《临床生物化学及检验技术》课程思政教学设计

生命科学学院　曹　蕾

该课程主要讲述临床生物化学的基本理论知识和基本技能，阐述各种疾病的临床生物化学指标的合理选择及综合应用，培养学生的创新思维和实践能力，融入创新精神、爱国主义、健康中国、尊重患者等课程思政点，培养学生德能兼修的素养和医者仁心的情怀。

## 一、课程定位

《临床生物化学及检验技术》是医学检验专业本科三年级开设的必修课程，也是医学检验专业的专业课程。作为连接生物化学与临床医学的桥梁课程，其基本理论、基本知识、基本技能全面阐释了该课程体系的全面、系统、先进和实用的特点。通过本门课程的学习，培养学生掌握生物化学检验的技术及临床应用，具备分析和解决临床疾病检验和诊断问题的能力，理解其在医学中的地位和影响。

通过课堂讲授、探究翻转、案例教学、混合教学等形式，讲解蛋白质紊乱、糖代谢紊乱、脂代谢紊乱、电解质及酸碱平衡紊乱、肝脏疾病、肾脏疾病、心脏疾病、内分泌疾病等检验方法与意义，提升临床生化检验基础知识综合应用的能力。通过本课程的学习，让学生在新进展、新思路、新技术、新能力、新思维下，将静止的数字与动态的疾病相联系，实现临床疾病的诊断。

## 二、课程思政教学目标

围绕课程知识传授、能力提升和价值引领相结合的整体目标，挖掘课程自身蕴含的思政素材和资源，结合本课程的特色和优势，以生化理论为基础，稳中求变，构建逻辑思维，展示医者仁智；以检测项目为主线，变中寻检，提升检验思维，坚守医者仁心；以技术方法为手段，检中求新，培养创新思维，彰显医者仁术；以疾病诊断为目的，新中唯诊，拓展临床思维，践行医者仁义。如此，则形成了本门课程"四以、四中、四维、四仁"的课程思政目标，实现教书、授业、育人、解惑的同向同行、同频共振，强化显性思政、细化隐性思政、构筑三全育人大格局。

## 三、课程思政教学设计

本课程采取"知识讲授+自主探究+思政元素"的教学设计模式，在讲授理论知识的同时学生以临床疾病为主线进行自主探究活动，融入隐性思政元素，培养学生医学思维和专业知识应用能力，潜移默化地进行科学精神、价值取向、伦理规范下的医者责任、情怀与担当，并形成特色的课程教学设计："一条主线+两个核心要素+三个课程案例库+四个

中国系列模块+五个教学实施环节"（见图1）

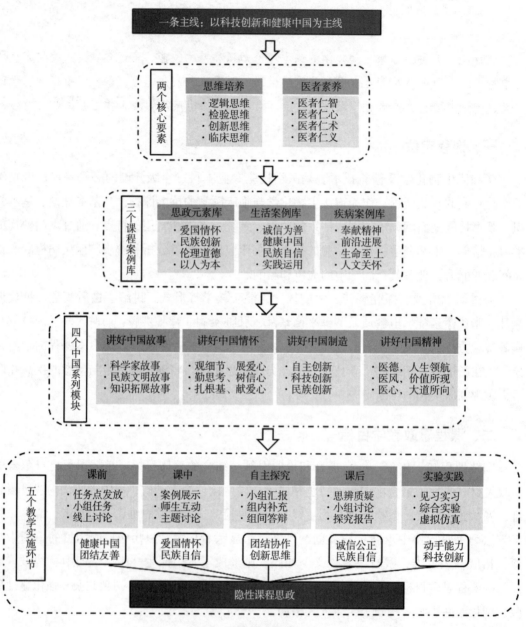

**图1 课程思政教学设计**

**一条主线：**以习近平总书记"拿起科学武器勇于创新，才能实现振兴中华民族伟大梦想"——科技创新；"以人民为中心，以健康为根本"——健康中国为主线，培养和增强学生以创新健康理念进行临床疾病诊断的意识。

**两个核心要素：**促进学生知识传授、能力培养与价值引领有机统一，以思维培养和医者素养为核心要素，通过基础生化知识的讲解，构建逻辑思维，体现医者仁智；通过疾病生化检测项目的选取，提升检验思维，坚守医者仁心；通过技术方法的掌握，培养创新思维，彰显医者仁术；通过临床疾病的诊断，拓展临床思维，践行医者仁义。

**三个课程案例库**：在教学过程中挖掘思政元素，促进学生知识传授、能力培养与价值引领的有机统一，形成三个课程资源案例库。一是以爱国情怀、民族创新、伦理道德及以人为本等为主要内容的思政元素库；二是以诚信为善、健康中国、民族自信、实践运用等为主要内容的生活案例库；三是以前沿进展、奉献精神、生命至上、人文关怀等为主要内容的疾病案例库。

**四个中国系列模块**：模块一讲好中国故事，讲解科学家故事、民族文明故事及知识拓展故事；模块二讲好中国情怀，讲解医生的职责和关爱、树立学习的决心和信心、奉献医者的仁心和爱心；模块三讲好中国制造，讲解自主创新、迎难而上、科技创新、勇于担当，民族创新，助力健康；模块四讲好中国精神，讲解医德、人生领航，医风、价值所现，医心、大道所向。

**五个教学实施环节**：以学生为主体、以教师为主导、以体验为关键、以网络为载体，通过"课前+课中+课后+自主探究+实验实践"五个实施环节，完成教学，实现隐性教育与显性教育相统一。

## 四、课程思政元素的融合

### 1. 严守理论阵地，讲好中国故事

结合临床生化检验发展史，讲好科学家的故事。在讲述临床生物化学检验发展史时，通过临床生物化学检验的发展与现状、学术研究和技术突破、实验室新方法和质量控制的发展、医学研究领域中的角色和地位，追溯其发展历史，突出其与基础医学、现代科学技术和临床医学等相互渗透的特点，完成从了解疾病、检测疾病到治疗疾病全过程的理性认知和正确思考。

好的开始是成功的一半，首堂课进行"少年中国说"活动，增强学生奋发学习、报效祖国的动力，树立实现心中职业梦想的信心和决心。通过讲解中国临床生物化学检验的发展史，引出我国临床生物化学检验学科的奠基者——吴宪。其完成的《一个血液分析系统》博士论文，奠定了血液化学分析的基础。在那样一个多灾多难的旧中国，他领导的北京协和医学院生化系在开设生物化学课程之外还开设尿液分析法、酶学、血液分析等进修课程，培养了我国第一批临床生物化学检验工作者。通过案例的讲解，让学生体会"有条件要上，没有条件创造条件也要上"的实干精神，让科学家们的家国情怀与科学精神成为新时代中国人砥砺前行的榜样。

结合临床生化基础知识，讲好中华民族文明的故事。临床生物化学及检验技术内容以生物大分子的结构与功能为基础，这部分知识较抽象、难掌握、知识点大多被遗忘。通

过生物化学现象和生物与周围物质的交换等内容的讲解，融入中华民族传统文化，开拓视野、拓宽思维、避免僵化。

在讲授酶、糖的结构与功能时，穿插《舌尖上的中国》《传承》等纪录片，展示酿酒、制酱中的生物化学原理，将中国博大精深的文化融入授课知识点中，寓教于思、寓教于乐，熟知传统文化精髓、启迪学生美好心灵、传承中华民族伟大精神。

结合物质代谢过程，讲好基础知识的拓展故事。糖、蛋白质、脂肪三大营养物质的代谢及其联系错综复杂、逻辑性强，且研究领域广泛、研究方法日新月异。在授课过程中将传统的知识中融入新的研究进展和研究成果，让学生去感受科学的力量，激发学生的创新精神，激励学生去探索科学、追求真理。

在讲授蛋白质及非蛋白含氮化合物检验中，穿插展示我国在世界领域首次人工合成结晶牛胰岛素的案例及中国开展的人类蛋白质组计划；在讲授糖代谢紊乱的生物化学检验时，穿插讲解颜宁团队首次发现葡萄糖转运蛋白的晶状结构的案例，激发学生的科研意识、爱国情怀，坚定政治认同、文化自信。

通过临床生化检验绪论中中国科学家贡献的讲解，生物化学基础知识中与中国民族、中国传统文化的结合，生物化学代谢过程中中国科学家的研究发现，真正做到以生化理论为基础，稳中求变，构建逻辑思维，展示医者仁智。

**2. 聚焦项目本质，讲好中国情怀**

观细节，展关爱。临床生物化学检验涉及的检测项目复杂多变，而检测结果的准确与否与疾病的诊断、治疗密切相关。在项目检测过程中，检测前、检测中及检测后的质量控制尤为重要，从项目的细节和过程出发，从病人的角度出发，融入医生的职责和关爱。

在讲授血糖测定项目过程中血液抗凝剂的选择时，站在病人的角度，采用不干扰其他检验项目的肝素锂，而不是氯化钠和草酸钾，培养学生对患者的感同身受和人文关怀，培养学生的医者情怀。

勤思考，树信心。生物化学临床检验项目方法种类繁多，方法原理复杂多变，学生难以理解和记忆，在讲解知识的过程中，配合专业知识的讲授并适当地融入思政元素，将抽象的问题具体化、复杂的问题简单化、难懂的问题通俗化，积极思考，树立知识学习的勇气和信心。

运用"葡萄糖氧化酶-过氧化物酶法"测定血糖时，第一个反应不能直接测定糖的含量，而是要第二个反应跟第一个反应相偶联，运用启发式、讨论式教学方法，启示学生，遇到困难时，要多动脑筋，积极思考，想到解决问题的办法，培养学生战胜困难的决心和信心。

扎根基，献爱心。临床生物化学检验项目通常在临床疾病诊断中多以组合的形式存在，将单一的项目以疾病为主线进行整合归纳，提高疾病的诊断率和治愈率。如何进行项

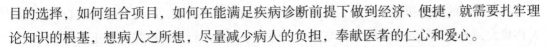

目的选择，如何组合项目，如何在能满足疾病诊断前提下做到经济、便捷，就需要扎牢理论知识的根基，想病人之所想，尽量减少病人的负担，奉献医者的仁心和爱心。

与日常生活相关的体检项目"血脂的测定"为例，通过脂蛋白结构与功能的讲解，引申出脂类测定的要求和意义，进而对于检测项目的组合及其选择进行评价，通过小组讨论、疾病展示等方式，评价其各种组合背后的临床意义，利用所学的知识进行最合理、最经济的检验项目选择，培养学生以病人为本，保持职业初心、善良本心、医者爱心。

以疾病诊断为前提，以精准检测为目的，以经济有效为原则，通过检测项目的选择、组合、测定、质控和评价等知识点的讲解，从一点一滴间树立信心和自信，从一丝一毫中展现关爱与友善，真正做到以检测项目为主线，变中寻检，提升检验思维，坚守医者仁心。

### 3. 拓展创新视野，讲好中国制造

临床生物化学检验是一门实践性、技术性较强的学科。因此，其实际操作、分析过程及最终结果的获取，依赖于各种技术手段。随着检验科学技术的快速发展，临床生物化学检验从传统常用技术向更加实用型、创新型的技术演变。通过检测方法与手段的讲解，让同学们体会到中国当代技术取得的飞速进展，已从跟随仿造逐渐向技术的创新发展；让同学们意识到只有坚持不懈创新，顺应技术发展规律，不急躁、不浮躁，才能迎头赶上，培养学生敢为人先的创新精神，激发学生兴趣和热情，增强科技创新自信心。

运用故事化、情景化、视觉化等方式穿插讲解临床生物化学检测技术的创新与发展，例如生物芯片技术及应用、酶学分析技术及应用、自动生化分析技术及应用的介绍，将科学家敬业精神和工匠精神的思政元素融入其中，让学生明白一个科技工作者，在研发、产品检测和质量控制中，应正确选择分析技术、正确解读分析结果，培养学生求真务实、严谨、批判以及质疑的技术素养。

随着新技术的层出不穷，各种信息化、自动化、系统化的仪器层出不穷，增强了其应用的广度、使用的深度和实用的强度，为人类健康、疾病的防治提供了强有力的保障，真正做到以技术方法为手段，检中求新，培养创新思维，彰显医者仁术。

### 4. 助力疾病诊断，讲好中国精神

临床生物化学及检验技术是以疾病的生物化学检测为贯穿的主线，课程体系以脏器引起疾病的生物化学检验为核心，将基础的生物化学理论与临床的疾病相联系。面对各种各样的疾病，医学伦理及医德医风的教育显得尤其重要。工作中如何尊重病人的知情权，如何最大限度做到医疗公平，这些都要结合专业知识讲解进行伦理学教育，引导学生去观察、思考，引导其做出正确的决定。

医乃仁术，古训"无恒德者，不可以为医"就是强调医者要有崇高的道德品质。在教学中，帮助学生树立正确的世界观、人生观和价值观，使其明白医学科学的特殊性，医生

面对的是患者的生命和健康，树立全心全意为病人服务的思想，以高度的责任心和同情心对待病人，不仅关系到患者的生命与安全，还关系到医疗行业的声誉，真正做到以疾病诊断为目的，新中唯诊，拓展临床思维，践行医者仁义。

## 五、教学效果

通过精心设计课程教学，保障授课教学效果，达成教学目标。在教学过程中，坚持教书与育人相统一，挖掘并积累思政元素，以"春风化雨、润物无声"的形式，隐性融入医学专业课程课堂教学环节，不断丰富课程思政的内涵，在传授专业知识的同时，引领学生思想、塑造价值观、培养家国情怀。

学生通过课程学习，深刻认识到在临床疾病的生化检验中的中国力量、中国制造、中国精神、中国故事，感受作为新一代青年医生的责任与担当，建立我们的民族自豪感、民族自信心、民族创造力，感受在党的领导下，健康生活的幸福和美好。

## 六、教学案例对医学类课程的推广

在教学实施过程中，通过灵活多用的教学模式，创新的教学方法，保障了课程质量，凝练出"一条主线+两个核心要素+三个课程案例库+四个中国系列模块+五个教学实施环节"教学设计，以学生为中心，通过线上线下、课堂内外、理论实践、面授翻转多种形式，将基础知识、检测技术和临床疾病相结合，提升学生解决复杂医学问题的能力，将社会主义核心价值观融入教育教学全过程，培养医学实践能力强、创新能力突出、具有团队协作精神和家国情怀的复合型人才，培养德智体美劳全面发展的社会主义建设者和接班人。

本课程融合隐性思政的教学模式，可供其他医学类课程借鉴并推广应用，使专业课程与思政教育同向同行，形成协同效应。坚持立德树人为中心，践行"门门课程有思政""教师人人讲育人"，提高课堂教学效果和质量、提升学生学习热情和成效。

# 《生物化学C》课程思政教学设计

生命科学学院　林　佳

　　该课程主要讲述的生物化学是在分子水平解释生物体深层次内在规律的学科，通过阐述生物分子的基本结构、理化性质、生物学功能以及代谢过程，培养学生牢固的专业知识、自主学习能力、实践能力、增强创新意识，融入创新精神、科学精神、爱国主义、健康中国等课程思政点，培养学生深厚的医学人文底蕴和崇高的职业道德。

## 一、课程定位

　　生物化学是生命科学领域重要的基础学科之一，是研究生命物质的化学组成、结构及生命活动过程中各种化学变化的基础生命科学。生物化学从分子了解、探究生命现象的本质，目前其理论和实验技术已经与生理学、遗传学、微生物学、免疫学、医学、药学等多种学科互相交融、广泛交叉，成为各学科间相互联系的枢纽，也是推动整个生命科学发展的重要动力。生物化学以其理论性强、概念抽象、名词繁多，各种代谢过程复杂烦琐，堪称医学基础学科中最抽象、最难懂的学科之一。我校的生物化学课程为所有大二医学学生的专业基础课程，分为A、B、C三个平台，课时分别为72学时、56学时和40学时，《生物化学C》平台在中医、针灸、药学、制剂、护理等医学专业教学中占有重要地位。

## 二、课程思政教学目标

　　"课程思政"是高校思想政治教育的重要载体，也是实现习近平总书记提出的"高校之本在于立德树人"中心环节和根本任务的有效途径。《生物化学C》课程团队在课程教学与思政教育有机结合方面进行了积极思考与实践，使学生能够在知识学习的同时增进对社会发展的理解，提升社会责任感，回应学生在专业课学习中的现实需求，培养学生社会认知能力和水平，实现教书与育人同向同行。我们根据生物化学的课程内容及特点，经过仔细的研究和梳理，归纳出了生物化学可以在六个模块深挖课程知识点与思政元素触点，即①生化中国创新贡献模块、②生化知识联系日常生活模块、③生化联系临床模块、④生化发展史模块、⑤"诺奖"和科学家故事模块、⑥生化联系社会热点事件模块，几乎每个章节都发掘出了生物化学课程知识与思政元素的融合点。根据所发掘的素材和生物化学课程的特点，总结出了两者有效融合的四个途径：课程知识感悟启智、名言警句画龙点睛、深入讨论内化提升和实验教学升华铸魂，并建立了"介绍中国贡献，培养家国情怀；融入案例教学，建立知识体系；普及科学历史，塑造价值观念；健全学科素养，传播科学知识"的课程思政目标，在课程知识中引入思政元素，在传授专业知识的同时引发学生的情感共鸣和价值共鸣，让课堂教学真正成为教书育人的主战场，为培养合格的医学人才奠定坚实的基础。

## 三、课程思政教学设计

课程知识与思政元素融合点的发掘是课程思政的重点，而两者的有效融合是成功实施课程思政的难点。在课程知识中引入思政元素应该是软着陆、顺理成章和潜移默化，不能让学生感到突兀和牵强附会，不能使课程思政变成一个强扭的瓜。在教学过程中，根据各个教学单元的内容特点，选取更切合的课程思政教学目标融入，并配合以相应的教学活动设计，促进知识、能力和课程思政教学目标的同步有效达成（见图1）。

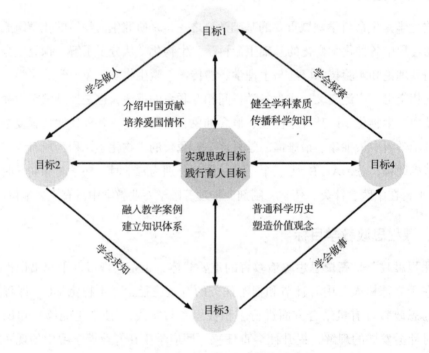

**图1　课程思政目标与育人目标教学设计**

## 四、课程思政元素的融合

**目标1：介绍中国贡献，培养家国情怀**

在浩瀚的生物化学学科发展长河中，很多知识点由西方科学家发现或创立，但不可否认的是，中国科学家的名字同样熠熠生辉。如介绍夏禹时期就用"曲"酿酒，孙思邈用猪肝治疗"雀目"，北宋记载的"秋石阴炼法"实际上就是提取性激素等，使学生了解我国古老灿烂的文化，学习先辈精神，从而培养学生热爱祖国的深厚感情，增强民族意识，激发民族自豪感和求知欲。在讲授蛋白质人工合成或核酸研究历史时，跟同学们强调我国50多年前就已经人工全合成结晶牛胰岛素，这是具有世界领先水平的重大原创性科技成果；

之后中国又作为唯一的发展中国家参与了人类基因组计划，并成功完成了3号染色体上大约3000万个碱基对的测序任务。这些成果的取得很容易让学生体会到，中国有能力参与国际重大科技合作研究，跻身于国际生命科学前沿，进一步塑造学生的民族自信、培养他们的爱国情怀。

表1　生化中国创新贡献模块的课程思政元素举例

| 模块 | 知识点 | 课程知识点与思政结合点 | 思政元素与价值引领 |
|---|---|---|---|
| ①生化中国创新贡献模块 | 蛋白质的变性 | 20世纪30年代，我国生化学家吴宪提出蛋白质变性的学说。 | 民族自信<br>创新精神<br>家国情怀<br>科学精神<br>社会责任 |
| ②生化中国创新贡献模块 | 蛋白质的结构 | 1965年9月，中国科学院生物化学所、有机化学所和北京大学化学系合作，在世界上首次人工合成结晶牛胰岛素。 | |
| ③生化中国创新贡献模块 | 蛋白质的生物合成 | 1981年11月，我国科学家在世界上首次人工合成76个核苷酸的酵母丙氨酰-tRNA，这在科学特别是生命起源研究上具有重大意义。 | |
| ④生化中国创新贡献模块 | DNA的生物合成 | 2017年3月7日，华中科技大学朱斌教授在一种海洋细菌的噬菌体中发现了不需要引物的DNA聚合酶。 | |
| ⑤生化中国创新贡献模块 | 蛋白质的结构、葡萄糖的转运、真核细胞RNA的加工 | 2020年2月19日，清华大学和西湖大学的施一公教授及其团队利用冷冻电镜技术先后在原子分辨率上揭示了葡萄糖转运蛋白、钾离子通道蛋白和酵母剪接体等一系列蛋白质和复合体的三维结构。 | |

**目标2：融入案例教学，建立知识体系**

课程教学中，除了要求学生掌握生物化学的基础知识，还可以通过案例教学促进学生研究能力的培养。在生物化学教学中引入与生化知识相联系的日常生活中具有一定代表性和启发性的病例，能够使学习者建构起广博而灵活的知识基础，发展有效理解、分析和解决问题的能力，使医学生的医生职业角色和职业力量觉醒。如在讲到物质代谢时，引入灾难后72小时内是黄金救援时间，但新闻中仍有不少超过72小时生还的案例，通过分析幸存者在禁食的数天内，依赖哪些物质代谢途径获得能量以及他们体内的物质代谢情况，进而延伸到医生职业道德规范及其内涵、政治素养、责任意识、团队精神等，有助于学生形成正确的世界观、人生观、价值观。

课程思政优秀教学设计（医学、经管文法艺篇）

表2　生化知识联系日常生活模块和生化联系临床模块的课程思政元素举例

| 模块 | 知识点 | 课程知识点与思政结合点 | 思政元素与价值引领 |
|---|---|---|---|
| ②生化知识联系日常生活模块 | 蛋白质的性质 | 从蛋白质所具有的pH缓冲作用揭示人体"酸碱体质论"的伪科学性。 | 批判思维<br>科学精神 |
| ②生化知识联系日常生活模块 | 核苷酸的分解代谢 | 从食物中的碱基很难被再利用揭示核酸保健品的伪科学性。 | 批判思维<br>科学精神<br>担当意识 |
| ②生化知识联系日常生活模块 | 酶的不可逆抑制作用 | 有机磷农药，一旦进入机体会通过不可逆性抑制胆碱酯酶的活性，引起胆碱能神经过度兴奋进而出现一系列中毒症状并最终危及生命。 | 建立生命价值观<br>珍爱生命<br>远离自杀行为 |
| ③生化联系临床模块 | 糖酵解 | 孕妇分娩时大出血处理不及时，会导致机体缺氧而进行无氧呼吸，产生大量乳酸进而酸中毒。 | 职业道德与素养<br>专业技能<br>德育意识<br>职业使命感 |
| ③生化联系临床模块 | DNA损伤修复 | 美国著名演员安吉丽娜·朱莉通过基因筛查，并勇敢接受乳腺癌预防性切除手术。 | 珍爱生命<br>积极治疗<br>健康人生 |
| ③生化联系临床模块 | 氨的代谢 | 肝性脑病的发病机制有氨中毒学说、假神经递质学说、γ-氨基丁酸/苯二氮䓬（GABA/BZ）复合体学说、色氨酸学说、锰中毒学说等 | 科学的探究精神<br>不盲目服从权威<br>树立独立思考的科学精神<br>创新能力 |

**目标3：普及科学历史，塑造价值观念**

以科学史讲述引领学生价值观的塑造，而价值观塑造可以放在与生物化学学科发展相关的广阔视角来展开。在这个过程中，需要收集科学发现实例以及科学家的故事来教学。课堂上，一方面，可结合相应内容，回顾重大科学发现过程。比如，通过介绍DNA双螺旋结构模型阐明跨学科合作的重要性，水孔蛋白的发现说明机会只留给有准备的人，通过介绍多个证明DNA是遗传物质的实验说明生物学研究往往需要通过多个实验方法和技术去证明同一结论（理论）才易被人们所接受，并且强调试验设计的严谨性及结果分析的科学性，以此培养学生尊重科学事实的学风与信念。另一方面，通过讲述科学家的故事，激发学生献身生物学研究的热情。比如诺贝尔奖是科学界的最高荣誉，自1901年开始颁布以来，有关生物化学方面的研究共产生化学奖、生理与医学奖合计70余项，是所有学科中获得诺贝尔奖最多的一个学科，可见生物化学在医学和生物学领域的重要地位。在教学过程中，适时地将诺贝尔获得者的感人故事融入课堂，不但能激发学生的求知欲，提高学习兴趣，还能培养同学们对科学的向往，提高教学质量。

**表3　生化发展史模块和诺奖和科学家故事模块的课程思政元素举例**

| 模块 | 知识点 | 课程知识点与思政结合点 | 思政元素与价值引领 |
|---|---|---|---|
| ④生化发展史模块 | 酶的本质 | 微生物学家巴斯德错误地提出只有活的酵母细胞才具有催化作用。 | 不盲目服从权威<br>树立独立思考的科学精神<br>创新能力 |
| ④生化发展史模块 | 核酸的化学组成 | 生物化学家列文错误地提出了DNA的"四核苷酸"假说"统治"核酸研究领域长达数十年之久，严重阻碍了人们对核酸生物学功能的研究。 | |
| ④生化发展史模块 | DNA的二级结构 | 沃森和克里克创新性地提出了DNA为双链螺旋结构。主要基于前人的三大主要发现，领悟牛顿名言"如果我看得更远一点的话，是因为我站在巨人的肩膀上"。 | 创新需要继承和积累<br>创新素养<br>科学精神 |
| ⑤诺奖和科学家故事模块 | DNA序列测定、蛋白质一级结构 | 英国著名化学家桑格的传奇故事，他是唯一一位两次获得诺贝尔化学奖的科学家。他因测定出胰岛素的氨基酸排列顺序获1958年诺贝尔化学奖，又因发明测定DNA序列的方法获1980年诺贝尔化学奖。 | 坚持精神<br>敬业精神<br>社会责任<br>科学素养<br>创新能力<br>淡泊名利 |
| ⑤诺奖和科学家故事模块 | 酶的本质 | 美国化学家萨姆纳首次确认了酶的性质，获得1946年诺贝尔化学奖。 | 顽强的毅力<br>对科学执着、热爱、永不放弃的精神 |
| ⑤诺奖和科学家故事模块 | DNA的二级结构 | 沃森和克里克发现DNA的二级结构获得1962年的诺贝尔化学奖。 | 善于分析总结前人研究成果的智慧<br>协同合作<br>攻坚克难的团队意识 |

**目标4：健全学科素养，传播科学知识**

生物学的学科素养注重自主发展、合作参与及社会责任感的提升。因此，在课堂上，教师可通过知识传授激励学生刻苦学习。比如，讲到蛋白质习惯命名方法时提到，蛋白质的命名主要是由发现者来确定。Hunt因爱好"cycling"而将其发现的周期蛋白命名为"cyclin"；参与真核生物DNA双链断裂修复的"Ku"蛋白，是在一位姓"Ku"的患者体内发现而得名的。通过这些蛋白质的命名实例，鼓励学生要想做出开创性工作，就必须努力学习和勤奋工作，才能早出成果，按照自己的意愿命名成果。结合生活中熟悉的场景和社会热点问题进行课堂讲授，不只是为了激发学生学习生物化学知识的兴趣，同时也希望引导学生多读书、深思考、善提问、勤实践，将学到的科学知识传递给家人进而传导到社会，推动社会发展与进步。

表4　生化联系社会热点事件模块的课程思政元素举例

| 模块 | 知识点 | 课程知识点与思政结合点 | 思政元素与价值引领 |
|---|---|---|---|
| ⑥生化联系社会热点事件模块 | 蛋白质降解和氨基酸的分解代谢 | 1985年美国甲基丙二酸遗传病误被诊断为投毒事件。 | 追求真理<br>主动作为<br>担当意识 |
| ⑥生化联系社会热点事件模块 | DNA重组 | 河北科技大学副教授韩春雨基因编辑事件。 | 学术诚信<br>社会伦理<br>法治权威 |

　　生物化学的课程思政，既要实现基本的知识目标、情感目标、能力目标和人才培养目标，又肩负着培养医德高尚、医术精湛和具有社会人文精神的医务工作者的重任，所以作为教师，要充分发掘和运用学科所蕴含的思政教育渗透给学生，有助于塑造医学生高尚医德情操、树立正确的世界观、人生观和价值观，对提高教学质量，把学生培养成为德术双馨的医疗卫生人才具有非常重要的作用。

## 五、教学效果

　　课程思政既是一种教育理念，也是一种课程观。在专业基础课教学中实施"课程思政"，关键在于任课教师的育人意识和育人责任。教师要具有"课程思政"的教育理念，要改变过去专业课只注重"授业、解惑"的知识传授，而忽视"传道"的育人使命，要坚持教书和育人有机统一，并把这种观念贯穿教学的始终，"课程思政"要求教师充分挖掘专业课的课程思政元素。生物化学是一门重要的医学基础课，也是一门发展迅速的学科，教师应不断加强本专业的学习，及时把握最新发展动态，强化对学科和专业内在价值及社会价值的充分认识，才能发现其课程思政的育人元素。在介绍学科发展成就时，讲授我国科学家攀登科学高峰的事迹，可以培养学生的爱国情怀，激发他们追求科学真理的兴趣，传承科学家的优秀品质。除了培养科学素养、家国情怀以外，社会责任感、职业胜任力和职业素养、健康生活方式、团队合作精神和合作意识等也是"课程思政"的重要组成部分，要努力实现全方位价值引领，要从多方面、全过程完成育人使命。只要我们用心去挖掘，总能找到他们与专业课的融合点。"课程思政"还要求教师要提高课程思政的教学艺术。"课程思政"要自然、流畅，要具有亲和力，不能生搬硬套，更不能把专业教育和思想政治教育割裂成"两张皮"。在专业基础课教学中，要让课程思政如春风化雨，润物无声。因此，课程思政要注重教学设计，要结合专业教学，改革灌输方式为参与式、体验式和实践式教学，同时要创新评价方式，把思政目标的达成纳入考核内容，才能解决育人的成效问题，真正做到将知识传授、能力培养和思政教育融为一体，实现思想政治教育与知识体系教育的有机统一。

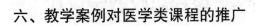
## 六、教学案例对医学类课程的推广

医学发展历程蕴含的社会性、人文性及科学性决定了人文教育成为生物化学课程教学的核心内容之一。在生物化学教学实践中，融入"课程思政"，既能让广大医学生认识人体生命活动的奥秘及规律，也能让他们懂得敬畏生命，提升他们的人性修养，日后成长为具有仁心、仁术、仁爱、敬业、奉献和求真、担当品质的优秀医学人才。

# 《儿少卫生与妇幼保健学》课程思政教学设计

公共卫生学院　崔立华

该课程主要讲述人体生长发育的基本理论，阐述儿童和妇女常见病的预防及妇幼保健技能的应用，培养学生的创新思维和实践能力，融入健康中国、遵纪守法、创新精神、甘于奉献、职业品德等课程思政点，培养学生德能兼修、德法兼修素养和大医情怀。

## 一、课程定位

儿少卫生与妇幼保健学是根据国家学科调整，将儿童保健、儿童少年卫生及妇女保健三个学科作为一个完整体系进行阐述的新学科体系，是预防医学的重要组成部分。该课程要求学生掌握人体生长发育的有关基本理论，儿童和妇女常见病的预防及妇幼保健的基本知识及保健技能，培养学生分析问题、解决问题的能力。在教学过程中，重视理论联系实际，培养学生自学、知识的应用和创新能力。

## 二、课程思政教学目标

立足课程思政的现代课程观，重新认识、重新定位和重新塑造了《儿少卫生与妇幼保健学》课程的教学目标，将"培育和践行社会主义核心价值观，构建整体观、发展观和理性的思维，勇挑时代的担当"的课程思政目标融入其中，贯穿于课程教学各个单元，实现课程思政建设与教学目标的契合，与教学内容的融合，与教学素材的整合，与教学过程的结合。

## 三、课程思政教学实施设计

在教学过程中，根据各个教学单元的内容和特点，选取更切合的课程思政教学目标融入，并配合以相应的教学活动设计，促进知识、能力和课程思政教学目标的同步有效达成。

1. 在儿童少年生长发育及其影响因素、健康问题和疾病预防控制、儿童少年卫生服务与学校卫生监督等教学内容的讲授中培育和践行社会主义核心价值观。社会主义核心价值观的主要内容为富强、民主、文明、和谐，自由、平等、公正、法治、爱国、敬业、诚信、友善。培育和践行社会主义核心价值观要从小抓起、从学校抓起。本学科的主要研究对象是0~24岁儿童少年，此年龄段正是其接受学校教育的塑造时期，也是培育和践行社会主义核心价值观的重要时期。坚持育人为本、德育为先，围绕立德树人的根本任务，把社会主义核心价值观纳入本门课程教育总体规划，贯穿于基础教育、落实到教育教学各环节，努力培养德智体美劳全面发展的社会主义建设者和接班人。授课过程中弘扬爱国、富

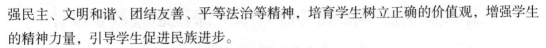

强民主、文明和谐、团结友善、平等法治等精神，培育学生树立正确的价值观，增强学生的精神力量，引导学生促进民族进步。

通过具体案例、名人事迹和统计数据进行提问和小组讨论，启迪和引导学生思考案例、事迹和数据背后隐含或彰显的社会主义核心价值观，并鼓励学生积极践行核心价值观。例如，讲到预防儿童少年校园暴力、网络暴力、儿童虐待等内容时用案例让学生思考这些伤害行为所造成的危害以及如何预防和控制这类伤害行为，从而培育学生做讲文明、守法纪的宽容友善之人，共建友善和谐、自由平等的校园。

2. 对儿童少年身体、心理行为、健康问题和疾病预防及相关影响因素等基础知识的讲授部分突出"构建整体观、发展观和理性的思维"的思政目标。《少儿卫生与妇幼保健学》课程整合了儿童保健、儿童少年卫生及妇女保健三个学科的新学科体系。儿童少年处于生长发育过程中，接受学校教育的塑造，并且具有社会脆弱性和健康易损性。运用整体观和发展观的理论来看待儿童生长发育过程，将儿童生长发育过程中体格和心理发育、健康问题及健康的影响因素和制定的相关措施等串联起来，运用整体观和发展观的思想来理解和阐述。同时，也理性地看待和处理儿童生长发育过程中可能出现的健康问题和突出事件（如常见病、校园暴力、儿童虐待等）。

通过具体案例和统计数据，启蒙并强化学生对《少儿卫生与妇幼保健学》课程的整体观、发展观和理性的思维。例如，探究儿童生长发育问题，应从整体观理论理解，将儿童少年生长发育的各个方面都视为是存在有机联系、相互依赖的，而不是零碎的、割裂的；又如讲到预防青少年伤害和暴力时用案例让学生思考哪些行为是造成青少年伤害和暴力的行为，运用生态健康观理论思考导致青少年伤害和暴力行为的原因是什么，引导学生如何理性的防控这类行为。

3. 在绪论、儿童青少年健康问题和疾病预防控制以及儿童少年卫生服务等教学内容的讲授中强化"勇挑时代的担当"的思政目标。儿童少年是国家的未来和希望，儿童少年的身体和心理素质影响着国家未来的发展。但是当前儿童少年仍存在着一些重要的健康问题，如儿童伤害（成为儿童少年第一位死因）、心理行为问题、肥胖和近视、慢性病低龄化等。作为预防医学专业的学生，有责任有义务为我国儿童少年的健康发展保驾护航。社会责任感和时代使命感能够帮助他们建立坚定、稳定、持久的职业责任感和职业荣誉感，这种情感反过来也能够帮助学生真正理解医学职业存在的社会和人文价值。

这部分内容采用名人典范案例的方法，增强学生的学业参与感与获得感。例如，介绍本学科领域知名的学者和专家以及基层优秀工作者，传播积极向上的职业风尚和职业素养，矫正学生对职业的理解偏差，帮助学生树立医者仁心、预防至上、献身于医学的职业素养。

# 《公共卫生法律法规与监督学》课程思政教学设计

公共卫生学院　李金龙

该课程主要讲述公共卫生法律法规和监督的基础知识和公共卫生领域的各种法律法规，培养学生理论联系实际，解决公共卫生领域法律相关问题的实践能力，课程中融入遵纪守法、仁爱之心、爱国主义、职业道德等课程思政点，培养学生弘扬大医情怀和遵纪守法的职业操守情怀。

## 一、课程定位

《公共卫生法律法规与监督学》课程是预防医学专业本科五年级开设的必修课程，主要培养学生公共卫生法律法规和监督的基础知识，了解公共卫生领域的各种法律法规，并能够综合运用。通过课堂讲授、案例教学和"工程师进课堂"等多种教学方式，使学生了解公共卫生的监督管理工作以及其他各项工作都要做到有法可依、有法必依、执法必严、违法必究。

## 二、课程思政教学目标

立足课程思政的现代课程观，《公共卫生法律法规与监督学》课程重新认识、重新定位和重新塑造了教学目标，在知识性和能力性目标之外，还将"构建理性的思维、树立法治的信念、坚守为人民服务的立场、勇挑时代的担当"的课程思政目标融入其中，贯穿于课程教学大纲的各个单元，实现了课程思政建设与教学目标的契合，与教学内容的融合，与教学素材的整合，与教学过程的结合。

## 三、课程思政教学设计

《公共卫生法律法规与监督学》主要研究对象是与卫生相关的法律法规，是一门实践性的学科，其对于培养医学生的医学人文精神和卫生法律知识具有重要的作用。思政教育的核心，就是要培养学生以改革创新为核心的时代精神和以爱国主义为核心的民族精神，而本门课程的教学内容紧密联系法治中国建设，联系卫生法治实践。通过《公共卫生法律法规与监督学》的教学，帮助学生增强社会主义法制观念，尤其是规范意识、人权意识、平等意识、诚信意识。通过向学生讲授医药卫生有关的法律制度，使他们了解在今后工作中的权利和义务，帮助其正确履行岗位职责，促进和谐医患关系的构建。在教学过程中，根据各个教学单元的内容特点，选取更切合的课程思政教学目标融入，并配合相应的教学活动设计，促进知识、能力和课程思政教学目标的同步有效达成。

#### 四、课程思政元素的融合

1. 在卫生法的概念、特征、作用、卫生法律行为、卫生法律关系、权利和义务等基础知识的讲授部分突出"构建理性的思维"的思政目标。这部分的知识核心是构建学生的卫生法学思维体系，而理性的思维本身，又能够促进学生真正在专业视角上掌握这些看起来生涩难懂的专业术语，整合自己的知识体系，而并非像以往的学生进行知识的简单零散识记。

该部分让学生更多的直面理性与感性、社会与卫生法律、常识与专业相冲突的特殊案例，强化专业理性思维对学生的原有认知的冲击和改变。例如，讲到权利能力与行为能力，用两难的案件让学生思考胎儿的生命权保护问题，并进而追问生命的价值和法律对生命和人格尊严的评判标准问题，让学生真正理解看似简单死板的卫生法律规定背后深刻的逻辑和价值基础。

2. 在卫生监督部分的讲授中融入"有法可依、有法必依、执法必严、违法必究"的思政目标。通过对卫生法律法规、卫生监督和各种理论观点的全面阐释，并结合卫生监督的实际案例，帮助学生加深对我国卫生监督制度的全面认识，使学生能充分理解卫生监督的学科体系和工作内涵，掌握重点内容，为他们从事该领域更深层次的研究和实际工作奠定良好的理论基础。

3. 在医疗卫生、传染病防治、国境卫生检疫法律制度与监督部分的讲授中，更突出促进"维护良好的医疗秩序"思政目标的达成，让学生能够充分了解医疗机构、医疗安全和质量、传染病防治、国境卫生检疫相配套的法规、办法、标准及其实施细则；熟悉医疗机构、医疗安全和质量、传染病防治、国境卫生检疫监督管理的主要流程；掌握医疗机构、医疗安全和质量、传染病防治、国境卫生检疫等法律和监督管理的主要内容。

该部分更多地采用启发式、问题式教学法，让学生直面当代中国社会的现实问题，使学生基本掌握医疗机构、医疗安全和质量、传染病防治、国境卫生检疫等法律法规的主要内容和监督管理的工作内容和方法，培养学生依法管理医疗机构、医疗安全和质量、传染病防治、国境卫生检疫事务的观念。

4. 在职业卫生、学校卫生、公共场所卫生法律制度与监督内容的讲授中，强化"勇挑时代的担当"的思政目标，使学生了解职业卫生、放射卫生、学校卫生、公共场所卫生法律相配套的法规、办法、标准及其实施细则；熟悉职业卫生、放射卫生、学校卫生、公共场所等相关法律法规的主要内容；掌握职业卫生、放射卫生、学校卫生、公共场所等卫生法等法律监督的主要内容和方法。通过本单元的学习，使学生基本掌握职业卫生、放射卫生、学校卫生、公共场所等法律法规的主要内容，培养学生依法管理职业卫生、放射卫生、学校卫生、公共场所事务的观念，可以通过最有力的法律武器保护广大劳动者、学生和公众的身心健康。

5.在食品安全、药事管理、化妆品和健康相关产品的法律制度与监督内容的讲授中，强化"为人民服务"的思政目标。通过教学，使学生了解食品安全、药事管理、化妆品和健康相关产品相配套的法规、办法、标准及其实施细则；熟悉食品安全、药事管理、化妆品和健康相关产品等相关法律法规的主要内容；掌握食品安全、药事管理、化妆品和健康相关产品等法律监督的主要内容和方法。通过本单元的学习，使学生基本掌握食品安全、药事管理、化妆品和健康相关产品等法律法规的主要内容，培养学生依法管理食品安全、药事管理、化妆品和健康相关产品事务的观念。

## 五、教学效果

通过精心设计课程教学，保障授课教学效果，达成教学目标。通过《公共卫生法律法规与监督学》的教学，帮助学生增强社会主义法制观念，尤其是规范意识、人权意识、平等意识、诚信意识。通过向学生讲授医药卫生有关的法律制度，使他们了解在今后工作中的权利和义务，帮助其正确履行岗位职责，促进和谐医患关系的构建。在教学过程中，根据各个教学单元的内容特点，选取更切合的课程思政教学目标融入，并配合以相应的教学活动设计，促进知识、能力和课程思政教学目标的同步有效达成。

同时，在法治层面上，让医学生了解我国社会主义法律的特征和运行机制，掌握以宪法为核心的中国特色社会主义法律体系的基本内容，引导大学生积极培养法治思维，合理行使法律所规定的权利和履行相应的义务，加强学生对中国特色卫生法律体系的理解与掌握，爱国主义思想教育可以提升医学生对社会主义卫生事业的热爱，社会主义道德文化的教育有助于培养医学生的医学人文素质及诚信精神。

# 《外科护理学2实验》课程思政教学设计

**护理与康复学院　杨　芳**

本课程主要讲述外科各专科、各系统常见病、多发病的基本理论、基本知识和基本护理操作技能。在护理学专业人才的培养过程中，培养学生临床思维和创新能力，融入爱岗敬业、医者仁心、创新创业等课程思政点，培养学生扎实的理论基础、熟练的操作技能、良好的人文修养，履行救死扶伤、促进人类健康的神圣职责。

## 一、课程定位

《外科护理学2实验》是护理学专业本科二年级开设的必修课程，也是护理学专业的临床主干课程。本课程主要讲述的是外科各专科、各系统常见病、多发病的基本理论、基本知识和基本护理操作技能。在护理学专业人才的培养过程中，《外科护理学2实验》承担着启蒙和型塑学生专业评判性思维、专业理念和专业伦理的重要作用。

1. 采用启发式教学，观看3D建模视频，生动展示解剖、生理，帮助学生理解疾病的发病机制，提高学生护理评估的能力。

2. 采用案例式教学，模拟临床情境，帮助学生掌握病因、临床表现、处理原则，提高学生主动参与治疗护理过程的积极性，培养学生将理论知识内化于心，实化于行，用以指导临床实践。

3. 采用讨论式教学，组织学生分组讨论，运用护理程序为病人制定护理计划、实施护理措施、提供健康教育和指导服务，培养学生临床思维、理论联系实践、分析和解决问题的能力，同时在实践的过程中体现以人为本、个性化护理和人文关怀。

4. 采用线上、线下混合式教学，学生通过观看教学视频、知识拓展以及完成在线测试，进一步印证、强化书本知识，吸取先进理念，加深对本单元知识、技能的理解与运用。通过布置线上讨论，帮助学生树立良好的职业思想，培养学生全心全意为病人服务的精神。

## 二、课程思政教学目标

《外科护理学2实验》是护理学专业的必修核心课程，其主要任务是使学生树立"以人的健康为中心"的现代护理理念，能运用科学的护理程序和方法，对外科各系统疾病患者实施整体护理。该课程在知识性和能力性目标之外，寓人文关怀教育于专业教学过程之中，将"发扬大医仁爱之心、加强社会责任感、发扬创新、团队精神"的课程思政目标融入其中，贯穿于课程教学大纲的各个单元，实现了课程思政建设与教学目标的契合，与教学内容的融合。《外科护理学》是一门兼顾培养学生良好职业道德素养和人文素质的实践性课程，对护士的培养起到举足轻重的作用。

## 三、课程思政教学设计

课程采取"知识讲授+自主探究+思政元素"的教学设计模式，在讲授理论知识的同时以临床疾病为主线进行自主探究活动，融入隐性思政元素，培养学生医学思维和专业知识应用能力，潜移默化地进行科学精神、价值取向、伦理规范下的医者责任、情怀与担当，并形成特色的课程教学设计："一个核心思想+两个素质目标+三个教学模块+四个实施环节。"（见下图1）

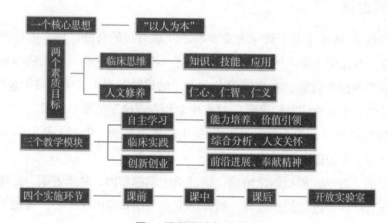

**图1 课程思政教学设计**

**一个核心思想：**即"以人为本"，是以"整体护理观"为指导，以"护理程序"为主线，掌握外科护理学基本知识、基本理论和基本技能，同时注重人文关怀、评判性思维、综合分析以及创新创业能力的培养，以适应新形势下护理专业持续发展的人才需要。其特点是以病人为中心，由责任护士对病人的身心健康实施有计划、有目的整体护理，即病人由入院到出院由专人负责实施全面计划和护理。护士不是医嘱的机械执行者，护理也不仅是对病人机体的护理，而是强调身心整体护理，要对病人的生理、心理、社会和家庭生活等全面了解，以调动病人的主观能动性，使之在生理、心理方面都处于接受治疗的最佳状态。

**两个人文素养：**促进学生知识传授、能力培养与价值引领有机统一。以思维培养和医者素养为核心要素，通过基础生化知识的讲解，构建逻辑思维，体现医者仁智；通过疾病生化检测项目的选取，提升检验思维，坚守医者仁心；通过技术方法的掌握，培养创新思维，彰显医者仁术；通过临床疾病的诊断，拓展临床思维，践行医者仁义。

**三个教学模块：**在教学过程中挖掘思政元素，促进学生知识传授、能力培养与价值引领有机统一，形成三个教学模块。一是以能力培养、价值引领、伦理道德等为主要内容的自主学习模块；二是以综合分析、实践运用、人文关怀等为主要内容的护士临床实践案例模块；三是以前沿进展、奉献精神、生命至上等为主要内容的创新创业模块。

**四个实施环节：**以学生为主体、以教师为主导、以体验为关键、以网络为载体，通过"课前（发布任务点）+课中（案例展示、互动）+课后（作业、讨论）+开放实验室（标准化病人、实训、互评）"四个实施环节，完成教学，实现隐性教育与显性教育相统一。

### 四、课程思政元素的融合

在教学过程中，根据各个教学单元的内容特点，选取更切合的课程思政教学目标融入，并配合以相应的教学活动设计，促进知识、能力和课程思政教学目标的同步有效达成。

**1. 在各疾病护理措施的讲授部分突出"发扬大医仁爱之心"的思政目标**

课堂教学中注意培养学生科学的生命观，具有仁爱之心，对待患者像对待自己的亲人一样，尽一切可能救护患者、善待患者、关爱患者并注意保护患者隐私。如在肠造口患者护理的教学中，教育学生不歧视患者，多关心体贴患者，指导患者及其家属通过各种途径了解疾病的发生、发展及治疗护理方面的新进展，树立与疾病斗争的勇气。通过生命的意义教育让学生深刻认识生命、欣赏生命、尊重生命、珍惜生命、敬畏生命、完善生命，从而形成正确的生命意识。

**2. 适当引入疾病医疗、食品安全、环境污染等内容突出"加强社会责任感"的思政目标**

随着我国经济快速发展及环境和生活方式、饮食习惯的改变，肿瘤发病情况也发生了变化，如肺癌已成为我国兼发病率和死亡率均第一的恶性肿瘤，大肠癌的发病率亦呈逐年上升趋势等。对此，适时适当地引入相应的疾病医疗、食品安全、环境污染等内容，引导学生关注公众健康；课余时间指导学生制作宣传海报、宣传单、微视频，深入社区宣传癌症相关预防和早期症状知识，通过增加学生的参与这些活动，来培养他们的社会责任意识，为将来更好地服务社会打下坚实的基础。

**3. 适当讲授临床案例，突出"发扬创新、团队精神"的思政目标**

结合临床实际案例，例如如何指导乳腺癌患者术后进行功能锻炼，让学生自己提出问题：进行功能锻炼的必要性和意义是什么；分组讨论具体如何指导患者进行功能锻炼，进而解决问题：各小组通过查阅文献、参考教材和网络教学平台自行设计功能锻炼操。通过案例参与激发学生的创新意识，培养学生的发散思维能力和动手能力，也培养学生的团队合作精神。

**4. 利用超星等平台，实现线上、线下无缝对接，通过自主学习，强化"人文关怀"的思政目标**

教师利用网络教学综合平台发布课程信息、布置作业、制作课件、网上答疑、在线测试、讨论式学习、并永久保留各项网上学习痕迹和各项统计信息，从而拓展教学空间。学生利用网络教学综合平台浏览所选课程相应的课程辅导材料，进行网上提问、在线测试、讨论式学习等辅助课程学习。网络教学综合平台扩大师生视野，实现线上、线下思政教学，将护理人文精神和仁爱之心渗透到日常学习和生活中，成为学生不可或缺的精神食粮。

**5. 注重"实验教学"对提高教学质量、培养良好职业素质及综合技能的重要作用**

构建以实践教学为主线，以调动学生积极性为目标的全方位、系统化的教学方法。采用模型演示、教师示教、案例教学、实训等多种教学方法提高学生的实践能力，同时注重学生职业素质的培养。例如外科护理学实验的授课教师均为双师型教师，具有较强的实践操作能力，为了强化教学效果，将课程思政融入实验教学，教师会让学生扮演病人，在术前备皮中让学生体会操作要轻柔、熟练，注意保暖且保护病人隐私；在术前访视中掌握沟通技巧，体会鼓励性、安慰性语言在帮助病人树立康复信心的重要性；在手术体位摆放时让学生互相操作，切身感受肢体摆放不当造成的不适，胸腹部受压、两下肢下垂、头颈部过伸过屈对呼吸、循环产生影响，让学生体会舒适护理模式在体位摆放中的重要作用，培养学生严谨、慎独、"想病人之所想，急病人之所急"的职业素养。

## 五、教学效果

在教学实施过程中，通过灵活多用的教学模式和创新的教学方法，保障课程质量，凝练出"一个核心思想+两个素质目标+三个教学模块+四个实施环节"的教学设计，以学生为中心，通过线上线下、课堂内外、理论实践、面授翻转多种形式，将基础知识、基本技能技术和临床实践相结合，提升学生解决护理问题的能力，培养学生临床思维、综合分析、团队合作以及创新创业的能力，履行救死扶伤、促进人类健康的神圣职责，为护理事业的发展做出应有的贡献。

## 六、教学案例在护理学类课程中的推广

### 1. 组建一支全员育人的外科护理教学团队

外科护理教学团队严抓教学质量，团队教师相互听课、集体备课，力求达到标准化教学。同时，积极开展教研室活动，专题开展专业课程思政讨论，提高全体教师育德能力和育德意识，使每一位团队教师都承担育人责任，改变专业教师"只教书不育德"、思想政治教育教师单兵作战的现象，从而使思想政治教育从专人转向人人，组建了一支全员育人的外科护理教学团队。

### 2. 建立丰富的专业课程思政教学资源

通过课程思政建设，建立了《护士职业临床实践案例集》，视频、图片等一系列珍贵

的课程思政教学资料，为建立更加完善的教学资源库提供素材。

### 3. 完善融入综合职业素养的基础护理课程评价体系

通过修订《外科护理技能考核评分标准》，融入职业态度评价，人际沟通评价等内容，改变以往重技能、轻人文的评价方式，完善了融入综合职业素养的外科护理实验课程评价体系。

### 4. 有效提高学生对课程、专业的兴趣度

通过思政课程改革，课程的学习已经不仅仅局限于课堂，学生们不论是在课后视频拍摄，还是在课上分组讨论，抑或是与老师就医疗实际问题的争辩，每一次的碰撞，都让学生们对护理专业，对外科护理实验的严谨度有更深刻的认识，大大提高了学生对护理专业及外科护理实验课程的认可。

# 《妇产科学及护理》课程思政教学设计

护理与康复学院　唐惠艳

该课程主要讲述女性在受孕、妊娠、分娩、产褥过程中的生理、心理和病理变化，胎婴儿生理、病理变化，以及遗传、优生等基本知识，培养学生创新意识和临床思维能力，融入救死扶伤、敬佑生命、尊重患者、医学伦理等课程思政点，培养学生德能兼修素养和医者仁心的情怀。

## 一、课程定位

《妇产科学及护理》是护理学本科三年级开设的专业选修课，是护理学助产方向的临床课程。本课程主要研究女性在受孕、妊娠、分娩、产褥过程中的生理、心理和病理变化，胎婴儿生理、病理变化，以及遗传、优生等内容的一门科学。通过本课程的学习，学生能够建立职业道德、职业素养、职业精神和社会责任感；尊重病人的价值观和权利，遵循职业行为规范；关爱病人，敬佑生命，救死扶伤，体现医学人文关怀精神，形成维护和促进妇女健康为己任的专业价值观。

通过课程讲授、案例教学及线上线下相结合等形式，讲解女性在妊娠、分娩、产褥过程中的生理、心理和病理变化等基本知识，提升学生的职业道德和职业行为规范，关爱病人，敬佑生命，救死扶伤，体现医学人文关怀精神。

## 二、课程思政教学目标

立足课程思政的现代课程观，《妇产科学及护理》课程重新认识、重新定位和重新塑造了教学目标，在知识性和技能性目标之外，还将"构建整体护理思维、贯穿人文关怀理念、培育高尚职业精神、恪守助产伦理道德"的课程思政目标融入其中，使思政教育贯穿于课程教学全过程，培养医学生的家国情怀、感恩、社会责任和担当，在临床护理工作中践行社会主义核心价值观。如此，则实现了课程思政建设与教学目标的契合，与教学内容的融合，与教学案例的整合，与教学过程的结合。

## 三、课程思政教学实施设计

课程采取"知识讲授+案例启发+思政融入"的教学设计模式，在讲授理论知识的同时以人文关怀理念为主线，结合课前、课中及课后三个教学环节，通过引入典型案例、主题讨论等形式引导和启发学生建立职业道德、职业素养、职业精神和社会责任感，关爱病人，敬佑生命，救死扶伤，体现医学人文关怀精神，形成维护和促进妇女健康为己任的专业价值观。

## 四、课程思政元素的融合

### 1. 构建整体护理思维

在《妇产科学及护理》整体教学过程中，以"构建整体护理思维"的思政目标为引领，在掌握女性受孕、妊娠、分娩、产褥各个时期中生活、心理和病理变化的理论知识和护理技能的同时，以现代整体护理观为指导，重视患者的感受，满足患者生理、心理和社会多层次的需要，使学生在护理患者时，不仅关注患者的疾病，更要关注患病的人。

该思政目标主要通过案例教学法，更多地让学生重视生理、心理和社会因素在人的疾病发生发展及康复过程中的作用，从而为患者实施最适当的护理措施，达到促进健康、减轻痛苦、预防疾病的目标。例如：在讲到导乐分娩时，影响分娩的因素包括产力、产道、胎儿和孕妇的精神心理因素，用真实的临床案例让学生了解产妇树立顺产分娩的信心、拥有积极乐观的精神心理因素在分娩过程中的重要性，启发学生积极关注孕妇在待产过程中的心理变化，及时帮助临产孕妇调整情绪，以最佳的心理状态应对分娩过程；在讲解产后抑郁症时，向同学们介绍其发病原因中的生理、心理和社会因素，引导学生积极思考如何从护理角度提供干预措施，促进产妇的身心健康，帮助产妇建立良好的社会支持系统，以预防产后抑郁症的发生。

### 2. 贯穿人文关怀理论

在导乐分娩、新生儿复苏、妊娠期高血压疾病、早产、双胎妊娠、母乳喂养等临床疾病的单元讲授中，突出"贯穿人文关怀理论"的思政目标。只有真正让学生体验到人文关怀的精神与内涵，让人文关怀的理论深入人心，才能在临床护理过程真正做到对患者无私的关爱，将人文关怀的行动在护理过程中不经意地流露。护理工作要求护士与患者建立良好的沟通和人际关系，为患者提供有温度的护理。因此，在讲授疾病的过程中，特别注重对学生人文关怀能力的培养。

该部分主要选取疾病护理过程中护理措施，适时结合案例，唤起学生的人文关怀情感体验。例如：在导乐分娩中通过抚摸来缓解患者的疼痛和紧张情绪；在新生儿复苏过程中，安抚产妇情绪，减轻产妇焦虑心理；在妊娠高血压疾病护理中，除了做到密切观察病情变化，还应重视孕妇的感受和需求，做好疾病知识的健康教育和心理护理，缓解孕妇的紧张和焦虑情绪；在对孕产妇进行各项治疗护理操作时，注意保护患者的隐私，操作熟练、动作轻柔，以减轻治疗操作所造成的痛苦。

### 3. 培育高尚职业精神

在助产学概述、产房管理、胎膜早破、脐带脱垂等单元的讲授中，要突出促进"培育高尚职业精神"思政目标的达成，让学生能够充分理解助产士职业的崇高与伟大。助产士是迎接新生命的使者，是守望生命花开的人，助产士用双手托起了希望与未来，同时助产士也是一个充满挑战和风险的职业。只有具备良好的身体素质、强大的心理承受力、扎实的理论知识、高超的操作技能，才能胜任助产士的工作，才能完成助产士的使命和担当。这一目标的达成，能够让学生将对职业的热爱和向往的强大精神动力转化为学习护理学的热情，形成强烈而持久的学习内驱力。

该部分更多的是采用启发式、案例式教学法，让学生通过鲜活的案例体会到助产职业的伟大，启发学生进行学习和反思，潜移默化地培养学生形成高尚的职业精神。例如：在助产学概述讲授中，通过引入本专业有影响力人物的故事，为同学们树立优秀的学习榜样，继承榜样的精神，为助产事业努力奋斗；在产房管理讲授中，通过介绍产房各项规章制度，引导学生树立强烈的职业责任心，从日常工作的细节入手，保障母婴安全；在胎膜早破脐带脱垂的讲授中，通过介绍助产士良好的应急处置能力和无私奉献的精神，使同学们感受到助产士在真实临床护理工作中为保障母婴安全所发挥的巨大的作用。

### 4. 恪守助产伦理道德

在新生儿复苏、肩难产、早产和双胎妊娠、脐带脱垂等单元的讲授中强化"恪守助产伦理道德"的思政目标。对于护理学助产专业学生，恪守助产伦理道德，如何在助产实践中最大程度减低母婴不良结局，保障母婴安全是社会责任和时代使命，我们应帮助学生建立正确的伦理道德准则，尤其在临床工作中面临一些两难的处境时，如何帮助其做出最恰当的抉择，需要我们在授课过程中不断渗透。

这部分更多的是采用教师提出问题，学生课中和课后小组讨论的方法，通过启发学生的思维，从而提高学生助产伦理道德的意识。例如，讲到新生儿窒息的部分，启发学生理解如何通过娴熟的抢救技能和良好的团队配合，提高新生儿复苏的成功率，让学生思考当新生儿出现不良结局时，如何对产妇进行关怀和照护。在讲到肩难产部分时，引导学生反思如何提高肩难产的预测能力，一旦发生肩难产，如何通过快速反应、冷静沉着应对以及团队合作，降低母婴不良结局等。在讲到脐带脱垂产妇紧急处理部分，引导学生树立尊重生命、敬畏生命的伦理准则，提高应急处置能力和团队协作能力，最大限度地保障母婴健康。在临床护理实践过程中，潜移默化地渗透伦理价值观，使学生自觉运用所学的专业知识，实现救死扶伤的神圣医学使命。

## 五、教学效果

通过精心设计课程教学，保障授课教学效果，达成教学目标。在教学过程中，坚持教书与育人相统一，挖掘并积累思政元素，以"春风化雨、润物无声"的形式，隐性融入护理专业课程课堂教学环节，不断丰富课程思政的内涵，在传授专业知识的同时，引领学生思想、塑造价值观、培养家国情怀。

通过课程学习，学生能够建立职业道德、职业素养、职业精神和社会责任感，树立医学人文精神和维护妇女健康为己任的专业价值观，具有医学生的家国情怀、感恩、社会责任和担当，在临床护理工作中践行社会主义核心价值观。

# 《内科护理学2实验》课程思政教学设计

护理与康复学院　郭全荣

该课程主要讲述临床常用的内科护理评估、技术操作和工作环节，培养学生临床思维和实践能力，融入严谨求实、生命安全、人文关怀、团队合作等课程思政点，培养学生德能兼修素养和医者仁心的情怀。

## 一、课程定位

《内科护理学》是护理专业必修课和主干课，是一门建立在基础医学、临床医学和人文社会科学的基础上，关于认识、预防和治疗内科疾病、护理病人、促进康复、增进健康的科学，是临床各科护理学的基础。《内科护理学2实验》课程主要以综合性实验案例的形式讲授临床常用的内科护理技术操作和工作环节，如护理查房、入院评估、病人健康教育、胰岛素笔注射、血糖监测、PICC导管维护等。通过学习，使学生能够理论联系实际，掌握内科系统常见技术操作和工作流程；熟悉临床工作环境，具备常见内科疾病的护理能力和一定的临床思维；培养学生的人文关怀、沟通交流能力和团队合作能力，提升学生的综合素质。

## 二、课程思政教学目标

通过对《内科护理学2实验》的学习，除了要达到让护理专业学生熟练地掌握各系统常见病、多发病的各项护理措施的能力目标之外，还将"严谨求实、生命安全、人文关怀、团队合作"的课程思政目标融入其中，培养学生发现问题、解决问题、团结协作的工作作风和以患者为中心、待患如亲的职业素质（见图1）。

## 三、课程思政教学实施设计

**一条主线：**以习近平总书记"以人民为中心，以健康为根本。"—以患者为中心、以人为本为主线，培养和增强学生的整体护理观。不仅重视患者的"病"，更要重视患病的"人"；强调关注患者在生理—心理—社会等各方面对健康问题的反应和对护理的需求。

**两个核心要素：**促进学生知识传授、能力培养与价值引领有机统一，以思维培养和医者素养为核心要素。通过内科疾病基础知识的讲解，构建逻辑思维，体现医者仁智；通过临床护理案例和思政案例的引入，提升临床思维，坚守医者仁心；通过护理技能的掌握，培养创新思维，彰显医者仁术。

**两个课程案例库：**在教学过程中挖掘思政元素，促进学生知识传授、能力培养与价值引领有机统一，形成两个课程资源案例库。一是以平等沟通、尊重患者、团队合作等内容的精湛医术思政案例库；二是以护理安全、风险意识、职业规范等内容的生命安全思政案例库。

**四个教学实施环节：**以学生为主体、以教师为主导、以网络为载体，通过"课前+课中+课后+实验实践"四个实施环节完成教学，实现隐性教育与显性教育相统一。在教学活动的实施过程中，根据各个教学单元的内容特点，提炼相关的思政要素，融入教学目标，进行相应的思政案例设计，并与课堂教学方法有效衔接，或单独设置思政元素的课堂活动，保证课程思政目标的有效达成。

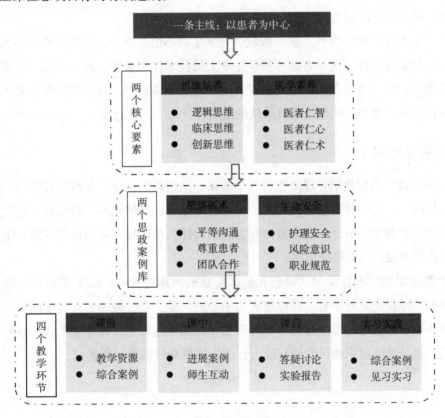

图1　课程思政教学设计

## 四、课程思政元素的融合

1. 在"护理查房与护理评估综合性实验"板块，以临床真实案例为依据，设计护理查房病例。这一板块教学中要求每位学生均要轮流扮演患者角色，包括躯体的症状，如疼痛、乏力、虚弱、呕吐，也要表现出心理的折磨，如焦虑、抑郁等。这些活动让学生体会患者的痛苦和在疾病状态下对护理工作的期望，将心比心，换位思考。此外，通过对查房病例的分析和对症状体征的观察，让学生睁大眼睛发现问题，并想办法解决问题。

2. 在"糖尿病护理综合性实验"板块，在向学生讲解测血糖技术和胰岛素笔使用技术的同时，教给学生怎样和患者交流和沟通，培养良好的护患关系。教师先进行示范，亲切地与扮演患者角色的学生交谈，充分表达对患者的尊重和关心，让学生体会在真实的临床环境中，护患沟通的特点。除了要"做到位"，也要"说到位"，让学生明白良好的护患关系是护理工作的基础，可以使护士得到患者的信任，使治疗和护理工作事半功倍。

3. "血液系统护理技术综合性实验"的板块中，让学生先观看"白血病社会公益短片""大学生二次捐献，再次救助白血病人"的视频资料，唤起学生对血液病患者的深切同情，弘扬人道主义精神和医务人员救死扶伤的职业情怀，引导学生树立以患者为中心，关爱患者、尊重患者的信念。

4. 在"脑卒中护理综合性实验"板块，让学生以小组为单位，共同完成对一名脑卒中患者的治疗和护理工作。这一方面考核学生个人的技术操作水平；另一方面，考核整个团队的工作效率。每个学生在团队中的表现，是否具有团队意识，是否能够各负其责，是否为了同一目标共同努力，让学生理解团队的重要性，树立团队意识。

## 五、教学效果

通过精心设计课程教学，保障授课教学效果，达成教学目标。在教学过程中，坚持教书与育人相统一，挖掘并积累思政元素，以"春风化雨、润物无声"的形式，隐性融入护理专业课程课堂教学环节，不断丰富课程思政的内涵，在传授专业知识的同时，引领学生思想、塑造价值观、培养临床思维。

学生通过课程学习，深刻认识到在临床疾病的护理过程中，除了要有扎实的理论功底、精湛的护理技能，更要有一颗以患者为中心的仁爱之心，做一名有温度的护士。学会从患者的角度考虑问题，尊重患者、平等沟通，在操作过程中体现人文关怀；还要把好护理安全关，提升风险意识和风险预控能力，为人民群众的健康保驾护航。

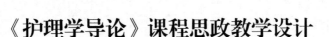

# 《护理学导论》课程思政教学设计

护理与康复学院　汪凤兰

该课程主要讲述护理学学科框架、核心价值观、基础理论、基本工作方法及专业发展趋势，培养学生护理专业的基本思维，潜移默化地进行科学精神、价值取向、伦理规范下的护士责任、情怀与担当教育，融入求理性之辨、扬奉献之美、怀仁爱之心等课程思政点，启蒙和型塑学生专业思维、专业理念和专业伦理。

## 一、课程定位

《护理学导论》课程是护理学专业本科一年级开设的选修课程，也是护理学专业的基础课程。作为护理学的基本理论、基础理论、方法论和意识形态，《护理学导论》承担着启蒙和型塑学生专业思维、专业理念和专业伦理的重要作用。

通过课堂讲授、讨论、情景模拟、案例教学等形式，注重理论联系实际，力求深入浅出、突出重点，讲解护理学的发展及基本概念、健康与疾病、人的基本需要、压力学说及其在护理中的应用、护理工作中的人际关系与人际沟通、护理理论、护理程序、健康教育等内容。

通过课程的学习，学生能够了解护理学学科框架、核心价值观、基础理论、基本工作方法及专业发展趋势，一方面有助于促进学生建立护理专业思维模式和尽早进入护理专业角色，另一方面为后续专业课程的学习奠定理论基础。

## 二、课程思政教学目标

围绕课程知识传授、能力提升和价值引领相结合的整体目标，挖掘自身蕴含的思政素材和资源，结合课程自身的特色和优势，《护理学导论》课程重新认识、重新定位和重新塑造了教学目标，在知识性和能力性目标之外，还将"求理性之辨、扬奉献之美、怀仁爱之心"的课程思政目标融入其中，贯穿于课程教学大纲的各个单元，实现了课程思政建设与教学目标的契合，与教学内容的融合，与教学素材的整合，与教学过程的结合。

## 三、课程思政教学设计

课程采取"知识讲授+自主探究+思政元素"的教学设计模式，在讲授理论知识的同时以典型案例为主线进行自主探究活动，融入隐性思政元素，让学生明确护理学的基本理论、工作方法及学科框架，培养学生护理专业的基本思维，潜移默化地进行科学精神、价值取向、伦理规范下的护士责任、情怀与担当教育。围绕护理学的基本概念"人（护理的服务对象）、健康（护理的服务重心）、护理（专业的服务手段）"组织课程内容，并在每个模块中适宜融入思政元素。

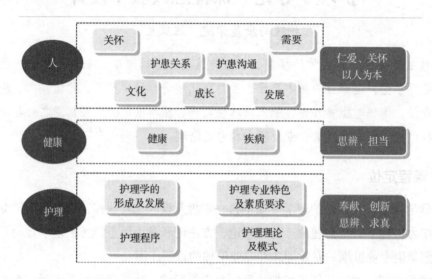

## 四、课程思政元素的融合

在教学过程中，根据各个教学单元的内容特点，选取更切合的课程思政教学目标融入，并配合以相应的教学活动设计，促进知识、能力和课程思政教学目标的同步有效达成。

1. 在健康与疾病、护理程序、护理理论及模式、护理思维与决策、压力学说等基础知识的讲授部分突出"求理性之辨"的思政目标。这部分的知识涉及护理学的基本理论及科学的工作方法体系，核心是构建学生的护理学专业思维模式，而理性的思维本身，又能够促进学生真正从专业视角上掌握护理学专业的发展规律，整合自己的知识体系，而非像以往的学生进行知识的简单零散识记。该部分更多地让学生直面理性与感性、经验常识与专业知识相冲突的特殊案例，强化专业理性思维对学生原有认知的冲击和改变。例如，健康与疾病内容的讲授，用身残志坚的无臂女孩雷庆瑶的案例和马加爵故意杀人案进行对比，让学生思考何谓健康、何谓疾病，并进而引申到健康对生命和对社会的意义。

2. 在护理学的形成及护理学的发展及基本概念等知识讲授的时候融入"扬奉献之美"的思政目标。该部分内容主要涉及护理的起源、国内外护理学专业的发展历史，以及促进护理事业发展的关键人物和事件等。该部分主要选取护理学专业发展历程中有代表性的事件和人物，唤起学生的护理情感体验。例如：用护理专业创始人南丁格尔的事迹及我国获得南丁格尔奖的优秀护理人员的典型事迹，唤起学生投身护理事业的决心；运用当前新冠疫情的特殊时期，一线护理人员逆行抗疫的大爱行为引发学生对自身责任的了解与思考，树立运用护理技术为社会做贡献的责任感和使命感，把个人价值与职业价值、社会价值相结合。通过让学生真正体验到护理的专业精神与价值追求，才能切实理解护理学专业理论背后的实践意义。这种坚定的护理专业信念一旦达成，既能够在知识层面上有利于学生学习枯燥的理论内容，又有利于学生形成坚定的职业信仰，极大地激发学生的自主学习动力和克服学业困难的毅力。

3. 在需要与关怀、文化护理、护患关系、护患沟通、生命历程的身心发展等知识讲授中强化"怀仁爱之心"。这部分内容主要涉及护患互动和沟通的过程中，护理人员如何体察细微，满足个体生命发展历程中各个阶段的身心护理需求。该部分更多地采用启发式、案例式教学法，通过现实的案例，追问性地启发学生进行自我学习和自我发现，潜移默化地实现在专业护理过程中关爱、关心、同理患者的问题和感受。例如，谈到护患关系和护患沟通时，启发学生结合自身或家人就医时的经历，思考自己作为一名患者时，希望护士怎样跟自己沟通，并进而列举一些积极有效的沟通案例以及反面的沟通案例，启发学生提出解决护患沟通障碍的方案，在辩证中培养学生的同理之情和仁爱之心。

## 五、教学效果

通过精心设计课程教学，保障授课教学效果，达成教学目标。在教学过程中，坚持教书与育人相统一，挖掘并积累思政元素，以"春风化雨、润物无声"的形式，隐性融入护理专业课程课堂教学环节，不断丰富课程思政的内涵，在传授专业知识的同时，引领学生思想、塑造价值观、培养家国情怀、社会责任、职业素养等。

# 《病理生理学A》课程思政教学设计

基础医学院　吴　静

该课程主要讲述病理生理学的理论知识，阐述疾病的发生发展规律与机制，培养学生的临床思维和综合分析能力，融入敬佑生命、崇尚科学、爱岗敬业、弘扬传统、健康中国等课程思政点，培养学生大医精诚的使命感与责任感。

## 一、课程定位

《病理生理学A》是临床、麻醉、影像专业本科二年级开设的必修课程，属于医学专业基础课。作为沟通基础医学与临床医学的重要桥梁性学科，病理生理学主要探讨不同器官、系统在不同疾病中出现的共同的功能、代谢的异常变化，是庞大的临床医学知识的总纲与"哲学"。课程内容抽象、理论性和逻辑性强，具有全面、系统、先进、凝练的特点。要想成为一名优秀临床医生，在治疗疾病时既知其然，又知其所以然，就应该学好病理生理学。

通过线上线下混合式教学、启发式教学、案例式教学、讨论式教学、翻转课堂等形式，结合病理生理学学科竞赛，让学生学习疾病发生发展和转归的一般规律与可能机制，学习常见基本病理过程和各系统病理生理学的病因、发病机制、机体的代偿调节、对机体的影响及防治原则。通过临床典型案例分析，培养学生知识综合运用能力和高级思维，实现课程的高阶性；通过翻转课堂、分组专题讨论、作业互评等方式实现课程的创新性，完成课程"两性"对于老师和学生的时间、精力、智力、情感等都具有一定挑战度。最终使学生在新进展、新能力、新思维下，将正常人体的形态、功能、代谢等多方面的有关知识与疾病状态深度融合，从而认识疾病的本质，为疾病的防治提供坚实的理论基础和实验依据。

## 二、课程思政教学目标

围绕课程知识传授、能力提升和价值引领相结合的整体目标，挖掘各单元知识点蕴含的思政素材和资源，将"敬佑生命、崇尚科学、爱岗敬业、弘扬传统、健康中国"的课程思政目标融入教学，使课程思政建设与教学目标高度契合，与教学内容有机融合，与教学素材无缝整合，与教学过程密切结合，实现传道、授业、育人、解惑的同向同行、同频共振，构筑三全育人大格局。

## 三、课程思政教学设计

课程采取"知识讲授+病例讨论+思政育人"的教学设计模式，在讲授理论知识的同时以临床病例为主线进行自主探究活动，融入思政元素，培养学生医学思维，激发医学生的使命感与责任感，形成"一条主线+两个核心+三个教学实施环节"的课程教学设计（见图1）。

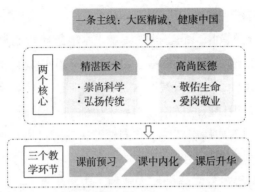

图1　课程思政教学设计

**一条主线**：以"大医精诚，健康中国"为主线，"大医精诚"为教书育人的根本出发点，"健康中国"为最终目标。

**两个核心**："大医精诚"要求医者既要有"精湛医术"，又要有"高尚医德"。以"精湛医术"和"高尚医德"为核心，包含崇尚科学、弘扬传统两个医术模块和敬佑生命、爱岗敬业两个医德模块。

**三个教学环节**：以学生为主体，以"问题"为主线，以培养能力为核心，通过课前预习"学生主动发现问题"、课中内化"师生互动解决问题"、课后升华"拓展问题—临床病例"，三个教学环节达到教学目的，实现教书与育人的统一。

**课程特色**：采取密切结合临床的混合式教学模式，教书与育人同步完成。

## 四、课程思政元素的融合

### 1. 直面生死，敬佑生命

疾病概论主要探讨各种疾病发生发展的普遍规律与机制，是医学生接触疾病的起点。在起点中植入"敬佑生命"的观念有助于加强医学生"生命所系、健康相托"的使命感，增强其学习的源动力。

疾病概论从疾病的发展与转归入手，结合病例与教学案例，让学生直面生与死。如何判断死亡？以"呼吸、心跳停止"判断死亡有何弊端？"脑死亡"的判定标准与意义又是什么？判定"脑死亡"不仅能更科学地判定人的死亡，减轻社会、家庭的负担，同时有利于器官移植。供体来源困难是困扰当前器官移植工作的主要原因，脑死亡的器官是最佳器官移植供体。器官捐献是生命的接力，是人类互助的巅峰。由捐献者的感人事迹和接受者术后的精彩生活引导学生讨论生命的价值。再由器官移植引出遗体捐献，以著名作物遗传学家卢永根院士、中国核医学事业创始人王世真院士、中国冶金界"一代宗师"柯俊院士等学术泰斗纷纷捐献遗体，为振兴祖国医学事业而奉献为例，引导学生讨论医学生的初心，学习老一辈的无私奉献精神。

**2. 严谨求实，崇尚科学**

（1）以科学知识抵制愚昧、病态的健康观。水电解质代谢紊乱、酸碱平衡紊乱等章节理论性强，内容抽象，结合生活案例教学可以激发学生探究科学问题的积极性。越瘦越美吗？过度减肥的后果是什么？喝弱碱性水是必要的吗？人体如何调节酸碱平衡？通过对这些生活中经常遇到的知识误区的讨论，引导学生树立"崇尚科学"的世界观；让学生利用所学知识来辨别、抵制诸如病态减肥、"弱碱"迷信等身边常见的愚昧、病态的健康观念，培养学生严谨、求实的科学态度。

（2）学习科学家勇攀科学高峰的探索精神。应激激素——内啡肽的作用包括：①抑制蓝斑—交感—肾上腺髓质系统的过度兴奋，抑制下丘脑—垂体—肾上腺皮质系统的过度兴奋，给应激反应施加过载保护；②强镇痛作用；③产生欣快感。其镇痛作用被神经生理学家韩济生院士联系到中医针灸的麻醉镇痛作用，使我国有着3000多年历史的古老针灸，拥有了现代生理学依据，摘掉了"东方巫术"的帽子，踏入了科学的殿堂。内啡肽产生欣快感的作用又促使韩济生院士将针刺应用到成瘾治疗，不仅取得显著疗效，还自费设立"韩氏戒毒不复吸奖"激励戒毒人员。我们不仅要学习韩济生院士勇攀科学高峰的探索精神，还要学习他普济众生、医者仁心的优良品德。

**3. 爱岗敬业，生命至上**

（1）抢救生命，分秒必争。急性缺氧、急性呼吸衰竭、休克、弥散性血管内凝血（DIC）、缺血—再灌注损伤、心力衰竭急性发作等均属于临床危急重症，抢救患者必须分秒必争。讲授相关内容时要培养学生"爱岗敬业、生命至上"的使命感与责任感，给予学生"分秒必争、抢救生命"的压力，压力有助于医学生体会其职业所承担的社会责任，进而激发其自主学习的动力，强化"生命至上"的理念。

抢救窒息的海姆立克急救法、休克急救、DIC急救、可致DIC的毒蛇咬伤现场急救、急性心肌梗死的急救，面对"时间就是生命"的压力，学生需要储备充足的理论知识与实践能力。授课过程中先以病例视频将学生带入情境，身临其境体会现场压力，再以科普视频给学生讲述抢救要点，有助于学生将压力转化为动力，更好地掌握相关知识，培养使命感与责任感。

（2）新冠疫情下的最美逆行者。重症新型冠状病毒肺炎可致呼吸衰竭，患者需要进行气管插管连接呼吸机辅助呼吸，而对于具有呼吸道高度传染性的新冠肺炎而言，气管插管无疑是非常危险的手术操作，但我们的医务人员却毫不犹豫地冲在了最前沿，改善患者呼吸，抢救无数患者的生命，这就是我们最可爱的白衣天使，是我们学习的榜样。我们今天一切安好是有人替我们负重前行，要感恩我们的国家、感恩我们的社会，更要努力学习，将来为健康中国保驾护航。

我国多位重症新型冠状病毒感染患者出现严重感染性休克，我们国家使用体外膜肺养合（ECMO）进行免费治疗，充分体现了以人为本、人民生命高于一切的社会主义制度优越性，以此为切入点培养学生的爱国主义情怀。

（3）排除万难，坚守岗位。讲述缺氧对机体的影响时引入高原戍边战士、青藏线修路工人等事例，请同学们讨论高原缺氧对人体的影响，进而教育学生珍惜美好生活，热爱我们的国家。由矿井坑道中发生的低张性缺氧联系到唐山开滦煤矿的风井设施，通过回顾1976年唐山大地震时地面人员坚守岗位，人力打开全部风井避免井下人员发生低张性缺氧的事例，教育学生认识爱岗敬业的重要意义，树立社会主义核心价值观。

**3. 弘扬传统，中西结合**

（1）重视中医药，促进中西医结合，增强文化自信。中医药在发热病症的治疗、毒蛇咬伤的急救、新冠肺炎的治疗中疗效明显，针灸麻醉镇痛的机理也被揭示，以此为例增强学生的文化自信，使学生能够在学习过程中对中医、西医兼收并蓄，博采众长，促进中西医结合；同时激发学生对中华优秀文化传统的历史自豪感，增强学生的爱国情怀。

疟疾伴有典型的间歇热，屠呦呦从中医古籍中得到启迪，创制新型抗疟药青蒿素，成为中国首位诺贝尔医学奖获得者。韩济生院士受周恩来总理嘱托研究中医针灸麻醉镇痛的机理，发现针刺可刺激释放具有镇痛作用的内啡肽、强啡肽等内源性物质，使麻醉药品的用量减少45%，且患者术中情况更稳定。该成果使我国有着3000多年历史的古老针灸，拥有了现代生理学依据，摘掉了"东方巫术"的帽子，踏入了科学的殿堂。毒蛇咬伤是引起DIC的病因之一，医学生应该对毒蛇咬伤的现场急救有基本的了解。受武侠小说的影响，多数人对于现场急救的第一反应是用嘴吸出伤口毒素，但这是危险的。如何能安全吸出毒素呢？中医拔罐可以负压吸毒，安全有效。对于席卷世界的新冠病毒肺炎，多个中医药方剂效果显著。这些事例都有力地证明了中医药的有效性和科学性。我们应以此为切入点激发学生对中华优秀传统文化的历史自豪感，更多关注中西医结合研究。

（2）文学典故助力知识讲解。一些抽象的医学现象常常可以在文学典故找到形象的描述。例如，应激指机体在各种内外环境因素刺激时所出现的非特异性全身反应，比较抽象，不易理解。而李广射虎、曹植七步成诗、诸葛亮三气周瑜等故事则是尽人皆知。李广射虎、曹植七步成诗描述的即是人在危急情况下体力、智力的超常发挥，为适度应激对机体的保护作用；而被诸葛亮三气吐血的周瑜、骂死的司徒王朗则是过度应激的体现。这些典故能对知识进行形象、生动的描述，便于理解，也弘扬了传统文化，增强了学生的文化自信。

**4. 重视预防，健康中国**

系统病理生理学包括呼吸功能不全、心功能不全、肝功能不全、慢性肾功能不全等内容，患者的病因与生活方式密切相关，病程长、诱因明显。我国制定了"健康中国2030"规划纲要，提出了加强全民健康教育、塑造自主自律的健康行为、推动慢性病筛查、实现全人群、全生命周期的慢性病健康管理等举措，凸显了以人为中心的发展思想。医学生要掌握医学知识，提升诊疗能力，积极参与健康中国行动。

## 五、教学效果

通过个人的案例搜集、全系教师的讨论学习、参加教学会议与全国同行的案例交流，广泛搜集、整理思政素材，将思政案例与知识点有机融合，辅以恰当的教学方式，使教书与育人同步同向同过程完成。通过组织课堂活动，培养学生的协作、互助精神，进行隐性思政，丰富课程思政的内涵。

通过课程学习，学生在掌握病理过程的发生机制与防治原则的同时，满怀治病救人的使命感与责任感，为投身救死扶伤的神圣事业，知识技能储备和思想准备同步进行，做到知行合一，治病救人的使命内化于心、外化于行。

# 《药理学B》课程思政教学设计

基础医学院　张博男

该课程主要讲述药理学的基本理论知识，研究药物与机体（包括病原体）之间相互作用规律和机制，培养学生的科学思维和理论联系实际的能力，融入爱国主义、对立统一、团结合作、人文关怀、民族精神、生命安全等课程思政点，培养学生安全合理用药的医学素养和敬佑救治生命的职业精神。

## 一、课程定位

《药理学B》课程是预防医学、医学实验技术、中西医结合、针灸等专业学生本科二年级开设的必修课程，也是上述专业重要的专业基础课程。《药理学B》是基础医学与临床医学及医学与药学的桥梁课程，为医药相关专业学生毕业后从事疾病防治、合理用药提供理论基础和知识支撑。

《药理学B》的课堂教学内容包括药理学总论、传出神经系统药理、中枢神经系统药理、心血管系统药理、内分泌系统药理和化学治疗药物六部分。通过系统讲授、翻转课堂、混合教学、案例教学等教学方法，使学生明确药物的基本作用、作用机制、临床应用和不良反应，为临床合理用药奠定药理学基础。

## 二、课程思政教学目标

药物作为医生预防、诊断及治疗疾病的工具，既可以挽救生命，也可以危害健康。如何正确有效地运用药物，不仅取决于医务人员是否具有全面而扎实的专业知识，更取决于医务人员是否具有大局意识、辩证性思维能力及足够的责任心和高尚的医德。《药理学B》的课程思政教学目标为"植入爱国情怀，坚定文化自信；强调团队合作，树牢大局意识；运用辩证思维，把握对立统一；融入医德教育，注重人文关怀"。在教学过程中，将药理学课程思政教学目标贯穿于教学内容的各个单元。在课堂教学中输出药理学专业知识的同时，深化药理学科和社会科学之间的融通交流，将培育世界观、人生观和社会主义核心价值观的教学活动渗透在医学教育的各个环节。

## 三、课程思政教学设计

课程采用"知识讲授+案例分析+思政升华"的教学设计模式，将专业知识与思政教育有机融合。讲解过程中，使学生在掌握专业内容的基础上，进一步梳理药理学所蕴含的思政元素，构建"一个宗旨+两种方法+三个教学环节+四个思政目标"的药理学课程思政教学体系。

**一个宗旨**：以习近平新时代中国特色社会主义思想为理论指导，将习近平总书记的"健康中国"理念贯穿于整门课程中，培养德智体美劳全面发展的社会主义建设者和接班人。

**两种方法**：应用案例分析法和翻转课堂挖掘蕴含在药理学课程中的思政元素，构建思政教育、生活案例、临床案例三位一体的交互案例库，促进学生知识传授、能力培养与价值引领有机统一。

**三个教学环节**：以学为本，以学生为主体，应用线上线下混合教学模式，针对课前、课中、课后设计不同学习环节，将专业知识传授与课程思政有机结合，实现显性教育与隐性教育相统一。

**四个思政目标**：将药理学课程中蕴含的"植入爱国情怀，坚定文化自信；强调团队合作，树牢大局意识；运用辩证思维，把握对立统一；融入医德教育，注重人文关怀"主要思政目标进一步升华，同时反作用于上述宗旨，形成闭环，使培育世界观、人生观和社会主义核心价值观的教学活动得以实现。

### 四、课程思政元素的融合

在教学过程中，根据各个章节的内容特点，融入切合的课程思政教学目标，配合相应的教学活动设计，促进知识目标、能力目标和课程思政目标的同步有效达成。

1. 在绪论、药理学发展史及治疗某些疾病的中药新药等内容讲授时突出"植入爱国情怀，坚定文化自信"的思政目标。由于药理学课程讲授的药物绝大部分是西药，学生了解到祖国医药的内容较少，而有些疾病的中医药治疗比西药治疗更具有优势。教师应强化学生对祖国医药的认知，培养学生的家国情怀，坚定文化自信。

该部分让学生明确祖国医学在药理学发展过程中及现代药物应用中的重要地位及优势。例如：讲到药理学发展史时，介绍我国古代人民所积累的药物知识，如大黄导泻、麻黄止喘等；强调明朝药学家李时珍所著的《本草纲目》在世界范围内的影响力，其包含1892种药物，被七种语言翻译流传，是国际重要的药学巨著；2015年诺贝尔生理学或医学奖获得者屠呦呦，因发现了青蒿素，显著降低了疟疾患者的死亡率，在改善人类健康和减少患者病痛方面做出了巨大贡献。屠呦呦的获奖是中医药对人类健康做出重要贡献的体现，是我们民族文化的瑰宝，也是世界文化遗产。通过强调祖国医学在疾病治疗中的作用及贡献，激发学生的爱国主义情怀、坚定民族自信、文化自信。

2. 在有机磷解救、抗高血压药、抗心绞痛药、抗甲状腺药等内容的讲授中融入"强调团队合作，树牢大局意识"的思政目标。某些疾病治疗过程中的联合用药问题，药物之间互相配合，各自发挥优势，治疗疾病效果更好，强化学生在学习及工作中的团队协作意识，让学生真正体验到合作的重要性。当然，联合用药的反面事例也要强调，引导学生树牢大局意识。

该部分主要选取疾病治疗中有代表性的药物联合应用，激发学生的团队合作精神和大局意识。例如，联合应用阿托品和解磷定解救有机磷中毒、联合应用硝酸酯类药物和β受体阻滞剂治疗心绞痛、甲亢的术前准备联合应用硫脲类药物和大剂量碘以利于手术进行等，用联合用药的优势强调团结协作的意义及重要性。反之，联合用药如果不考虑机体整体情况也会适得其反，如盲目联合应用强心苷和排钾利尿药会诱发强心苷中毒。这些案例可以激发学生做事要从整体出发，具备足够的责任心，使学生树牢大局意识。

3. 在肾上腺皮质激素类药物、镇痛药、解热镇痛抗炎药、M受体阻断药等内容的讲授中，突出"运用辩证思维，把握对立统一"的思政目标。"是药三分毒"，药物既有治疗作用，也会产生比较严重的不良反应，引导学生辩证地看待问题，培养学生用马克思主义基本原理分析问题、解决问题。

该部分主要选取医疗工作中常见的案例，采用启发式、问题式教学法，让学生直面药物作用的两重性，把握对立统一的原理。例如，讲到糖皮质激素时，介绍正常剂量的药物具有强大的抗炎、抗毒、抗过敏及免疫抑制作用，但如果长期大剂量应用会诱发严重不良反应。在非典时期大量应用糖皮质激素，导致病人股骨头坏死。镇痛药吗啡在癌症晚期疼痛、心源性哮喘的治疗中发挥重要作用，可以明显缓解病人的疼痛及喘息症状。但由于属于成瘾性镇痛药，使用时应严格依据用药指征，如使用不当会导致病人成瘾并产生戒断症状，给个人、家庭及社会带来沉重负担。这些案例可以启发学生药物犹如一把"双刃剑"，引导学生要用"辩证思维、对立统一"的观点分析及解决问题。

4. 在抗菌药物、新药研发、抗精神病药等教学内容的讲授中强化"融入医德教育，注重人文关怀"的思政目标。目前医患关系紧张，伤医事件时有出现，作为医务工作者应该具有高尚的医德，尊重病人，珍爱生命。

该部分主要从提高职业道德修养、善待实验动物的角度出发，使学生感受到生命的伟大。例如，讲到抗生素章节时，强调防止为了获得高额的药品回扣而滥用抗生素，引导学生要具有高尚的医德。讲到新药研发或药理实验时，强调实验动物在药理学或医学发展中的重要性，引导学生善待实验动物，珍爱生命，学会感恩。

## 五、教学效果

通过对教学过程的精心设计，使专业知识和课程思政同向同行，坚持教书与育人相统一。以"春风化雨、润物无声"的形式，隐性融入医学专业相关课程的课堂教学环节，不断丰富课程思政的内涵，在传授专业知识的同时，引领学生思想、塑造价值观、培养家国情怀。学生既学到了专业知识，又认识到药物作为特殊商品的重要性，使学生明确今后在工作中要合理使用药物，医者仁心，为健康中国助力。

# 《组织学与胚胎学》课程思政教学设计

基础医学院　曲银娥

该课程主要讲述正常机体微细结构及相关功能、人类胚胎发生发育及其机制，培养学生的创新思维和综合能力，融入爱国主义、健康中国、大医精神、尊重患者等课程思政点，培养学生敬佑生命、救死扶伤、甘于奉献、大爱无疆的医学精神。

## 一、课程定位

《组织学与胚胎学》是临床、口腔、影像、精神卫生等专业本科一年级开设的公共基础课，组织学与胚胎学是基础医学的主干学科之一，也是学习生命科学的必修课程。通过本门课程的学习，培养学生掌握人体正常组织结构和功能、个体发生及发育规律，具备分析和解决临床常见问题的能力，理解其在医学中的地位和作用。

通过"知识讲授+自主探究+思政元素"的教学设计，围绕临床案例学习相关专业知识，讲解上皮组织、结缔组织、肌组织、神经组织、神经系统、循环系统、免疫系统、内分泌系统、消化系统、呼吸系统、泌尿系统和生殖系统等的组成、形态结构和功能，人体发生过程、发育机制和先天性畸形等，使学生理解并掌握人体微细结构及相关功能、人体发生过程及其规律、先天畸形发生的原因、机制和预防措施，加强核心知识与前沿理论学习，提升学生解决复杂问题的综合能力和高阶思维，做到知识、能力、素质有机融合。同时，立足于应用型、创新型人才需要，让学生在学习中线上与线下结合、形态与功能结合、理论与实践结合、基础与临床结合、思政与专业结合，为后续课程学习夯实基础。

## 二、课程思政教学目标

围绕课程知识传授、能力提升和价值引领相结合的整体目标，结合自身课程的特色和优势，通过各知识点的讲授，将基础医学院院训中的明德与新冠肺炎疫情、仁爱与健康中国、厚基与辩证唯物主义、笃行与知行合一有机结合，挖掘课程中蕴含的医德元素，提炼出其中的思政元素，融入教学环节，培养学生对生命的尊重意识、对科学的追求精神、对医学的奉献精神、对病人的关怀精神，深刻感悟"生命、责任、担当"的意义，践行社会主义核心价值观。

## 三、课程思政教学设计

立足于"三全"育人理念，以自主学习能力培养为导向，将专业教学与价值引领有机统一，采用显性教育与隐性教育相结合的原则进行德育熏染，潜移默化地发挥课堂育人效果。

　　以学生关注、鲜活的现实问题或临床病例为切入点，深入挖掘思政元素，构建思政平台，鼓励学生积极参与讨论，体验并感受职业情怀，使学生产生自生情感；通过教师的引导作用，引起学生的情感共鸣，学生情感得到升华，深刻体会家国情怀，提升职业认同感，有效激励学生产生学习内动力，并促进学生对专业知识的理解、掌握、拓展与深化，达到固化于制、内化于心、外化于行的思政教育期望目标。

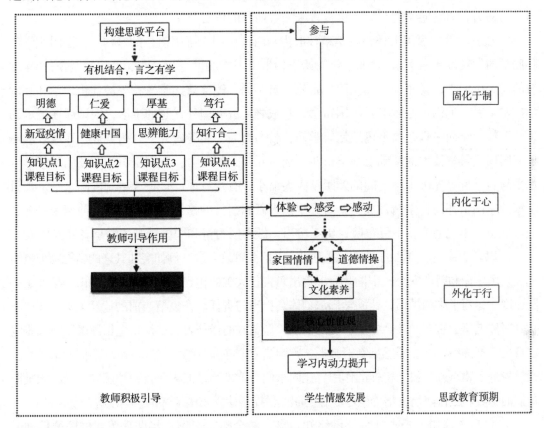

## 四、课程思政元素的融合

　　明确教学目标，将思政教育与专业知识有机融合，将课程思政育人理念融入课程各环节，在知识讲授过程中实现价值引领。首先，明确教学的专业知识和课程思政目标，尤其是思政教育所聚焦的目标；其次，要将思政教育不露痕迹地融入专业知识教学中，将显性教育与隐性教育结合，潜移默化地发挥课堂育人效果，使专业课程在思政教育中守好一段渠，种好责任田。

　　1. 讲好首堂课，激发学生的学习兴趣和热情，增强科技创新自信心。绪论的重要性在教学计划中是不言而喻的，通过回顾组织学发展历程，从古代医学和中世界医学中的解剖记录，到近代医学中解剖学和组织学的发展，再到现代组织学的进展，既突出了组织学与解剖学、细胞学、胚胎学发展的相互渗透，又凸显了现代组织学研究和技术的发展。

讲到免疫组织化学技术时，从1941年Coons发明用异硫氰酸荧光素标记肺炎双球菌粘多糖抗体，检测组织内肺炎双球菌分布，开创了免疫组织化学技术的先河，1966年Nakane、Avranmeans等建立酶标技术，至今，免疫组化方法已有数十种，其间美国人Yallow（1960年）建立肽类激素放射免疫分析法，他还与Guillemin和Shally发现了脑内的肽类递质，三人同获1977年诺贝尔奖。通过这些事例，培养学生的科研兴趣，增强学生奋发学习、报效祖国的动力，树立同学们"后生可畏，未来可期"的信心。

2. 让科学家的家国情怀与科学精神成为新时代中国人砥砺前行的榜样。我国组织学和胚胎学的发展晚于欧美诸国200余年，始于19世纪末或20世纪初。在20世纪初至今100年左右的发展历程中，汤尔和、马文昭、张鋆、童第周、鲍鉴清、李肇特等历代组织学和胚胎学前辈学者，他们远赴欧美日等国留学，学成之后放弃国外优越的生活，回国后在艰难的条件下数十年如一日孜孜不倦地钻研学问，教书海人，实验研究，开拓创业，在汲取欧美日诸国现代科学技术的基础上艰辛奋斗。经过几代人的努力，我国组织学和胚胎学的学术水平与当今世界先进水平之间的差距已大大缩小，有些方面已接近或达到国际水平。让科学家的家国情怀与科学精神成为新时代中国人砥砺前行的榜样，鼓励学生以前辈为榜样，坚定理想，牢记使命，不畏艰险，勇于担当，做中国力量和中国精神的继承者和发扬人。

3. 以学生关注、鲜活的现实问题为切入点挖掘思政元素。例如突如其来的新冠肺炎疫情危及人民生命和财产安全，中国政府展现出负责任大国的担当，火神山、雷神山，见证了中国速度，谱写了中国神话，让同学们深刻体会担当与责任。在疫情当前的危及关头，那些在平凡岗位上努力奋斗的社会中坚，挺身而出，做勇敢的逆行者，武汉市金银潭医院院长张定宇身患"渐冻症"，妻子感染新冠肺炎，曾隐瞒"渐冻症"病情坚守、奋战在抗疫第一线。通过先进人物事迹，树立榜样的作用，让同学们对抗疫英雄的大无畏精神感同身受，激励同学们的学习和工作热情，培养恪尽职守的职业情操，建立家国情怀的崇高境界。

4. 立足立德树人根本任务，围绕知识点，结合临床案例，将课程蕴含的医德精神升华为学生的内在素质，培养学生尊重他人、珍爱生命、关爱病人、医乃仁术和大医精诚的职业理想，激发学习热情，在基础学习阶段夯实基础，深刻体会"明德、博学、厚基、笃行"。在讲到心血管系统发生时，穿插临床案例视频，引导学生关爱病人，要具有大国工匠精神，只有厚基、博学才能更好地服务社会。

5. 以学生自主学习能力培养为导向，将专业教学与价值引领相统一，综合运用多元化教学方法。如线上学习通过视频、PPT、完成测试题、作业、讨论、查阅文献等方法，培养学生自主学习能力；线下教学采用讲授、启发式、小组讨论、翻转课堂等形式，培养学生团队合作精神，通过师生互动、生生互动，教师现身说法，达到师生情感的交流共鸣，使课程思政润物细无声地启迪学生心灵和情感。

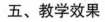

## 五、教学效果

立足于"三全"育人原理，通过精心设计课程教学，保障授课教学效果，达成教学目标。在教学过程中，坚持教书与育人有机统一，挖掘医德元素，显性教育与隐性教育相结合进行德育熏陶，在知识传播过程中实现价值引领。

通过知识点的讲授将基础医学院院训中的"明德、仁爱、厚基、笃行"与新冠肺炎疫情、健康中国、辩证唯物主义、知行合一有机结合，引起学生的情感共鸣，有效激发学生产生学习内动力，促进学生对专业知识的理解、掌握、拓展与深化。同时，让学生以前辈为榜样，坚定理想，培养对生命的尊重意识、对科学的追求精神、对医学的奉献精神、对病人的关怀精神，深刻感悟"生命、责任、担当"的意义，践行社会主义核心价值观。

## 六、教学案例对基础医学类课程的推广

在教学实施过程中，以学生为中心，坚持线上与线下结合、形态与功能结合、理论与实践结合、基础与临床结合、思政与专业结合，将社会主义核心价值观融入教育教学全过程。以学生自主学习能力培养为导向，将专业教学与价值引领相统一，综合运用多元化教学方法。如线上通过视频、PPT、完成测试题、作业、讨论、查阅文献等方法，培养学生自主学习能力；线下教学采用讲授、启发式、小组讨论、翻转课堂等形式，通过师生互动、生生互动达到师生情感共鸣，使课程思政润物细无声地启迪学生心灵和情感。围绕知识点，以学生关注、鲜活的现实问题和临床案例作为切入点，挖掘思政元素，培养具有团队合作精神和家国情怀的复合型人才。

本课程采用显性教育与隐性教育结合的思政教学模式，可供其他基础医学类课程借鉴并推广应用，使专业课程与思政教育同向同行，形成协同效应。坚持立德树人为中心，践行"一课一德"，提高学生的思想水平、政治觉悟、道德品质和文化素养，激发学生学习的内在动力，提高课堂教学效果和质量。

# 《毒理学基础实验》课程思政教学设计

公共卫生学院　张丽锦

该课程主要讲述毒理学基础实验的基本理论知识和基本技能，介绍不同外源化学物的安全性评价方法、检测指标及综合应用等，培养学生的科研创新思维和实践能力，融入大医情怀、敬佑生命、健康中国、环境保护、生态文明等课程思政点，培养学生医者仁心的情怀和德能兼修的素养。

## 一、课程定位

《毒理学基础实验》是对毒理学基础理论课程的实践，主要以动物实验为主要研究手段，评估外源化学物对健康的危害、机制以及检测预防策略的有效性。通过毒理学实验课程的学习，使学生掌握实验动物的一般操作技术、一般毒性和特殊毒性试验与评价方法，掌握外源性化合物致机体损伤及其机制研究的实验设计、实施和结果评价方法，从而培养学生独立解决实际问题的能力，提高学生的科研素质与创新意识，为学生今后从事相关科研、教学工作打下基础。

## 二、课程思政教学目标

《毒理学基础实验》主要讲授应用实验动物设计实验，评价外源化学物的毒性作用并研究其毒性作用机制，学生除了要掌握动物实验设计方法外，还需掌握实验动物基本操作方法以及其他实验技能。《毒理学基础实验》课程除了知识讲授和能力培养之外，一直在进行课程思政改革探索，挖掘其中的立德树人元素。在教学大纲、教学计划、备课授课、教学评价等教育教学全过程，达到升华学生"对生命的尊重意识、对科研的创新精神、对科学的追求精神、对环境的保护意识"的课程思政目标，巧妙地进行价值引领与知识传播的融通，实现立德树人润物无声，培养德才兼备的医学人才。

## 三、课程思政教学实施设计

《毒理学基础实验》课程充分挖掘蕴含在专业知识中的思政元素，自觉地把学生的专业知识、人文和思政素质恰当融合，把思政元素贯穿并渗透于课程教育教学活动的全过程，助力学生综合能力的全面发展。

1. 在毒理学实验概述、实验动物处理与样品采集、化合物经口急性毒性评价方法、外源化学物致突变作用及评价方法、实验动物神经行为学改变评价方法、外源化合物致实验动物氧化损伤的研究、外源化合物致实验动物神经递质损伤的研究等教学单元的讲授中，培养学生"对生命的尊重意识"。毒理学的研究方法主要有体内试验、体外试验、人体观察和流行病学研究等四种方法。其中，体内试验即整体动物实验，是毒理学研究中最重要的研究方法。在进行整体动物实验的过程中有时会使用成百上千只实验动物，可以说实验动物为医学的发展做出了巨大的贡献。在进行动物实验时应充分考虑动物的利益，善待动物，防止或减少动物的应激、痛苦和伤害，尊重动物生命，制止针对动物的野蛮行为、采取痛苦最少的方法处置动物；动物实验项目要保证从业人员的安全；动物实验方法和目的应符合人类的道德伦理标准和国际惯例。在讲授这些知识的过程中，能充分培养学生对生命的尊重意识。

2. 在化合物经口急性毒性评价方法、外源化学物致突变作用及评价方法、实验动物神经行为学改变评价方法、外源化合物致实验动物氧化损伤的研究、外源化合物致实验动物神经递质损伤的研究等部分突出"对科研的创新精神"的思政目标。这部分内容主要是讲授外源化学物各种毒性作用的毒性评价方法。在这部分中，有些实验对象和方法是传统的经典方法，也有一些实验方法与技术是在科技发展日新月异的情况下开发出来的新方法，这些新的实验方法可以更准确地检测外源化学物的毒性。同时，在动物伦理要求越来越严格的情况下，我们需要创新或改良实验方法，使使用的动物数量更少、动物的痛苦更小等。所以，在讲授知识的过程中，我们不断的穿插一些最新的研究结果和方法，让学生理解创新在推动科技进步过程中的巨大作用，培养学生的创新精神。

3. 在毒理学实验概述、外源化学物致突变作用及评价方法、实验动物神经行为学改变评价方法、外源化合物致实验动物氧化损伤的研究、外源化合物致实验动物神经递质损伤的研究等教学单元的讲授中，培养学生"对科学的追求精神"。毒理学实验研究的奠基人Paracelsus曾说：所有物质都是毒物，剂量将它们区分为毒物和药物。毒理学就是研究物质对生物体的损害作用和生物学机制，进行安全性评价和风险评估的科学。毒理学同时具有基础学科和应用学科特性，在化学品、药品、食品、化妆品等健康相关产品的安全性评价及管理中广泛应用。在这部分内容中，主要讲授如何设计各种体内或体外试验，研究物质对机体健康是否会产生有害影响及其毒作用机制。所以在讲授这些研究方法的同时，可以培养学生探索求真的理性精神、实验取证的严谨精神、批判创新的进取精神、互助共进的协作精神、自由竞争的宽容精神、捍卫真理的献身精神等一系列对科学的追求精神。

4. 在毒理学实验概述、化合物经口急性毒性评价方法、外源化学物致突变作用及评价方法、实验动物神经行为学改变评价方法、外源化合物致实验动物氧化损伤的研究、外源化合物致实验动物神经递质损伤的研究等教学单元的讲授中，培养学生"对环境的保护意识"。毒理学的研究对象包括物理因素、化学因素和生物因素等所有的有害因素，而在这些因素中，外源化学物因素是毒理学最重要的研究对象之一。环境中外源化学物种类繁多，新的化学物也以很快的速度不断被合成，这些化学物通过各种途径和人体接触后会对健康产生影响。如日本水俣病事件，在1956年日本水俣湾出现的一种奇怪的病，是最早出

现的由于工业废水排放甲基汞污染而造成的公害病，被称为世界八大公害事件之一。该病症状表现为轻者口齿不清、步履蹒跚、面部痴呆、手足麻痹、感觉障碍、视觉丧失、震颤、手足变形，重者精神失常，或酣睡，或兴奋，身体弯弓高叫，直至死亡。又如在外源化学物致癌作用单元中会讲授氯乙烯的致癌作用，氯乙烯是一种应用于高分子化工行业的重要的单体，在工业领域应用非常广泛。但该品为致癌物，可致肝血管肉瘤。通过这一系列知识的讲授，培养学生保护环境的意识。

# 《职业卫生与职业医学》课程思政教学设计

公共卫生学院　沈福海

该课程主要讲述职业卫生与职业医学的基本理论知识和基本技能，阐述如何综合运用所学知识防治职业病，培养学生的创新思维和实践能力，融入创新精神、职业道德、爱国主义、健康中国等课程思政点，培养学生德能兼修、遵纪守法、奉献社会的上医情怀。

## 一、课程定位

《职业卫生与职业医学》课程是预防医学专业本科第八学期开设的必修课程，也是预防医学专业的专业核心课程，是基础医学、临床医学和预防医学专业基础课的后续课程。该课程主要培养学生具备扎实的职业卫生与职业医学的基本知识、基本理论和基本技能，同时培养学生的职业卫生思维，增强其为保护广大劳动者身心健康而奋斗的信心与决心。《职业卫生与职业医学》课程的主要任务是识别、评价、预测和控制不良劳动条件对职业人群健康的影响。本课程的内容包括职业卫生和职业医学两个方面：职业卫生是从卫生学的角度出发，着重研究劳动条件及其对职业人群身体健康的影响规律和如何改善劳动条件，促进劳动者健康；职业医学则涉及临床医学的有关内容，即从临床的角度出发，着重研究职业性疾病在个体上的发生、发展规律和防治措施。本课程通过课堂讲授、讨论、翻转课堂等方式进行教学；在教学过程中，重视理论联系实际，培养学生自学、应用和创新能力，适当介绍本学科的发展新动态。本课程要求学生掌握基本概念、基本理论，掌握职业卫生与职业医学专业知识，并具有初步运用的能力，为今后从事相关工作和在公共卫生领域进一步发展奠定基础。

## 二、课程思政教学目标

立足课程思政的现代课程观，《职业卫生与职业医学》课程重新认识、重新定位和重新塑造了教学目标，在知识性和能力性目标之外，还将"全心全意保护广大劳动者身心健康"的课程思政目标融入其中，贯穿于课程教学大纲的各个单元，实现了课程思政建设与教学目标的契合，与教学内容的融合，与教学素材的整合，与教学过程的结合。

## 三、课程思政教学设计

课程采取"知识讲授+自主探究+思政元素"的教学设计模式，在讲授理论知识的同时以职业病防治为主线进行自主探究活动，融入隐性思政元素，培养学生职业卫生与职业医学思维和专业知识应用能力，潜移默化地进行科学精神、价值取向、伦理规范下的公共卫生院预防医学工作者的责任、情怀与担当，并形成特色的课程教学设计："一条主线+

两个核心要素+三个课程案例库+四个中国系列模块+五个教学实施环节。"

**一条主线**：以习近平总书记"拿起科学武器勇于创新，才能实现振兴中华民族伟大梦想"——科技创新；"以人民为中心，以健康为根本"——健康中国为主线，培养和增强学生以创新健康理念进行职业病防治的意识。

**两个核心要素**：促进学生知识传授、能力培养与价值引领有机统一，以思维培养和全心全意为劳动者服务素养为核心要素，通过职业卫生与职业医学知识的讲解，构建逻辑思维；通过整体性实验项目的选取，提升专业思维；通过相关专业技术方法的掌握，培养创新思维；通过现场实战性的实验课和翻转课堂，拓展专业思维，践行医者仁义。

**三个课程案例库**：在教学过程中挖掘思政元素，促进学生知识传授、能力培养与价值引领的有机统一，形成三个课程资源案例库：一是以爱国情怀、民族创新、伦理道德及以人为本等为主要内容的思政元素库；二是以诚信为善、健康中国、民族自信、实践运用等为主要内容的生活案例库；三是以前沿进展、奉献精神、生命至上、人文关怀等为主要内容的典型职业病事件案例库。

**四个中国系列模块**：模块一讲好中国故事，讲解科学家故事、民族文明故事及知识拓展故事；模块二讲好中国情怀，讲解职业卫生与职业医学工作者的职责和关爱、树立学习的决心和信心、奉献医者的仁心和爱心；模块三讲好中国制造，讲解自主创新、迎难而上，科技创新、勇于担当，民族创新，助力健康；模块四讲好中国精神，讲解医德——人生领航，医风——价值所现，医心、大道所向。

**五个教学实施环节**：以学生为主体、以教师为主导、以体验为关键、以网络 为载体，通过"课前+课中+课后+自主探究+实验实践"五个实施环节，完成教学，实现隐性教育与显性教育相统一。

## 四、课程思政元素的融合

结合职业卫生与职业医学发展史，讲好科学家的故事。在讲述职业卫生与职业医学发展史时，通过职业卫生与职业医学的发展与现状、学术研究和技术突破、实验室新方法和质量控制的发展、医学研究领域中的角色和地位，追溯其发展历史，突出其与基础医学、现代科学技术和临床医学等相互渗透的特点，完成从了解疾病、诊断疾病、治疗疾病到预防疾病全过程的理性认知和正确思考。

好的开始是成功的一半，首堂课进行"少年中国说"活动，增强奋发学习、报效祖国的动力，树立实现心中职业梦想的信心和决心。通过讲解中国职业卫生与职业医学的发展史，引出我国职业卫生与职业医学的奠基者——吴执中。

吴执中三次组建专业，其中最突出的是第三次组建的职业病专业，成绩最大，填补并发展了预防医学领域中的空缺。随着工业发展，职业病发病情况日益严重。1957年，卫生部颁布了职业病范围与管理办法的文件，宣布了职业病专业正式成立。吴执中受命负责中国职业病专业的创立工作，很快就在尘肺的防治、铅中毒、苯中毒、汞中毒及农药中毒诊疗规律等方面做出了第一批防治成果。在吴执中的领导下，中国职业病诊疗水平提高很快。1980年他辞世前，全国职业病防治网络已基本形成。通过案例的讲解，让学生体会"有条件要上，没有条件创造条件也要上"的实干精神，让科学家们的家国情怀与科学精神成为新时代中国人砥砺前行的榜样。

结合职业卫生与职业医学基础知识，讲好中华民族文明的故事。在绪论和职业生理、职业心理、职业工效学部分，让学生从整体上了解职业卫生与职业医学的基本任务，培养学生的职业卫生与职业医学的整体思维和人群观念；了解职业卫生与职业医学的基本概念、人类工效学的基本原理与应用、作业能力的动态、主要影响因素及其改善措施；熟悉职业性有害因素与职业性病损、体力劳动时机体的调节与适应、劳动过程中有关疾病及预防，熟悉职业紧张的诱因及其消除职业紧张的方法；掌握职业性有害因素的致病模式与职业病的特点、职业卫生与职业病防治工作中的三级预防原则，掌握职业紧张的概念。

在生产性毒物与职业中毒部分，着重介绍工作场所存在的化学毒物及其对人体的健康损害，掌握各种化学毒物的毒作用机理、临床表现、诊断治疗及其防护措施，培养学生具备防治广大劳动者健康损害的专业能力；了解各种生产性毒物的理化特性和存在状态和环节，毒物进入人体的途径，毒物在体内的过程，影响毒物对机体毒作用的因素等。

在生产性粉尘与尘肺部分，着重培养学生认识粉尘的危害和尘肺病患者数量的庞大和患者的病痛的严重性。通过对生产性粉尘，尤其是矽尘对人体危害及其特点的学习，培养学生分析职业性有害因素及其致病机制、防治原则等方面的能力；通过了解粉尘的来源与分类、粉尘危害的控制措施、矽肺的诊断和治疗原则。熟悉粉尘对健康的影响，游离二氧化硅的致病机制；掌握生产性粉尘和矽尘的概念、粉尘的理化性质及其卫生学意义、游离二氧化硅粉尘对人体的危害、矽肺的病理改变及其诊断。

在物理因素部分，使学生认识到物理因素危害的普遍性。通过对高温、低温、高气压、低气压、噪声、振动、电离辐射与非电离辐射等物理因素对人体危害及其特点的学习，培养学生分析不良气象条件及其健康损害机制、防治原则等方面的能力。

在生物性有害因素部分，使学生了解工作环境中，劳动者所受炭疽、布氏杆菌、艾滋病病毒、森林脑炎病毒等生物性有害因素的影响，并结合新冠病毒疫情，着重介绍医务工作者所面临的生物性有害因素的危害。

在职业性有害因素识别、评价与控制部分，从整体上评价某一岗位、某一企业存在的所有职业性有害因素，重点讲授各种有害因素综合识别评价与控制的方法。

在各行业职业危害部分，让学生查阅资料或者深入到某一个或某几个行业内部亲身体会劳动者所处的工作环境，并且制作课件或视频资料，让每一名学生亲自讲授某一行业存

在的职业性有害因素、对劳动者造成的健康损害及其防护措施，并将自己讲授或表演的视频资料和文字资料上传到学习平台上。

## 五、教学效果

通过精心设计课程教学，保障授课教学效果，达成教学目标。在教学过程中，坚持教书与育人相统一，挖掘并积累思政元素，以"春风化雨、润物无声"的形式，隐性融入预防医学专业课程课堂教学环节，不断丰富课程思政的内涵，在传授专业知识的同时，引领学生思想、塑造价值观、培养家国情怀。学生通过课程学习，深刻认识到在职业卫生与职业医学工作过程中，感受中国力量、中国制造、中国精神、中国故事，感受作为新一代青年医生的责任与担当，建立我们的民族自豪感、民族自信心、民族创造力，感受在党的领导下，健康生活的幸福和美好。

# 《生物化学B》课程思政教学设计

生命科学学院　高　爽

该课程主要讲述生物化学的基本理论知识和基本技能，阐述生命物质的化学组成、结构及生命活动过程中的各种化学变化，培养学生的创新能力和医学思维方式，融入创新精神、爱国主义、健康中国、尊重患者等课程思政点，培养学生德能兼修的素养和医者仁心的情怀。

## 一、课程定位

生物化学是生命科学领域重要的基础学科之一，是研究生命物质的化学组成、结构及生命活动过程中各种化学变化的基础生命科学。《生物化学B》课程是面对口腔医学专业和医学检验专业开设的一门专业基础课程，主要向学生传授生物大分子的结构与功能；生物体重要物质代谢的基本途径、主要生理意义、调节以及代谢异常与疾病的关系；基因信息传递的基本过程、基因表达调控的概念；各组织器官的代谢特点及它们在生命活动中的意义等知识。该课程为学生学习其他基础课、专业课乃至毕业后的继续教育、相关学科的研究工作中在分子水平上探讨疾病的病因、发病机理及疾病诊断、预防、治疗奠定理论与实验基础。

课程以多媒体教学为主，同时建设网络教学平台，采用线上线下混合教学模式，采用启发式、课堂讨论、基于问题的情景教学、案例分析、翻转课堂等混合教学方法，遵循OBE理念，注重学生在教学活动中的主动性，以实现学生对知识的彻底理解和掌握的教学目的。

## 二、课程思政教学目标

《生物化学B》课程作为一门理科课程，开设在大学二年级，立足课程思政的现代课程观，重新认识、重新定位和重新塑造了课程思政教学目标，在教学过程中，逐步渗透"辩证唯物主义"的世界观，培养学生的整体意识、家国情怀、科学素养、创新能力、医学思维和人文关怀，结合教学内容的具体特征，将课程思政目标融入其中，贯穿于课程教学大纲的各个单元。

## 三、课程思政教学设计

构建以"OBE"为教育理念的教学模式，强调以学生为中心，以产出为导向，激活课堂，激发学生的学习兴趣，点燃学习热情，形成自主、合作、探究型的多元化教学模式。

1. 基础科学与医学相联系：根据新医科人才培养目标，在生物化学的课程内容中引入

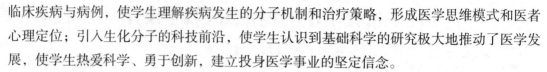

临床疾病与病例，使学生理解疾病发生的分子机制和治疗策略，形成医学思维模式和医者心理定位；引入生化分子的科技前沿，使学生认识到基础科学的研究极大地推动了医学发展，使学生热爱科学、勇于创新，建立投身医学事业的坚定信念。

2. 探究活动与翻转课堂相配合：以随机选人的方式构建学习小组，布置探究式课题任务，促进学生自主学习，鼓励生生互助讨论，采用课堂展示、答辩、讨论的模式，挖掘课程深度，拓展知识广度，提升认识高度，培养学生综合、分析、解决复杂问题的能力。

3. 培养人文情怀：在中国贡献和先辈精神的感染下建立民族自信和爱国情节，从病患角度感受疾患困苦，以医者出发唤起责任、关怀，使学生成为"仁心、仁术、仁义"的好医生；倡导积极健康的生活方式和乐观向上的生活态度，能够接纳自我、承受挫折、热爱生活。

### 四、课程思政元素的融合

在教学过程中，根据各个教学单元的内容和特点，选取更切合的课程思政教学目标融入，并配合相应的教学活动设计，促进知识、能力和课程思政教学目标的同步有效达成。

1. 在蛋白质的分子结构、酶的形式以及分子生物学部分基因复制、转录、翻译等内容的讲授中潜移默化地渗透"辩证唯物主义"的世界观。进化论为辩证唯物主义奠定了基础，而在生物化学的角度也存在很多生物进化的证据，《生物化学B》作为生命科学的专业基础课程，面向医学等相关专业开设，在促进、巩固、塑造学生的"辩证唯物主义"世界观方面存在一定的影响。学生只有在观念上接受了辩证唯物主义的内涵，才能真正相信科学、相信医学，热爱自己将要投身的医学事业。

通过比较不同物种同源蛋白质的结构演变，原核生物和真核生物在基因复制、转录、翻译中的特点和异同，来揭示分子进化的规律和证据。例如，讲到DNA的损伤修复使突变率极低，但应该引导学生辩证地来看待突变，突变尽管对于个体而言是一种DNA损伤，但放置于历史的长河中，突变是进化、分化的分子基础；结合如今肆虐全球的新冠病毒疫情，解释流感病毒之所以每年都有新型毒株，就在于其突变率极高而适者生存，这对病毒而言就是一种"进化"；我们每年也会研制新型的流感疫苗来应对病毒可能的突变，所以流感疫苗需要每年接种。在讲授过程中并不采用说教的方式，而是通过教学内容的讲解来促进学生从辩证的角度来分析问题，用发展的眼光来应对变化。再如，蛋白质降解中讲到的"泛素"，是进化上极其保守的一种蛋白，而极其保守又意味着相当重要，否则稍有变异则生物体死亡。由此引发学生思考，面对大学生活和将来的社会环境，我们是要不断"进化"自身以适应环境，但也要保有最本真的品质如诚实、善良等，否则就会随波逐流、迷失自己。

2. 在糖代谢、脂质代谢、氨基酸代谢、核苷酸代谢的讲授中强调生物体的整体性、统一性，培养学生的"整体意识、家国情怀"。整体是由部分构成的，部分又从属于整体，学生形成的这种整体观的思维意识能够帮助学生理解一个生物体的整体性、统一性，在之后生理学、病理学以及专业课程的学习中形成系统连贯的知识体系，在疾病诊断、预防、治疗中从整体着眼去分析解决问题。这种整体性不仅是生物体，小至家庭、大至国家也是如此，在教学的过程中逐步推进学生形成从整体着眼的思维方式，树立全局观念，爱国、爱家。

通过归纳总结各个代谢途径之间的交叉关联，分析代谢调节从细胞层面到生物体整体层面上的从属关系，促进学生形成从整体着眼、大局角度去分析、解决问题。例如，酶的两种快速调节机制：别构调节与细胞水平上需求相适应，而共价修饰反映整个机体对代谢的调控作用，比较而言共价修饰的作用效果明显强于别构调节。由此可见，细胞的调控从属于机体的调控，部分的需求要让位于整体的需求。在新冠疫情最严重的时期，要从全局着眼，响应国家号召，接受出行管制，就是个人需求让位于整体需求的表现，而全国人民上下一心，也才使得疫情得到有效控制，从而保障了个人的身体健康和社会的稳定。

3. 在核酸功能的研究发现、DNA双螺旋结构的确立、三羧酸循环、脂肪酸的氧化分解、DNA的半保留复制、端粒的功能研究等部分，介绍科学家们的研究背景、实验设计和艰苦卓绝的研究历程，传播科学家探索的勇气、坚韧不拔的精神，培养学生的"科学素养、创新能力"，鼓励学生热爱科学、追求科学，传承科学家的高尚品格。只有让学生从内心热爱科学、珍惜成果，才能够有利于学生学习枯燥的理论内容，并激发学生的自主学习动力和克服学业困难的毅力。

通过介绍生物化学史上的重大事件、经典实验背后的人物和故事，唤起学生的情感认同。比如，通过DNA半保留复制的实验介绍，强调当时的实验条件和技术的限制，一个科学发现需要十分精巧的实验设计，启发学生要努力学习并建立科学的思维模式，培养创新意识；通过DNA双螺旋结构确立的历程，启发学生了解一个问题的解决需要一个人甚至几代人努力才能达成，使学生珍惜能够学到的科学成果，并激发学生追求科学的志趣；通过ATP合酶结构的阐明、端粒的功能研究等获得诺贝尔奖荣誉的故事，启发学生基础科学的研究对生物学和医学的发展、对社会进步的推动起到了巨大的作用，提醒学生重视基础科学的研究，而不是仅怀着成果导向、急功近利的研究动机。

4. 在蛋白质含量测定、糖脂代谢的协调、维生素功能的介绍、分子病和先天性代谢缺陷疾病的发病机制等部分的介绍中，突出生物化学与人们的日常生活和生命健康息息相关，培养学生的"医学思维、人文关怀"。学生只有具备医学思维方式和专业的知识基础，才能透过症状、指标、参数这些表象，找出疾病的病因、发病机理，达到医术高明；而只有具备人文关怀，才能深切地体验患者的内心感受与疾病痛苦，成为"仁心、仁术、仁义"的好医生。

通过启发式、问题式的教学方法，让学生结合自己的生活经历、社会认知去理解课程中的相关知识。比如，通过镰刀形红细胞贫血症、地中海贫血症、巨幼红细胞贫血症的分析比较，让学生理解同样的症状可由不同的分子机制形成，只有透过现象看本质，才能找出疾病的病因，对症治疗；通过糖、脂代谢的调节特征，使学生懂得关爱糖尿病病人、肥胖症患者，并告诫学生养成良好的生活习惯、关心自身和他人健康；通过蛋白质测定技术"凯氏定氮法"和"三聚氰胺事件"的因果关系，要学生直面当代中国社会的现实问题，激发学生的社会责任感，追求公平正义。

## 五、教学效果

通过精心设计课程教学，保障授课教学效果，达成教学目标。在教学过程中，不断丰富课程思政的内涵，学生在知识学习、师生互动中，形成积极健康的生活方式和乐观向上的生活态度，自我认同，民族自信，爱国爱家，树立报效祖国的远大理想；在学经典、学大家中建构坚持不懈的科研精神和医者仁心的职业信仰。

# 《生物多样性与保护》课程思政教学设计

生命科学学院　尹守亮

　　该课程主要讲述生物多样性的概念、生物多样性的价值、生物多样性丧失的主要原因、保护生物多样性的原理和方法、保护生物学的实施措施以及生物多样性保护的有关协定、法规和行动计划等内容。通过学习，培养学生知识迁移运用能力和创新实践能力，融入尊重自然规律，提高生态环境保护意识及共同构建人类命运共同体等课程思政点，培养学生树立全球观念，提高保护物种资源多样性的意识，运用所学的知识积极推动社会主义生态文明建设。

## 一、课程定位

### 1. 课程性质

　　《生物多样性与保护》课程主要是针对生物信息学专业三年级学生开设的专业选修课程，共32学时，2.0学分。

### 2. 课程地位

　　学生通过本门课程重点掌握保护生物学、生物多样性的相关概念；掌握生物多样性丧失的主要原因；熟练掌握保护生物学的实施措施；了解生物多样性的价值；了解在不同层次上开展保护生物多样性的措施和方法；了解生物多样性保护的有关政策和法规。

### 3. 课程教学内容与意义

　　本课程采用启发式教学引入生物多样性相关概念、对一些热点问题进行课堂讨论，通过基于问题的情景教学来实现教学目标；采用讲授法阐明本门课程基本理论概念，引导学生分析和认识问题，组织学生以小组为单位，围绕生物多样性的影响因素进行讨论。

　　本课程介绍人类对生物圈产生的巨大冲击，如全球变暖、臭氧层缺损、环境污染、生物种群数量急剧减少、土地沙漠化以及生物多样性快速丧失等诸多问题，这些问题的解决都与生态环境保护以及自然资源的合理利用密切相关。生物多样性是人类赖以生存的物质基础，也是地球生物圈的存在形式。《生物多样性与保护》课程是学习物种保护、环境污染治理等相关知识的前导课，具有夯实基础、树立环保意识的功能属性，是开展生物多样性与环境保护教育的重要组成部分。本课程重点阐释了人类应该采取哪些措施保护和管理生态系统，维持生物多样性的持续发展，促进人与自然的和谐共处。

## 二、课程思政教学目标

　　课程目标1（知识目标）：生物多样性保护和持续利用是当今社会普遍关注的重要问题之一。通过本课程的讲授以及国内外保护生物学和生物多样性科学领域的最新研究成果及成功案例的学习，使学生掌握保护生物学的范畴和基本原理，熟谙生物多样性的概念和价值。

课程目标2（能力目标）：学生通过课上所学的保护生物学基本理论，能够对我国保护生物学的现状和发展有一个全面的认识，具备倡导他人保护自然的能力。

课程目标3（素质目标）：懂得如何在保护生物学理论的指导下更好地保护生物多样性，培养热爱自然，保护自然的意识和责任感，为今后从事相关工作打下坚实的基础。

课程目标4（思政目标）：增强学生环境保护、可持续发展意识，培养学生树立和谐发展观、科学发展，坚持党的正确领导，全面推动人类命运共同体理念的发展。

### 三、课程思政教学设计

#### 1. 课程教学设计模式（配教学设计图）

《生物多样性与保护》作为一门研究如何保护生物物种及其生存环境的科学，具有较强的综合性、交叉性、开放性、实践性等特点。本课程采用"讲授——调查——反思"三位一体的教学设计模式：在《生物多样性与保护》课程教学过程中，运用案例教学激发学生学习兴趣；开展多种类型，多种方式调查调研活动，亲身体验和深化课程思政理念（保护物种意识、保护环境意识、保护生态意识、生物多样性意识、可持续发展意识）；开展小组讨论和总结，升华内在思政精神（环境伦理观、生态文明观、科学发展观、可持续发展观、人类命运共同体）。

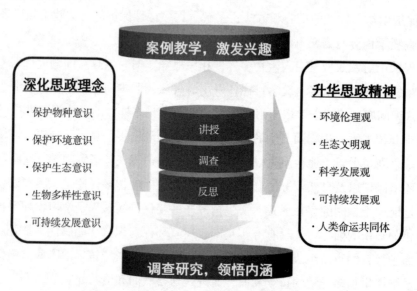

**图1　课程思政设计模式图（"讲授——调查_反思"三位一体）**

#### 2. 课程教学特色与创新

"讲授——调查——反思"三位一体教学模式的构建与实施，使课程本身在内容体系、授课方式、教学方法、考核评价模式等方面都得到改进和完善，减轻学生学习负担。

课堂上学生重点在于理解基本概念，教师借助课件、视频和讲授潜移默化的传授知识，拓宽视野，激发学生学习兴趣，注重学生交流和讨论的内容。通过挖掘具体的教学案例、发挥各门课程所蕴含的思想政治教育元素，并有机融入教学过程中。为了深化课程思政理念和课程思政精神，组织学生课外调研，思考总结，讨论交流，使学生的知识，能力，素质和思政等综合水平都得到逐步提高。

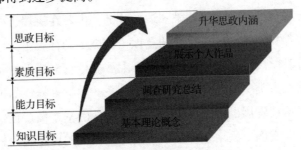

**图2　课程教学目标实现过程**

### 3. 课程教学设计如何体现课程思政教学目标

（1）"讲授"：严格遵循真实性、典型性、适用性等原则，恰当选取和运用案例，激发学生的学习兴趣。授课过程中注重专业知识的系统传授，同时兼顾学生的能力培养和专业素质的提升。通过合理选用生物保护研究案例，适时运用到实际教学中，并引导学生通过对具体案例的分析和讨论，促进学生对专业理论知识的理解，锻炼和培养学生发现问题、分析问题及解决问题的能力。

（2）"调查"：注重教师主导作用和学生主体作用的发挥。安排学生预习相关内容，例如要求每名学生查阅一篇近三年发表在国际学术期刊上有关"全球变化与生物多样性保护"的研究论文，进行翻译与解读，并按教师给定的格式制作成ppt课件，在课堂上进行解读和交流，使广大学生既了解了学科研究进展情况，又锻炼提升了文献检索、英语翻译、报告交流的能力。此外，结合本校校园绿化植物物种多样、资源丰富的实际，建议学生对校园行政办公区、文体娱乐区、教学区、宿舍区等区域进行植物多样性调查，并比较分析不同功能区植物物种多样性水平和物种配置特点等。

（3）"反思"：在《生物多样性与保护》课程的教学过程中，根据各个教学单元的知识内容的特点，以思政教学目标为出发点，合理安排授课内容，逐步实施课程思政教学计划，使学生逐步接受和认同专业课程之中所蕴含的各类课程思政理念。教师从多个不同的角度，采用多种教学手段，分别阐释本门课程的思政目标，潜移默化的向学生传达正确的思想政治教育理念，培养学生树立正确的世界观、人生观和价值观。同时，恰当使用多种教学方法，多管齐下，让"思政元素"与课堂教学的各个环节相互渗透，增强学生的社会责任感和使命感，最终实现立德树人的根本目的。

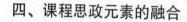

### 四、课程思政元素的融合

**1. 根据教学设计，进行具体内容的阐述。**

第一篇，生物多样性内涵。

这部分内容包括生物多样性的概念、生物多样性的发展、全球物种多样性、遗传多样性等在维持生态系统稳定中的作用等基础知识。此部分内容在讲授过程中重点突出"树立全球观念，提高学生保护物种和保护生态的意识，积极推动社会主义生态文明建设"的思政教学目标。这部分教学内容的核心在于教授学生掌握生物多样性的研究内容，全面理解全球生物多样性现状，人类文明与生物多样性的关系，生物多样性的价值及意义，以及生物多样性与中国的可持续发展的关系。由于涉及理论性的基本概念比较多，应多结合具体的社会现象和各种生活案例，采用多种教学手段融入相关的思想政治教育理念，提升课堂的"新意"，增加课堂生机和趣味性，促进学生的融入性和归属感。

本部分内容涉及许多国际性的案例，通过这些国际性的案例培养学生树立全球观念。如联合国人类环境会议是讨论当代环境问题的第一次国际会议，会议通过了《联合国人类环境会议宣言》，呼吁各国政府为维护和改善人类环境，造福全世界人民，造福子孙后代而共同努力。《生物多样性公约》是一项保护地球生物资源的国际性公约，旨在保护濒临灭绝的植物和动物，最大限度地保护地球上多种多样的生物资源。

我国虽然地大物博、物产丰富，但是人均资源占有率很低。人类不断利用自然资源满足自身生存和发展的需要，但也必须尊重自然，保持生态的稳定性。物种多样性和生态平衡是人类赖以生存和发展的基础，加强生物多样性和生态多样性的保护工作，对于维护生态安全、改善人类生存环境等具有重要意义。通过对物种多样性，遗传多样性，生态多样性等具体概念的学习，提高学生保护物种和保护生态的意识。

"没有生态，谈何文明。"授课过程中向学生重申生态文明不仅是对历史经验的理论总结，同时也是未来文明发展的期许。通过多媒体视频播放一些生态文明建设成功的案例，阐释生物多样性与生态文明的紧密关系，实现生态文明需调整人类多种生产和生活活动，反复向学生强调"教育能够引领生态文明的发展，开展全民生态文明宣传活动，加强社会群体的生态文明教育"。

第二篇，生物多样性危机。

这部分讲授本地物种、外来物种、生物入侵等概念；外来入侵种的传播途径以及外来物种的入侵机制、人类活动对生物多样性的影响等内容；通过多媒体视频或图片等具体的"生物入侵"案例，分析外来入侵种对社会经济和人类健康造成的种种影响。在这部分知识内容的讲授中，重点融入"树立正确的核心价值观和科学的生态观"的思政目标。

通过学习生物多样性面临的威胁以及生物多样性丧失的原因，使学生对生物多样性及保护有一个全面的认知和了解，培养学生保护生物多样性的意识，唤起学生关于物种灭绝和环境破坏的忧患意识。在讲授气候变化与生物多样性、人类活动与生物多样性的关系时，结合当前时政热点新闻和具有代表性的案例事件，重点向学生强调"绿水青山就是金山银山"等理念，强调加强生态文明建设的重要性，帮助学生树立正确的社会主义核心价值观，培养学生要形成良好的生态素养，增强保护物种多样性和保护生态平衡的责任感。在新时代背景下，通过本部分内容的思政学习，全面提高学生的生态意识，牢固树立科学的生态观，激发学生保护环境及生物多样性的动机，增强学生积极参与的意识，深刻认识保护生物多样性的重要意义。

第三篇，生物多样性保育。

该部分教学内容主要包括生物多样性信息收集与管理、生物多样性保育的基本理论、物种多样性的迁地保护、生物多样性的迁地保护与自然保护区的规划管理和可持续发展、恢复生态学等知识。在此部分内容的授课过程中，适当融入"人类命运共同体，生态环境保护意识，正确的环境伦理观"等思政元素。

生物多样性保育的基本理论中涉及的概念比较抽象，将"人类命运共同体"的思政元素融入保育学的基本理论中，可以加深学生对于基本理论概念的理解，并使其升华到一个更高的层次，结合当前党的十九大报告对人类命运共同体的内涵作出的明确阐述：建立"持久和平、普遍安全、共同繁荣、开放包容、清洁美丽"的世界，唤起学生学习生物多样性的兴趣，并亲身投入到实际的生物多样性保护的行动中去。

围绕"生物多样性和物种多样性迁地保护"等授课内容，渐进地融入加强生态环境保护意识的思政元素，使学生对生物多样性保护有一个全面的认识和了解，提升学生保护生物多样性的意识。通过课堂讨论、基于问题的情景教学、案例分析等教学方式，将具体的生态环境污染案例融入课堂之中，激发学生的学习兴趣和热情，了解我国以及全球生态环境的研究现状，培养学生树立正确的核心价值观，能够将课堂上所学的知识和技能用于生态环境保护建设中去。

环境问题已成为当今世界最热门的话题之一。在讲授"自然保护区的规划管理和可持续发展"内容的过程中，培养学生形成正确的环境伦理观。任何事物的生存和发展都离不开环境，随着科学技术的全面发展，人类与其生存发展环境的关系越来越密不可分，因此，对于环境问题和可持续发展的研究也是本门课程的重点内容。通过融入可持续发展环境伦理观的理念用以促进人与人之间以及人与自然之间的和谐相处，使学生发自内心地认识到自己的生活行为对他人、社会、后人和生态环境的影响。

**2. 适当进行相关视频制作和二维码的插入**

为进一步加强学生对本门课程相关理论的理解和掌握，增加学生的学习兴趣和热情，本门课程适当引入相关网络教学视频链接，学生通过扫描相关二维码就能轻松访问学习。

教学视频是将教师要传授给学生的知识、技能等内容制作成视频，以现代化多媒体辅助教学。这些视频可以帮助老师更加生动、形象的展现出在课堂上难以甚至无法实际操作的部分内容，同时又能真实的记载下教学内容，方便学生能够随时随地反复学习，是现代化教学的重要辅助工具。

举例：

案例I：学习生物多样性概念和重要性

### 生物多样性与保护
华北理工大学　生命科学学院

**生物多样性概念**
生物多样性为什么这么重要？

案例II：生物入侵与人类命运共同体

### 生物多样性与保护
华北理工大学　生命科学学院

**生物入侵案例**

人类命运共同体重要意义

## 五、教学效果

《生物多样性与保护》课程采用"讲授——调查——反思"三位一体教学模式，使课程本身在内容体系、授课方式、教学方法等方面都得到改进和完善。通过问卷调查和讨论会的形式，对保护生物学课程教学效果和思政目标达成情况进行摸底，使学生在学习动力、学习毅力、学习能力、学习评价力、学习转化力、学习创新力等多个方面都得到较大提升。

教学改革效果主要表现为三个方面内容：① 学生课程学习的目的性得到强化，其课堂学习和课外实践的参与度有了大的提升；② 学生自主学习意识和能力均较以前得到大幅度提高；③ 通过积极开展和参与课外实践训练活动，制作和参展自己的作品，学生理论联系实际以及现象观察和问题分析的能力都得以锻炼和提高，学生的思政精神得到升华。

# 《作业治疗学》课程思政教学设计

护理与康复学院　许丽雅

该课程主要以临床应用为立足点、以创新能力为培养目标，涉及到各种临床疾病的作业治疗理论和方法，培养学生"以人为本，全人理念"，融入实践能力、奉献社会、改革创新、仁爱之心、以人为本等课程思政点，培养学生全心全意为患者提供康复服务的专业精神和以人为本的健康意识。

## 一、课程定位

《作业治疗学》是康复治疗学专业的必修课程，以临床应用为立足点、以创新能力为培养目标，其涉及的各种临床疾病的作业治疗理论和方法，是康复治疗学专业人才必须具备的专业核心知识。本课程通过使用PBL、CBL等教学方法，借助小组讨论、翻转课堂等多种教学方式使学生能够系统地识记基础概念，应用MOHO模式、PEO模式、OP模式等为患者提供针对性、全方位的作业治疗方法，为学生后期进入临床实践打下基础。

## 二、课程思政教学目标

立足课程思政的现代课程观，《作业治疗学》课程在知识性和能力性目标之外，还将"以人为本，全人理念"的课程思政目标融入其中，即建立以人为本的整体健康意识，严谨求实，富有责任心和爱心，具有团队合作精神和全心全意为患者提供康复服务的专业精神，实现课程思政建设与教学目标的契合，与教学内容的融合，与教学素材的整合，与教学过程的结合。

## 三、课程思政教学设计

《作业治疗学》课程思政设计遵循"以人为本"的整体健康意识，附以创新创业、爱国主义与科学思维等，并配以相应的教学活动设计，促进知识、能力和课程思政教学目标的同步有效达成。

医学是一项复杂的科学，同样的疾病也因人而异，对于同一种疾病，包括病因、病情评估、诊断治疗决策和预后判断等方面必然存在许多差别。因此，在作业治疗的过程也需要因人而异、因财而异、因地而异、因时而异，故医生行业难，难于同类疾病不同患者间的"无法炮制"。

为了达到针对性的康复治疗效果，康复治疗师需要以患者的功能障碍为中心，以患者的个人因素为主导，在患者期望值的基础上设计治疗方案，并帮助患者重返家庭与社会。故本课程思政教学秉持知识育人、思想育人、审美育人和立德树人相结合的育人理念。在教学设计中：首先，明确教学目标，确保素质目标与课程内容相统一，根据教学内容挖掘思政元素，保证在完成知识目标和能力目标的同时，顺利实现思政目标。如在作业治疗概述中，对于作业的内涵、范畴、层次，作业治疗的概念、实践模式、临床思维方法等基础知识的讲授部分突出"以人为本的整体健康意识"的思政目标。通过深刻剖析作业治疗实践模式，使学生在专业视角上明确人——作业——环境之间的作用关系，构建作业治疗临床思维体系。在感觉统合训练章节，强调以理论知识为依据，通过儿童日常作业表现评估感觉统合问题，教学过程中在讲解大脑对感觉信息的统合过程与适应性反应相互关系的基础上，分析视频案例，即通过观察儿童作业表现，分析存在的感统问题，强调认识事物的本质，把握事物的规律，并在规律性认识的指导下去实践，以达成"科学思维"的思政目标。

其次，设计有效的教学过程，充分发挥学生的主体作用，引导学生自主思考和主动实践，在获得知识与技能的同时，培养良好的职业素质，树立正确的世界观、人生观和价值观。

最后，在运用传统教学方法的同时，要积极采用现代先进的教学技术和教学手段，提升教书育人的质量和效率。

其课程思政教学设计见下表所示。

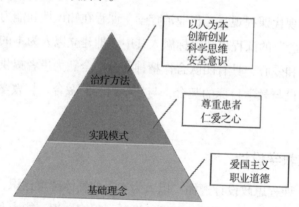

## 四、课程思政元素的融合

在日常教学中，要充分利用专业课程的特色资源，结合作业治疗师的岗位胜任能力要求，梳理专业人才培养和道德品质教育的共同点和关联点，根据教学目的系统设计教学内容和教学方法，旨在将教学内容与思政教育深度融合，更好地与岗位任务对接，培养出具有工匠精神、技能精准的优秀作业治疗师。具体实践探究如下：

**1. 深植爱国主义情怀**

立心铸魂、笃志润德，深刻认识到爱国主义精神的实质和丰富内涵，并将其贯穿至教育教学的全过程。在课前或课间播放爱国题材的视频、歌曲，既丰富学生课间生活，又能通过潜移默化的作用，在学生心中深植爱国主义情怀。

### 2. 重视第一课

第一课播放《走进医师系列——励建安教授专访》，帮助学生学习康复前辈们为康复医学做出的不懈努力、精益求精的工匠精神，了解康复医学的发展历程，树立学生们的专业信心。同时，给学生分享前沿康复资讯，帮助学生了解康复医学是一门需要不断学习、终身学习的学科，培养他们学无止境、积极进取的态度。

### 3. 案例带入

《作业治疗学》教师团队梳理教学素材，从康复科、骨科、神经内外科等处收集康复案例，或者借助书籍、网络把康复治疗师与患者、与患者家属沟通中所有的问题整理出来。每次课前给学生分享一个小案例，小组讨论后进行情景演绎，并对学生强调，在收集病史和进行康复过程中，要学会换位思考，要有足够的耐心，更要有对生命的敬畏感，这样才能在患者的配合下完成康复治疗工作。

### 4. 小组互助模式，助力学生成长

4—6人一组，针对老师布置得课后任务，或演绎情景剧，或展开案例分析讨论，以小组为单位共同完成。在团队合作的情况下又各有分工，每个人都能找到自己的定位，互助成长，增加学习的兴趣，培养学生团队协作能力。

### 5. 提高安全意识

在作业治疗的工作中，治疗师会遇到很多突发状况，例如病人跌倒、血压突然增高等。为了能更好地应对突发情况，在日常教学当中，应该引导学生多关注患者的面部表情，多问询患者的治疗感受，在进行评估之前要先确保患者生命体征是平稳的，在评估过程中，要有保护患者安全的意识，还应加强学生对于生命体征评估的相关操作，一旦患者出现突发情况，能快速地进行急救。在日常教学中，可适当进行情景演练，提高学生们对于突发事件的应急处理能力。

### 6. 创新创业教育

课程整体设计时将创新教育融入思政教育中。在思政教育理论和实践教学环节中，潜移默化地培养康复专业学生的创新思维、创造意识，强化就业创业技能培训。针对康复专业学生的就业创业教育并非简单的进行职业技能灌输，而是要理论结合实践，实现学生就业创业上的思维创新，如以学校创业孵化园为平台，在老师的指导下，积极开展创新创业实践活动，积极备战互联网＋等创新创业大赛。借助思政教育中的理论教育环节，帮助学生认清市场经济、社会环境的变化，认清康复专业发展趋势，认清康复专业快速发展期的机遇和挑战，以创新教育促使康复专业学生在就业创业方面更具开放性视野。

### 7. 充分发挥科普的力量

作为一名作业治疗师，在治疗的过程中给患者科普专业知识，向不了解康复的人群科

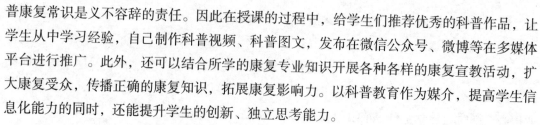

普康复常识是义不容辞的责任。因此在授课的过程中，给学生们推荐优秀的科普作品，让学生从中学习经验，自己制作科普视频、科普图文，发布在微信公众号、微博等在多媒体平台进行推广。此外，还可以结合所学的康复专业知识开展各种各样的康复宣教活动，扩大康复受众，传播正确的康复知识，拓展康复影响力。以科普教育作为媒介，提高学生信息化能力的同时，还能提升学生的创新、独立思考能力。

**8. 充分调动学生的积极性**

在实训学习中，从同学们的兴趣点出发，更改课前导入形式，由单一的案例阐述更改为情景化学习任务。在每一次康复实训内容设置方面，都应具备相关的考核点，通过不同难度任务设立，激发学生学习的积极性；并根据学生的学情，在实训操作练习中或者操作演示结束后，及时给予反馈，提高学生们对于作业治疗学这门课程学习的自信心。

## 五、教学效果

在《作业治疗学》课程思政建设中，教师是教书育人实施的主体，也是课堂教学的第一责任人，课程内容的策划、教学方式的组织、课堂的管理都需要教师的积极投入和深入思考。课程思政建设的成效在学生，在课程实施中以润物细无声的方式隐性的将思政因素融入课堂中，可以减缓学生对思政问题的反感与厌倦。学校一切教育教学活动的根本目的在于培养出更高质量的人才。因此，"课程思政"改革的效果如何，最终必须以学生的获得感为检验标准，所以对于课程思政的检验可以通过学生的"知"与"行"来进行检验。

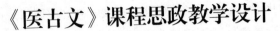

# 《医古文》课程思政教学设计

中医学院　付婷婷

　　该课程主要讲述古医籍中的语言文字现象以及相关的中医药知识，培养学生阅读中医经典、运用专业术语和查检中医古籍的能力，融入爱国主义、民族精神、时代精神、科学精神、个人品德、职业道德、大医情怀等课程思政点，培养学生尊重生命的意识、仁爱慈悲的心怀、孝敬友爱的美德、谦虚恭敬的大家风范及忠信笃诚的人品。

## 一、课程定位

　　1. 课程性质：《医古文》是研究古医籍中的语言文字现象的一门学科，是高等学校中医药类专业的一门专业基础课，也是对中医药从业人员进行中医经典训练的终身教育课程。该课程面向中医临床专业、中西医结合临床专业、针灸推拿专业的学生，在大学一年级开设。

　　2. 课程地位：作为专业基础课程，其内容具有基础、全面、系统和实用的特点。通过本门课程的学习，培养学生阅读中医经典、运用专业术语和查检中医古籍的能力，为学生们后续深入学习和终身研究中医经典著作奠定基础。

　　3. 课程教学内容与意义：通过课堂讲授、探究翻转、案例教学、混合教学等形式讲解古汉语知识和医学文选，以及指导课下阅读训练，培养学生阅读中医经典、运用专业术语和查检中医古籍的能力，为后续的深入学习和终身研究打下基础。

## 二、课程思政教学目标

　　《医古文》是以与中医药相关的古代汉语和历史文化为主要内容，以扩展、提高学生阅读古典医籍的能力，培养学生人文素质。该课程属文医交叉课程，本身具有浓厚的人文气息，是培养学生人文精神的主要载体。教学中潜移默化地渗透人文关怀，能很好地将"培养学生至尊至重的生命意识、培养仁爱慈悲的善良心怀、培养孝敬友爱的美德、培养谦虚恭敬的大家风范及忠信笃诚的人品"等思政教学目标融入教学的全过程，借此提高中医药院校学生的人文素质。

## 三、课程思政教学设计

　　课程采取"知识讲授+思政元素+分组学习"的教学设计模式。首先，课前根据课程的教学内容梳理思政教学点，再根据思政教学点从国学经典、名医事迹、当代热点三个方面搜集思政素材，建立思政素材库，并结合思政教学内容设计教学过程，选择合适的教学方法。其次，课堂上在讲授理论知识的同时融入思政元素，通过学生分组学习讨论等教学方法，将思政内容内化于心。最后，课后通过拓展学习和实践将思政内容外化于行，从而实现思政教学目标。该教学模式不仅培养学生专业知识的运用能力，更潜移默化地进行爱国主义、民族精神、时代精神、科学精神、个人品德、职业道德、大医情怀等内容的教育，形成课程思政教学设计：

## 四、课程思政元素的融合

在教学过程中，根据各个教学单元的内容和特点，选取更切合的课程思政教学目标融入，并配合以相应的教学活动设计，促进知识、能力和课程思政教学目标的同步有效达成。

### 1. 培养学生至尊至重的生命意识

《黄帝内经》曰："天覆地载，万物悉备，莫贵于人。"人的生命是天地万物之间最宝贵的。唐代著名医药学家孙思邈认为"人命至重，贵于千金，一方济之，德逾于此"，因此将自己的著作命名为《千金方》。明代著名医药学家张介宾在《类经序》里把《内经》分为十二类，"夫人之大事，莫若死生，能葆其真，合乎天矣，故首曰摄生类"，他把养生保命放在首类。古人的这些观点，都强调了生命至尊至重的思想，而这些内容被写入《医古文》教材，所以在课堂教学中，老师哪怕是三五分钟甚至只是几句话的点拨，都能引导学生体会生命的珍贵，认识生命的价值。由于现实教育中的功利主义倾向，导致课堂上生命教育常常缺席。通过医古文教学向学生灌输尊重生命的意识，让他们懂得人生只有一次，生命可贵、珍视生命、敬爱生命是人生第一要素。无论遇到多大的困难都不能轻易放弃生命。对自己也好，对患者也罢，只有首先尊重自然生命，才能谈到追求精神生命的健康高尚。在此基础上进一步启发学生，使他们认识到中医药文化的本质是一种遵循自然、敬重生命、关怀健康的文化。

### 2. 培养仁爱慈悲的善良心怀

孔子曰"仁者爱人"，孟子曰"恻隐之心，仁也"。"仁爱"是儒家伦理思想的核心。"仁爱"是传统的处世美德，受其影响中医学称治病救人为"仁术"。《医门法律》云："夫医者，非仁爱之士不可托也。"医学的目的是仁爱救人、赤诚救世，这是医生道德修养的最高境界，是极富民族特色的人文精神。孙思邈《大医精诚》中要求医生"先发大慈恻隐之心，誓愿普救含灵之苦，若有疾厄来求救者，不得问其贵贱贫富，长幼妍媸，怨亲善友，华夷愚智，普同一等，皆如至亲之想。亦不得瞻前顾后，自虑吉凶，护惜身命"，提倡对患者要有仁爱恻隐之心，一视同仁，一心赴救，视病人同亲人，体现了作者朴素的救死扶伤的人道主义精神。《华佗传》记载，汉代名医华佗，有一次在途中遇见一位病人患咽喉堵塞，欲食而不得下咽，便主动迎上前去，告诉病人"向来道旁有卖饼家，蒜蓠大醋从取三升饮之，病自当去"。病人按照华佗所说做了以后，立即吐出寄生虫一条，病愈。在讲这些医案时，不仅要讲清文意，阐发医理，突出医生高超的医术水平，更要不失时机地引导学生关注医德。课堂教学设计中鼓励学生将这些医家传记改编成小品，或课堂演出，或录制成视频，让学生感同身受地医家高尚的医德，体会到仁爱慈悲是作为一个医生首要必备的心怀，缺乏这样的心怀是不可能成为苍生大医的。

### 3. 培养孝敬友爱的传统美德

儒家传统思想文化把"忠孝"作为立身之本。老百姓说："百善孝为先。"古代医家多是资深的文人雅士，不仅医术精湛、医德高尚，在孝敬父母、友爱兄弟方面更是垂范后世。清代薛雪在《内经知要序》云："为人子者，不可以不知医。"这告诉我们，懂得医道目的之一，就是为了孝敬父母，友爱兄弟。《丹溪翁传》有言："事母夫人也，时其节宣，以忠养之。宁歉于己，而必致丰于兄弟，宁薄于己子，而必施厚于兄弟之子。"丹溪翁孝敬父母，友爱兄弟的行为为后人树立了光辉的典范。通过这些内容启示学生，古代有严格的父母、兄弟、朋友之间的礼仪规范，要弘扬孝敬长辈、友爱兄弟、诚信待人的精神，创造和谐温暖的家庭环境。

### 4. 培养谦虚恭敬的大家风范

谦虚恭敬、温和文雅是古代医家极其重视的礼仪风貌。《小儿卫生总微论方》指出："凡为医者，性存温雅，志必谦恭，动须礼节，举乃和柔，无自妄尊，不可矫饰。"作为一名医生，首先要维护医生的神圣尊严，举止端庄，气度宽宏，不卑不亢；其次要处理好医患关系，在病人面前，"不得多语调笑，谈谑喧哗"；再次要处理好同行之间的关系，"不能道说是非，议论人物，炫耀声明。訾毁诸医，自矜己德"。孔子曰："恭则不侮，宽则得众。"医生要严格要求自己，对病人保持谦恭的态度，那就不会轻易招致侮辱。恭敬之心自然会带来宽和的态度，对待患者和同行就会温和文雅。明医陈实功在《外科正宗·医家五戒十要》中说："凡乡井同道之士，不可生轻侮傲慢之心，切要谦和谨慎，年尊者恭敬之，有学者师事之，骄傲者逊让之，不及者荐拔之，如此自无谤言，信和为贵也。"通过这些内容教育学生学习古代医家礼遇患者的学者风貌，言谈温和，举止文雅，仪表端庄，神态大方。把古代医家尊重同行的礼仪风貌转化为团结奋进的精神。同学同事之间相互理解，相互宽容，既要保持竞争意识，又要排除嫉能妒才等倾向，创造和谐温暖的社会环境。

### 5. 培养忠信笃诚的高尚人品

在《医古文》教材中，扁鹊、孙思邈、张仲景、李东垣、朱丹溪、李时珍等人，既是神奇医术的化身，也是医德高尚的光辉典范。他们为医药事业的传承发展作出了不朽的贡献，其淡泊名利、忠信笃诚、重义轻利、乐善好施的为人之道，深得时人的尊敬和后人的敬仰。如《丹溪翁传》中，后人评价他"其风声气节，足以激贪而厉俗"。《东垣老人传》"忠信笃敬，慎交游，与人相接，无戏言……泰和中，岁饥，民多流亡。君极力赈救，全活者甚众"。《叶香岩传》中"叶天士交朋忠信，以患难相告者，倾囊拯之，无所顾藉"。可见这些医家追求的人格目标是博施济众，而个人生活则崇尚简朴，因而就不会挟技以邀财、啬术以自贵。明代儒医缪希雍在《本草经疏》中说"纵有功效，任其自酬，勿择其厚报"。当今社会的一些医生，存在着严重的功利主义和极端的个人主义，邀射名誉，经略财物，自炫功能。针对这种错误倾向，以古代医家高尚的人格教育同学，使他们正确认识个人利益与国家利益的关系、利与义的关系、奉献与索取的关系，必将有利于学生提高个人的品格与修养。

此外，《医古文》教材中还蕴含着丰富的美学思想、强烈的社会责任意识、古人质疑思辨的创新精神等，在教学中也应适时渗透。《医古文》融知识性、思想性、文学性为一体，是中医药院校对学生进行思政教育的最好课程之一。要充分利用这块阵地，拓宽教育思路，承古拓今，育善培德，让人文素质潜移默化地渗透在日常教学中，真正起到以人为本，教书育人的作用、培养出具有高尚人文精神、良好文化素养的德术兼备型人才。

## 五、教学效果

通过认真地设计课程教学，实现授课教学效果，从而达成教学目标。在教学过程中，坚持教书与育人并重，挖掘思政教学点，积累思政教学素材，将思政元素渗透到课堂教学的各个环节，不断丰富课程思政的内涵，在传授专业知识的同时，引领学生思想、塑造价值观、培养家国情怀。学生通过课程学习，不仅掌握坚实的医古文知识，提高了阅读古籍的能力，更能成长为具有高尚人文精神、良好文化素养的德术兼备型人才。

# 《内经选读A》课程思政教学设计

中医学院　于荣霞

　　该课程主要讲述中医学的理论体系、学术思想和思维方法，选取《内经》原著中理论意义大、指导实践作用突出的篇节组成，分为八个单元，主要包括概论、养生、阴阳五行、藏象、病因病机、病证、诊断、治则治法，阐述了中医学的基本理论知识和基本技能、代表性疾病的临床思维及综合应用，培养学生中医理论思维、中医临床的实践思维能力，系统的学习中医学的理论体系，并为学术研究奠定基础。该课程将中医药理论、中医药文化、中医药临床实践等元素融入思政教育，融入文化自信、创新精神、爱国主义、意志品质、传承精神、尊重患者等课程思政点，培养学生德能兼修的素养和医者仁心的情怀，进一步提升学生的医学人文精神和职业道德素养。

## 一、课程定位

　　《内经选读A》是中医学专业本科二年级开设的必修课程，也是中医学专业的专业课程，是中医学四大经典课程之首。《黄帝内经》是我国现存最早的一部医学典籍，它比较全面地阐述了中医学的理论体系、学术思想和思维方法，不仅对中医学术发展产生深远的影响，而且至今仍有学术研究和临床指导的重要价值，是学习中医学的必读之书。

　　《内经选读A》选取原著中理论意义大、指导实践作用突出的篇节组成，分为八个单元，通过课堂讲授、经典诵读、病例教学、混合教学等形式，讲解概论、养生、阴阳五行、藏象、病因病机、病证、诊断和治则治法，让学生了解中医理论的形成发展的渊源，把握诊治疾病的根本，培养中医思维模式，提高专业的理论素养和临床实践的能力。

## 二、课程思政教学目标

　　立足课程思政的现代课程观，我们将《内经选读A》课程的教学目标进行了重新认识、定位和塑造，在原有知识性和能力性目标之上，加入"树立为患者服务的理念、坚守医者仁心的立场、培养探索创新的精神"的课程思政目标，将中医药理论、中医药文化、中医药临床实践等元素融入思政教育，实现课程思政建设与教学目标的契合，将课程思政建设与教学内容融合，将其贯穿于整个教学过程中，从而构建具有中医药特色的思政教学。

## 三、课程思政教学设计

　　教育部规定思政课教学要"三贴近"：贴近实际、贴近生活、贴近学生。在教学过程中，根据本门课程的哲学和文化内涵的优势，把握各个教学单元的内容特点，选取更切合的课程思政教学目标融入，并配合以相应的教学活动设计，在巩固专业知识、体悟医学人文的同时，内化和深化了对思政课基本理论的认知，有效地提升思政课教学的实效性，促进知识、能力和课程思政教学目标的同步有效达成。

**1. 挖掘课程德育元素**

中医经典课程中蕴含着丰富的思想品德、价值观念、工作态度、社会责任等思想政治教育资源，《内经》中部分篇章直接就是论述古代医德，同时多篇富含古代哲学的理念。课程思政充分挖掘德育元素，在讲授专业知识的过程中，恰如其分地把它们传递给学生，帮助学生建立正确的价值观，把握现实社会的实践要求，满足精神成长需求，实现学生自我成长、素养的提高，让学生在自身人文素养提升和专业学习之间架起桥梁。

**2. 知行合一，坚持行胜于言**

首先，教师的行为举动本身对学生就是一种教育，就是在进行课程思政。"课程思政"四个字的含义，不是追求形式上的标新立异，而是一种春风化雨般的思想熏陶，是教师自身的文化素养及德行对学生潜移默化的影响。

其次，全班同学集体诵读原文，旨在通过诵读经典，将医德医风教育有机融入课堂，进一步提升学生的医学人文精神和职业道德素养。这种体现思想性、教育性和仪式感的经典熏陶，使同学们思想上受到了教育，心灵上受到了洗礼。

再次，临证病例引入与分析的部分突出"树立为患者服务的理念，坚守医者仁心的立场"的思政目标。学生具备了分析病例的能力，根据已经学过的知识能够分析病例，在这个过程中，主要是从他者角度，唤起学生产生为患者服务的理念，让他们明白医者仁心的立场并要坚定不移的进行。这种信念一旦形成，有利于学生形成坚定的职业信仰和职业道德，极大的激发学生的自主学习动力和克服学业困难的毅力。

**3. 重视学生学情反馈**

围绕课程的特点、学习方法、学习兴趣、教学方法以及教学设想等方面进行讨论与分析，深入了解学生的实际学习情况，并就学生学习能力的提升问题以及如何满足学生的实际需求等问题探讨解决的办法。学情分析会是对课程思政效果的直接反馈，教师会根据每次会议收集到的建议和意见对后续课程教学做出相应调整。

## 四、课程思政元素的融合

**1. 结合《内经选读》原文，讲清条文含义，弘扬人民至上，以民为本的时代精神**

在讲述内经脏腑理论《灵兰秘典论》中的内容时，阐释心主神明的重要地位，以及心与其他脏腑密切关系时，通过新冠疫情暴发时中国与其他国家领导人的不同态度对比，阐释"主明则下安，主不明则十二官危"的含义。通过案例的讲解和同学们在疫情期间自己的真实感受，让学生体会到社会主义制度的优越性。以习近平总书记为主的党中央的正确

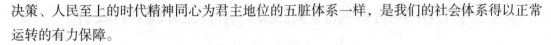
决策、人民至上的时代精神同心为君主地位的五脏体系一样，是我们的社会体系得以正常运转的有力保障。

**2. 结合中医理论知识和临证思维，培养学生的中医文化自信**

《黄帝内经》中蕴含的中医理论言辞古朴，义理深奥，许多学生浮于文字表面，对中医理论认知不够全面和深入。由于本科期间同时学习西医解剖、生理等相关内容，容易从西医的思维去看待中医的诊治，这时难免会产生矛盾和困惑。通过"心主神明和脑主神明"的争论，以及中医思维下的中医诊治效果案例，鼓励学生扎根中医理论，培养中医思维习惯，坚定中医文化自信——我不要你觉得，我要我觉得。

**3. 讲好顺应四时养生理念，培养保护环境的社会公德**

中医养生理论讲究顺应四时五脏阴阳，到底是改造自然还是顺应自然规律？现在夏天有空调，冬天有地暖，人类在改造自然过程中四时已经不那么明显，但是我们之前对自然的过度开发，已经让我们得到了相应的恶果——温室效应乃至现在新型的各种病毒和疾病。顺应四时养生理论，以及内经中未病先防的理念，要我们对大自然要有敬畏之心，通过引导学生对中医养生理论的深入理解，培养学生保护环境的社会公德，从而敬畏自然，敬畏生命。

**4. 结合《内经》不同版本流通情况，讲好为经典传承做出重要贡献的历史人物故事**

在讲内经绪论中内经的流传时，通过鉴真东渡的故事，让学生意识到只有坚持不懈的意志品质，立定志向，坚守信念，辛勤耕耘，才能最终达成自己的理想，从而增强学生奋发学习，报效祖国的动力，树立实现心中职业梦想的信心和决心。

**5. 结合《内经》五运六气内容的讲授，培养学生对中医传统文化的传承精神**

"五运六气"部分的内容比较深奥，涉猎道家文化、《周易》等许多中国传统文化。从非典和新冠我们身边接触的疫疠邪气致病，谈五运六气，谈现在治疗疾病中医的运气方，从而激发学生学习五运六气的兴趣和热情，增强中医文化传承的信心和决心。

## 五、教学效果

通过精心设计课程教学，保障教学效果，达成教学目标。挖掘、积累思政元素，在教学过程中，融入教学环节，在传授专业知识的同时，引领学生思想，真正实现思政元素与课程内容相互融合，相互促进。学生在通过思政案例提高自身认知的同时，更利于专业知识的学习态度端正和自身学习内驱力的提高。

# 《中西医结合综合实践2》课程思政教学设计

中医学院　常　宏

该课程主要讲述临床常用操作技能，培养学生临床实际操作能力，融入创新精神、大医情怀等课程思政点，培养学生德能兼修的素养和医者仁心的情怀。

## 一、课程定位

《中西医结合综合实践2》课程是中西医临床专业三年级的专业必修课，也是核心课程之一。临床技能是医生和医学生的基本功，医学生能否熟练掌握临床技能是衡量临床教学质量的重要指标。学生对临床技能的熟练掌握，是其走向临床的必备基础。

本门课程的教学内容分为5个模块：中西医结合内科临床技能实训、中西医结合外科临床技能实训、中西医结合妇产科临床技能实训、中西医结合儿科临床技能实训和中西医结合骨伤科临床技能实训。通过课堂讲授、案例教学、混合教学等形式，着重培养学生的临床实践动手能力及临床思维，巩固和提高理论授课所学的知识，达到熟练掌握临床基本技能的教学目的，为临床实习打下良好的基础。

## 二、课程思政教学目标

课程思政是习近平总书记系列讲话、思想的内容之一，指以构建全员、全程、全课程育人格局的形式将各类课程与思想政治理论课同向同行，形成协同效应，把"立德树人"作为教育的根本任务的一种综合教育理念。立足课程思政的现代课程观，我们将《中西医结合综合实践2》课程的教学目标进行了重新认识、定位和塑造，在原有知识性和能力性目标之上，加入"树立治病救人的理念、坚守医者仁心的立场，培养探索创新的精神"的课程思政目标，实现课程思政建设与教学目标的契合，将课程思政建设与教学内容融合，将其贯穿于整个教学过程中。

## 三、课程思政教学设计

课程以"知识讲授+自主讨论+思政元素"为教学设计模式，在讲授技能操作知识的同时以临床疾病为主进行自主讨论活动，同时融入思政元素，培养学生临床思维和专业技能操作的应用能力，潜移默化地进行医学生人文素养的植入，形成特色的课程教学设计（见图1）。

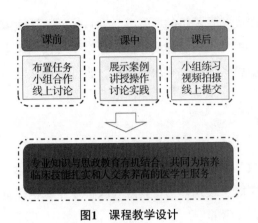

**图1 课程教学设计**

## 四、课程思政元素的融合

在教学过程中，根据每次课所学操作的内容特点，选取更切合的课程思政教学目标融入，并配合以相应的教学活动设计，促进知识、能力和课程思政教学目标的同步有效达成。

1. 在各个教学单元的病例引入与分析的部分突出"树立治病救人的理念，坚守医者仁心的立场"的思政目标。学生具备了分析病例的能力，根据已经学过的知识能够分析病例，并提出需要进行的操作。在这个过程中，主要是从其他角度，唤起学生产生治病救人、为患者服务的理念，让他们明白医者仁心的立场要坚定不移的坚守。这种信念一旦形成，有利于学生形成坚定的职业信仰和职业道德，极大的激发学生的自主学习动力和克服学业困难的毅力。

针对病例选取这一块，不再是选取单纯的病例内容，而是加入视频或者设置患病背景，用以唤起学生想要急切救治患者的情感体验。例如，在讲授心肺复苏这堂课时通过视频"疫情下，女医生摘口罩人工呼吸救人"的引入，一方面激发学生面对突发情况，一定要明白医生的职责是救死扶伤，及时救治患者，另一方面，注重培养学生坚守医者仁心的立场，在特殊情况下，那位医生不假思索直接救人，更能激励学生向其学习，在今后的行医过程中努力践行。

2. 在讲到具体操作的实施过程中，提出现在医疗操作上面对的难题，或者一些治疗手段的发展历程，促进"培养探索创新的精神"思政目标的达成，让学生能够理解，自己不光要掌握治病救人的医学基本知识和操作，还要培养发现问题，解决问题的能力，树立起学生为推动祖国医疗卫生事业的发展而努力奋斗的决心。这样，学生在临床才能进一步推动医学进步，更好地为救治患者服务。

该部分更多地采用启发式、问题式、讲授式教学法，让学生通过思考问题的难点所在，寻找解决方法的假设来建立一种探索与创新精神。例如，在讲解心肺复苏救治过程中的胸外按压时，有可能造成肋骨骨折的并发症。通过提问，让大家思考如何避免。同时介绍新提出的救治方法——腹部提压心肺复苏法，让学生明白当患者在救治过程中出现并发症的风险时也是促使医生思考如何去解决的时候，腹部提压法就是为了解决患者面临的风险而产生的。

## 五、教学效果

通过精心设计课程教学，保障授课教学效果，达成教学目标。在教学过程中，坚持教书与育人相统一，充分挖掘思政元素，将其融入医学专业课程课堂教学环节，在传授专业知识的同时，培养学生人文素养。

学生通过课程学习，深刻认识到基本操作技能在临床的重要性，感受创新精神、医者仁心、平等沟通的力量，感受作为新一代青年医生应该具有的责任与担当，从而积累作为一名医生将具备的专业能力和人文素养，造福一方百姓。

## 六、教学案例对医学类课程的推广

在教学实施过程中，通过多种多样的教学模式和教学方法，保障了课程质量。坚持以学生为中心，通过多种形式，将基本操作和临床疾病相结合，提升学生临床动手能力，将人文素质融入教育教学全过程，为国家培养医学实践能力强、医德高尚、具有创新精神和医者仁心的人才。

本课程融合思政课程的教学模式，可供其他医学类课程借鉴并推广应用，使学生在学习专业课程的同时获得思想上的提升。

# 《中医临床技能实训》课程思政教学设计

中医学院　闫　昕

该课程主要讲述中医四诊、病史采集、体格检查、病历书写、急救、临床接诊与医患沟通等中医临床基本技能的规范操作要点及注意事项，培养学生中医临床诊疗思维和实践能力，融入爱国主义、民族精神、大医情怀、工匠精神、健康中国等课程思政点，培养学生中医专业文化自信和德术兼备的素养。

## 一、课程定位

临床技能是医学教学过程的重要组成部分，也是培养熟练的专业实践技能和解决临床实际问题能力的重要基础。《中医临床技能实训》是中医、中西医、针灸推拿专业本科四年级开设的专业必修课程，也是连接中医基础理论和临床的桥梁课程。本课程的主要内容包括中医四诊技能、病史采集、体格检查、病历书写、急救、临床接诊与医患沟通等中医临床基本技能的实训。通过本课程的学习将为学生参加临床技能竞赛、临床实习、毕业生临床技能考核以及今后的临床工作奠定基础。

课程教学过程运用讲授法、演示法、案例教学法、SP教学法和体验参与式教学法等形式，讲授中医临床基本知识和基本技能，对技能的操作规范进行演示说明，通过SSP（学生标准化教学）临床实践模拟训练，培养学生"提出问题——思考问题——解决问题"的能力，扎实理论基础的同时不断完善知识结构体系，增强学生中医临床诊疗思维，提高医学生动手操作能力，夯实临床基本功。

## 二、课程思政教学目标

立足课程思政的现代课程观，《中医临床技能实训》在扎实学生中医临床基本知识、增强临床思维、规范提高基本诊疗技能的目标之外，还将"牢固大医精诚的信念，强化家国情怀、仁医情怀，树立民族自信、文化自信、专业自信，勇挑对患者健康、人民幸福、民族命运和美好世界的担当"的课程思政目标融入其中，贯穿于课程教学大纲的各个单元，建立以文化人、以术彰业，寓教于乐、寓教于行，厚实基础、德术并重为教学目标的课程体系。

## 三、课程思政教学设计

课程通过建立多元化教学素材库，灵活运用多种教学方法，课前通过学习通发布相关临床基础知识要点及教学影视资料等学习任务，让学生熟悉巩固所学相关理论知识的同时，走近临床。课上将学生分成若干小组，应用学生标准化病人（SSP）教学方法，根据教学实训案例对中医内科中常见重点病证进行模拟演绎，生生互动模拟临床，手机录制视频并进行随堂分享，视频资料留存可用于丰富教学资源。课下借助中医学院门诊部模拟医院平台，以第二、第三课堂实践小组的形式让学生在业余时间轮流跟随老师在门诊部义诊，逐步让学生参与诊疗过程。教学中注重培养学生中医专业思想和对专业的热爱，培养学生高尚的医德医风以及献身医学的信念，将"一种信念、两种情怀、三个自信、四个担当"的思政理念贯穿于教学始终。

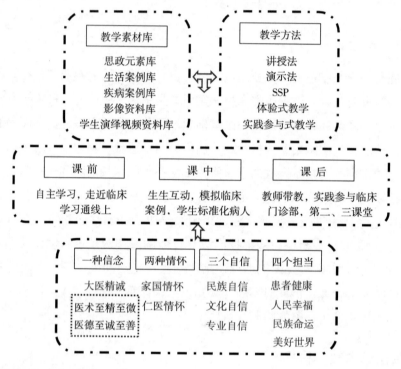

### 四、课程思政元素的融合

在教学过程中，根据各个教学单元的内容特点，选取更切合的课程思政教学目标融入，并配合以相应的教学活动设计，促进知识、能力和课程思政教学目标的同步有效达成，引导学生牢固树立"大医精诚"的信念，最终培养出医术至精至微、医德至善至诚的中医临床人才。

1. 临床接诊和医患沟通实训过程中突出"强化家国情怀、仁医情怀"思政目标。《中医临床技能实训》是理论与临床之间的桥梁课程，其授课对象是大学本科四年级的学生，是建立中医临床思维的关键课程之一。临床与患者接触必不可少，此时应最大限度帮助学生树立中医文化的核心价值观，即"以人为本、天人相应、仁心仁术、大医精诚"。在课程中体现中医文化核心价值的特色，中医文化理论的博大精深，中医文化生命至上的人文精神，才能使学生对中医文化产生极大的认同感、民族自豪感，引导学生主动学习、深入学习，明确学习的目的不是为了谋生，而是为了仁爱之心，为了解除人们的病痛，为了全民大健康，为了国之瑰宝中医文化的传承和发扬。

该部分详细讲述临床四诊资料收集、中医临床接诊的完整流程，包括接诊前的环境、医生仪态、心理的准备，医患沟通的技巧，乃至语言神态的注意细节，通过学生角色互换SP的实训过程，发现问题并及时纠正，从共情的角度引导学生，强化仁医情怀。

2. 在望诊、脉诊实训过程中，帮助学生"树立民族自信、文化自信、专业自信"。在讲解中适当加入名医事迹，通过古今中医家精湛医技的故事医案，引发学生对伟大医家的敬佩、崇拜之情，从而激发学生学习的兴趣和动力。古时名医没有现代检测方法的协助，同样能准确诊断疾病，在西医技术飞速发展的今天，中医古老的诊断方法引来了太多的质疑，但是通过这些故事案例，使学生发现中医诊断技能若是钻研到高深处，完全不逊色于西医检测方法，甚至更为神奇，从而使学生体会到中医独特的魅力，增强学生对中医学的认同感和自信心，使学生确立未来的努力方向，不断朝着成为优秀医生的方向而努力。

3. 通过中医思辨能力实训，提高学生临床辩证思维、准确性和技能的熟练性，增强学生"勇挑对患者健康、人民幸福、民族命运和美好世界的担当"的意识。中医临床技能实训课程除了望、闻、问、切四诊诊法实训的内容，还包括中医的辩证思维及方法实训，学生在学习的过程中要逐渐形成中医思维，因为中医临床要求学生将零散的诊法内容和辩证体系有机结合起来，需要一定的逻辑思维，因此大部分中医专业招收的都是理科生。在教学过程中，我们体会到，理科生逻辑思维能力较强，对知识的运用能力较强，但是文科生的人文素养较高，二者各有优势。面对学生表现的不同方面，我们既要注重中医诊断辩证能力的培养，又要兼顾思政道德教育。教师要做好教学设计，使二者完美结合，同时达到专业教学和思政教育的目标，帮助学生建立专业学习兴趣，增强观察分析能力，培养实践意识和大国工匠精神，不断精湛医术，"勇挑对患者健康、人民幸福、民族命运和美好世界的担当。"

## 五、教学效果

通过专业教学与思政元素的深度融合，使学生树立正确的三观，培养学生的爱国精神与家国情怀，积极承担社会责任，培养职业情怀。通过一个个鲜活的医患沟通等思政案例，传授医者仁心、医者仁术，感受中国力量、中医精神，使学生感受作为新一代青年医生的责任与担当。医者不是冰冷的看病的机器，仪器是先进的，也是冰冷的，中医医生的经验和大医精诚的精神是医学的前途，用爱心、同情心和耐心给予病人慰藉和鼓励，是医者的基本职业素养，与临床实训基本技能同样重要。教学中要始终培养学生中医专业思想和对专业的热爱，培养学生高尚的医德医风以及献身医学的信念，培养一批有理想有抱负，有作为的高素质实用型中医人才。

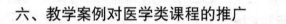

课程思政优秀教学设计（医学、经管文法艺篇）

### 六、教学案例对医学类课程的推广

教学过程中灵活运用多种教学方法，以学生临床思维建立和临床技能的真正掌握为成果导向，在引导学生走进临床的过程中坚持"立德树人、能力为重、综合发展"原则，全方位地努力为学生提供能够强化专业知识、加强感官认识、促进自主学习与实践的兴趣和学习条件，通过多途径"早临床，多临床，反复临床"。本课程融合"一种信念，两种情怀、三个自信、四个担当"思政的理念，可供其他中医学类临床及实训课程借鉴并推广应用，使专业课程与思政教育同向同行，真正实现教书育人并举的同时，达成以思政教育助升教学的效果。

# 《有机化学A》课程思政教学设计

药学院　吴丽颖

该课程主要讲述各类有机化合物的结构和性质的关系及其相互转化的方法，并通过对构造、构象、构型的立体化学的学习，建立立体化学的相关知识，认识有机化合物的立体多样性，培养学生的科学精神和思维能力，融入爱国主义、理想信念、科学思维、守正创新等课程思政点，培养学生严谨的科学态度和正确的价值追求。

## 一、课程定位

《有机化学A》是药学、药物制剂专业的基础理论课，由《有机化学A-1》（56学时）和《有机化学A-2》（40学时）共同构成。《有机化学A》是研究有机化合物的结构、性质和合成方法的一门学科，是药学、药物制剂专业的基础课。该课程是在学习无机化学的基础上，系统地讲授各类有机化合物的结构和性质的关系及其相互转化的方法，并通过对构造、构象、构型的立体化学的学习，建立立体化学的相关知识，认识有机化合物的立体多样性。本课程采用线上线下相结合的混合式教学模式，采用讲授法、案例法、讨论法等多种教学方法，通过有机化合物基础知识的学习，要求学生掌握有机化学的分子结构、化学基本理论、基本概念、基本技能，了解其最新成果和发展趋势，为学习后续课程生物化学、药物化学、天然药物化学、波谱分析等打下基础。

## 二、课程思政教学目标

本门课程的思政教学目标为："爱祖国、强基础、促成才、立常志"。

1. 让学生认同新时代中国特色社会主义的理论、制度与价值，理解社会主义核心价值观，具有推动民族复兴和社会进步的责任感。

2. 培养学生灵活运用、综合分析和解决问题的能力。学生不仅要了解化学变化的普遍规律，而且对化学变化的规律性，在理论上有更深刻、更本质的认识；培养学生树立科学的自然观，掌握正确的方法论，使学生了解自然科学的一般研究方法。

3. 培养学生要具有严谨的科学研究精神和实事求是的科学态度以及团队合作意识，要成为时代需要的合格人才。

4. 让学生认识到知识背后的逻辑、精神、价值、思想、艺术和哲学，让学生具有正确的价值追求和理想信念。

## 三、课程思政教学设计

按照本门课程的思政教学目标"爱祖国、强基础、促成才、立常志"，在教学过程中，将教学内容分为基础型知识点、综合型知识点、应用型知识点。根据各个类型的内容特点，选取切合的课程思政教学目标融入，并配合以相应的教学活动设计，促进知识、能力和课程思政教学目标的同步有效达成。

1. 在基础型知识点的讲授部分突出"强基础"的思政目标。这部分的知识核心是各类有机化合物的命名法、同分异构、结构和物理化学性质，以及立体化学的基本知识和基本理论。在这部分的讲解中要侧重让学生学会"结构决定性质"的思想，让学生能够把各类化合物的性质形成体系、脉络，在头脑中始终有清晰的思路。同时，要让学生体会有机化学中渗透的哲学内涵，比如氧化还原中的对立统一、物质的量的不同引起产物不同所体现的量变质变、化合物优势构象中蕴含的矛盾的普遍性与特殊性等。

2. 在综合型和应用型知识点的讲授部分突出"促成才"的思政目标。这部分的知识核心是掌握诱导效应和共轭效应，并能运用、解释某些有机反应的问题；了解过渡态理论，初步掌握碳正离子、碳负离子、碳游离基、碳烯等活性中间体及其在有机反应中的作用；熟悉亲核取代、亲电取代、亲电加成、亲核加成和游离基反应的历程；学会简单化合物的合成路线设计。在这部分的讲解中要多引用实例，注重科研反哺教学，让学生懂得有机化学在生产生活中无处不见，特别是在药物的结构改造、药物性质的优化方面的发挥着巨大的作用，药物的合成路线全部都是有机化学的内容；要让学生了解有机化学的研究进展，有机化学科研工作的艰辛；要多引用国内外有机化学大师们的优秀事迹，比如邢其毅、黄鸣龙在新中国极端困难的条件下放弃国外的优越条件，毅然回国进行科研工作，让学生学习他们热爱祖国、锲而不舍、坚韧不拔、勇于追求真理的精神。

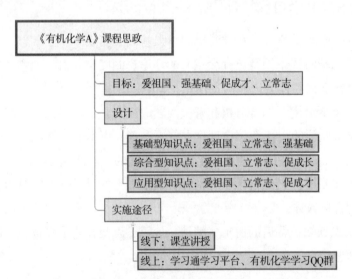

3. 在所有内容的讲述中要始终穿插"爱祖国、立常志"的思政目标。首先，自身要"坚持教书和育人相统一，坚持言传和身教相统一，坚持潜心问道和关注社会相统一，坚

持学术自由和学术规范相统一"，坚守"学术研究无禁区，课堂讲授有纪律"的规矩，以德立身、以德立学、以德施教。其次，要培养学生具有正确的价值取向，良好的学习伦理，尊师重教、志存高远、脚踏实地、遵守纪律，在学习过程中体悟人性、弘扬人性、完善修养，培育理性平和的心态，让勤奋学习成为青春飞扬的动力。

本门课程的授课时间为第2学期和第3学期，学生处在高中向大学过渡的重要阶段，在全部课程的讲授中，要让学生始终明白大学不是终点，而是一个新的起点，要给学生新的奋斗目标。有机化学作为药学专业考研的必考课程，在例题讲解时引入名校考研真题，引入名校的科研成果，鼓励学生努力学好各门文化课，将来争取去更高的学习平台深造，实现自己的人生价值。现在的大学生已经是00后，自我意识比较强，比较有主见，在课程考核过程中要始终注重公平，对待成绩好的学生和成绩差的学生、对待班干部和普通同学一视同仁。

本门课程采用线上线下相结合的混合式教学模式，线上为超星学习通平台和QQ群综合使用。课程思政的实施同时通过线下和线上途径，实现全过程、全方位共同育人，真正将课程思政融入教学全过程中。线下途径主要是课堂讲授过程中作好教学设计、根据知识类型合理引入相关内容，要自然融入、长短适度、让学生可以普遍接受。线上途径主要包括利用学习通教学平台和药学院有机化学学习QQ群，存储难度适中的学习资料，比如考研真题、电子书籍、思维导图等，对课本内容进行适度补充；发送合适的网络链接，包括时政要闻、科研成果、考研信息、名人故事等。通过这些方式，让课程思政教育"日常化"，用"润物细无声"的形式潜移默化的引导学生。

## 四、课程思政元素的融合

### 1. 深植家国情怀，增强民族自信

2015年，习近平总书记主持中共中央政治局第二十九次集体学习时曾说："弘扬爱国主义精神，必须尊重和传承中华民族历史和文化。对祖国悠久历史、深厚文化的理解和接受，是人们爱国主义情感培育和发展的重要条件。"介绍学科发展的时候，我国科学家的代表性成果是让学生深植家国情怀的重要素材。

例如据我国《周礼》记载，当时已经设有专门管理染色、制酒和制醋的官员；周朝时代已经使用胶；汉朝发明了造纸术；在《神农本草经》中记载了几百种重要药物，其中大部分是植物，这是世界上最早的一部药书。这些远远早于西方国家的中国古代文明会引导学生树立民族自尊心和自信心。

黄鸣龙先生改良的Kishner-Wolff还原法（简称"黄鸣龙还原法"）是首例以中国科学家名字命名的重要有机化学反应，已写入多国有机化学教科书中，并于2002年入选《美国化学会志》创刊125周年被引用最多的125篇论文之一。黄鸣龙还是我国甾体激素药物工业

的奠基人。1964年，黄鸣龙领导研制的口服避孕药甲地孕酮获得成功，受到全世界的关注。他常说"一个人不能为科学而科学，应该为人民为祖国作出贡献"。

邢其毅先生编写的《基础有机化学》教材，陪着中国有机化学教育走过近40年，是好几代人的共同记忆。1937年，邢其毅放弃国外优越的研究工作条件回国投入到祖国的科学研究中。邢其毅等科学家经过数年的共同努力，于1965年第一次人工合成了具有活性的蛋白质——结晶牛胰岛素，标志着中国科学家在蛋白质和多肽合成化学领域已经处于世界领先地位。邢其毅先生在教学上奉行的格言"劳则思，逸则罔"，不仅激励学生勤劳好学，也鞭挞着有机化学教育工作者要勤勤恳恳的从事教学工作，治学严谨，诲人不倦。这些中国科学家的事例能很大程度地激起学生们的爱国热情，提高学习兴趣，增强学习动力，深化文化认同感，增强民族自信心。

**2. 理解化学本质，培养科学思维**

课程的知识体系则是启发学生的科学思维，树立严谨科学态度的、具有专业特色的思政素材。一些思维方法不仅从学科专业的角度是适用的，转移运用到其他方面仍然是有用的，这是符合现代思维科学发展取向的。例如有机化学课程中每一章关于有机化合物的结构、性质及其规律的内容都可以作为素材，用来反复地训练学生的科学思维，始终把握"结构决定性质"的本质，体会有机化学中所渗透的哲学内涵。例如烯烃双键中 π 键的结构特点使其容易发生亲电加成反应。反过来由性质分析结构，以高中知识苯环的主要化学性质是取代反应为起点，启发学生思考苯环的主要反应为什么是取代而不是加成，说明苯环具有怎样的结构特点？通过引导学生分析不同化合物结构的相似点和区别，建立相互之间的联系。例如在学习醛酮的结构和亲核加成反应时，让学生联想它和哪类化合物有类似的结构？再引导学生思考烯烃和醛酮官能团结构上的相似点和区别分别是什么？结构上的异同导致性质上有哪些异同？在通过本质解释现象、分析现象得出本质以及不同化合物的联系与区别的分析过程中，不断地启发和培养学生的科学思维，逐渐形成缜密的思维推导能力。

**3. 传承科学精神，热爱所学专业**

冠醚的发现过程可以作为树立严谨科学态度的良好思政内容。20世纪60年代初C. J. Pedersen（查尔斯·约翰·佩德森）博士在合成化合物"双（2-邻羟基苯氧乙基）醚"的时候，除了得到预期的化合物外，还发现了微量的白色纤维状结晶副产物。通过对副产物的精心分离和结构研究发现，此化合物是大环多元醚"二苯并-18-冠-6"，也就是冠醚化合物。C. J. Pedersen没有轻易放过这一意外的发现，而是继续进行了大量的工作，为后来主客体化学和超分子化学的提出奠定了基础。因为在冠醚化学方面的巨大贡献，C. J. Pedersen获得了1987年的诺贝尔化学奖。发现冠醚的过程看似偶然，实际上是C. J. Pedersen不放过任何一个实验细节的严谨科学态度的必然结果。

讲完卤代烃的双分子亲核取代反应机理后，引入2016年发表在*Science*杂志上的一篇文章——*Rethinking the SN2 reaction*。作者根据一些新的研究成果，重新思考了SN2反应，又提出了新的见解。他们认为，实际的反应动力学可能要复杂得多。除了普遍被认可的双阱机制，也存在直接机制，如剥离、反弹和正面攻击，或者如迂回等间接机制。这些事例能培养学生对科学探索的精神，不断激励着他们敢于创新和批判。

理工类学科的发展也是其在人类生活中不断实践和进步的过程，从生活中提出科学问题，科学技术又服务于生活。因此从生活的角度出发，揭开科技活动背后的人文情怀，有助于启发学生的科学兴趣。而科技在生活中如何运用才能更好地服务于人类，又需要专业学生具有相应的职业素养和社会责任感。例如催熟剂乙烯利是通过其水溶液散发出乙烯而实现催熟的，从原理上讲这个过程是科学安全的。但是有群众食用催熟的水果后出现呕吐、恶心及灼烧感是什么原因呢？其实是因为过量添加，没有分解的乙烯利会对人体健康造成危害。通过这个事例可以启发学生的兴趣，主动了解乙烯利的结构，探讨它会对人体造成伤害的原因。同时，更是培养学生的职业素养，让学生明白科技可能是双刃剑，一定要具有高度的社会责任感才会使科技服务于人类，改善人类生活。以稠环芳烃与致癌性为素材说明烧烤类食物的危害；以反应停致畸事件说明一对对映体生理活性的差异，并教育学生要具有高度的社会责任感；以福尔马林浸泡海鲜、家装甲醛过量等危害为切入点，激发学生的学习兴趣，进而引导学生自己分析甲醛和人体的什么物质能发生什么反应导致病变？同时提醒学生，不能因为有危害就完全否定甲醛，因为其在很多领域都有优异的性能，只要质量符合国家标准，其危害性是可以忽略的。作为化学专业的学生有义务全面认识化学物质，有责任向社会群众科学客观地宣传，让民众正确认识化学，不至于"谈化学色变"是化学人必须具备的社会责任感。

**4. 树立远大理想，坚定奋斗决心**

讲学科发展史时，将著名科学家的人生历程介绍给学生，可以培养学生的创新精神、批判精神和科学精神，帮助学生树立正确的人生观和价值观。例如被人们称为"近代化学之父"的法国化学家拉瓦锡在一系列实验事实的基础上，推翻了统治化学理论界达百年之久的"燃素说"，建立了以氧化为中心的燃烧理论，使化学这门学科向前推进了一大步。拉瓦锡对科学孜孜不倦的探索精神，通过判断推理提出新的学术思想的创新精神，以及敢于挑战权威理论的批判精神，都能培养学生的科学思维与创新意识，帮助学生树立正确的人生观和价值观。讲对映异构时，介绍2001年诺贝尔化学奖获得者沙普利斯（Barry Sharpless）教授的人生历程。他不仅是手性催化氧化反应的奠基人，也是"点击化学"的创立者，推动了材料化学和化学生物学飞速发展。2018年，77岁的沙普利斯教授在世界顶尖科学家论坛（上海）发表了主旨演讲："某个头衔，并不是我做科研的动力"……"年轻科学家有更多的想象力，如果没有约束，他们会有更大突破""合成最基本和持久的目

课程思政优秀教学设计（医学、经管文法艺篇）

标不是生产新化合物，而是生产功能"。这些精辟的语言会给学生莫大的鼓舞，教师可以鼓励学生加强自身能力的培养，争取将来进入这些知名科学家的实验室深造。

## 五、教学效果

通过学习通教学平台与QQ群相结合的混合式教学模式，将有机化学思政元素合理融入教学过程中，在达成知识目标、能力目标、素质目标的同时，让学生能够具有强烈的爱国主义情怀、严谨的科学思维方式、坚韧的科学研究态度以及努力奋斗的坚定决心，让学生认同所学的专业、热爱所学的专业，具有社会责任感和使命感，具有正确的价值取向和人生追求。

## 六、教学案例对理学类基础课程的推广

有机化学属于理科基础课程，在我校化学类、材料类、医学类、药学类、生物类专业中都有所开设，受众面较广。本门课程的"爱祖国、强基础、促成才、立常志"的课程思政目标、融入的多种思政元素以及混合式的课程思政实施途径，均适用于以上各个专业。

# 《药剂学》课程思政案例教学设计

药学院　赵琳琳

该课程主要讲述药物剂型与制剂设计、制备及质量控制等方面的基本理论、基本知识和基本技能，培养学生独立分析和解决问题的能力，树立严谨的科学作风，融入爱国主义、健康中国、职业道德、科学精神等课程思政点，培养学生爱岗敬业、敬佑生命的情怀。

## 一、课程简况

《药剂学》课程是药学专业本科三年级开设的必修课程，也是药学的核心专业课程。通过教学，培养学生具有剂型与制剂设计、制备及质量控制等方面的基本理论、基本知识和基本技能，培养学生独立分析和解决问题的能力及严谨的科学作风，为学生从事药剂学工作，合理制药，保证安全用药，整理和提高中药制剂和剂型，充分发挥药效，以及研究探讨新剂型和新制剂，更好地为卫生保健事业服务打下良好的基础。

## 二、课程思政案例设计教学目标

立足课程思政的现代课程观，《药剂学》课程重新认识、重新定位和重新塑造了教学目标，在知识性和能力性目标之外，将"构建理性的思维、坚定实事求是的信念、坚守药学工作者的职业道德、践行社会主义核心价值观"的课程思政目标融入其中，贯穿于课程教学大纲的各个单元，通过课程思政和专业课的融合将社会主义核心价值观融入教学中，实现全程育人、全方位育人，培养出德才备的医药人才。

## 三、课程思政教学设计

《药剂学》思政案例教学是在教师的策划和引导下，根据教学目标，通过案例，让学生进行全面思考体会、研究讨论，提高学生分析和处理问题能力，充分理解讨论案例之后引发的深思。思政案例的教学要求教师不仅需要根据学生的专业选择具有代表性、思考性的合适案例，又要能引发学生对于人格品质、职业操守、社会责任、爱国情怀的共鸣。

**将思政融入教学目标：**药剂学兼有制剂学以及药代动力学的课程特点，在教学中要结合专业及课程的特点，以课程思政为导向，体现育人的功能。教学大纲和教学指南的制定，必须结合清晰明确的教学目标，将思政目标融入教学目标之中，并在制定总体思政目标的基础之上，分别在各章教案中，明确相应教学中的思政教育方向。

**将思政融入教学内容：**药剂学课程体系包括理论、实验等不同的模块。根据各模块教学内容的特点，分别制定相应的思政主线。在理论课上，和学生分享感人的故事及获得的相关科研成果；在实验课上，结合制剂工艺设计以及操作注意事项等内容，培养学生严谨

认真的科研态度和责任心。

**将思政融入教学方法：**课程思政需要和具体的教学内容有机结合，并注重方式、方法。本门课程实践性强，很多药物制剂与药害事件密切相关，在教学中经常会通过案例教学讲解相关知识点，在这些案例及"故事"中可融入相关的思政内容。同时，通过提问、讨论，及适当的引导，将思政融入具体问题中，启发学生进行思考、感悟。

### 四、课程思政元素的融合

在教学过程中，根据各个教学单元的内容特点，选取更切合的课程思政教学目标融入，并配合以相应的教学活动设计，促进知识、能力和课程思政教学目标的同步有效达成。

1. 在《药剂学》中辅料的选择、制剂处方的设计、制剂工艺的选择及单元操作等方面的讲授部分突出"构建理性的思维、树立求真务实的信念"的思政目标。这部分的知识核心是组建学生药剂学研究内容的知识构架，又能够促进学生真正在专业视角上掌握这些看起来生涩难懂的专业术语，利用之前专业基础课的学习内容，整合自己的知识体系。该部分更多的让学生利用制剂在研发生产过程中的成功或失败的案例，强化专业理性思维，坚定实事求是的信念，树立求真务实的工作作风。

2. 在有关《药剂学》中原辅料的影响因素考察、制剂的质量检查等部分的讲授中融入"坚守药学工作者的职业道德、践行社会主义核心价值观"的思政目标。这部分的知识核心是对制备制剂的原料药及辅料进行筛选和检验，以及制剂制备后，按照药典的规定对其进行质量控制的内容。同时，引入各种有关药害事件，通过具体的发生原因、发展过程以及后果，给学生带来心理的冲击，只有真正让学生体验到药品作为一个特殊的商品，它对人民生命安全带来的重大影响，才能真正让他们理解树立正确的世界观、人生观、价值观的重要意义，才能让他们感受到作为未来的药学工作者的责任感和使命感。这种坚定的信念一旦达成，既能够在知识层面上有利于学生学习枯燥的理论内容，又有利于学生形成坚定的职业信仰，在未来的工作中践行社会主义核心价值观。

### 五、教学效果

通过线下线上混合式教学模式，将药剂学思政案例及元素自然的融入教学过程中，在达成知识目标、能力目标、素质目标的同时，让学生能够具有积极的人生态度，端正的职业道德，强烈的爱国情怀，严谨的科学研究态度以及努力奋斗的决心；感受中国力量、中国精神、中国故事，感受作为新一代药学人的责任与担当，建立我们的民族自豪感、民族自信心及民族创造力。

### 六、教学案例对药学类专业课程的推广

药剂学属于药学类专业课程，在教学案例设计以及案例融入课程等方面可供其他药学类课程借鉴并推广应用，使专业课程与思政教育融会贯通，为培养新时代药学专业技术人才打下坚实的基础。

# 《药用植物学》课程思政教学设计

药学院　陈金铭

该课程主要讲述药用植物的形态学、解剖学、分类学、药用价值等基本理论和技能，阐述各类常见药用植物的特征及开发应用情况，培养学生的创新思维和实践能力，融入科学精神、民族精神、时代精神、工匠精神等课程思政点，培养学生德能兼修素养和爱国情怀。

## 一、课程定位

《药用植物学》是中药学专业本科三年级开设的专业基础课程，在中药学专业学生的知识结构中起着承前启后的重要作用，与《中药学》、《中药鉴定学》及《中药化学》等相关课程的关系十分密切。该课程涉及药用植物的形态学、解剖学、分类学、种质资源、化学成分、药用价值等基本理论和技能，并介绍国内外药用植物研究的新进展和新成果。

通过对《药用植物》学课程的学习，培养学生掌握药用植物形态解剖学基本知识、药用植物的形态和显微鉴别特征、分类学的原理和方法、各类药用植物的鉴别特征、药用植物资源利用与保护基本知识、药用植物的药用价值和临床应用等，并运用药用植物分类学的原理和方法，准确识别和鉴定药用植物种类，调查与合理开发利用药用植物资源。

## 二、课程思政教学目标

《药用植物学》课程与思想政治有机结合，实现课程思政建设与教学目标的契合，与教学内容的融合，与教学素材的整合，与教学过程的结合。课程教学充分发掘蕴藏在专业知识里的德育成分，将德育渗入、穿插在教育和授课的全流程中，将学生栽培成国家所需之人才，将思政教育与药用植物学专业知识融合融通，从多角度探讨课程思想教育，实现立德树人的教学目标。

## 三、课程思政教学设计

《药用植物学》思政案例教学法是在教师的策划和引导下，根据授课标准，让学生对案例进行全面思考研究、小组讨论、各抒己见，提高学生全面分析和处理疑难问题能力的一种授课方法。思政案例教学法要求教师不仅需要根据学生的专业选择具有代表性、思考性的合适案例，又要能反映教材的相关知识。

### 1. 将思政融入教学目标

药用植物学兼有生物学和中药学课程特点，在教学中要结合专业及课程的特点，以课程思政为导向，体现育人的功能。教学大纲和教学指南的制定，必须结合清晰明确的教学目标，将思政目标融入教学目标之中，并在制定总体思政目标的基础之上，分别在各章教

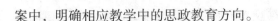

案中，明确相应教学中的思政教育方向。

**2. 将思政融入教学内容**

药用植物学课程体系包括理论、实验不同的模块。根据各模块教学内容的特点，分别制定相应的思政主线。在理论课上，和学生分享感人的故事及获得的相关科研成果；在实验课上，结合实验材料的解剖鉴定，培养学生严谨认真的科研态度和责任心。

**3. 将思政融入教学方法**

课程思政需要和具体的教学内容有机结合，并注重方式、方法。本门课程实践性强，很多药用植物与生活密切相关，在教学中经常会通过案例教学讲解相关知识点，在这些案例及"故事"中可融入相关的思政内容。同时，通过提问、讨论，及适当的引导，将思政融入具体问题中，启发学生进行思考、感悟。

## 四、课程思政元素的融合

**1. 以学科发展史提升文化自信**

药用植物学发展历史悠久，从某种意义上说是"药早于医"。其发展可以追溯到远古时期对于药用植物的认识和利用。绪论中讲《神农本草经》的上中下三品药，正是和社会中的人品相连。上品药久服轻身，和人品高尚的人长久相处也会近朱者赤；李时珍26年只为完成《本草纲目》，这不正是我们需要的工匠精神吗；4代科学家近80年完成《中国植物志》，正是历史责任感的体现。经典故事例如，神农尝百草，日遇七十二毒。李时珍著《本草纲目》，相传李时珍听说北方有一种药物，名叫曼陀罗花，吃了以后会使人手舞足蹈，严重的还会麻醉。为了寻找曼陀罗花，他离开了家乡，经历艰难险阻，终于发现了早开夜合的曼陀罗花，为了掌握曼陀罗花的性能，亲自尝试，并记下了"割疮灸火，宜先服此，则不觉苦也"。正是李时珍严谨、执着，锲而不舍，敢于实践的工作态度，《本草纲目》成为中国本草史上最伟大的著作，达尔文将它称作"中国的百科全书"。东晋葛洪著《肘后备急方》中记载"青蒿一握，水二升渍，绞取汁尽服之"，说明青蒿中抗疟有效成分在加热时可能被破坏，启发了中国学者低温提取青蒿素的思路，后来研制出抗疟有效成分青蒿素。近代，中国学者利用植物亲缘关系在云南、广西找到了能完全替代印度蛇根木的降血压植物萝芙木，开发了降血压药物利血平，结束了中国降血压植物资源依赖进口的历史。通过在学科的发展史中讲述名人经典故事、典型案例等增强学生对传统文化的自信并且产生传承、弘扬祖国传统文化的信心与决心。

**2. 以植物为纽带推崇人文精神**

教学中恰当引入有关药用植物的故事激励学生，使科学圣殿焕发出人文熠彩。说到青蒿，自然会想到诺贝尔奖得主屠呦呦。屠呦呦出生时，父亲听到其哭声呦呦，随口吟诵出《诗经》中的诗句"呦呦鹿鸣，食野之苹"，并为其取名呦呦。更有趣的是，诗中 "呦

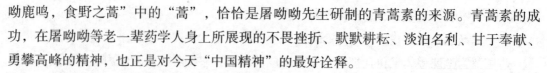

呦鹿鸣，食野之蒿"中的"蒿"，恰恰是屠呦呦先生研制的青蒿素的来源。青蒿素的成功，在屠呦呦等老一辈药学人身上所展现的不畏挫折、默默耕耘、淡泊名利、甘于奉献、勇攀高峰的精神，也正是对今天"中国精神"的最好诠释。

**3. 以典故导入教学内容倡导社会价值观**

在讲授具体药用植物之前，先让学生思考为什么人们给名医赠送锦旗或牌匾时常用"杏林春满""誉满杏林"来赞誉？然后给学生讲解三国名医董奉为人治病从不收钱，只要求病人痊愈后在其居所附近栽种杏树，多年以后杏树蔚然成林，待杏林结果时，他又以果换粮，赈济穷人，以后"杏林"则成为中医药的代词。"杏林"的典故表达了人们对医德高尚，技艺精湛好医生的赞美。同样，讲述芸香科橘时，引出"橘井泉香"的典故，西汉时苏耽用井水和橘树治疗瘟疫救人的故事。"橘井泉香""杏林春暖""悬壶济世"等在中医药学界脍炙人口的典故歌颂了医家救人的功绩，体现了"讲仁爱、重民本、守诚信、崇正义、尚和合"的传统价值理念。

中药文化有着数千年的悠久历史，其底蕴十分深厚，因此传承和发扬中药文化的任务十分必要。在《药用植物学》课堂教学中，适当引入与药用植物相关的趣味史话、著名医案、典型人物等，不仅活跃课堂气氛，提高课堂教学效果，使药用植物知识更容易理解和记忆，还能使学生对祖国优秀传统文化的认识明显加深，有助于培养他们高尚的爱国主义情操和作为中国人的民族自信心，不断提升综合素质和文化自信、价值观自信，自觉把个人理想和国家梦想、个人价值与国家发展结合起来，树立高远志向与人生追求。所以，在教学过程中适时引入思政教育，把中华优秀传统文化和教学内容有机结合起来，挖掘药用植物承载的文化内涵，让中华传统文化潜移默化地融入《药用植物学》课程学习中。

## 五、教学效果

通过精心设计课程教学，保障授课教学效果，达成教学目标。在教学过程中，坚持教书与育人相统一，挖掘并积累思政元素，不断丰富课程思政的内涵，在传授专业知识的同时，引领学生思想、塑造价值观、培养家国情怀。学生通过课程学习，感受中国力量、中国精神、中国故事，感受作为新一代药学人的责任与担当，建立我们的民族自豪感、民族自信心及民族创造力。

## 六、教学案例对中药学类课程的推广

教书育人，是教师的责任。作为高校教师，面对的是思想活跃的大学生，在教授专业知识和专业技能的同时，更要注重道德修养及正确价值观的引领，而课程思政是具体的开展形式。教学团队结合本课程各教学模块的主要特点和教学内容，在教学实践中进行了初步的探索，努力实现专业知识传授、专业人才培养与价值引领的统一。今后，将进一步

加强教学研究，不断丰富课程思政内涵，并使其更系统化，力争做到全方位、全过程和全员育人。

本课程融合思政育人的教学模式，可供其他中药学类课程借鉴并推广应用，使专业课程与思政教育融会贯通，为培养新时代中药学专业技术人才打下坚实的基础。

# 《组织学与胚胎学B》课程思政教学设计

基础医学院　魏静波

该课程采取"知识讲授+自主探究+思政元素"的教学设计模式，在讲授理论知识的同时结合临床疾病进行自主探究活动，融入爱国奉献，追求真理、勇于探究、团队协作、敬畏生命、献身医学等思政元素，培养学生医学思维和专业知识应用能力，潜移默化地将科学精神、价值取向、伦理规范下的医者责任、情怀与担当融入教学。

## 一、课程定位

《组织学与胚胎学》课程是医学专业本科一年级开设的必修课程。组织学是研究正常人体细胞、组织、器官的微细结构及其功能的学科；胚胎学则是研究个体发生、发展规律及相关畸形形成机制的学科。组织学与胚胎学理论和实验技术与诸多专业课（如病理学、生理学、病理生理学等）紧密联系，在医学专业课学习中处于"桥梁"地位，对于培养学生的辩证唯物主义观念、动态发展的科学理念具有重要作用。

## 二、课程思政教学目标

立足课程思政的现代课程观，《组织学与胚胎学》根据课程自身的特点和现代学生的思想特点，重新编写课程教学设计、选择教学方法、修订教学大纲和课程教学质量标准，在实现课程的知识传授、能力培养等基本功能的基础上，挖掘并凸显其价值引领功能，充分挖掘课程的思政元素，不断优化课程建设，把德育教育融入《组织学与胚胎学》教学活动的各个环节。在知识性和能力性目标之外，还将课程思政目标"爱国奉献，追求真理；勇于探究、团队协作；敬畏生命，献身医学；精勤不倦，执着敬业"融入其中，贯穿于课程教学大纲的各个单元，实现了课程思政建设与教学目标的契合，与教学内容的融合，与教学素材的整合，与教学过程的结合。

## 三、课程思政教学设计

课程采取"知识讲授+自主探究+思政元素"的教学设计模式，在讲授理论知识的同时结合临床疾病进行自主探究活动，融入思政元素，培养学生的医学思维和专业知识的应用能力，潜移默化地将科学精神、价值取向、伦理规范下的医者责任、情怀与担当融入教学的各个角落，构建"全程、全员、全方位"思政教育格局。

## 四、课程思政元素的融合

在教学过程中，根据各个教学单元的内容特点，选取更切合的课程思政教学目标融入，并配合以相应的教学活动设计，促进知识、能力和课程思政教学目标的同步有效达成。

1. 在《组织学与胚胎学》总论的基础知识讲授部分突出"爱国奉献，追求真理"的思政目标，这部分的知识核心是构建学生医学形态学思维。组织学是研究正常人体细胞、组织、器官的微细结构及其功能的学科；胚胎学则是研究个体发生、发展规律及相关畸形形成机制的学科。两个学科均以显微镜为基本载体，既使学生获得人体微细结构和人体胚胎发育的基本理论与基本知识，并得到有关的基本技能训练，同时又与诸多专业课（如病理学、生理学、病理生理学等）紧密联系，对于培养学生的辩证唯物主义思想、动态发展的科学理念具有重要作用。医学发展历程中蕴含着科学性、人文性及社会性，许多有关爱国主义和人文精神的教育要素始终贯穿在组织胚胎学发展过程之中。教师在教学过程中，要有意识地引入我国科学家在组织学与胚胎学研究中取得的成就，并通过对科学家坚持不懈探索科学过程的讲解，引导教育学生，使学生的学习兴趣得以提升，求知欲望得以激发，同时还可以增强学生的爱国主义热情和坚持追求科学真理的精神

2. 在组织学各论的讲授部分突出"勇于探究、团队协作"的思政目标，本着"形态决定功能，功能适应结构"的课程理念，使学生理解和体会"局部与整体的辩证统一"关系。在教学过程中将组织学各论的内容与临床案例及医学前沿结合，使学生更好地理解各个器官系统的结构和相关功能，成立学习小组，利用超星学习通提前布置相关案例和科研问题，引导学生查阅资料、解读文献，并且运用翻转课堂形式鼓励学生走上讲台，勇于表达自己的观点。这不仅有助于学生真正理解和掌握书本上的理论知识，而且通过查阅文献积极思考，发现问题及探寻解决问题的途径，培养了学生的参与意识和解决问题的能力。同时，教师在学生的讨论中能够及时发现和解决学生在学习时的不足之处及存在的问题。学生通过这种教学模式即可以主动获取知识，开阔视野，教学效果胜过教师讲授百遍，又在大一就接受科研的熏陶，为将来的科研活动奠定基础。

3. 在胚胎学的讲授部分突出"敬畏生命，献身医学"的思政目标。通过讲解胚胎的发生、发展及相关畸形，使学生体会到一个生命的孕育是经过了激烈的竞争和筛选的，每个人都是从激烈的竞争中脱颖而出的胜利者，而且还经受住了各种致畸因子的重重考验，历经千辛万苦才来到了人世间，这样的生命就应该是值得敬畏的。作为未来医务人员的储备军，医学生要在步入医学殿堂之初就树立尊重自己和他人生命的理念，以理解、关爱、呵护的态度敬畏生命，树立救死扶伤的职业责任感和使命感；立足健康中国战略，始终牢记"健康所系，性命相托"的誓言。作为医学生，面对生命，要牢记三句话：善待生命，做有敬畏之心的人；勇于担当，做有中国力量的人；致敬英雄，做有感恩之心的人。

4. 在整个教学过程中，始终坚持把立德树人作为中心环节，把思想政治工作贯穿教育教学全过程，实现全程育人、全方位育人，使医学生在大一就深刻铭记"献身医学、执

着追求、健康所系、性命相托"的誓言，从而培养学生的社会责任感、团队精神、工匠精神等，使学生做到"精勤不倦，执着敬业"。在授课过程中，引导学生在理解和掌握组织学与胚胎学知识的基础上，深入把握医学所体现的事物普遍联系观点、发展变化观点、对立统一观点等辩证思维，进一步让学生学会使用辩证思维分析疾病的发生发展变化，将平衡和全局的思想根植到今后的临床实践中，科学分析问题，培养医学生严谨认真的工作态度、努力学习的精神。

## 五、教学效果

通过在《组织学与胚胎学B》实施课程思政，课堂教学气氛活跃了，学生对枯燥的形态学知识有了探索和讨论的积极性，结构和功能相联系的观念树立起来了，达成教学目标。实施课程思政，改变了学生对专业与行业关系的认识，建立了中学期间思政理论向大学阶段社会素养的有效过渡，丰富了课程思政的内涵。实施"课程思政"，从课堂教学整改入手，提升教师育人的基本功；将育人职责贯穿于教学全过程，真正使育人理念成为学生成长的"调节剂"，促进全方位教育共同体的形成，做到教书与育人的统一。学生通过课程学习，深刻认识到爱岗敬业，勤于观察，善于动脑，乐于奉献，不断挑战自我的大医情怀。以社会主义核心价值观作为核心与教学有机结合，形成协同效应，潜移默化，将学生培养为有灵魂、有责任、有温情、有深刻爱国情怀的医学事业接班人。

# 《医学微生物学》课程思政教学设计

基础医学院　千　晔

该课程主要讲述与人类疾病有关的病原微生物的形态、结构、代谢活动、遗传与变异、致病机理、机体的抗感染免疫、实验室诊断及特异性预防等。学习医学微生物学的目的在于，了解病原微生物的生物学特性与致病性；认识人体对病原微生物的免疫作用，感染与免疫的相互关系及其规律；了解感染性疾病的实验室诊断方法及预防原则，培养学生综合分析和临床应用的能力，融入爱国主义、科学辩证、职业道德、社会责任等课程思政点，培养德高医粹、品学兼优的学生。

## 一、课程定位

《医学微生物学》是我国规定的医学体系中一门重要的课程，我校针对医学专业本科二年级开设，这门课主要讲授与人类疾病有关的病原微生物的基本特性、致病性、免疫性、微生物学检查法和防治原则等的科学。通过学习，使学生掌握和运用本专业基础理论、基础知识和基本技能，了解微生物的基本特性及其生命活动规律，为临床学习鉴定理论基础。作为医学的一门基础性、桥梁性和应用性课程，《医学微生物学》是进行思政教育、培养职业规范和社会责任的良好阵地。

通过传统讲授法、案例教学、启发引导法、多媒体教学法等教学形式，讲解"三性两法"，建构学生的基本知识框架，提升学生综合分析能力。通过该课程的学习，学生可以更好地将病原微生物与临床疾病相联系，更好的诊断疾病。

## 二、课程思政教学目标

《医学微生物学》在千百年的发展史中，承载着重要的思想政治教育功能，蕴含着丰富的思想政治教育元素。结合当代课程思政的教育理念，聚焦育人价值的本源，本门课程提出了知识、能力和思想政治教育的总体目标，确定了"厚植爱国主义情怀、构建科学辩证思维、恪守个人职业道德、践行社会责任担当"四位一体的思政目标，合理融入课堂教学各个环节，优化课程设置，完善教学设计，着重突出"医学与爱国、医学与哲学、医学与人文、医学与社会"，实现思政教育和知识体系教育的有机统一，使医学生成长为有情怀、有温度的医学工作者。

## 三、课程思政教学设计

本课堂，通过在讲授"三性两法"等基本理论知识的同时，采取教师讲授、思考探究和思政元素的教学模式，融入科学家的生平事迹、病原菌的致病机理、社会的经典案例以及社会的一些热点问题，将"四位一体"的思政教学目标达成，让学生成长为"德高医粹，品学兼优"的新时代青年。

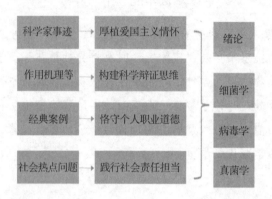

## 四、课程思政元素的融合

根据课程内容的特点，本课程一共分为绪论、细菌学、病毒学和真菌学四篇，不同章节囊括了不同的思政元素（如上表所示），将表中思政目标归纳总结四点阐述如下。教学过程中，以不同的知识点作为课程思政的良好载体，将思政教育贯穿于课堂教学之中，优化整合课堂思政的教学方法和手段，实现对学生知识的传授与价值引领的有机结合。

### 1. 思政目标之一——厚植爱国主义情怀

《医学微生物学》课程的特点之一就是知识点零散且难于记忆，贯穿于四大篇章知识点背后的思政元素——爱国主义作为主线将繁杂的知识点有效联系、贯穿，鲜活生动，易于理解。对于医学专业的大二学生而言，强烈的爱国主义情怀可以使他们把实现个人价值与国家的前途命运联系起来，真正体验到医学微生物背后的精神意蕴与价值追求，才能切实理解这门学科的历史使命。

本部分主要选取微生物发展史上代表成就以及伟大科学家的生平事迹，唤起学生的爱国之情。例如，讲到医学微生物的发展史时，用中国人发明的"人痘术"预防天花、《本草纲目》中记载衣物蒸过后可预防传染病的流行等杰出智慧来增强学生的民族自豪感和自信心；讲到衣原体时，用汤飞凡先生不惜以身试"毒"，用自己的左眼做实验，在全世界首次证实了衣原体为沙眼的病原体的伟大成就来让学生感知科学家的胸怀家国和忘我的奉献精神；讲到脊髓灰质病毒时，用"糖丸爷爷"的一生只为一件事，用42年的精力完成脊髓灰质炎疫苗的研制来让鼓励学生坚持不懈、持之以恒开展国家和人民所急需的科学研究……这种爱国情怀一旦形成，不仅可以激发学生医学微生物的学习热情，而且有利于学生树立远大理想和目标，立志为人民、为国家谋福利和做贡献。

### 2. 思政目标之二——构建科学辩证思维

科学辩证的思维能力在《医学微生物学》的学习具有重要的作用，科学的思辨能力、缜密的逻辑以及理性的分析是学生素质的重要组成部分，明白知识之间的联系、事物的道理之后，才能更好地做到"知行合一"，帮助学生理解微观并抽象的知识脉络，构建健全的知识体系，为临床学习和应用做好铺垫。

这部分内容主要采用传统讲授、启发引导等方式进行，让学生用辩证的思维分析和解决问题，利用所学控制微生物的有害作用，发挥其有利之处。例如，在讲解病原菌与机体的平衡与失衡时，用病原菌感染机体后，由于机体免疫力的强弱以及病原菌毒力强弱、数量多少的不同，会出现显性感染（机体受损出现临床症状）和隐性感染（机体不会出现症状，还可获得足够的免疫力），让学生客观理性地看待感染并非都是坏事，疫苗接种就是利用隐形感染的原理。讲到抗生素可杀死细菌时，让学生思考抗生素过度使用又会造成细菌的耐药性，引导学生辩证看待耐药性问题，合理使用，杜绝滥用。

**3. 思政目标之三——恪守个人职业道德**

对于医学生来说，首先是"仁术"，然后才是"知识与技能"。正确的人生价值观，良好的职业道德，才能促进学生将所学的专业知识与技能内化，成为一个具有职业操守、职业素养的人才。从医者，为病者谋福利，不损害他人，体现医生内在要求；科学研究者，实事求是，体现科学本质需要；制药者，诚实守信，体现企业道德要求……这一目标的达成，能够将学生培养成德艺双馨的人才。

这部分更多地采用资料查阅、问题探讨式的方式展开，让学生直面现在医疗相关行业出现的严峻问题，思考和总结如何恪守职业道德，诚实守信，提高自身素养。例如，讲到消毒灭菌时，不得不提"欣弗事件"，擅自更改灭菌温度和时间等参数，严重影响了灭菌效果，导致多名患者出现不良反应。其背后便是涉事企业丧失诚信，背离职业道德，为牟取更大利润而降低产药品质量。讲到HIV时，联系1.26浙江重大医疗事故涉事工作人员违反操作规程，反复使用吸管而造成了交叉感染，导致多名治疗者感染艾滋病病毒，教育学生要严格遵守操作规程，不能贪图便利。同时，联系中国的世界首例基因编辑婴儿事件，引导学生思考科学伦理道德以及科研诚信的重要性，教育学生要恪守道德规范。

**4. 思政目标之四——践行社会责任担当**

新时代，社会要求培养"德高医粹，品学兼优"的青年，了解和认知社会，明白自身所肩负的社会责任和时代担当，才能更好将书本知识应用于实践，加深对知识的理解，成为一个社会需要的人才。

这部分采用社会调查、翻转课堂等方式展开，让学生在调查和讲解的同时，见微知著，溶盐于汤，使思政目标有效达到。例如，讲解到SARS冠状病毒、埃博拉病毒等病原体时，让学生调查原因，就是人类的扩张、捕食等影响到野生动物的栖息和生存，造成相关疫情的发生，提醒和教育学生，为了人类的生存和社会的持续发展，必须爱护动物，保护生态环境的社会责任。在讲解到病毒时，让学生根据新冠疫情自身经历，列举众多医务

工作者和科研学者冒着生命危险奋战在抗击新冠的第一线的时代担当。讲到埃博拉病毒时，2014年非洲埃博拉病毒疫情，中国政府提供大量救援物资，派出数批医疗队亲临一线，为抗击各国疫情的流行做出了巨大贡献，彰显了大国风范和担当精神。

# 《水质理化检验实验》课程思政教学设计

公共卫生学院　蒋　宁

该课程主要讲述水质理化检验的基本操作和基本技能，阐明水质因素对人体健康影响的规律，培养学生应用能力和创新能力，融入大医情怀、大国工匠、社会公德、科学精神等课程思政点，培养学生德能兼修的素养和医者仁心的情怀。

## 一、课程定位

《水质理化检验实验》课程是卫生检验与检疫专业本科三年级开设的必修课程，是卫生检验与检疫专业的基础课程，也是卫生检验与检疫专业的核心骨干课程之一，是在水质理化检验基础上开展起来的实验性学科，主要阐明水质因素对人体健康影响的规律，提出改善和利用水质因素的卫生要求的理论根据和措施的原则，以达到预防疾病、增进健康的目的。水质理化检验实验内容与理论教学密切相关，其目的是配合理论教学，使学生加深理论课中统计学水质理化检验基本理论和方法的理解，在教师的引导下独立思考，提出分析思路、分析方法，直至完成水质理化分析并做出恰当的结论。学生在掌握水质理化检验基本理论知识的基础上，认识水质与健康的密切关系，初步了解水质因素对健康的影响，掌握水质理化检验方法与技术，进一步培养他们综合分析问题、动手解决问题的能力，为学生打下坚实的水质理化检验实践基础。在教学过程中要理论联系实际，重视学生自学能力、知识的应用能力和创新能力的培养，适当介绍本学科的发展新动态，使学习者系统掌握水质理化检验工作的理论、方法、技术，具备水质理化检验的实际技能，从而胜任水质理化检验相关工作，对启蒙和形塑学生专业思维、专业理念和专业伦理起到重要作用。

## 二、课程思政教学目标

立足课程思政的现代课程观，《水质理化检验实验》课程重新认识、重新定位和重新塑造了教学目标，在知识性和能力性目标之外，还将"树立环保信念、提升职业使命感、护卫人民健康、构建专业思维、培养严谨态度"的课程思政目标融入其中，贯穿于课程教学大纲的各个单元，实现了课程思政建设与教学目标、教学内容、教学素材、教学过程的融合。

## 三、课程思政教学设计

课程采取"实验讲授+自主探究+思政元素"的教学设计模式，在讲授实验基础知识时融入隐性思政元素，同时学生通过实践操作进行自主探究活动，培养学生实践能力和检验工作者的责任、情怀与担当，并形成"核心要素与课程案例库贯穿教学实施环节"的特

色课程教学设计（见图1）：

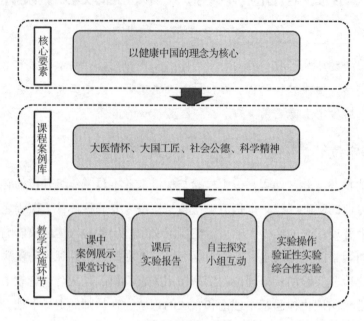

图1　课程思政教学设计

**核心要素**：以健康中国的理念为核心，通过检验技术方法的掌握，促进学生知识传授、能力培养与价值引领的有机统一，提升学生的检验思维。

**课程案例库**：在教学过程中挖掘思政元素，形成以大医情怀、大国工匠、社会公德、科学精神等为主要内容的思政案例库。

**教学实施环节**：以学生为主体、以教师为主导、以实践为关键，通过"课中+课后+自主探究+实验操作"实施环节完成教学，实现隐性教育与显性教育相统一。

### 四、课程思政元素的融合

在教学过程中，根据各个实验单元的内容特点，选取更切合的课程思政教学目标融入，并配合以相应的教学活动设计，促进知识、能力和课程思政教学目标的同步有效达成。

1. 在讲解水质理化检验相关项目的实验目的中水质污染物来源和水污染危害、水质理化检验实验的任务和意义等知识的内容时突出"树立环保信念、提升职业使命感"的思政目标。该部分内容更多的让学生直观了解环境污染所带来的巨大危害，强化学生原有认知中环保的重要性。例如，原子吸收法检测水中重金属离子，对水体中重金属汞污染的介绍，用日本水俣病的案例让学生思考环境污染所带来的巨大危害，让学生真正理解环境可持续发展的价值。同时对于大三的卫生检验与检疫专业学生而言，通过水质理化检验实验的任务和意义的讲授可以提升社会责任感和时代使命感，能够帮助他们建立坚定、稳定、持久的职业责任感和职业荣誉感，这种情感反过来也能够帮助学生真正理解水质理化检验实验存在的社会和人文价值。

2. 在讲授实验目的中关于理化指标中人体必需元素的生理作用、水质理化指标超标对人体健康的影响等知识时融入"护卫人民健康"的思政目标。只有真正让学生体验到检验对人类健康的护卫作用，才能切实理解繁杂的水质理化检验背后的实践意义。这种坚定的信念一旦达成，既能够在知识层面上有利于学生学习枯燥的理论内容，又有利于学生形成坚定的职业信仰，极大的激发学生的自主学习动力和克服学业困难的毅力。该部分主要介绍人体必需元素存在的生理作用，以及缺乏或超量时所出现的临床表现，让学生深刻认识到只有对水质指标进行标准检验，保证各项指标的界限值和限量值都在标准范围内，才能保证人民饮水健康，从而实现检验工作者的使命和担当。这一目标的达成，能够将对生命和健康的敬畏转化为学习水质检验实验的热情，形成强烈而持久的学习内驱力。

3. 在水质指标的测定原理、检测方法、检测方法适用条件等部分的讲授中，更突出促进"构建专业思维"思政目标的达成，让学生能够充分理解"性质决定方法、目标决定选择"。这部分的内容核心是构建学生的检验专业思维体系，而理性的思维本身，又能够促进学生真正在专业视角上掌握看起来繁杂的各种检验方法，整合自己的知识体系，而非像以往的学生进行知识的简单零散识记。

该部分更多地采用启发式、问题式教学法，追问性的启发学生进行自我学习和自我发现，潜移默化的实现在专业视角下观察、分析、反思、解决水质指标检验问题。例如，对水中重金属离子的检测方法，启发学生根据重金属离子的性质思考可以采取的检测方法，并进而对比原子吸收分光光度法、紫外分光光度法和ICP-MS等方法的优缺点，再深入启发学生提出实际工作中选择哪种检测方法的方案，在辩证中提升对"性质决定方法、目标决定选择"的认识。

在讲授检测操作注意事项及检测质量控制、学生进行检测操作及检测结果处理的过程中强化"培养严谨态度"的思政目标。作为检验专业，只有严谨的实验操作、严谨的数据处理以及严谨的质量控制才能保证每一次的实验数据真实可信。这部分更多地采用实践和参与的方法，增强学生对"遵循理论，实践是检验真理的唯一标准"的认识。例如，4-氨基安替比林法测定酚的实验中，强调试剂加入顺序不可更改，通过组织学生探讨改变加入顺序后可能出现的问题，使学生认识到操作的严谨和规范对的重要性。

## 五、教学效果

通过精心设计课程教学，挖掘并积累思政元素，不断丰富课程思政的内涵，坚持教书与育人相统一，保障授课教学效果，达成教学目标。在教学过程中将思政元素融入医学专业课程课堂教学环节，在传授专业知识的同时，引领学生塑造积极向上的价值观、培养学

生家国情怀。学生通过课程学习，深刻认识到作为卫生检验工作者的责任与担当，在保障国民健康幸福和美好生活中的神圣使命。

### 六、教学案例对医学类课程的推广

在教学实施过程中，通过灵活多用的教学模式，创新的教学方法，保障了课程质量，凝练出"核心要素与课程案例库贯穿教学实施环节"的教学设计，以学生为中心，通过课堂内外、理论实践等形式，将基础知识和检验技术相结合，提升学生实践能力，将思政元素融入教育教学全过程。

本课程思政教学模式可供其他医学类课程借鉴并推广应用，使专业课程与思政教育同向同行，形成协同效应。

# 《环境卫生学》课程思政教学设计

公共卫生学院　佟俊旺

该课程主要讲述自然环境和人居环境对健康的影响、环境污染物的毒性作用及其机制、环境污染性疾病预防、环境质量监测评价的知识体系，开展环境污染对人群健康影响的调查、监测与评价的知识体系，培养学生的创新思维和实践能力，融入家国情怀，敬畏自然、人与自然和谐共生的辩证论、环境保护、可持续发展、建设国家生态文明，勇于探索的科学精神和爱岗敬业的责任意识等课程思政点，培养学生树立环境保护意识和大健康理念，认识到自己在普及环境健康知识、提高全民健康素养、推进健康中国中的社会责任感和使命感。

## 一、课程定位

《环境卫生学》是预防医学专业的核心骨干课程之一，是预防医学和卫生检验与检疫专业本科生的必修课。环境与健康也是医学类各专业开设的专业基础课——《预防医学》的重要内容。该课程培养学生具备扎实的自然环境和人居环境对健康的影响、环境污染物的毒性作用及其机制、环境污染性疾病预防、环境质量监测评价的知识体系；能够开展环境污染对人群健康影响的调查、监测与评价，能够发现、辨析、质疑、评价环境卫生领域中的现象和问题；能够主动了解环境与健康学科前沿，掌握新理论、新技术；注重学科前沿、环境卫生与地理环境、环境工程的知识融合，具备宽广的视野。

## 二、课程思政教学目标

将"家国情怀，敬畏自然、人与自然和谐共生的辩证论、环境保护、可持续发展、建设国家生态文明，勇于探索的科学精神和爱岗敬业的责任意识"的课程思政目标贯穿于课程各单元中，使学生牢固树立"从胎儿到生命终点的全程中环境因素是影响健康的重要因素"的意识，树立环境保护意识和大健康理念；让学生认识到自己在普及环境健康知识、提高全民健康素养、推进健康中国中的社会责任感和使命感。

## 三、课程思政教学设计

教学过程中，根据各章节内容特点，选取切合的课程思政教学目标，结合相应的教学活动设计，促进知识、能力和课程思政教学目标的同步有效达成。教师在授课过程中用爱岗敬业、认真负责、积极向上、充满正能量的人格魅力感染学生，发挥专业课"润物细无声"的育人作用，引导学生树立正确的人生观、价值观和世界观，形成正确的公共卫生职业道德和行为规范。

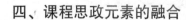
### 四、课程思政元素的融合

1. 环境卫生学课程教学与时事政治相结合。党的十九大明确指出：加快生态文明体制改革，建设美丽中国；习近平总书记指出"我们既要绿水青山，也要金山银山。宁要绿水青山，不要金山银山，而且绿水青山就是金山银山"；《"健康中国2030"规划纲要》和《健康中国行动（2019—2030）》将生态环境治理、生态文明建设与全民健康紧密联系在一起。教学中将这些时事政治、国家政策内容融入"环境污染与健康"知识体系中，使学生能及时了解我国的大政方针政策，激发爱国热情，在今后的工作中坚持以人民为中心的立场。

2. 课程教学与辩证思维教育相结合。介绍人类与环境的辩证关系，包括人对环境的适应性、人与环境物质的统一性、人改造环境的能动性及机体与周围环境之间保持着动态平衡等内容。通过这部分内容的讲授，让学生以辩证法的观点认知和把握环境与健康的规律。讲授自然环境与健康关系过程中，其中自然疫源性疾病，融入SARS病毒如何从自然宿主蝙蝠体内到果子狸，再到人体内的研究历程，以及新冠病毒来自于自然界的科学观点，倡导学生树立敬畏自然、人与自然和谐共生的辩证论。

3. 在讲授绪论、环境与健康关系部分，明确环境卫生工作与环境卫生学今后的任务，熟悉地球化学因素与健康、环境污染与致癌、致畸危害等，结合案例讲解环境与健康关系的研究方法，绿色可持续发展在环境保护、人民健康和健康中国中的重要作用。通过专业知识讲授，帮助学生树立人与自然和谐共生的辩证论、环境保护意识和大健康理念，提高学习环境卫生学的兴趣和主动性，树立环境因素在疾病发生发展中重要性的认知。

4. 紧扣课程特点，结合思政目标，以空气污染、水体污染、土壤污染等案例为载体，采用案例教学法（CBL）讲授空气污染、水体污染、土壤污染对健康的影响，将环境污染治理、建设美丽生态环境、实现可持续发展的理念贯穿在教学过程中。以环境与健康关系为主线，将环境与健康研究发展进程中典型案例与重要人物相结合，聚焦科学工作者"勇于探索的科学精神和爱岗敬业的责任意识"，潜移默化地感化学生。生物地球化学性疾病以及环境污染性疾病部分，采用翻转课堂+团队为基础的学习（TBL）或翻转课堂+情景短剧，通过小组任务、教师的引导和点评、学生互评和教师评价完成学习，培养学生自主学习、团队协作、语言表达、临场发挥及应变等多方面的能力和人文素质。

5. 在住宅与办公场所、公共场所、城乡规划卫生部分，比如上海的"生态城市"理念（通过实例）、公共场所卫生监督过程中尚存在的问题（如宾馆的"一客一换"制度的执行难度案例）、成功举办过"二十国集团领导人"国际大型会议的杭州市的先进城市规划理念等案例，讲述不同场所存在的污染物及其对健康的影响、如何预防这些因素对健康的影响，激励学生应用所学环境卫生学知识，发挥预防医学专业的优势，担负责任，在国家生态文明建设中贡献自己的力量。

6. 在环境质量评价、突发环境污染事件及其应急处理部分，结合公共卫生学院承担的科研项目——"曹妃甸工业区卫生学评价研究""唐山南湖世园会园区环境监测与评价"，讲述环境质量评价方法，培养学生严谨、求实、勇于探索的科学精神，应用科学发展观建设国家，解决实际问题的能力。结合在新型冠状病毒肺炎（COVID-19）疫情中，以习近平同志为核心的党中央带领全国人民众志成城、共同战"疫"，已取得疫情防控的阶段性胜利。广大疾控人凭借着专业知识、实践经验和应急处置能力沉着应战，筑牢阻断新冠病毒传播的坚固防线，表现出勇于担当、不惧危险、恪尽职守、甘于奉献的精神。激发学生的爱国情怀，坚定理想信念，引导学生立足当下，肩负历史重任，做新时代政治素质过硬、专业技术精湛的公卫人。

### 五、教学效果

1. 课程思政教学目标达成度；

2. 在教学过程中，如何将显性与隐性相结合，丰富课程思政内涵；

3. 如何做到教书与育人的统一；

4. 通过课程学习，如何做到知行合一、内化于心、外化于行。

通过精心设计环境卫生学课程教学，将专业知识讲授与思政建设结合在一起，在保障授课教学效果、达成教学目标的同时，将思政元素以"春风化雨、润物无声"的形式不断丰富课程思政的内涵，培养学生爱国情怀，坚定理想信念，引导学生立足当下，肩负历史重任，做新时代政治素质过硬、专业技术精湛的公卫人。

# 《病毒学检验》课程思政教学设计

公共卫生学院　谢俊岭

该课程主要讲述病毒检验相关的基础知识和基本技能，阐述感染人的各种常见病毒的生物学和流行病学特征及其实验室检验方法，培养学生临床思维、创新思维及实践操作能力，融入尊重自然、敬佑生命、使命担当、探索未知、健康中国等课程思政点，培养学生以检验知识武装头脑，用医学人文素养滋养情怀；以科技创新为动力，用严谨求实甘于寂寞塑造科学精神；以行动践行初心，用担当诠释使命的专业素养。

## 一、课程定位

《病毒学检验》课程是面向卫生检验与检疫专业本科生开设的一门专业必修课程，也是专业核心课程，是卫生检验与检疫专业课程体系的重要组成部分。进入21世纪，世界范围内病毒性传染病疫情频繁发生，比如非典型性肺炎、人感染H5N1高致病性禽流感、手足口病、埃博拉、新型冠状病毒肺炎等。因此，病毒学检验在公共卫生、临床检验及基础医学研究中发挥的作用也更为凸显。

该课程旨在使学生熟悉病毒学检验技术的基本原理和方法，并系统掌握对人群健康危害较大的各种病毒的生物学和流行病学特点及其病原学、血清学、分子生物学检测方法。通过教学，培养学生具备扎实的病毒学检验的基本理论、基本知识和基本技能，为学生今后能够胜任疾病预防控制中心、质量技术监督机构、检测中心、医院、海关进出口检验检疫等机构从事病毒学检验工作打下坚实的基础。

## 二、课程思政教学目标

2020年初，突如其来的新型冠状病毒肺炎疫情（COVID-19）在全球爆发，以时事为背景，激发学生的学习兴趣和热情。围绕课程知识传授、能力提升和价值引领相结合的整体目标，自然融入思政教学内容，即：以病毒感染性疾病的临床表现和样本采集为引入案例，培养临床思维和检验思维；以病毒病原的生物学和流行病学特征为知识基础，认知病毒微生物的生命力和危害性，践行尊重自然、敬佑生命、珍爱健康的大医情怀，大力推进健康中国战略；以病原学检验技术为核心内容，不断提升生物安全意识，坚守求真务实、严谨细致、勇于探索和创新的科学精神；在传授专业知识和技能的同时，让思政元素和人文素养自然融入，潜移默化地激励学生勇担职业使命，彰显民族精神和时代精神；构建起"以检验知识武装头脑，用医学人文素养滋养情怀；以科技创新为动力，用严谨求实甘于寂寞塑造科学精神；以行动践行初心，用担当诠释使命"的课程思政目标。

### 三、课程思政教学设计

在新冠疫情的时事背景下，《病毒学检验》这门课程采用"案例教学、课堂讲授、学生专题汇报、实践操作"等多种教学方法，在传授知识和培养技能的同时，自然融入思政元素，建立"用事例激发热情，用知识培养素养，用行动彰显精神"，逐渐渗透、润物无声的课程思政教学设计。（如图1所示）

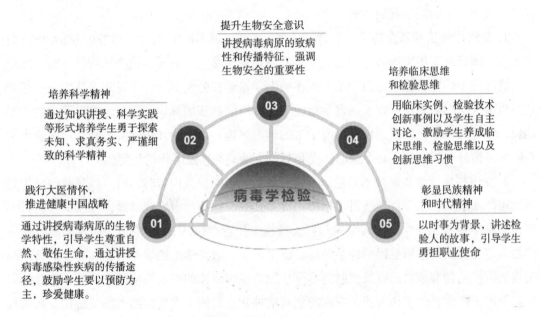

**图1 课程思政教学设计**

**大医情怀：**通过讲授自然界中许多病毒微生物的出现比人类历史还要早很多，许多野生动物可以作为多种病原微生物的储存宿主等知识，引导学生尊重自然、敬佑生命。

**健康中国战略：**通过讲授病毒感染性疾病的传播途径，鼓励学生要以预防为主、珍爱健康。

**科学精神：**通过讲述科学工作者对新发传染病追根溯源的故事，课堂讲授临床样本采集处理、实验室病原学检验的原理和方法，以及相关实验技术的实践操作，培养学生勇于探索未知、求真务实、严谨细致的科学精神。

**生物安全意识：**通过讲授病毒的致病性和传播特点，反复强调并逐步提升学生的生物安全意识。

**思维培养：**通过引入临床案例，讲解检验知识，讲述检验技术不断创新和发展的故事，逐步培养学生的临床思维、创新思维和检验思维习惯。

**时代精神：**通过专业知识的习得和检验技能的掌握，引导和鼓励学生要勇于承担职业使命，以彰显当代大学生的民族精神和时代精神。

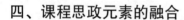
## 四、课程思政元素的融合

在教学过程中，根据各教学单元的内容特点，选取一些新发、突发病毒性传染病（如SARS、SARS-CoV-2、Ebola、HIV）和当下生活中的常见病毒感染案例（如流感、肝炎病毒、诺如病毒感染等），采用案例教学法（CBL）、以问题为导向的教学法（PBL）和以团队为基础的学习法（TBL）实施知识传授和课程思政的有机融合，促进知识、能力和课程思政教学目标的同步有效达成。

1. 在讲授绪论和新发传染病病毒的检测策略时，采用CBL教学，以2003年SARS疫情为案例，围绕新发传染病病毒的发现、培养与观察、鉴定、病原体检测在病例诊断、治疗和疫情防控中的重要作用这条主线，阐述病毒学检验在公共卫生、突发病毒性传染病等公共卫生事件中的重要作用以及病毒学检验工作者所应具备的知识和素质，突出课程的重要地位、学习这门课程的重要性，激发学生的学习兴趣，以检验知识武装头脑，用医学人文素养滋养情怀，提高学生对专业的热爱和对卫生检验与检疫工作的认同感。

2. 在讲授病毒性检验技术总论以及常见各类病毒的检验内容时，将"以科技创新为动力，用严谨求实甘于寂寞塑造科学精神"贯穿其中。这部分内容较枯燥，可以从我国科学家在病毒学检验工作中的伟大成就和广大科技工作者在COVID-19疫情中病毒溯源、病原体的确定与检测技术所取得的一系列科研成果入手，激发学生的学习兴趣和热情。新冠肺炎疫情防控的精准施策和有效控制离不开新冠肺炎病原体的确定与检测、诊断试剂盒的研发与应用，广大科研工作者勇于探索的创新精神和忘我的工作精神助力疫情防控。病毒性检验技术发展迅速，在掌握常规检验技术的同时应思变、求新，勇于创新。

3. 讲授第六章呼吸道感染病毒及其检验时，实施PBL教学。将21世纪全球三次冠状病毒（SARS、MERS、SARS-CoV2）感染引起的突发传染病疫情案例引入课程，课前设置一系列思考题，如SARS、MERS、SARS-CoV2三种病毒的生物学特征、流行特征、传播方式、标本采集和检验方法的不同，以这些问题为主线展开内容的讲解，适时组织课堂讨论。根据最新科研进展，讲解SARS-COV2病毒的传染源、传播途径、潜伏期等特点，并与SARS、MERS做对照，穿插诸如新冠肺炎病毒来自实验室制造等伪科学论，引导学生思考，树立崇尚科学、探索未知、开拓创新的科学精神。讲授冠状病毒感染引起的呼吸道疾病预防和治疗过程中时，将以习近平同志为核心的党中央带领全国人民同舟共济、共同战"疫"取得疫情防控的阶段性胜利，以及抗疫过程中广大疾控工作者表现出的勇于担当、不惧危险、忠于职守、甘于奉献的精神融入其中，从而培养学生的家国情怀，让大学生牢记时代赋予的使命，以行动践行初心，用担当诠释使命，早日成为社会所需的高素质卫生检验与检疫人才。

4. 在学习第十二章反转录病毒及其检验时，实施翻转课堂和TBL教学。利用网络平台

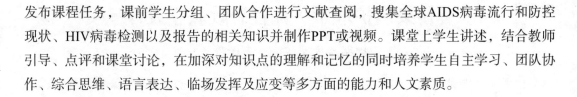

发布课程任务，课前学生分组、团队合作进行文献查阅，搜集全球AIDS病毒流行和防控现状、HIV病毒检测以及报告的相关知识并制作PPT或视频。课堂上学生讲述，结合教师引导、点评和课堂讨论，在加深对知识点的理解和记忆的同时培养学生自主学习、团队协作、综合思维、语言表达、临场发挥及应变等多方面的能力和人文素质。

## 五、教学效果

通过课前、课中和课后三大教学环节的精心安排，线上平台和线下课堂的有机结合，以及教师讲授、学生互动、生生交流的融汇互通，将课程思政自然融入知识讲授、能力提升过程中，学生有能够主动学习的热情，有助于学生掌握专业知识和积极参与实验操作训练，同时学生能够切实感受民族精神和时代精神，领悟尊重自然、敬佑生命的重要性，助力健康中国战略的实施，还能逐渐养成科学思维习惯和科学素养。

# 《传染病护理学》课程思政教学设计

护理与康复学院　安子薇

该课程主要讲述常见传染病的发病机制、流行过程及影响因素，传染病的特征、诊断、治疗、预防，以及各种常见传染病的护理诊断和护理措施的综合应用，培养学生的临床创新思维和实践能力，融入责任担当、甘于奉献、创新精神、厚德仁爱、关爱患者等课程思政点，培养学生树立救死扶伤的信念和社会主义核心价值观，养成遵纪守法的素养和大爱无疆的情怀。

## 一、课程定位

《传染病护理学》课程是护理学专业本科三年级开设的选修课程。该课程将组织与胚胎学、病理生理学、微生物学、寄生虫学与临床医学的内容紧密相连，包含的疾病具有传染性的特点。本课程介绍传染病护理学的基本知识和具体应用，主要讲解传染病的发病机制、流行过程及影响因素，传染病的特征、诊断、治疗、预防和护理，国内外传染病护理学发展的现状和未来趋势，传染病护理学的概念、特点、工作内容、工作范围、工作方法，传染病护士的角色、职责、应具备的素质、能力，培养学生掌握传染病护理学的基本理论、基本技能和方法，具备传染病的防范意识和专业能力，尤其是掌握传染病的潜伏期、隔离期与观察期的区别，以及预防和护理措施和常用的消毒方法。

## 二、课程思政教学目标

围绕《传染病护理学》课程知识传授、能力提升和价值观引领相结合的整体目标，重新认识、重新定位和重新塑造了教学目标，在知识性和能力性目标之外，将"树立救死扶伤的信念，甘于奉献，大爱无疆，保护病人隐私，具备良好的职业素养，强化社会责任感和时代担当"的课程思政目标融入其中，体现在课程教学大纲的各个单元，实现教书、授业、育人、解惑的同向同行，同频共振，强化显性思政、细化隐性思政，构筑三全育人大格局。

## 三、课程思政教学实施设计

在教学过程中，根据各个教学单元的内容特点，选取切合的课程思政教学目标融入，并配合以相应的教学活动设计，促进知识、能力和课程思政教学目标的同步有效达成。在教学过程中通过临床案例为主线的自主探究活动，融入隐性思政元素，在学习疾病理论知识、培养学生医学思维和专业知识应用能力的同时，潜移默化地帮助学生树立正确的人生观、价值观，营造积极向上的学习氛围，培养善良、正直、博爱的高尚品格，遵守医学伦理规范，树立爱国主义情怀和时代担当。

根据融入的课程思政点不同，将课程思政教学分为"大医情怀、时代精神、民族精神、个人品德"四个核心部分：

1. 大医情怀：课程思政教学突出"树立救死扶伤的信念、甘于奉献，大爱无疆，具备良好的职业素养"的思政目标。通过了解护士的定位、形象和职责，从而坚定学习护理学专业和从事护理职业的自豪感和自信心，增加学习传染病护理专业知识的动力、耐心和认真，而不是像以往学生只是浑浑噩噩、没有目标的学习。

2. 时代精神：课程思政教学突出"爱国主义情怀、责任担当、敢于奉献"的思政目标。

3. 民族精神：课程思政教学突出"团结、创新"的思政目标。

4. 个人品德：课程思政教学突出"平等友爱、保护病人隐私"的思政目标。

## 四、课程思政元素的融合

1. 大医情怀：在讲授传染病的现状和危害时，结合重大公共卫生突发事件"新冠肺炎疫情"，讲抗"疫"一线护士的故事。让学生观看小视频《抗疫一线医生讲述"95后"护士"李坚强"的故事》，"95后"的护士"李坚强"发给护士长的一段微信让所有人动容，她的父母通过媒体才知道她奋战在抗疫一线，让同学们认识到当出现重大公共卫生突发事件时，"95后"的年轻护士不畏艰辛、勇于奉献，奋战在抗疫第一线，抱着坚定的救死扶伤信念，认真履行护士的职责。观看小视频《抗"疫"一线连续奋战，援武汉护士长收到强制休息令》（视频下载来源：学习强国网站）体现了抗"疫"一线的护士们废寝忘食，把所有精力都用来治疗照顾患者。通过抗疫护士的先进事迹，鼓舞学生积极投身护理事业的热情，增强学生的职业自豪感和自信心，更加热爱护理专业，关爱患者，在国家需要、患者需要的情况下，挺身而出、迎难而上，诠释"白衣天使"的真正含义。

2. 时代精神：好的开始是成功的一半，在首堂课讲授时，通过展示2020年9月8日全国抗击新冠肺炎疫情表彰大会授予钟南山共和国勋章，授予张伯礼、张定宇和陈薇人民英雄荣誉称号的事迹，体现了人民英雄在重大疫情面前，不畏艰险、迎难而上，用自己的行动谱写了一曲曲拼搏奋斗之歌，激发学生爱国主义情怀和时代担当。

3. 民族精神：通过脊髓灰质炎疫苗之父顾方舟、诺贝尔生理学与医学奖获得者屠呦呦等医学工作者的事迹，了解到为抗击传染病保护人民的健康，一代代中国科学家付出了许多艰辛和汗水，甚至被病痛折磨，体现了我国医学工作者团结、创新的民族精神。

4. 个人品德：在讲授"艾滋病"时，艾滋病病人属于弱势群体，艾滋病病人非常担心受到歧视，并且容易自卑、抑郁和悲观，引入小视频《歧视比艾滋病病毒更可怕》进行讲解和分析，使学生掌握艾滋病的三大主要传播途径，了解到吃饭、拥抱、握手、接吻等行为不会引起艾滋病的传播，普及艾滋病防治知识，将对艾滋病的恐慌降到最低限度，平等对待艾滋病病人，保护艾滋病病人的隐私，维护艾滋病病人的身心健康。

## 五、教学效果

通过精心设计课程教学，保障授课教学效果，达成教学目标。在教学过程中，坚持教书与育人相统一，挖掘并积累思政元素，以"春风化雨、润物无声"的形式，隐性融入护理专业课程课堂教学环节，不断丰富课程思政的内涵，在传授专业知识的同时，引领学生思想、塑造价值观、培养爱国主义情怀。

学生通过课程学习，让学生在传染病的历史、现状和疾病的防治中感受中国力量、中国精神、中国制造、中国故事，感受作为新一代护士的责任与担当，建立民族自豪感和自信心，感受在党的领导下，健康生活的幸福和美好。

# 《护理伦理学》课程思政教学设计

护理与康复学院　宋　琼

该课程主要讲述护理道德基本原则、规范和范畴、护理关系道德以及基础护理、整体护理、心理护理、特殊患者（如老年、小儿、精神、妇女等）、预防保健、临终关怀、护理科研道德、护理伦理修养要求等内容，培养学生在临床护理执业过程中遵守护理职业道德和运用护理伦理规范解决临床伦理问题的能力，融入尊重患者、仁爱之心、认真负责、审慎护理的职业道德等课程思政点，培养学生树立正确的世界观、人生观和价值观，能够以"仁爱之心""认真负责""严谨审慎"的工作态度对待工作和患者。

## 一、课程定位

《护理伦理学》（Nursing ethics）是面向护理学专业的二年级本科生开设的一门专业选修课，在第四学期开设，也是一门重要的专业素质教育课程，培养学生从事护理专业必须具备的道德素养。护理伦理学是一般伦理学原理在护理实践中的具体运用，即运用一般伦理学原理来解决护理实践和护理科学发展中人们相互之间、护理团体与社会之间的关系的一门边缘科学。

课程通过讲授护理道德基本原则、规范和范畴、护理关系道德以及基础护理、整体护理、心理护理、特殊患者（如老年、小儿、精神、妇女等）、预防保健、临终关怀、护理科研道德、护理伦理修养要求等内容，培养学生在临床护理工作时应该遵从的职业道德规范，提高自身道德水平和综合素质，尤其是从事护理事业的指导思想，树立正确的世界观、人生观和价值观，能够以"仁爱之心""认真负责""严谨审慎"的工作态度对待工作和患者。

为更好达到教学目标，课程采用多种教学方法，如小组讨论、互动教学、案例教学、情景模拟等。课堂以教师对指定教材部分章节的讲解为主，辅以教师指定某一课题，学生们自由分组讨论；或教师举例，学生通过所学的伦理知识进行分析的案例教学等形式，增加学生对知识的掌握、理解和运用，以期达到加强学生护理道德修养、全面提高学生综合素质的目的。

## 二、课程思政教学目标

围绕课程的知识目标、能力目标、素质目标，提炼整门课程的课程思政教学目标。围绕课程知识传授、能力提升和价值引领的相结合的整体目标，挖掘自身蕴含思政的素材和资源，结合自身课程的特色和优势，根据课程内容的特点，发掘其中所蕴含的思政教育元素和所承载的思想政治教育功能，实现对学生伦理理论知识传授与培养护理职业价值引领

的有机结合，把培养"以患者为中心，有尊重、有仁爱、有温度、有情怀的护理人才"融入教书育人全过程，从而实现课程中立德树人的"润物无声"。

以护理伦理学课程为依托，借助课程讲授理论内容，以课程培养目标为主线，将思政教育贯穿于课程教学之中。依据课程内容，以知识点为抓手，按照"价值塑造、能力培养、知识传授"的"三位一体"教学模式建立相关知识点的思政元素、思政案例。另外，结合学习通等网络平台建设课程思政微课做到课上、课下的连接教学。在网络课程资源中建设抗击新冠肺炎思政专栏，实现课程思政"内化于心，外化于行"的润物无声作用。

### 三、课程思政教学设计

依据课程内容，以护理伦理学课程为依托，以课程知识点为抓手，以"以人为本"为思政主线，培养学生成为具有仁爱之心、认真负责、温暖的护士，建立从儿科护理道德到老年科护理道德生命全周期的课程思政元素、课程思政案例，即：以课程知识点（护理道德、护理规范和范畴、护理关系道德；基础护理、整体护理、心理护理道德要求；老年患者护理道德、儿科护理道德、精神科患者护理道德、妇产科患者护理道德；预防保健、临终关怀、护理科研等的道德要求）为抓手，按照"价值塑造、能力培养、知识传授"的"三位一体"教学模式建立相关知识点的思政元素、思政案例。通过构建知识、能力、价值观"三位一体"的具有护理伦理学课程特色的课程思政元素及其课程总体教学框架，对护理学生进行多路径精准实施。

另外，借助"互联网+"助力课程思政，结合学习通等网络平台建设课程思政微课做到课上、课下的连接教学。在网络课程资源中建设抗击新冠肺炎思政专栏。通过专栏里经典的事迹引导学生情感上的共鸣，实现课程思政的"润物无声"（课程思政教学设计框架见图1）。

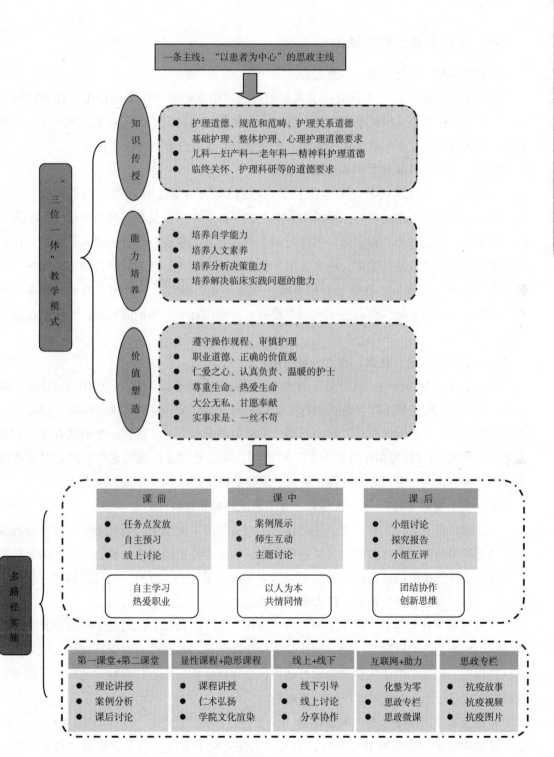

**图1　课程思政教学设计**

课程思政优秀教学设计（医学、经管文法艺篇）

### 四、课程思政元素的融合

**1. 甘于奉献、大爱无疆、仁爱之心**

在讲解儿科患者护理道德时，引入新冠肺炎疫情期间涌现出来的护士"代班妈妈"们，在繁重工作之余，照顾小宝宝们，临时充当他们的妈妈们的感人故事，案例中所体现出的"救死扶伤、甘于奉献、大爱无疆、仁爱之心、认真负责"的人文精神。

**2. 勇于奉献、注重防护的职业道德规范**

在讲解传染病患者的特点和道德要求，特别是勇于奉献、注重防护的道德规范内容时，引入2020年新冠疫情期间，钟南山、李兰娟等医学专家以及我们身边的战士——华北理工大学附属医院护士"郭宗海"等逆行而上的真实案例来进行讲解医务人员在面对传染病患者时应该遵循的道德要求，用真实的案例去感染着学生。作为接触传染病患者的一线医护人员，在坚守岗位本省就是一种奉献，赞扬学生们选择了这个伟大的而又神圣的职业，医护人员道德生命和患者的生命同等重要，需要做好个人防护的同时，勇于承担这项工作。

**3. 立志成为仁爱、认真、负责、温暖的护士**

讲授老年患者的特点、老年患者的老年护理伦理道德规范，引入"唐山市路南区仁泰里尚信社区卫生服务站工作人员在例行家庭访视时发现80岁高龄的高大爷的脚出现溃烂、渗液、发黑"、以及网红照片"至暗时刻，最暖心的画面"的"援鄂医生刘凯在陪新冠肺炎老人王欣做完CT后停留陪伴看夕阳"的案例，来培养树立正确的老年护理伦理道德规范意识，成为具有仁爱之心、认真、负责、温暖的护士。

**4. "为人类谋幸福"、一丝不苟、甘于奉献的时代精神**

在课程讲授"人体实验"时，通过讲解《糖丸爷爷》案例中"糖丸爷爷"顾方舟教授在疫苗研制中的采用自体实验、自家孩子实验研制减毒疫苗的感人故事，展示出医学科研人员对学术科研价值的追求，引发学生"为人类谋幸福"、"审慎"的科研精神，培养学生一丝不苟、奉献、以患者利益最大化的科研道德。

在现代和平社会背景下将本案例提升到爱国主义、时代担当的高度——新冠肺炎疫苗的研制、华为芯片的研制等，进一步使学生树立起牢固的科研创新意识和保护民族知识所有权的意识，激发学生持久健康的学习动力，坚守以学生的初心，激励学生在今后的学业过程中克服学习困难，实现专业和职业理想。

**5. 尊重科学、实事求是的科研道德**

通过讲解护理科研道德规范时，引入"小保方晴子事件"引发学生对"尊重科学、实事求是"的深思，在理解尊重科学、实事求是内涵的同时，培养学生树立严肃的科学态度、严格的科学作风、坚持尊重科学、实事求是的态度，才能保持科研按照计划进行，才能取得的数据正确，得出可靠的结论，造福社会。

## 五、教学效果

通过精心设计课程教学，保障授课教学效果，达成教学目标。在教学过程中，坚持教书与育人相统一，挖掘并积累思政元素，以"春风化雨、润物无声"的形式，隐性融入医学专业课程课堂教学环节，不断丰富课程思政的内涵，在传授专业知识的同时，引领学生思想、塑造价值观、培养学生认同职业、热爱职业的职业自豪感。

学生通过课程学习，深刻认识到在临床护理实践中，课程知识"内化于心，外化于行"进行正确运用的重要性，感受作为新一代青年护生的责任与担当，建立起学生对护理职业的自豪感、自信心，感受在党的领导下，健康生活的幸福和美好。

## 六、教学案例对护理人文类课程的推广

护理本科生在学习护理伦理学课程时，可以收获课程知识的同时，提升运用伦理学学知识解决临床实践问题的能力，树立正确的"以患者人中心"的仁爱之心、认真负责、温暖的人文素养和职业道德。

另外，课程思政的实施可以提高课题组教师的课程思政执教能力，为社会、国家培养具有仁爱之心、认真负责医德的护理人才。

# 《伤寒论》课程思政教学设计

中医学院　邱昌龙

　　该课程主要讲述《伤寒论》六经辩证理论体系，透过原文学习相关汤证辩证论治的基本理论、知识及综合应用，培养学生中医本位思维、临床辩证论治思维、经方创新思维和临床实践能力，融入美育情怀、时代精神、创新精神、大医情怀等课程思政点，培养学生继承经典的使命感、创新经典的责任感、医乃仁术的职业感。

## 一、课程定位

### 1. 课程性质

开设年级：中医专业本科三年级。

课程性质：中医临床基础课。

### 2. 课程地位

《伤寒论》是中医学专业的必修课程之一，是以六经辩证为核心，将理、法、方、药连贯起来，并紧密结合临床，使学生掌握六经辩证理论体系、相关汤证辩证论治的基本理论、知识、掌握临床辩证论治的原则、思维方法与技能，为提高临床各科辩证论治水平打好基础。

### 3. 课程教学内容与意义

运用课堂讲授与线下互动进行教学；《伤寒论》作为中医四部经典著作之一，是中医临床基础学科的代表课程，承担着培养中医学子中医本位思维、加固中医专业思想、理解中医临证思路的重要作用。

## 二、课程思政教学目标

　　"立德树人"是教育的根本。在学习中医药专业知识基础上，融入家国情怀、社会责任、人文素养、科学精神等思政元素，使显性教育和隐性教育统一，使知识传授与价值引领相得益彰，寓教于情，以德立学，切实将"思政课程"向"课程思政"转变，不断改革创新，与时俱进发展中医药事业。

## 三、课程思政教学设计

### 1. 了解仲景家国情怀，培养学生爱国意识

（1）以民为本，仁术济世

在学习《伤寒论》第一节课总论部分时，详细介绍该书的成书背景，以示医学生要担当国家和民族使命，肩扛救死扶伤之重任，怀揣悬壶济世之仁心。《伤寒论》成书于战乱

频繁、政治黑暗、疫疠流行的东汉末年，民不聊生，百姓多疾苦，激发了张仲景济世救人的思想，他"勤求古训，博采众方"，立志专研医术，造福百姓，创造性地撰成这部中医临床巨著，体现了张仲景"以民为本，仁术济世"的家国情怀。在2020年新型冠状病毒肺炎疫情下，国家医护人员众志成城，援鄂抗疫，学生在学习此部分内容时，更能感受张仲景的豪情壮志，在榜样的力量下立志发愤图强，努力学习，将来能肩负治病救人的重任，在祖国需要的时候挺身而出，为国家、为人民做贡献。

（2）创新治法，领先西方

在《伤寒论·辨阳明病脉证并治篇》中，治疗阳明腑实的津竭便硬证（条文233条），因为津液将竭，不可贸然攻下，张仲景用到了外导法，即蜜煎导、土瓜根和大猪胆汁为导，两者分别相当于西医的直肠肛门栓剂和保留灌肠法，驱除燥结，无伤阴之弊，有效地缓解治疗上的矛盾。而且张仲景所创外导法早于西方医学500余年，是导便法之先驱。在引导学生学习本节内容时，可强调"以患者为中心"的治疗理念，治病以人为本，同时也通过张仲景发明这一世界医药史上的伟大创举，增强学生的民族自信心和自豪感，做到"民族自信"。

**2. 介绍张仲景精彩人生，学习大医敬业友善**

在学习伤寒论过程中，也可穿插介绍张仲景生平，虽官为长沙太守，却心系社会百姓，不忘大众疾苦，每月初一、十五将衙门开放，设堂坐诊，除疾医病，实乃壮举。张仲景为官期间，在天气极寒、冻疮流行的时候，制作"驱寒娇耳汤"，免费赠予百姓，体现了其仁爱精神，同时这也是以故事形式介绍张仲景精彩人生，丰富课堂氛围，增进情感共鸣，引发学生学习张仲景敬业友善、大爱无疆的高贵品德，同时增加对我国传统文化的认同感，增强"文化自信"。

**3. 学习张仲景行医事迹，培养高尚医德情操**

张仲景生活在阶级分明的封建社会，但其"上以疗君亲之疾，下以救贫贱之厄，中以保身长全，以养其生"，对待患者不分贫富贵贱。引导学生学习张仲景树立一切"以患者为中心"，患者平等，不分贵贱，建立"平等、公正"的社会主义核心价值观，增强社会主义制度自信。《伤寒论》中大多数方证条文后，张仲景详细记载其方药组成、药物炮制、用药剂量、煎煮方法、服药方法、药后调护及禁忌等，以求获得最佳疗效，可以教导学生临床应当秉承大医精诚理念，不厌其烦，详细医嘱，对患者耐心细心，认真负责。张仲景体恤百姓贫苦，用药精当，且尽量使用常见药物。《伤寒论》112首方中，大多药味数仅四、五味，有的仅一、两味，效专力宏，亦能治愈顽症危疾，体现其医者仁心，鼓励学生今后临床在保证疗效的前提下，减少患者花费，做到仁爱友善。

**4. 批判社会不良作风，建立科学严谨学风**

当今同样存在追逐名利、不实事求是做学问的社会风气，引发学生思考。"省疾问病，务在口给，相对斯须，便处汤药"，张仲景批判部分医生草率轻浮的医疗作风，并以身作则，每遇患者必详细问诊，四诊合参，对现在个别粗枝大叶的医疗作风，同样有深刻的警示作用。这可以引导学生今后行医当高度认真负责，力求保证医药服务质量，培养学生职业精神。"观今之医……各承家技，终始顺旧"，张仲景批评一些医生墨守成规，主张作为医生应不断更新医学知识，既要重视对前人医学的继承，又要不断发扬和创新。"厥身已毙，神明消灭，变为异物，幽潜重泉，徒为啼泣"，张仲景反对神巫，主张在诊疗时当通过望闻问切四诊合参，搜集临床病症资料，辨证论治，反映了仲景尊重科学的思想，由此可培养学生唯物主义观，锻炼学生独立思考、辨别是非的能力。

**5. 注重天人相应整体观，主张人与自然和谐共处**

《伤寒论》中："凡时行者，春时应暖而反大寒，夏时应热而反大凉，秋时应凉而反大热，冬时应寒而反大温，此非其时而有其气。是以一岁之中，长幼之病多相似者，此则时行之气也。""时行之气"指出人与自然相互统一、互为映衬，人与自然不适应就会发病；六经病各有其"欲解时"，也体现了"天人合一"思想，人一旦得病，可借助外界自然环境，激发自身调节阴阳，恢复平衡。这些内容可以启发学生坚持人与自然和谐共处，树立可持续的科学发展观，构建社会主义和谐社会。

## 四、课程思政元素的融合

### 1. 根据思政目标设计教学内容

按照专业"课程思政"教学计划，通过系统梳理挖掘《伤寒论》所蕴含的思政元素，凝练形成具有本课程特色的"课程思政"育人目标和核心内容，并将其列入教学大纲和教学设计，把高校思政教育贯穿在《伤寒论》的课堂教学中，融入教学和实践的各个环节，在日常教学中对学生进行德育教育，润物细无声。

### 2. 实施课程思政的具体方案

（1）增强思政教育趣味性

课程思政不是枯燥的政治教育，而是有针对性地融入，且学生接受度高。在学习《伤寒论》总论部分时，课前推送《医圣张仲景》纪录片作为预习材料，课上温习回顾《伤寒论》序的节选，介绍张仲景的生平，课后观看电视剧《张仲景》等，从各个方面融入思政元素，可增加学生学习兴趣，增进情感共鸣，感受张仲景高尚医德，提高学生职业使命感和荣誉感。

（2）根据时事融入思政

在课程内容的基础上，根据时事适当地融入思政。如总论部分，谈到为什么要学习伤寒论时，可以列举在新型冠状病毒肺炎疫情中发挥重要作用的清肺排毒汤。此方为《伤寒论》中麻杏石甘汤、小柴胡汤、五苓散和《金匮要略》中射干麻黄汤的合方，鼓励学生学好伤寒论，也强调中医药在此次抗疫中的重要性，增强学生的"中医自信"。同时在具体讲述这3个方证时，也可以结合疫情谈谈为什么清肺排毒汤可以取得良好的效果，加深对方证的理解。

课间休息时，笔者为学生播放本校教师在抗疫前线的纪录片，增强他们学医的责任感和使命感。学生们看完后深受感动，励志要勤奋学习。

（3）角色扮演增强思政

课程思政要侧重于情感体验和行为锻炼，才能更好地促进德育教育。在病案讨论课中，改进以往教师讲、学生听，或者学生讨论、教师指导的单一模式，采用情景教学。教师提前准备经典病案，学生分别扮演患者和医生，进行模拟实训。扮演医生的学生，锻炼搜集病情资料的能力及与患者沟通的能力，通过诊察、辨证施治，可提高临床诊疗技能；扮演患者的学生，设身处地地感受医生态度，培养医德医风和责任意识。通过角色扮演，调动学生的参与性和主动性。

（4）线上线下混合式教学融入思政

课堂教学和网络教学相结合的线上线下混合式教学，如雨课堂、清华在线、云班课等网络平台的大量运用，为传统课堂增加了活力，注入了新鲜血液。思政教育同样应与时代接轨，将课堂思政延伸到课外，使思政教育也通过线上线下相结合，融入教学中。如笔者利用清华在线平台，在完成"桂枝汤证"的教学后，发帖与学生在线上探讨东汉时期剂量换算问题，思考东汉时期药物用量较大的原因。学生自主查阅文献，留言积极，讨论热烈，加深了对中国古代度量衡制度的了解，同时也学习了历史、地理、人文等知识，感受传统文化的博大精深。

## 五、教学效果

1. 按照习近平总书记提出的"教育者先受教育"的要求，教师首先要提高自身思想政治素养、道德人文素养，充分挖掘专业课程的思政元素；

2. 不断学习，注重专业知识的提升，只有在专业知识达到一定的深度和广度之后，才能做到有针对性地融入思政教育；

3. 加强育人意识，以一种乐教的心态进行思政教育，充分调动积极性和主动性；

4. 线上线下混合式教学融入思政，采取多种方式进行思政教育，让思政教育融入课堂，走进生活。

在经方临证应用讲解的过程中，要不断引入现代的认识，打破中医只古老的认识，强化"中医即古老又年轻有活力"的概念。例如，针对2003年的"非典"、2020年的"新冠"，国家均给出了一系列中医药防治的方案，其中大部分中医药防治方案的底方均来自张仲景先生的《伤寒论》，包括在非常时期发挥了特殊作用的河北名药——莲花清瘟胶囊

的基础方也均源自《伤寒论》，在讲述这些方药的过程中引入这些实例，增强学生的认识，观看相关视频，例如在新冠期间张伯礼院士的相关访谈（网址：https://v.youku.com/v_show/id_XNDY5MzIxNjYyOA==.html）等。总之，通过大量实例的引入培养学生专业现代化的理念、提高专业年轻化的认识、树立专业实用化的信心。

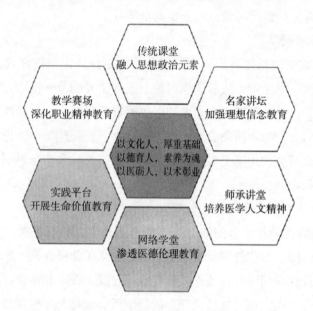

# 《针灸学基础》课程思政教学设计

中医学院　武淑娟

该课程主要讲述针灸学的基本理论知识和基本技能，内容涉及经络、腧穴、刺灸方法三个方面，培养学生的创新思维和实践能力，融入美育情怀、大医情怀、改革创新、国家战略等课程思政点，培养医学生的医者仁心的情怀，提升专业自信和文化自信。

## 一、课程定位

### 1. 课程性质

《针灸学基础》是中医学和中西医临床医学的专业必修课程，开设于五年制中医专业和中西医临床医学专业第5学期。

### 2. 课程地位

《针灸学基础》是中医学的重要组成部分，其主要内容涉及经络、腧穴、刺灸方法三个方面。针灸学基础理论中蕴含着丰富的中国传统文化，同时刺灸方法作为中医学中独具特色的非药物疗法，在临床治疗过程中更注重人文关怀。该课程中蕴含着大量有助于培养医学生人文精神、专业自信和文化自信等方面的思政元素。通过本门课程的学习，使学生在学习巩固本专业理论知识的同时，掌握有关针灸的基本知识、基本理论和基本技能，为今后针灸学临床的学习打下坚实基础。

### 3. 课程教学内容与意义

通过课堂讲授、探究翻转、案例教学、混合教学等形式，讲解十二正经和奇经八脉的循行及腧穴、毫针刺法、灸法、拔罐法、特殊针具刺法等内容。通过课程的学习，培养学生能运用中医理论所学知识观察、分析、解决针灸临床典型工作任务中问题的能力。

## 二、课程思政教学目标

围绕课程知识传授、能力提升和价值引领的相结合的整体目标，挖掘自身蕴含思政的素材和资源，结合自身课程的特色和优势，以针灸基本理论为基础，将"守中医之根，立创新之魂，传文化之道"的课程思政目标融入其中，从不同的角度强化医学生的思想政治素养和良好的医德医风，坚定专业自信和文化自信，并帮助学生树立正确的人生观、世界观和价值观，强化立德树人。

## 三、课程思政教学设计

### 1. 课程教学设计模式

立足中医药特色，根据针灸学基础的教学内容，结合"思政元素与专业知识融合融

课程思政优秀教学设计（医学、经管文法艺篇）

通"的教学理念，构建"一二三四"针灸学基础课程思政教学模式，即：以习近平总书记对中医药工作的重要指示"传承精华，守正创新"为主线，确立教师和学生这二者的主体地位，以"文化自信，仁心医术，大胆创新，健康中国"四个模块内容为主，做好课前、课中、课后三个阶段的教学引导工作，深入开展课程思政教学，"守中医之根，立创新之魂，传文化之道"，实现隐性教育与显性教育相统一。

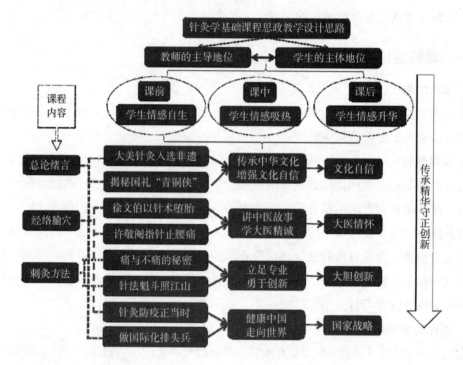

**2. 课程教学特色与创新**

（1）专业课教学融入思政教育，融立德树人于专业教学，赋予教学的亲和力、针对性于学生的灵魂建设，在潜移默化的过程中建设学生灵魂基础，同时又能反过来促进专业课教学，构建"教—育互促"的教学良性循环，培养继承传统、面向未来的专业人才。

（2）注重教师的主导作用，积极引导学生，关注针灸学研究相关的热点，促使学生积极思维，让学生感到针灸学基础课程内容的有趣，唤起他们学习的兴趣，加强学生们的代入感，增强学生学习该课程的信念感。

（3）注重学生的主体作用，在授课过程中以教师为主导，采用"互动式、师生角色互换式"的教学模式，增强学生在课堂中的主体地位。

**3. 课程教学设计体现课程思政教学目标**

传承是"脚跟"，创新是"灵魂"。本门课程的教学设计在重视理论知识讲授的同时，引导学生重视经典，传承精华，增强中医药文化自信。在传承经典的基础上启发批判性思维，树立严谨的科学态度，进一步培养守正创新，勇于探索的科学精神，从而服务于国家战略，为健康中国和"一带一路"发展做出贡献。

## 四、课程思政元素的融合

### 1. 传承中华文化，增强文化自信

习近平总书记所说的"没有高度的文化自信，没有文化的繁荣兴盛，就没有中华民族伟大复兴"。因此，在总论绪言的讲授过程中，可以结合针灸的发展与现状、医学研究领域中的角色和地位，追溯其发展历史，特别是新中国成立以来，针灸飞速发展，课堂讲授中以中医针灸被联合国教科文组织列入"人类非物质文化遗产代表作名录"和国家主席习近平向 WHO 赠送针灸铜人雕塑为主案例，课后拓展以小视频、博文等不同途径与方法，从教师、外国记者、国际针灸临床与科研工作者等不同视角，介绍针灸走向世界的几次重大事件和其中几位贡献者、推动者的生平事迹，以及针灸当前在国际文化交流、民心相通、医疗卫生、经济社会等过程中的重要作用，由此树立学生专业自信、中华文化自信，学习针灸老一辈工作者以及当代国际针灸传播者的敬业精神。

### 2. 讲中医故事，学大医精诚

在经络腧穴各论的讲解当中，融入名家针灸医案医话，通过在教学过程中结合中医故事的生动介绍，将古代医家道德情操、精湛技术融入教学情境中，启发和感化学生的情感，弘扬"关爱患者，以人为本"的高尚医德，对医学生医德修养的塑造和专业技能的提升具有非常重要的积极意义。

如在讲解肾俞穴主治作用的过程中，可以引入《针灸大成》中的医话故事，患者许敬阉"患腰痛之甚……性畏针，遂以手指于肾俞穴行补泻之法，痛稍减，空心再与除湿行气之剂，一服而安"。因患者畏针，明代大医杨继洲不得已而用指针之法，为"驱除其病根"，再"用渗利之剂"，体现了杨氏能根据患者的需求而灵活运用多种疗法，充分为患者考虑的良好医德；在讲解合谷穴主治作用的时候，使用南北朝时期的名医徐文伯以针术堕胎的事例等，在反映医者仁心的同时，也从一个侧面加深了学生对合谷穴可以治疗滞产的认识。

### 3. 立足专业，勇于创新

现代刺灸技术是刺灸方法的重要组成部分。近年来随着现代科学技术的发展，传统针具得到了不断改良，同时现代声、光、电、磁等技术也与传统针灸疗法相结合，创立和发展了多种现代刺灸技术，如电针法、穴位磁疗法、激光针法等。这些方法不仅扩大了针灸的治疗范围，同时也推动了针灸医学的创新发展。在讲授特殊针具刺法时，尝试融入中医针灸人创新发展现代刺灸技术的内容，如电针技术的发现以及韩济生院士应用电针对针刺镇痛机制的研究；在讲述古典补泻手法时，尝试融入现代针灸人对传统技法的改革和创新，如郑魁山对烧山火和透天凉手法的简化等。通过案例的讲授，积极引导学生树立创新

发展和与时俱进的理念，建立将传统中医针灸与现代技术融合的创新意识。

**4. 健康中国，走向世界**

新中国成立以来，针灸作为中医药国际化的"排头兵"在海外发展迅速。WHO 的资料显示，针灸是世界上应用最广泛的传统医学疗法。中医针灸之所以能被世界各国接受和认可，都源于其具有的有效性和安全性。可结合针灸的国际化发展历程和典型事例，积极引导学生了解中医针灸的国际化发展前景，帮助其了解国家战略，正确认识针灸发展的重要国际地位。

在总论绪言讲授过程中，可以结合国家一带一路战略发展，进行介绍。中医针灸目前已成为"一带一路"倡议发展的重要载体，不仅促进了中国传统文化的传播，也进一步推动了中医针灸在海外的发展。同时，国内针灸科研工作者近期陆续在 Annals of Internal Medicine 和 JAMA 等具有较高国际影响力的医学期刊上发表多篇针灸临床研究的论文，对促进中医针灸的推广应用也产生了积极的作用。

在经络腧穴各论讲授过程中，可以整理与新冠肺炎相关的中医经络理论与知识文献，收集抗击疫情一线与中医药相关的新闻报道、视频、先进事迹等，介绍国家疫情防控战略的同时，为学生介绍中医针灸的特殊防疫作用，使学生了解国家健康战略，明确疫情防控和中医整体观一样，必须坚持全国一盘棋，培养学生的大局意识。

## 五、教学效果

1. 通过精心设计课程教学，保障授课教学效果，达成教学目标。

2. 在教学过程中应充分挖掘针灸类课程中蕴含的丰富的中国传统文化和医德医风等思想政治元素，同时通过启发式教学法、案例式教学法等多种教学方法，将思政元素有机融入专业课教学中去，积极构建针灸类课程的思政教育体系，从而固化到各教学环节中，提高课堂教学效果。

3. 在课程讲授过程中，用专业知识提升思政教育的亲和力、针对性，赋予思政教育温度和热度，从而使学生感受思政教育的亲和感，在不知不觉中，潜移默化地领悟思政教育中的思想和理论、科学思维、医风医德、文化自信、时代精神、全球格局观念，最终助力学生的灵魂塑造。同时，用思政教育培养的科学思维、医风医德、文化自信、时代精神、全球格局观念，还能帮助学生高效学习、培养职业道德、提高学习动力、提升综合素质、推动针灸国际化发展，从而实现教书与育人的统一。

4. 学生通过课程学习，深刻认识到所学内容在自身专业素质中的重要作用，能够读懂中国故事，感受中国精神，感受作为新一代青年医生的责任与担当，建立我们的民族自豪感、民族自信心、民族创造力，感受在党的领导下，健康生活的幸福和美好。

### 六、教学案例对中医类课程的推广

在教学实施过程中，通过灵活多用的教学模式，创新的教学方法，保障了课程质量，形成了"一二三四"《针灸学基础》课程思政教学模式，过线上线下、课堂内外、理论实践等多种形式，使学生在熟悉掌握针灸学基础理论知识的同时，加深对专业的了解，对学习针灸的未来前景充满信心，进一步增强学生的专业自信，培养专业兴趣，为未来专业知识的学习打下牢固基础。

本课程融合隐性思政的教学模式，可供其他中医类课程借鉴并推广应用，使专业课程与思政教育同向同行，形成协同效应，能够激励学生继承创新，奋进开拓，突破传统针灸的局限性，让其紧跟科技发展的脚步，让古老的针灸焕发出新的生命力。

# 《口腔颌面外科学》课程思政教学设计

口腔医学院　董　伟

该课程主要讲述口腔颌面外科常见病的基本知识、基本理论，教授口腔颌面外科临床常用治疗技术，培养学生对临床常见疾病诊断治疗的思维能力，具备解决临床实际问题的能力。课程融入勤奋求实、科研探索、爱伤意识等课程思政点，培养学生家国情怀与职业素养。

## 一、课程定位

《口腔颌面外科学》课程是口腔医学专业的必修课程之一，是口腔医学临床骨干核心课程。该课程是一门以外科治疗为主，以研究口腔器官（牙、牙槽骨、唇、颊、舌、腭、咽等）、面部软组织、颌面诸骨（上颌骨、下颌骨、颧骨等）、颞下颌关节、唾液腺以及颈部某些疾病的防治为主要内容的学科。课程教学的主要是培养学生掌握和熟悉本专业基础知识和基本临床诊疗技术，包括掌握牙拔除术、牙槽外科技术、种植外科技术，以及口腔颌面部炎症、外伤、肿瘤、畸形、颞下颌关节疾病、唾液腺疾病的诊断，熟悉治疗原则，了解口腔颌面外科学的新进展和相关学科知识，弘扬医生勤奋求实、科研探索、爱伤意识等社会主义核心价值观。课程教学过程中，采用CBL结合PBL教学法、情景模拟教学法、翻转课堂教学法等教学模式改革传统讲授法教学。教学工作注重加强"三基"训练，把学生的品德教育、临床思维训练、知识技能掌握放在同等重要的位置。

## 二、课程思政教学目标

立足课程思政的现代课程观，《口腔颌面外科学》课程重新认识、重新定位和重新塑造了教学目标，在知识性和能力性目标之外，在"大医情怀、爱伤意识"的主线指引下，将"全员育人、全程育人、全方位育人"三全育人的要求融入其中，贯穿于课程教学大纲的各个单元，实现了课程思政建设与教学目标的契合，与教学内容的融合，与教学素材的整合，与教学过程的结合。在课程授课中，进一步加强本科生创新创业教育，积极引入本专业国内外最新研究成果，以拓宽学生视野，激发学生接受新知识的欲望以及追求创新与改革的兴趣和热情。同时，进一步加强社会主义核心价值观的德育教育，采用视频动画、讲故事等多种教学手段体现思政元素正能量，主题突出，激发学生爱国主义家国情怀。

## 三、课程思政教学设计

课程在OBE理念的引导下，采取"知识讲授+能力培养+思政元素"的教学设计模式，充分运用"问题为导向教学法PBL、案例为导向教学法CBL、小组分组教学法TBL、情景模拟教学法、翻转课堂"等教学模式，充分调动学生学习积极性，在讲授理论知识的同时融入隐性思政元素，培养学生大医情怀、医者仁心、爱伤意识素养，潜移默化地进行科学精神、改革创新、精湛医术、民族自豪感等医疗工作者责任情怀与担当的培养与塑造，形成"一条主线、四个思政要素、五种教学模式"的教学实施环节（如图1所示）。

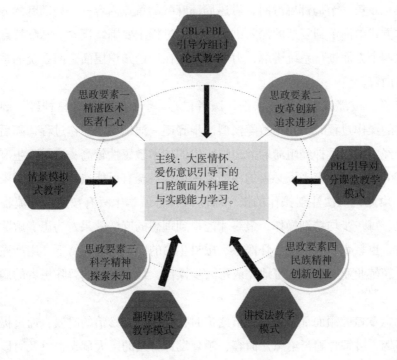

**图1　课程教学设计**

**一条主线：** 大医情怀、爱伤意识引导下的口腔颌面外科理论与实践能力学习。该主线是作为一名医学生最基本的职业素养和道德要求，更要作为掌握和熟悉本专业基础知识和基本临床诊疗技术的前提条件，培养造就德才兼备的口腔医学专业人才。

**四个思政要素：**

（1）精湛医术、医者仁心：医学生的基本道德要求和核心素质；

（2）改革创新、追求进步：医学生应该具备适应新时代发展必备素质；

（3）科学精神、探索未知：医学生不断进取、追求真理应具备的素质；

（4）民族精神、创新创业：医学生应该具有社会主义核心价值观和民族品质。

**五种教学模式：**

（1）CBL+PBL引导下分组讨论式教学模式；

（2）PBL引导对分课堂教学模式；

（3）情景模拟式教学；

（4）翻转课堂教学模式；

（5）讲授法教学模式。

## 四、课程思政元素的融合

### 1. 精湛医术、医者仁心

在讲述第三章第一节局部麻醉时，讲述局部麻醉的重点内容——局部麻醉方法时，按照局部麻醉的方式由简单到复杂的深入讲解，讲解过程主要围绕概念、麻醉特点、适用范围、所作流程四个方面进行系统讲解，力求让学生在理论知识层面全面系统的掌握不同麻醉方式的学习内容。

"循序渐进、按部就班、救死扶伤、医者仁心。"在讲解下牙槽神经、颊神经、舌神经阻滞麻醉的操作过程时，利用教学模型按步骤逐一演示整个操作过程，随后向学生说明：下牙槽神经、颊、舌神经阻滞麻醉在临床中的技术敏感性较高，容易产生麻醉效果不完全，给患者的后续治疗带来不必要的疼痛及创伤，甚至有可能造成血肿、感染、中毒等严重并发症。由此说明次注射操作的操作难度，并告诫学生只有按照操作流程，循序渐进、按部就班、每一步均精细操作，最终才能得到理想的麻醉效果，为患者解除病痛、治病救人。同时，也教育学生：在心怀医患、敬畏生命的职业使命感召下，用严谨的操作、精湛的医术，兢兢业业、按部就班地完成每一步操作，最大限度的解除患者的病痛，践行医学生誓言。

在讲述第六章口腔颌面部感染第一节绪论时，在讲感染诊治的时候，通过提供上颌骨骨髓炎婴儿病例，讲解骨髓炎给患儿面容、颌骨发育带来的巨大危害，以及对以后工作、生活的影响，给家庭带来的创伤和给社会带来的负担；让同学们认识到医生恰当、及时治疗的重要性；激励同学们投身专业课学习，学好医学本领，在临床工作中培养高度负责、精益求精的职业素养，努力解除患者病痛。智齿冠周炎部分采取情景模拟式教学，让同学们扮演医生、护士、智齿冠周炎患者、家属等不同角色，模拟临床诊治过程，提前感受医生的职责和担当；体会患者病情迁延给患者带来的痛苦，让同学们努力学习专业知识，成为一名技术高超的医生的同时，培养他们医者仁心、救死扶伤的医者情怀；为国家培养有道德、有知识、有理想、热爱祖国和人民的好医生。

在讲授第九章唾液腺疾病第五节唾液腺肿瘤时，在唾液腺肿瘤切除术讲授过程中融入思政元素，培养学生的仁爱之心，强调精湛医术在疾病治疗过程中的重要性。在腮腺肿瘤切除术实施过程中无可避免的会对患者的面部美观带来影响，由于现代人对于审美的追求，颌面外科医生应该在条件允许的情况下为患者提供尽可能多的手术方案，并和患者认真讨论各种方案的利弊，鼓励患者积极面对、合理选择最终的方案，尽量减小手术带来的疤痕。这样可以使患者术后在心理和生理上均得到很好的康复，同时医患双方的交流还可以在一定程度上舒缓医生和患者的紧张感和压力，增进双方的理解，对治疗产生一定的帮助。

### 2. 改革创新、追求进步

在讲授第四章牙及牙槽外科第一节牙拔除术时，首先回顾历史，通过欣赏200年前中外关于描述牙齿拔除术场景的画面（国外的油画《牙医》、中国清朝的游医药贩拔牙场景），让学生直观感受到过去医疗环境的艰苦、医疗技术的落后，在牙拔除术治疗过程中带给患者身心的创伤。对比之下，通过图片情景展示当今牙拔除术，通过患者的表情说明现今的牙拔除术提倡无痛、微创，举例说明患者在现今先进的诊疗水平下牙拔除术的治疗感受，通过对比引出思政元素"时代的进步、科技的发展，为人类带来的福音"。将古今中外的患者对牙拔除术的感受对比讲解后，引出问题，让学生思考"为什么会存在如此大的差异？问题的核心在哪里？"让同学们产生共识：时代的发展、科技的进步，局部麻醉技术的产生及发展，带来了患者对牙拔除术体验的巨大差距。科学的伟大进步，来源于崭新与大胆的想象力。通过此案例，教导学生青年作为社会未来发展的主要力量，承担了更多国家及人民的期许和希望。希望你们勇于改革创新，追求卓越，追求进步，勇攀高峰，争做时代发展的弄潮儿！

在讲解第四章牙及牙槽外科第二节阻生牙拔除术时，在介绍阻生齿拔除术操作步骤去骨、分牙时，首先介绍过去去骨、分牙所用的器械：骨凿和骨锤，并通过具体案例讲解利用骨凿和骨锤进行操作时患者的痛苦感受及可能带来的风险（下颌骨骨折），指出该操作对患者的身体和心理均造成较为严重的伤害，操作缺乏"人文关怀"。对比介绍现今运用高速气动、电动手机进行去骨和分牙，取代骨凿和骨锤，患者治疗感受发生了巨大变化。由此激励学生，正因为对拔牙器械的大胆改革创新，使得牙拔除术的治疗效果（手术创伤、术后反应等）得到了很大提升。

通过介绍牙拔除术器械的改进发展案例，告诫学生改革创新精神的内涵是与时俱进、锐意进取、勤于探索、勇于实践。任何事物的发展、科技的进步、器械的改善，无不体现着改革创新的精神内涵。以改革创新为核心的时代精神，是马克思主义与时俱进的理论品格、中华民族开拓进取的思想品格，更是作为社会主义现代化建设的继承者和接班人的同学们应该具备的品质和追求。

### 3. 科学精神、探索未知

在讲解第五章种植外科第一节概述内容时，结合重大理论的建立背后充满着传奇的产生过程。教师通过讲故事的叙述方式生动形象地介绍布伦马克教授发现种植体骨结合现象的偶然过程：兔子骨内血流变实验中，发现钛金属棒与实验兔子的骨骼"长到一起"，无法分离。布伦马克教授没有轻易放过这个偶然现象，进一步通过科学研究证实"钛金属与骨组织相互结合"现象是普遍存在的，重点强调通过严谨求实、不断探索的精神将看似"偶然现象"变成了必然，激发学生善于发现问题，从表象探究实质根源的探索精神。

进一步深入讲解，虽然布伦马克教授发现并证实了骨结合现象，但缺乏大量的基础实

验研究及临床研究，该理论并不被全世界学者所广泛接受。布伦马克教授并没有气馁，而是沉下心来潜心研究，历经20年研究工作，依据大量动物实验及临床试验证实骨结合理论的可靠性，最终在1982年的加拿大多伦多牙科种植大会上公布了骨结合理论，并依靠无可辩驳的实验研究成果向世界证实了骨结合理论的科学性，并通过大量临床成功病例撰写、发表了口腔临床种植技术操作指南，被全世界学者所接受和认同。这些事例可以培养学生脚踏实地、天道酬勤、严谨求实、追求真理的学习及工作态度。

在讲授第七章口腔颌面部损伤时，主要讲授颌面骨骨折，临床中面中部骨折和眶周骨折较多见，其解剖部位较深、骨折类型较复杂。对于严重的粉碎性骨折或陈旧性骨折，由于缺乏明显的骨质断端及解剖标志作为复位参考点，复位过程又缺乏咬合引导，骨折断端的精确复位难度非常大。计算机辅助导航技术在颌面部创伤、异物残留、肿瘤和畸形等领域的应用不断增加。与传统手术方式相比，导航技术具有提高手术精度、缩短手术时间、避免重要组织损伤的优点。但是在授课过程中，对于学生来说，与科学知识相比，科学精神处于一个更高的层面，因而更为重要。现在学生们已充分认识到科学知识的重要性，但对科学精神的理解却很不够。这不仅在普通大众身上很明显，在医学生身上也有突出的表现。长期以来，在医学教育中存在学生学习负担过重的现象，因为学校和教师普遍认为医学生未来的工作与人的生命和健康直接相关，在学校学习就应获取最多的知识，学生学习负担过重是正常的。所以，在课堂中要教会学生获取创造知识的方法和本领，特别是培养他们科学思维能力，探索真知是意识。

### 4. 民族精神、创新创业

在讲授第二章口腔颌面外科临床检查第一节时，为了提高学生的思想认识、人文关怀精神和创新意识，在介绍局部检查的方法时，通过临床典型事例适时融入思政元素成分，潜移默化的对学生进行教育、引导。

（1）在介绍口腔检查时，举例介绍一年轻女孩，因龋齿就诊；医生检查后发现患者牙龈红肿，有自发出血倾向；遂建议患者做血常规，发现白细胞异常增高；进而到血液科，诊断为急性白血病，得到及时有效的治疗。这个病例，告诉学生，口腔检查时要细心、高度负责，要富有人文关怀精神；要综合运用所学知识，从患者整体利益角度出发，全心全意为患者服务。

（2）在介绍辅助检查时，以北京大学张震康、马绪臣团队为例，介绍他们在世界上率先开展了血管数字减影、颞下颌关节造影等开创性工作，使我国在这些治疗领域保持着世界领先地位，解决了许多临床难题。从而激发学生潜心科研、知难而上，勇于创新、勇攀高峰的创新意识。

在讲授第十六章功能性外科与计算机辅助外科时，本章节主要讲授了关于口腔颌面外科的新进展及发展趋势，主要是关于功能性外科与计算机辅助在口腔颌面外科中的应用。将这些与现代化技术、方式、方法和工作原理搞清楚，就不难掌握计算机技术在口腔颌面外科中应用的必然性。本节课为口腔颌面外科的发展服务，中国式口腔颌面外科的发展模式在几代口腔颌面外科专家的不懈努力下，在中国口腔医学基本模式的基础上，结合中国国情承袭了一些苏联及东欧国家的基本模式，造就了一大批影响中国口腔医学进程的学科带头人和口腔医学教育家，形成了包括口腔颌面头颈部肿瘤、创伤、唇腭裂诊治及牙颌面畸形诊治等融为一体的强大口腔医学临床分支学科，奠定了中国头颈部肿瘤、颌面部畸形整形美容学科的发展基础，形成了具有中国特色的口腔颌面外科。发展至今，口腔颌面外科学已经取得了很大的进步，但也存医疗收费价格等问题、诊疗大环境中医患矛盾的集中爆发以及在口腔医学内部出现了严重的发展不平衡等问题。为了确保创造新的辉煌业绩，造福中国的口腔颌面外科患者，以此激发学生"大医情怀、医者仁心"的使命感和责任担当。

## 五、教学效果

在教学过程中，根据各个教学单元的内容特点，选取更切合的课程思政教学目标融入，并配合以相应的教学活动设计，以"春风化雨、润物无声"的形式，将思政元素融入课堂教学，促进知识、能力和课程思政教学目标的同步有效达成。

学生通过课程学习，不仅在知识层面得到积累和充实、实践能力方面得到锻炼和提高，更重要的是：通过本课程一课一德的课程思政教学模式，体会大医情怀、培养爱伤意识、塑造创新创业意识、树立社会主义核心价值观和民族精神，从而培养出德智体美劳全面发展的社会主义合格建设者和接班人。

# 《劳动关系管理》课程思政教学设计

管理学院　孟艳玲

该课程以建立"新时代中国特色社会主义劳动关系"为指导思想，系统地介绍现代劳动关系理论与相关制度，以及处理劳动关系事务的现代组织手段和科学技术方法。本课程融入社会公德、爱国主义、职业道德和职业素养等课程思政点，培养学生的爱国情怀、法制意识、社会责任、文化自信、人文情怀等，激发学生对国家的认同感与自豪感，成为"讲仁义、知荣辱、敢担当"的优秀青年。

## 一、课程定位

《劳动关系管理》课程是工商管理专业本科三年级开设的专业选修课课程。课程突出基本理念、理论、方法和手段，以建立"新时代中国特色社会主义劳动关系"为指导思想，系统地介绍现代劳动关系理论与相关制度，以及处理劳动关系事务的现代组织手段和科学技术方法，使学生能够从理论到操作的各个层面了解现代西方劳动关系理论和发展的整体状况，同时注重这些内容与中国劳动关系的具体实际情况相结合，培养学生用劳动关系管理的理论方法来分析、解决现实劳动关系问题的能力。

## 二、课程思政教学目标

在掌握劳动关系管理知识的同时，使学生形成科学的以人为本的人力资源管理价值观念，学会辩证地思考和分析劳动关系在组织中的作用；引导学生遵守职业规范、法律法规，培养学生良好的职业品德、职业纪律及职业责任心，也让学生意识到团队协作、集体观念的重要性，在潜移默化中提高学生未来岗位的适应能力；培养学生的爱国情怀、法治意识、社会责任、文化自信、人文情怀等，激发学生对国家的认同感与自豪感，成为"讲仁义、知荣辱、敢担当"的优秀青年。

## 三、课程思政教学设计

课程采取"知识讲授+思政元素"的教学模式，在讲授理论知识的同时融入思政元素。以劳动关系的建立、履行、变更和终止为的逻辑主线，以"法治意识"为核心，从"思想浸润"和"行动激发"两个层面共同推进，在理论知识的讲授中以"画龙点睛""专题嵌入""元素融合""隐性渗透"为手段，融"和谐意识""家国情怀""战疫精神""创新精神""制度自信""社会责任""爱岗敬业""遵纪守法"等思政点渗透到各个知识点进行教学设计，培育德技兼修、知行合一的高素质劳动人事管理人才（见图1）。

141

通过挖掘课程思政元素，将思政教育贯穿课程大纲、教学设计、备课授课等教育教学全过程。课程教学目标中注重知识与技能、过程与方法、情感态度与价值观的统一。教学过程突出学生的主体地位、教师的主导作用，加大学生实践能力、研究能力、创新能力、道德情操等关键目标培养。以劳动关系管理专业技能知识为载体，加强大学生思想政治教育，发掘专业课与思政课的切合点和闪光点，努力使课堂主渠道的功能实现最大化。

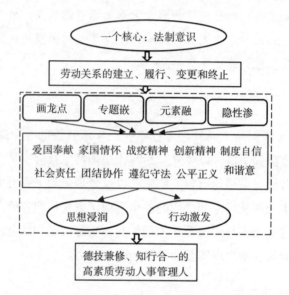

**图1  课程思政教学设计**

## 四、课程思政元素的融合

### 1. 结合课程教学创新方式方法

让课堂成为思政教育的有效载体，教学方法切实遵循教书育人的规律，注重提升课堂话语传播的有效性，在讨论式教学、案例教学、情景模拟等教学方法的探索中，促进学生通过参与和思考，实现认知、态度、情感和行为认同，以行之有效的"课程思政"教育方式，在潜移默化中培育社会主义核心价值观。例如：课程中涉及的未成年人、女职工特殊人群保护等内容，这些内容的教学可以让学生课前调查，课内参与课堂教学，掌握相关知识，深刻认识国家担当的社会责任。

### 2. 课程教学与社会公德教育相结合

社会公德是指人们在社会交往和公共生活中应该遵守的行为准则，是维护社会成员之间最基本的社会关系秩序，保证社会和谐稳定的最起码的道德要求。在职业领域，员工的社会公德指的是员工在企业中应该遵守的行为准则和基本道德，这对于在企业中推动形成知荣辱、讲文明、促和谐的良好氛围，有着现实而重要的意义。改革开放以来，我国经济飞速发展，但是与之相适应的精神文明和社会公德建设却略显滞后，公民的公德意识淡薄时有所闻，公德行为失范也时常见诸报端。社会公德是践行和培育社会主义核心价值观的坚实基础，因此在《劳动关系管理》课程中融入社会公德教育，积极践行社会主义核心价值观。例如在讲到企业规章制度时，作为员工要积极遵守企业的有关制度，践行社会公德。

**3. 课程教学与职业道德教育相结合**

在《劳动关系管理》课程教学实践过程中，引入企业对优秀员工必备素质和基本规范的要求，引导学生遵守职业规范、法律法规，培养学生良好的职业品德、职业纪律及职业责任心，也让学生意识到团队协作、集体观念的重要性，在潜移默化中提高了学生未来岗位的适应能力。如讲到劳动合同签订与履行，要讲究诚信，严守诺言，严格按照劳动合同的规定来履行自己的义务。劳动合同法规定在合同订立、履行及履行后等阶段双方当事人必须讲诚信。

**4. 课程教学与爱国主义教育相结合**

《劳动关系管理》课程中很多体现爱国情怀的元素，如讲到我国工会制度时，可以与国外的工会进行对比，突出我国工会的优越性，培养学生的爱国情怀。

**5. 将传授知识、培养能力与提高职业素养相结合**

在专业课程教育教学中，结合工商管理专业的各主干课程内容，结合课程内容的案例、实践教学中企业的实际情况，将我国的社会主义核心价值观、优秀的传统文化，如儒家思想中的"敬业重道"、荀子提出的"锲而不舍，金石可镂"、宋代大学者程颐的"人无忠信，不可立于世"等思想，与企业、行业对人才的现实要求结合起来，培养高学生吃苦耐劳、爱岗敬业、诚实守信的职业素养，要求学生干一行爱一行，强化学生用心去做好分配给自己的每一份工作，告诫学生只有在职业岗位上一步一个脚印，全身心地投入到工作当中去，才有机会在职业领域中获得更好的发展空间。

## 五、教学效果

在《劳动关系管理》课程的思政教学中发掘大学生中蕴藏的积极向上的思想精神，引导大学生自我教育、自我提高，搭建弘扬社会主义核心价值体系的平台，形成有利于培育和践行社会主义核心价值观的生活情景和社会氛围。教师在课程教学过程中，将社会主义核心价值观理念融入教学内容中之中，体现思想政治教育在专业中课程中的渗透。

# 《企业统计学》课程思政教学设计

经济学院　陈　琦

该课程主要讲述企业统计的基本理论和基本技能，阐述各种企业统计的指标和方法及综合应用，培养学生的创新思维和实践能力，融入科学思维、爱国主义、爱岗敬业等课程思政点，培养学生科学精神和职业素养。

## 一、课程定位

《企业统计学》课程是经济统计学专业本科三年级开设的必修课程，全面介绍了现代企业经营统计的基本内容和方法，是学生离开校园、走进企业工作的基础理论、方法论和意识形态，《企业统计学》无疑承担着启蒙和型塑学生专业思维、专业理念和专业伦理的重要作用。

## 二、课程思政教学目标

立足课程思政的现代课程观，《企业统计学》课程重新认识、重新定位和重新塑造了教学目标，在知识性和能力性目标之外，还将"构建理性的思维、树立严谨的信念、坚守中国的立场、勇挑时代的担当"的课程思政目标融入其中，贯穿于课程教学大纲的各个单元，实现了课程思政建设与教学目标的契合，与教学内容的融合，与教学素材的整合，与教学过程的结合。

## 三、课程思政教学设计

课程采取"知识讲授+思政元素"的教学设计模式，在讲授理论知识的同时以统计质量为主线进行自主探究活动，融入隐性思政元素，培养学生统计思维和专业知识应用能力，并形成特色的课程教学设计："一条主线+两个核心要素+四个模块"（见图1）。

**一条主线：**以党的十九届五中全会强调的现代化统计要以数据质量问题为根本——统计质量为主线，培养和增强学生在统计学习和未来统计工作中的质量意识。

**两个核心要素：**促进学生知识传授、能力培养与价值引领有机统一，以思维培养和职业素养为核心要素，通过基础统计知识讲解，构建学生的理性思维和逻辑思维。通过综合性知识讲解，培养学生的创新思维；通过相关的职业案例故事，强化学生乐于奉献和勇于担当的精神，分享企业统计领域的最新科研成果，鼓励学生进行前沿探索。

**四个模块：**模块一构建理性的思维，在讲解企业市场调查、数据分析和综合评价等知识时，强调要利用理性的思维进行设计、分析和评价；模块二树立严谨的信念，在讲解数据收集、指标计算、分析报告等知识时，指出要时刻保持严谨的信念；模块三坚守中国的立场，介绍数字中国、质量强国、中国制造等国家战略；模块四勇挑时代的担当，为学生树立爱岗敬业、奉献社会、报效祖国的价值观念。

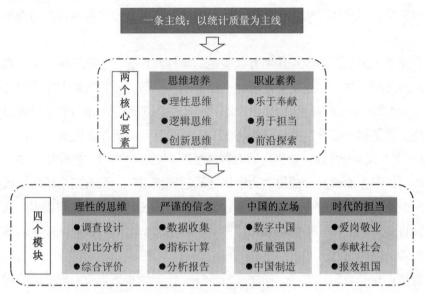

图1 课程思政教学设计

## 四、课程思政元素的融合

在教学过程中，根据各个教学单元的内容特点，选取更切合的课程思政教学目标融入，并配合以相应的教学活动设计，促进知识、能力和课程思政教学目标的同步有效达成。

1. 在企业经营统计的含义及特征、企业经营统计的作用、研究对象和内容、企业统计数据处理流程的基本环节等基础知识的讲授部分突出"构建理性的思维"的思政目标。这部分的知识核心是构建学生的经济统计学专业思维体系，而理性的思维本身，又能够促进学生真正在专业视角上掌握这些看起来生涩难懂的专业术语，整合自己的知识体系，而非像以往的学生进行知识的简单零散识记。

该部分更多的让学生直面理性与感性、数据与实践、常识与专业相冲突的特殊案例，强化专业理性思维对学生原有认知的冲击和改变。例如，企业经营统计的作用，用企业披露的统计数据让学生感受到统计数据从初始的收集，到汇总整理，形成统计指标，最终直观地体现企业经营环节和经营成果的过程，让学生真正理解看似简单死板的统计方法背后深刻的逻辑和价值基础。

2. 在企业投入与产出统计、经营环节统计、客户关系统计企业质量统计与监控、人力资源统计与分析、科技与电子商务统计、财务与投资统计分析、内部绩效统计评价、综合统计评价等理论性、抽象性较强的部分的讲授中融入"树立严谨的信念"的思政目标。

只有真正让学生体验到企业统计工作的严谨性，才能切实理解复杂统计方法背后的实践意义。这种坚定的严谨信念一旦达成，既能够在知识层面上有利于学生学习枯燥的理论内容，又有利于学生形成坚定的职业信仰，极大的激发学生自主学习的动力和克服学业困难的毅力。

该部分主要选取实际企业工作中有代表性的事件和任务，督促学生在学习和日常生活中保持严谨的态度。例如，企业质量统计过程中的不严谨，导致市场中充斥着各种低质、劣质的产品，上海、武汉等地区频繁出现的"楼脆脆"事件，本田因机油增多问题召回车辆等。这些案例能够唤起学生投身企业统计工作的职业使命感和责任感。

3. 在时代性和国家背景比较突出的内容讲授中，更突出促进"坚守中国的立场"思政目标的达成，让学生能够充分理解"为中华之崛起而读书"，只有用中国的立场讲述企业统计、研究企业统计、建设企业统计体系才能完成中国统计人的使命和担当。这一目标的达成，能够将爱国、报国、强国的强大精神动力转化为学生学习企业统计学的热情，形成强烈而持久的学习内驱力。

该部分更多地是采用启发式、问题式教学法，让学生直面当代中国社会的现实问题，追问性的启发学生进行自我学习和自我发现，潜移默化的实现在中国视角下观察、分析、反思、解决企业统计问题。例如，谈到企业科技与电子商务统计问题，介绍华为企业在当前国际通信行业和5G协议制定中的地位，启发学生对比改革开放初期，国家在科技方面处处要引进、处处被牵制的局面，以及当前华为企业在通信行业的崛起，甚至迫使美国动用贸易手段进行压制，并进而思考统计方法的差异性而导致的作用的差异性，再深入启发学生提出解决科技统计思维和统计方法问题的方案，在辩证中提升对中国特色社会主义制度的先进性和优越性的认识。

4. 在统计职业、企业统计工作执行、市场调查与预测等涉及统计实务的教学内容的讲授中强化"勇挑时代的担当"的思政目标。对于即将进入工作岗位的大三的经济统计学专业学生，社会责任感和时代使命感能够帮助他们建立坚定、稳定、持久的职业责任和职业荣誉感，这种情感反过来也能够帮助学生真正理解统计职业存在的社会和人文价值。

这部分更多的是采用社会实践和社会参与的方法，增强学生的学业参与感与获得感。例如，讲到企业统计职业的时候让学生与从事企业统计工作的优秀学长学姐座谈，传播积极向上的职业风尚，矫正学生对职业的理解偏差，帮助学生梳理细致严谨、不弄虚作假的职业形象；讲到市场调查的时候让学生亲身去做市场销售方面的调研、市场调研报告的撰写，体验统计是如何为企业服务，如何成为沟通企业与用户，企业与人民之间关系的桥梁；带学生参观工厂质量监控统计记录过程，向学生普及企业统计工作的必要性和社会意义。

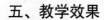

### 五、教学效果

通过精心设计课程教学，保障授课教学效果，达成教学目标。在教学过程中，坚持教书与育人相统一，挖掘并积累思政元素，以"春风化雨、润物无声"的形式，隐性融入经济统计学专业课程课堂教学环节，不断丰富课程思政的内涵，在传授专业知识的同时，引领学生思想、塑造价值观、培养家国情怀。

学生通过课程学习，深刻认识企业统计工作，感受中国力量、中国制造、中国精神、中国故事，感受作为新一代青年统计工作者的责任与担当，建立我们的民族自豪感、民族自信心、民族创造力，感受在党的领导下，数字生活的幸福和美好。

# 《财政学A》课程思政教学设计

经济学院　陈　洁

该课程主要讲述的是以国家为主体的财政分配关系的形成和发展规律的一门学科。它一方面研究政府收支的理论，另一方面研究政府收支的活动，既有理论经济学又有应用经济学的特征，但是它更侧重于应用研究。因此，培养学生业务操作能力、管理能力和创新能力，融入"新时代中国特色社会主义思想、经世济民的家国情怀和人民至上自强不息的时代精神"等课程思政点，培养学生的职业自豪感及为国家经济发展、人民幸福奉献的精神。

## 一、课程定位

本课程为金融学专业本科二年级开设的基础必修课程，以研究国家为主体的财政分配关系的形成和发展规律的一门学科，涵盖了经济学、政治学、社会学、管理学和法学等学科知识理论。它一方面研究政府收支的理论，另一方面研究政府收支的活动，既有理论经济学又有应用经济学的特征，但是它更侧重于应用研究。正是因为它的应用性特征使得提升学生发现问题和解决问题的能力显得尤为重要。因此，《财政学》的基本理论、方法论和意识形态无疑承担着启蒙和型塑学生专业思维、专业理念和专业应用的重要作用。

## 二、课程思政教学目标

《财政学》的研究对象是政府，研究的是治国之道。课程教学把"新时代中国特色社会主义思想、经世济民的家国情怀和人民至上自强不息的时代精神"根植于教育教学过程，在教学中结合教学内容，联系时政，回顾历史，恰当地将课程教学内容与思政元素糅合。通过学习，学生能够掌握从事财政专业相关工作所必需的基本知识和基本技能，具备对相关财政现象进行分析和研究的基本能力。

## 三、课程思政教学设计

教学过程中根据各个教学单元的内容特点，选取更切合的课程思政教学目标融入，并配合以相应的教学活动设计，促进知识、能力和课程思政教学目标的同步有效达成。课堂教学时适时加入财政现象、政策等相关案例，特别在网络教学平台的讨论区专门有"长辈记忆中的中国经济"、"××年两会我有话说"和"学财政、明责任"等讨论话题，学生们通过和家里长辈的聊天、两会的政府工作报告感受家庭及国家的发展变化和政府工作的方向及做法。这些方式既可以使学生近距离体会过去岁月的苦难，国家是如何排除万难建立了富强、民主、文明、和谐的中国特色社会主义制度和国家，坚定学生的制度自信和道路自信。同时，提醒同学们在享受美好生活的同时珍惜来之不易的幸福生活并努力让家族

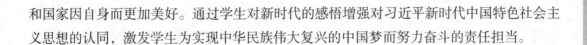

和国家因自身而更加美好。通过学生对新时代的感悟增强对习近平新时代中国特色社会主义思想的认同，激发学生为实现中华民族伟大复兴的中国梦而努力奋斗的责任担当。

### 四、课程思政元素的融合

1. 在财政的概念、职能、效率与公平等基础知识的讲授部分突出"经世济民的家国情怀"的思政目标。这部分的知识核心是构建学生的财政的思维体系，而理性的思维本身又能够促进学生真正在专业视角上掌握这些看起来生涩难懂的专业术语，整合自己的知识体系，而非像以往仅是对知识的简单零散识记。

该部分通过线上"长辈记忆中的中国经济"和"××年两会我有话说"及课堂上社会经济实际的案例的分析，让同学们认识到"财政乃庶政之母"，讲的是治国安邦，从而激发同学们对国家民族的热爱，鼓励同学们树立明确的学习目标，把同学们个人的价值与国家强盛、民族复兴的理想和责任融为一体，不负人生的美好年华，增强了对学生爱国主义和中国梦的思想教育。

2. 在财政政策及财政管理体制部分突出"习近平新时代中国特色社会主义思想"的思政目标。如在讲解我国财政体制改革时列举改革开放40多年来我国财政体制的变革极其重要成就。从20世纪80年代实施的"统收统支"的财政体制到差异化的"财政包干体制"，到1994年的"分税制"改革，再到2012年的营改增以及2018年省级和省级以下国税、地税机构的合并，财税体制改革在我国经济体制改革中一直承担着"先行者"的角色，同时我国也是世界上独特的"财政改革实验场"。通过财政体制的沿革轨迹以及现状的描绘，指出财政在国家治理实践中的基础功能与重要支柱作用。财政改革势不可挡，必将对未来世界经济的发展带来深远的影响。通过财政体制时间跨度的纵向比较，使学生深刻认识我们国家的文化以及制度在经济发展中所起的巨大作用，增强学生对改革开放的认同及对中国制度、中国道路、马克思主义指导思想及中国文化的认同和自信。

该部分通过"翻转课堂"的形式，学生分组对财政政策及财政管理体制等基本问题进行查阅讲解，老师和其他组可以提问、补充。这一单元有PBL的"财政政策的评析"研究型教学。学生通过自己的实践活动更加切身感受中国40多年改革开放的变化和成就，增强对马克思主义指导思想的理论自信、对中国特色社会主义的制度自信和道路自信以及对我国5000多年文明的文化自信。

3. 财政收入和财政支出的内容突出"以人民为中心自强不息的时代精神"的思政目标。引导学生透过数据了解到国力的增强使得财政收入连年增长，由1950年的62亿到2019年19万亿多。2020年的疫情经济遭受重挫，政府收入减少的同时依然坚定不移制定了减税降费5000亿元的目标。与此同时，国防安全和改善民生的医疗、社会保障支出等逐年增加，充分显示了中国政府一切为人民谋福祉的初衷，增强学生对社会主义制度的认同。如面对美国的"中国威胁论"透过我国国防支出占财政支出比重相对较低，占GDP比重相对较低（我国2018年的国防预算仅相当于美国的1/4，人均国防预算更是只有美国的1/18，英国的1/9，而且只有"穷得叮当响"俄罗斯的1/5。不足中国GDP总量的1.5%，不仅与美国GDP占比的3.8%相差甚远，更是与世界平均水平2%-3%的还有不小的差距），让学生们从事实出发分析问题，激发学生对中国制度的高度认同，同时激发爱国、报国、强国特别是投身中华民族伟大复兴的中国梦的责任感、使命感转化为学习的热情，形成强烈而持久的学习内驱力。

这部分除了启发、讲解式教学，采用了分组的PBL的教学方法，增强学生的参与感与获得感。例如，在学习财政支出和收入的具体事项时，让学生们分组研究他们感兴趣的支出和收入内容，透过查找到数据的变化让学生们深切感受到那一领域的发展变化，挖掘数据背后的秘密，探究答案。PBL不仅提升了学生们的驾驭数据、团队合作能力、当众讲话、独立思考等能力，也树立了务实求真、严谨理性的金融专业素养，更重要的是在挖掘数据的同时了解历史及相关政策后激发了爱国之情，提升对中国改革开放和新中国历程的了解和认同，进而增强对中国以马克思主义为指导的道路自信、理论自信、制度自信和文化自信，更深层次激发学生报国、为中华民族的伟大复兴而学习的使命感。

## 五、教学效果

本门课程通过课程思政教学设计，将理论知识与思政内容完美融合，以润物细无声的方式将思政教育传递给学生，同时结合社会热点问题，讲好中国故事，不断丰富课程思政的内涵，实现显性教育与隐性教育相结合，减少教师一味地灌输，更多地让学生自我体会、自我感受，让同学们发自内心地深刻感受到中国力量、中国自信和中国精神，感受作为新一代中国人、新一代中国金融人的责任感与自豪感，真正达到课程思政教学目标，做到学生德育与智育相统一，师生共进，做到教书与育人相统一。同时，通过整门课程统一的、不断的课程思政，形成统一的思政理念，让同学们在学习知识的过程中不断接受思政教育并践行，做到知行合一，"内化于心，外化于行"。

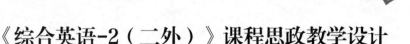

# 《综合英语-2（二外）》课程思政教学设计

外国语学院　高文晏

　　该课程主要讲述常用的英语语言知识、关键词汇和句型的运用、课文的整体理解以及文本特色和常用修辞，通过英语听、说、读、写、译等语言基本技能的综合训练，培养学习者扎实的语言基本功，帮助学习者提高语言的综合应用能力，培养学生的跨文化能力和批判型思维能力；融入文化自信、知难而上、敬佑生命等课程思政点，培养学生德能兼修素养、人文素养和家国情怀。

## 一、课程定位

　　《综合英语-2（二外）》课程是翻译、日语、匈牙利语专业的基础必修课。本课程的授课对象均为外语专业的学生，作为文化交流使者，他们肩负着时代赋予的重大使命，即掌握好本国文化，培养强大的文化自信，让更多的人了解我国的优秀历史文化。因此，该课程不仅是一门语言基础课程，也是一门进行中西方文化交流、传播中国文化的素质教育课程，兼有工具性和人文性。本课程要承担起"传播中国声音、讲好中国故事、培养文化自信"的课程思政功能，要在引导学生塑造独立人格、提升道德品行以及培育公共精神方面发挥重要价值。

　　本课程在OBE（Outcomes-based Educations，基于学习产出的教育模式）教学理念指导下，采用课堂教授、任务驱动、混合教学等形式，不仅能够培养学生的英语综合应用能力，培养学生的自主学习能力、思辨能力，更能够培养学生的国际视野和家国情怀。

## 二、课程思政教学目标

　　立足课程思政的现代课程观，《综合英语-2（二外）》课程重新认识、重新定位和重新塑造了教学目标，在知识性、能力性、思维和美育目标之外，还将"提高学生的缘事析理、明辨是非的能力，增强'四个自信'，具备家国情怀"的课程思政总目标贯穿于课程教学大纲的各个单元，实现了课程思政建设与教学目标的契合，与教学内容的有机融合，与教学素材的整合，与教学过程的结合。在具体的教学中，结合教学目标，通过相应的教学活动设计，实现"学习中国文化、培养文化自信、坚守中华文化立场、塑造健全人格、勇担时代使命、传播中国文化、培养家国情怀"课程思政分目标。

## 三、课程思政教学设计

　　课程采取"自主学习+知识讲授+讨论探究+产出任务"的教学设计模式，以"提高英语综合应用能力"为核心，以"推进学生批判性讨论能力"和"跨文化场景沟通能力"为两翼，根据各个教学单元的内容特点，在课前、课中、课后三个环节，选取切合的课程思政元素融入教学，配合以相应的教学活动设计，实现"学习中国文化、培养文化自信、坚守中华文化立场、塑造健全人格、勇担时代使命、传播中国文化、培养家国情怀"的课程思政分目标，促进知识、能力和家国情怀培养的同步有效达成，通过教学活动形式进行隐形思政元素的融入，并形成"一核两翼三环四步"的特色的课程教学设计（见图1）：

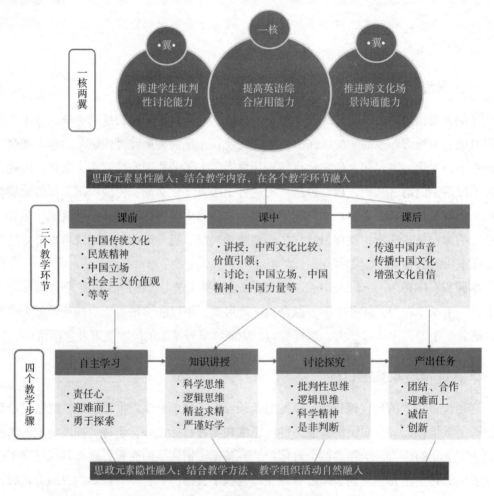

**图1 课程思政教学设计**

**一核**：以提高学生英语综合应用能力为核心，培养学生具备运用英语听、说、读、写、译技能解决具体问题的能力，能够为实现本课程的"传播中国声音、讲好中国故事、培养文化自信"的课程思政功能打下语言基础。

**两翼**：以"推进学生批判性讨论能力"和"跨文化场景沟通能力"为两翼，有助于学生在对外交流中，熟练运用批判性讨论的方法，把握中西立场差异、从中国立场（社会主义核心价值观、中国传统文化价值观等）出发处理有争议的话题，有效避免文化刻板印

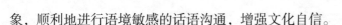
象，顺利地进行语境敏感的话语沟通，增强文化自信。

**三环**：课前、课中、课后三个环节紧密衔接，在各个环节教学内容中，可以以显性的方式融入课程思政元素，而在教学活动设计中，则可以以隐形的方式融入课程思政内容，从而使显性教育和隐形教育有机融合，以促进知识、能力和家国情怀培养的同步有效达成。

**四步**："自主学习+知识讲授+讨论探究+产出任务"这四个教学步骤由易到难，从语言输入到语言输出，层层深入，强调语言应用，促进学用结合，因而能够激发和保持学生的学习兴趣，提高成就感，有助于促进学生在教学活动中的参与度和参与效果，从而促进知识目标、能力目标和思政目标的同步达成。

### 四、课程思政元素的融合

本课程所选取的教材为《21世纪大学英语综合教程-2（S版）》（第2版），共8个单元，但按课时安排，仅讲授前4单元。其主题包括：时间管理、鼓舞人心、问题应对、战胜疾病等。根据各单元主题，教师确定了每单元的思政主题关键词并挖掘了思政元素，如下表所示：

| 单元主题 | 主题关键词 | 思政元素 |
|---|---|---|
| Unit 1 Time Management | 时间管理 | ① 习近平总书记的时间管理艺术；② 习近平总书记讲话："时间不等人！历史不等人，时间属于奋进者！历史属于奋进者！为了实现中华民族伟大复兴的中国梦，我们必须同时间赛跑、同历史并进"；③ 东方古老的时间管理智慧；④ 古语中关于珍惜时间的教诲；⑤ 青年人要树立"惜时如金，不负韶华"的时间观；⑥ 正是由于钟南山院士和李兰娟院士等科研和医务工作者不舍昼夜，争分夺秒地开展对病毒、疫情的科研和救治工作，才挽救了无数人的生命，赢得了抗疫战争的初步胜利。 |
| Unit 2 Inspirations | 鼓舞、激励 | ① 习近平总书记的师生情和对老师的寄语；② 中华文化尊师的传统；③ 社会主义核心价值观"爱国""敬业""诚信""友善"；④ 青年人要明白，一个简单的举动可以改变他人的一生，永远不要低估行动的力量，要尽自己所能，用行动鼓舞他人，传递正能量，还要对鼓舞和激励自己的人心存感恩；⑤ 抗疫英雄和志愿者的故事；⑥ 抗疫战斗中所体现出来的"团结一致、同舟共济""迎难而上""救死扶伤、医者仁心"等中国精神 |
| Unit 3 Tackling Problems | 问题应对 | ① 中华民族传统文化强调"天行健，君子以自强不息"；② 井冈山精神、长征精神、延安精神、西柏坡精神、大庆精神、雷锋精神、"两弹一星"精神、"载人航天精神"、抗击"非典"精神等一系列伟大的精神，是我们党战胜困难、夺取胜利的力量源泉，都要继续坚持和发扬；③ 习近平总书记在纪念五四运动100周年大会上的讲话："强者，总是从挫折中不断奋起、永不气馁"，"青年要保持初生牛犊不怕虎、越是艰险越向前的刚健勇毅，勇立时代潮头，争做时代先锋"，"奋斗是青春最亮丽的底色。自信人生二百年，会当水击三千里。民族复兴的使命要靠奋斗来实现，人生理想的风帆要靠奋斗来扬起"，"奋斗的道路不贵一帆风顺，往往荆棘丛生、充满坎坷。强者，总是从挫折中不断奋起、永不气馁"；④ 中国人民抗击疫情的艰苦努力和感人事迹；⑤ 青年人要有应对难题的决心和战胜困难的信念，同时也要有解决问题的知识和能力。只要做出真正的努力，就没有解决不了的问题。要珍惜时光，努力提高思维和学习能力，以增强应对问题的本领。 |

续表

| 单元主题 | 主题关键词 | 思政元素 |
|---|---|---|
| Unit 4 Conquering Illness | 征服疾病 | ① 要战胜疾病，除了正确的治疗外，还需要积极的心态和战胜病魔的坚定信念，后者发挥的积极作用不容忽视；② 面对病人，要给予他们真诚的关怀和关爱，对他们进行情感支持和实质性的帮助，这对战胜疾病十分有利；③ 要认识到，尽管有些疾病不能治愈，但在积极的干预措施下，病人也可以凭借良好的心态、积极的态度和努力康复的决心活出精彩人生，成为对社会做出贡献的人；④ 左丘失明，厥有《国语》；⑤ 张海迪和中央电视台节目主持人朱迅的故事；⑥ 人们在疫情期间表现出来的乐观精神，如居家隔离时表现的幽默感（各种创意视频）；⑦ 疫情期间进行心理疏导的有效方法。 |

**1. 学习中国文化、培养文化自信**

在每个单元的课前环节，重点围绕"学习中国文化、培养文化自信"的课程思政分目标，结合单元主题，设计主题阅读、主题听力作业、信息搜索等任务，并要求学生课下自主完成。例如，在学习Unit 1之前，学生通过阅读《明日歌》等古诗和《论语》中关于珍惜时间的名句中英双语版，了解古人的时间观，欣赏古人智慧和诗歌之美，并掌握名句的英文表达，为文化交流做知识储备。

**2. 坚守中华文化立场、塑造健全人格、勇担时代使命**

在每个单元的课中环节，重点围绕"坚守中华文化立场、塑造健全人格、勇担时代使命"的课程思政目标，结合单元主题和知识点学习，设计新闻分享、主题讨论、词汇学习、课文导入、课文分析等方面的若干任务，任务由浅入深，环环相扣，紧密衔接，将思政元素与单元学习要点有机结合。

（1）扩展视野，开拓思维，坚定文化立场，提高思辨能力，培养健全的人格。

新闻分享是指在每一讲课的课中环节，都会先利用10分钟左右的时间进行新闻分享或对《习近平治国理政》金句进行英文翻译练习。所选新闻都是中外媒体对中国动态的英文报道，如"十九大开幕会""全国两会召开""世界卫生组织高度评价中国疫情防控工作""CGTN主持人邹悦谈中国抗疫的举措和成果""CGTN主持人邹悦：全球抗疫，我们能否做得更好""美国《纽约时报》科学与健康记者唐纳德·麦克尼尔（Donald McNeil）谈中国疫情防控"等，这样既可以学习掌握中国文化语境词汇的英文表达，又可以激发学生的爱国情感、社会主义情感和集体主义情感，引导学生在坚守中华文化立场的前提下，去批判性地阅读外媒报道，通过文化立场的对比剖析，深刻理解新时期使命格局，培养思辨能力，增强文化自信。

主题讨论一般在课文学习前进行，作为单元学习的热身活动，其目的是引发学生对单元学习的兴趣和加深对单元主题的了解。因此，教师需要给学生一定的视听或阅读资料作为语言输入，以免学生由于知识储备不足无法进行讨论，而产生挫败感。在讨论的输入材料选取时，要结合单元主题，有机地融入思政元素，如习近平总书记金句或寄语、中英双

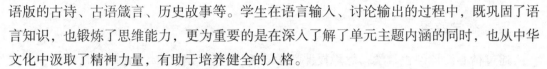
语版的古诗、古语箴言、历史故事等。学生在语言输入、讨论输出的过程中，既巩固了语言知识，也锻炼了思维能力，更为重要的是在深入了解了单元主题内涵的同时，也从中华文化中汲取了精神力量，有助于培养健全的人格。

（2）在中西文化的碰撞中形成正确的价值观，在中西文化对比中坚定社会主义信念，增强民族自信心、自豪感和使命感。

在词汇学习中，由于词汇学习的语境化特点，即需要引入例句讲解词汇用法，丰富的思政元素可以被自然贴切融入例句中，起到"润物细无声"的育人效果，因此，词汇教学是课中环节进行课程思政的主要方式。例如，在讲解Unit 1 A篇中重点词汇priority时，可以选取《习近平谈治国理政》和《十九大报告》英文版，以及抗疫新闻中的相关内容。由于这些例句取自中国语境，学生对其内容比较熟悉，因此更加容易理解priority在例句中的使用。

课文导入和课文分析是单元知识点最为集中的部分，因此主要以语言点的学习为主，但所有课文的主题本身就蕴含了思政元素。因此，学习阅读这些文章有利于培养健全的人格。此外，在课文分析过程中的段落仿写、隐含句意讨论等任务，以及文章学习后的拓展讨论任务中，都可以恰当地融入中国传统文化要素和社会主义核心价值观，让学生加深对中华文化价值观的认识和自豪感。如在Unit 1 A篇课文学习后，教师可以引导学生思考东方古老的时间管理智慧，并和文中的时间管理建议进行对比分析。

**3. 传播中国文化、培养家国情怀**

在每个单元的课后环节，重点围绕"传播中国文化、培养家国情怀"的课程思政分目标。这部分内容主要通过写作、翻译、英语视频制作等实践任务和测试任务，重点强化用英文表达中国文化，传递中国声音的能力，以促进知识习得、能力提高和情怀培养的同步有效达成。例如，Unit 1的课文学习结束后，教师布置了五个作业：（1）进行扩展阅读：习近平总书记的时间管理艺术（汉语）；（2）完成英汉、汉英句子翻译任务，翻译的内容多数选自关于中国动态的新闻，目的是考察本单元的核心词汇和语法点，以及中国文化语境词汇的英文表达。学生的任务完成，将有助于他们表达中国文化；（3）英语议论文写作：为了早日实现中华民族伟大复兴的中国梦，中国青年人应该树立"惜时如金、不负韶华"的时间观，该任务的目的是让学生充分意识到珍惜时间的重要性，以及他们的时代使命；（4）翻译习近平总书记讲话："时间不等人！历史不等人，时间属于奋进者！历史属于奋进者！为了实现中华民族伟大复兴的中国梦，我们必须同时间赛跑、同历史并进"；（5）仿照"英语趣配音"上"时间管理10点建议"视频，以组为单位制作时间管理英文视频并在班上分享，视频里要以1～2个中国名人的时间管理故事为例。

**五、教学效果**

通过精心设计课程教学，保障授课教学效果，达成教学目标。在教学过程中，坚持教书与育人相统一，挖掘并积累思政元素，以"春风化雨、润物无声"的形式，隐性融入《综合英语-2（二外）》课程课堂教学环节，不断丰富课程思政的内涵，在传授专业知识的同时，引领学生思想、塑造价值观、培养家国情怀。学生通过课程学习，深刻感受到中国文化之美、中国精神之美、中国力量之美；极大地提升了民族自豪感和文化自信；受到了正确的价值观引领；培养了国际视野和家国情怀；深刻认识作为汉语国际教育的学生，自己肩负"传播中国声音、讲好中国故事、培养文化自信"的重任。

# 《科技日语》课程思政教学设计

外国语学院　马庆春

　　该课程主要讲述中日科技领域的相关基础知识，掌握科技日语的说明方法、翻译方法和技巧，培养学生的创新思维和实践能力，融入创新精神、爱国主义、科学精神、环境保护等课程思政点，培养学生德才兼备的素养和国际视野下的爱国情怀。

## 一、课程定位

　　《科技日语》是日语专业本科生四年级上学期开设的专业选修课，学生在完成前六个学期日语学习的基础上进行知识拓展。授课内容主要包括科技日语词汇、语法、特殊专业术语、科技类说明文等。通过知识讲授、任务教学、翻转课堂、线上线下混合式教学等方式，讲解模具、机械加工、电、半导体、计算机、互联网、电话通讯、核能发电、机器人、汽车、飞机、智能手机、物联网等相关科技领域的基础知识，使学生了解并掌握相关的科技日语知识以及基本的科技日语翻译方法和技巧，能进行初步的科技知识的说明与翻译。课程实施目的在于培养学生具备一定的科技日语运用能力，为今后的继续学习和实际工作打下良好的基础。

## 二、课程思政教学目标

　　《科技日语》讲授文本中蕴含了丰富的思政教育元素。基于教材及学生学情，围绕课程知识传授、能力提升和价值引领的相结合的整体目标，将《科技日语》课程的思政教学目标设定如下：

　　立足全球科技发展历程，实现科技创新的价值引领；结合中国本土科技发展历程，展现中国制造的文化自信；实施主动探究式教学活动，提升创新实践能力；结合职业理想教育，提升学生职业素养。

## 三、课程思政教学实施设计

　　《科技日语》课程采用"知识讲授+探究式学习+思政元素融合+多元评价"的教学模式，在讲授科技日语相关语言知识的同时，采用任务教学法、项目教学法等教学方法，让学生以探索问题的方式提高科技日语的实际应用能力，同时融入思政教学元素，采用自我评价、小组评价与教师评价相结合的多元评价方式进行课程反馈，激励学生进行自我反思，形成特色的课程设计"一条主线+四个角度+线上线下四个教学环节"。

　　**一条主线：**以"科技创新+中国制造"的价值引领作为课程思政的主线，增强学生对于科技创新、科技兴国的认同感，提升学生的创新实践能力，增强民族自信心。

**四个角度**：从教学内容、教学活动、教学方法、教学评价四个角度实施思政教学。立足教学内容，挖掘思政教学元素，实现"科技创新和中国制造"的价值引领，在此基础上增加中外对比，激发学生的创新思维能力；多元化的教学活动设计提升学生创新实践能力；主动探究式学习方法增强创新实践信心；多元化的教学评价方式提升个人素养。

**四个教学环节**：采用线上+线下的混合教学模式，通过课前、课中、课后、评价反馈四个教学环节达成教学目标。

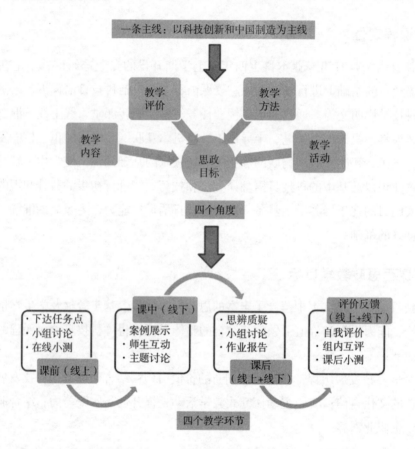

## 四、课程思政元素的融合

在教学过程中，主要从以下几个方面实现课程与思政元素的融合，达成课程思政教学目标：

1. 立足教学内容，挖掘思政教学元素，实现"科技创新和中国制造"的价值引领，在此基础上增加中外对比，激发学生的创新思维能力。创新思维能力即产生新的思想的能力，行为的创新是以思维的创新为发端的。构成创新思维能力的内在要素主要有知识、逻辑思维能力、非逻辑思维能力，而科技日语思政教学恰好满足了以上能力培养的需求。《科技日语》课程内容涵盖发达国家 16 个领域中的先进科学技术知识，以科普体裁的文

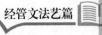

章呈现。在讲授科技发展的历程中，通过今昔对比让学生充分体会科技创新给人类社会发展带来的巨大飞跃和便利，实现《科技日语》教学的核心价值引领。同时，在常规教学内容的基础上，充分增加中国制造要素，为学生讲述如中国机器人自主研发、中国智能手机的发展历史、中国自主研发的飞机厂等故事，展现中国科技在各个方面的巨大发展，中国正从模仿向自主创新的道路不断前行，激发学生对于科技创新、科技兴国这一价值观的认同感，增强民族自信心。此外，基于学科特点，增加中日对比内容，从思维层面，激发学生积极动脑，思考如何把先进技术本国化、本土化，或先进的科技产品在中国社会是否适用。如：在文本讨论过程中，增加中外对比研究，学生首先充分调研了解中日社会的现状，其中涉及很多价值观要素；其次结合该产品或技术在中国的发展或使用情况，找出其中国化过程中出现的问题；最后反思差异性结果产生的原因，进一步促进学生对问题的自我探究，并最终给出合理化解决方案。这种依托教学内容进行的开放性问题探讨极大的激发学生的创新思维能力。在思辨的过程中，培养逻辑能力与非逻辑思维能力，生成新的、个性化的想法，培养学生的创新思维能力。

2. 教学活动设计提升创新实践能力。实践能力是指人在参加的各种实践活动中形成和发展而来的，并赖以解决实际问题的能力，包括生活能力、学习能力、思考能力、操作能力、人际交往能力等方面。科技日语思政教学的课堂活动灵活多样，极大的满足实践能力培养的需求。教学过程中常用的活动形式有专属单词表、思维导图、辩论、翻转课堂、微视频、微科技、科技论文写作。在单词表和论文写作上，因材施教，学生根据自己的实际学习能力选题并完成，提高语言基础和文字组织能力；在以小组形式进行的活动中，注重培养团队意识，同学们各展所长，充分利用自己的优势共同努力，完成任务；在单元讨论活动中，侧重科技人文方面的引导，在意识形态上积极影响学生，刺激学生反思具体科技现象在中国价值观中反映出的问题；从探讨到发现问题，再到思辨，最终提出解决方案，引导学生主动探究，并努力实践；在期末的成果展示中，能够充分见证学生们在小组学习、团队合作互动中的成长。

3. 教学方法增强创新实践信心。《科技日语》思政教学主要采用任务教学法、项目教学法，以探索问题来引发和维持学生的学习兴趣和动机，让学生到现实世界的真实环境中去感受、体验、实践。《科技日语》常规教学要求有：一般要求，能够进行科技日语写作；较高要求，能够进行学术日语写作。以此目标作为项目贯穿于教学的始终，用项目和任务进行新知识的引入，激发学生学习动力；在教学过程中，根据项目总体要求，以完成一个个具体的任务为线索，把教学内容巧妙地隐含在每个任务之中，让学生自己提出问题，并经过思考和老师的指导，自己解决问题。

4. 思政教学评价提升个人素养。《科技日语》思政教学的课程评价，以自我评价、小组互评为主，教师评价为辅。在学期初由同学们设定自己的奋斗目标，期末就完成情况进行评价；小组评价，就成员在团队中的表现进行评论，互相学习，共同进步。通过评价结果反馈，更好地促进学生在未来的自我学习中提升个人素养，引领学生价值观的构建和团队合作精神的养成。课程任务中设立成长档案袋，通过任务跟踪记录，学生进行自我反思，自我教育。在自我评价、小组评价中反映出的问题能够充分督促学生真正认识自我，取长补短或扬长避短。课程思政教学的考核是手段而非目标，把知识点与思政要素有机结合，通过多样的评价形式，促使学生进行学科能力和个人素养的内化提升，在自我探究中实现课程育人。

## 五、教学效果

通过以上四个角度将思政元素融合到课程教学中，在完成知识、能力教学目标的同时达成思政目标，保证教学效果，将"教书"与"育人"有机结合。在课程教授中，立足教学内容不断挖掘思政教学元素，以教学案例的方式进行显性思政教学。在此基础上，通过新颖多变的教学活动、任务型的教学方法以及多元化的教学评价实现隐形的课程思政教学，在传授专业知识的同时，实现科技创新、科技兴国的社会主义核心价值引领，培养学生的家国情怀和创新式思维。

## 六、教学案例对外语类课程的推广

本课程采用线上+线下的混合式教学模式，开展新颖多变的教学活动，使用创新的教学方法和多元化的教学评价，凝练出"一条主线+四个角度+四个教学环节"的教学设计，将专业知识传授、社会主义核心价值引领与学生的创新思维培养相结合，提升学生的综合语言运用能力、创新实践能力、团队合作能力以及家国情怀和职业素养。

本课程将显性的教学思政元素与隐形教学相结合，可供其他外语类课程借鉴并推广，实现专业教育与思政教学的有机结合。

# 《法语-1》课程思政教学设计

外国语学院　刘　欣

该课程主要讲述法语语音、简单的词汇、语法和法语语言表达等基础知识和基本技能，培养学生具有初步的法语听、说、读的能力和创新思维，融入美育情怀、个人品德、家庭美德等课程思政点，培养学生的批判性思维、家国情怀和德才兼备的素养。

## 一、课程定位

《法语》课程是英语专业本科二至三年级开设的必修课程，是英语专业的学科基础课程。本课程通过课堂讲授、多媒体辅助、线上线下混合式教学等形式，讲解法语语音、法语常用词汇及语言表达法、法语基础语法等知识和技能，提升学生的法语语言综合应用能力。

在21世纪以培养创新型高素质综合型人才为根本目标、以立德树人为根本任务的教育背景下，《法语》作为英语专业本科生第二外语课程在传授学生知识和技能的同时，突出育人价值，围绕课程主题补充、拓展含有思政元素的外语素材，引导学生了解语言背后隐藏的文化因素，比较中西方文化的异同，辩证看待西方文明，培养学生的国际视野、家国情怀和批判性思维。同时，引入中国传统文化知识，以优秀的传统文化引导学生树立文化自信，树立正确的人生观和价值观，提升学生中国文化的法语推介能力。

## 二、课程思政教学目标

立足课程思政的现代课程观，结合本学科的性质、特点，以法语语言知识为基础，以课程主题为线索，以现代教育技术为手段，以提高中华优秀传统文化的法语推介和传承能力为目的，以立德树人为根本，挖掘《法语》课程所蕴含的思想政治教育元素，培养学生的国际视野和家国情怀，培养学生的文化自觉和文化自信，培养学生的人文素养和职业素养，培养学生健康的审美情趣和乐观的生活态度，形成本门课程"五以，四培养"的课程思政目标，让法语教学与思政教育同向同行，将"思政教育"有机融入法语教学中，贯穿于课程教学的各个阶段，力争做到立德树人，润物无声。

## 三、课程思政教学设计

《法语》课程是英语专业本科生的第二外语课程，授课对象是法语零基础的学生，在教学过程中，结合学生不同学习阶段的学习特点，根据各个教学单元的内容特点，采取"知识传授＋技能训练＋思政元素"的教学设计模式，合理选取更切合的课程思政教学目标融入课堂教学，以潜移默化的方式将正确的世界观、人生观、价值观、职业观有效地传递给学生，并形成特色的课程教学设计："一个重要使命、两个核心要素、三个教学环节、四个思政案例库"（见图1）。

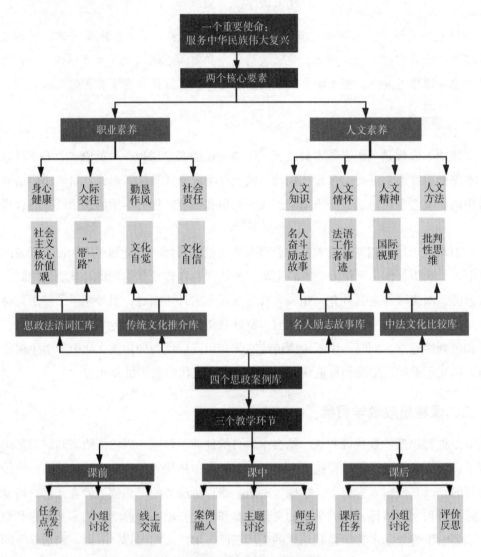

**图1　《法语》课程思政教学设计**

**一个重要使命**：习近平总书记2018年9月在全国教育大会上强调"坚持把服务中华民族伟大复兴作为教育的重要使命"，把学生培养成合格的社会主义建设者和接班人，这也是外语教育的使命。

**两个核心要素**："一带一路"倡议对复合型、高素质外语人才的培养提出了新的要求，英语专业的学生在掌握汉语、英语的同时学好二外法语，有助于提高他们的综合素质和竞争力。法语二外课程在教授、训练学生法语知识和技能的同时，更要兼顾引导学生思想进步和精神成长，通过课堂思政，培养、强化学生的职业素养和人文素养。

三个教学环节：通过采用多媒体辅助教学、线上线下混合式教学、启发式教学、小组讨论式教学等手段和方式，通常采用"课前+课中+课后"三个教学环节，时而采用"课中+课后"两个教学环节，安排课程思政教学。课前为教师在线上发布任务点，安排学生以小组形式搜集相关资料，开展线上讨论；课中，坚持"教师引导，以学生为主体"的教学原则，由教师展示课程思政教学案例，引导学生进行主题探讨，师生互动交流；课后，给学生布置练习、思考等任务，让学生对相关思政主题进行反思和评价，指导学生身体力行，知行合一。

四个思政案例库：以课程主题为线索，建立《法语》课程思政案例库：思政法语词汇库、传统文化推介库、名人励志故事库、中法文化比较库，丰富课堂思政教学，使学生将思政元素内化于自身认知体系，并指导自己的行动，做到知行合一。

## 四、课程思政元素的融合

《法语》课程共开设三个学期，第一学期是零基础语音教学阶段，第二、三学期是法语语言入门阶段。教育的根本任务是"立德树人"，《法语》课程以课程主题为线索，深入挖掘与课程主题紧密关联的思政要素，建立课程思政案例库，将思政案例有机融入教学的各个阶段，以期达到"立德树人，润物无声"。

### 1. 思政法语词汇库

第一学期的零基础语音教学阶段，重点在于传授学生法语的发音特征、发音方法及发音规则。在这一阶段的教学中，学生练习发音、巩固发音规则尤为重要。在选材过程中，教师筛选出有助于学生语言能力和道德素质双重提升的法语语言素材，例如，la Chine（中国）、l'identité chinoise（中国特色）、la société harmonieuse（和谐社会）、la Route de la soie（丝绸之路）、le patriotisme（爱国）、l'intégrité（诚信）、la gentillesse（友善）等，建立思政法语词汇库，让学生在学习法语词汇及发音的同时，学习、理解和掌握时政词汇，了解时事热点，关心国家大事，以实现课程知识传授、能力培养与价值引领的有机统一。

### 2. 传统文化推介库

语言是文化的承载者，外语学习者肩负着向世界宣传、弘扬与推介中华文化的责任与使命。授课过程中，将中国传统优秀文化引入课堂，让学生在学习外语专业知识和技能的同时，理解、品鉴、掌握中国的优秀传统文化，认同和传承中国文化，有助于提升学生的"文化自觉"与"文化自信"，提高学生的综合文化素养，训练学生用法语弘扬中华文化的能力，提高学生中国文化的法语推介能力，从而培养学生成长为合格的乃至优秀的中华文化传播者。

在第一阶段的法语教学中，随着课程的推进，在学生掌握较多法语读音规则的基

础上，教师在课堂上适当引入法语谚语素材，例如，Il y a temps pour tout.（功到自然成）Petit à petit, l'oiseau fait son nid.（积少成多）C'est à ses actes qu'on connaît la valeur d'un homme.（观其行，知其人）Ce qui est fait n'est pas à faire.（今朝事今朝毕）Chose promise, chose due.（言而有信）La répétition est la mère des études.（温故而知新）。

一方面，谚语多是口语形式的短句或韵语，口语性强，朗朗上口，通俗易懂，从语言结构和发音特征方面适合学生进行语音练习，有助于训练和检验学生对法语读音规则的掌握情况，通过朗读谚语短句，学生还能感受法语语调，培养法语语感；另一方面，谚语作为语言整体的一部分，极具鲜明性和生动性，蕴含着劳动人民的生产、生活实践经验和智慧，句子结构简短，意味深长，学生在教师的引导下找出相对应的汉语谚语，思考和学习的过程中，提高了学习兴趣，也增强了学习自信心。

建立包含谚语、成语、诗歌等思政素材的传统文化推介库，在课堂上选取思政素材进行适时融入，引导学生比较两种语言文字背后所隐藏的文化的异同，更好地掌握、传承中华文化，并向世界推介中国传统优秀文化。

### 3. 名人励志故事库

第二、三学期的法语语言入门阶段教学中，学生会接触到更多的词汇及语法内容。法语中存在大量的时态、动词变位、名词和形容词的阴阳性和搭配问题。在教授这些知识、内容的过程中，挖掘其中蕴含的思政与育人元素，使学生在掌握知识和技能的同时，结合单元主题内容，搜集名人轶事、法语工作者的事迹，构建名人励志故事库，引导、激励学生注重细节，珍惜时间，努力学习，培养学生认真严谨的思维及踏实勤恳、百折不挠的优良品质。

例如，围绕第七单元"日常生活"主题，组织学生用法语简单讲述自己一天的生活、学习状态，适时引入周恩来、邓小平等老一辈无产阶级革命家青年时期在法国期间勤工俭学的故事，教育学生养成良好的学习、生活习惯，刻苦奋斗，珍惜时光，为实现"中国梦"而勤奋学习。

### 4. 中法文化比较库

在第二、三学期的法语语言入门阶段教学中，寻找与责任意识、团结协作、包容、尊重、家国情怀等德育元素相关的素材，构建中法文化比较库，选取相关思政案例合理融入教学环节和内容之中，将知识传授、能力培养与价值引领有效结合。

例如，围绕第五单元"季节与气候"主题，了解、比较中法两国气候特征，培养学生尊重自然、爱护环境的情感，引导学生做有责任感的公民；围绕第六单元"问路"主题，学习、比较中法两国礼貌用语及简单的礼貌行为规范，融入"明礼、诚信"的思政要素，弘扬"真善美"，培养学生团结友善、乐于助人的良好品格。

此外，还可以在课程中适当补充中法文化对比案例，如法国的咖啡文化与中国的茶文化、法国浪漫优雅的葡萄酒文化与中国香醇浓烈的白酒文化、法国的饮食文化与中国的饮食文化、法国的建筑文化与中国的建筑文化等，引导学生将法国文化与中国文化进行比较学习，从跨文化的角度加以学习和思考，比较、融合西方文化与中国文化，培养学生的批判性思维能力，拓展学生的人文视野和国际视野，丰富学生的文化素养。

## 五、教学效果

结合多媒体辅助教学、线上线下混合式教学、启发式教学、分组讨论式教学等教学方式及手段，紧扣课程目标，围绕课程主题，将思政教育有机融入法语教学中，贯穿于课程教学的各个阶段，在传授学生法语知识、培养学生法语技能的同时，培养学生广阔的国际视野、深刻的人文情怀、批判性思维和砥砺前行的精神力量，实现知识传授、能力培养与价值引领的有机统一，有效达成教学目标、保障教学效果的同时，帮助学生树立正确的世界观、人生观和价值观，引导学生知行合一，做到立德树人，润物无声。

# 《纪录片赏析》课程思政教学设计

外国语学院　陈雅洁

该课程主要讲述纪录片赏析的基本理论知识和基本思路、手法，分析纪录片的创作主题和人文思想，培养学生的审美意识和文化素养，融入爱国主义、民族精神、时代精神、生态文明等课程思政点，培养学生的美学思维和人文情怀。

## 一、课程性质

《纪录片赏析》课程是面向全校本科生开设的选修课程。纪录片是人们获取信息与知识、反映和寻求社会变革、感悟人性与人生的载体，《纪录片赏析》课程承担着启迪智慧，引发思索，弘扬民族精神和时代精神，培养美学思维和人文情怀的作用。

通过课堂讲授、案例教学、探究讨论等形式，观看、欣赏以自然人文、社会环境等为主题的中外各大经典纪录片，学习纪录片赏析的思路手法，分析纪录片的创作主题和人文思想，激发纪录片拍摄与创作的灵感，拓宽人文知识，提高学生的审美意识和文化素养。

## 二、课程思政教学目标

立足课程思政的现代课程观，《纪录片赏析》课程重新认识、重新定位和重新塑造了教学目标，在知识性和能力性目标之外，还将"培养爱国主义情怀，传播中国思想与文化，弘扬民族精神和时代精神，树立全球观念和生态意识"的课程思政目标融入其中，贯穿于课程教学大纲的各个单元，实现了课程思政建设与教学目标的契合，与教学内容的融合，与教学素材的整合，与教学过程的结合。

## 三、课程思政教学设计

课程采取"知识讲授+案例分析+探讨总结"的教学设计模式，以纪录片赏析相关理论知识为基础，以纪录片视频影像资料为素材，欣赏、探讨纪录片的拍摄、制作的手法与技巧，分析纪录片的创作主题和人文思想，融入思政元素，提高学生纪录片赏析的专业知识及应用能力，培养爱国情怀，人文素养和美学思维，树立正确的文明理念和价值观念。

在教学过程中，根据不同纪录片的内容特点，选取更切合的课程思政教学目标融入，并配合以相应的教学活动设计，促进知识、能力和课程思政教学目标的同步有效达成。

## 四、课程思政元素的融合

1. 在赏析《美丽中国》《航拍中国》《我们诞生在中国》《舌尖上的中国》等介绍我国自然景色和人文风光的纪录片中，突出"培养爱国主义情怀，传播中国思想与文化"

的思政目标。这类纪录片选取各省市区最具代表性和观赏性的历史、人文、自然和现代景观，以故事化的叙事方式展现一个观众既熟悉又充满新鲜感的美丽中国、生态中国、文明中国，可以使学生从祖国的大好河山、缤纷美食、昔日往事等各个方面，感受祖国的魅力，热爱我们的国家。例如，在赏析《舌尖上的中国》这部纪录片时融入"传播民族文化和培养爱国主义情怀"的思政目标。从美食入手，探讨不同地域人们品味的不同和饮食文化的差异，讲述各地美食的特色，从多种角度探索和解读食物背后的历史文化，使学生储备丰富的中国文化知识，提高人文素养，培养家国情怀。

2. 在赏析《中国精神》《钟南山》《川江纤夫》等讲述历史时代故事等纪录片中，突出"弘扬民族精神和时代精神"的思政目标。例如，纪录片《钟南山》从新冠肺炎疫情线索切入，通过讲述钟南山在2020年新冠肺炎疫情和2003年非典疫情当中奋斗在抗疫一线的故事，使学生学习感受以钟南山院士为代表的医护工作者奋斗在抗击疫情前线的故事，培养不畏艰险、勇于承担、无私奉献的精神。

3. 在赏析《海豚湾》《地球脉动》《天地人三部曲》《人类》等反映全球演变和地球生态问题的纪录片中，突出"树立全球观念和生态意识"的思政目标。这类纪录片反映了随着在社会经济的高速发展和人民生活水平的不断提高，人类与自然环境之间的关系也在不断恶化，人类通过自我反思，将人与自然的和谐发展视为生态美学的核心价值，倡导保护地球，维护全球生态的理念。

## 五、教学效果

通过合理的课堂教学设计，保障授课教学效果，达成教学目标。在教学过程中坚持教书与育人相统一，挖掘并积累思政元素，有目的、有计划地实施课堂教学环节，不断丰富课程思政内涵，在传授专业知识的同时，引领学生思想，塑造价值观，培养家国情怀，使学生在欣赏纪录片的过程中，认识国家发展，了解祖国文化，培养爱国精神与责任担当，建立民族自豪感与自信心，树立生态意识与全球意识。

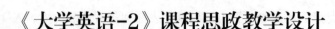

# 《大学英语-2》课程思政教学设计

外国语学院　王英莉

该课程主要讲述英语语言知识与技能，传授英语学习策略，训练英语语言应用能力，培养学生国际化视野、自主学习能力、创新思辨能力和跨文化交际能力，融入爱国主义、民族精神、美育情怀、个人品德、改革创新等课程思政点，培养学生正确的价值观，增强民族文化自信。

## 一、课程定位

### 1. 课程性质

非英语专业本科一年级第二学期开设的公共基础课。

### 2. 课程地位

通过本门课程学习，学生能够发展其英语语言应用能力，锻炼自主学习能力和终身学习能力，提升综合人文素养，发展创新思辨能力，提升国际化视野，树立正确的价值观，增强民族文化自信。

### 3. 课程教学内容与意义

课程从学生发展的需求和个人学习兴趣出发，设计贴近学生生活、体现实用性的交际场景。教学内容主题丰富，既涵盖校园生活、休闲娱乐、情感发展、人生规划的话题，又涉及社会发展、历史文化、政治经济和科技创新等方面，文化视角全面，展现多元文化，注重中国文化，通过比较分析中外文化，坚定文化自信。

大学外语智慧学习中心采用线上线下教学相结合的混合式教学方式，教师在教学过程中秉承"立德树人"的根本任务，在设立知识、能力、思维层面目标的同时，设立课程思政的教学目标，主要使用POA（产出导向教学法）设计教学活动，实现学习为中心、学用一体和全人教育。

## 二、课程思政教学目标

立足课程思政的现代课程观，《大学英语-2》课程重新认识、重新定位和重新塑造了教学目标，在知识、能力、素质层面目标的同时，还将"提高学生综合人文素养，实现价值引领，增强民族文化自信，培养批判性思维"的课程思政目标融入其中，贯穿于课程教学大纲的各个单元，实现了课程思政建设与教学目标的契合，与教学内容的融合，与教学素材的整合，与教学过程的结合。

通过大学英语的课程思政，学生们不仅可以了解西方文化精髓，还可以随时传达我们的思想文化、价值理念，使学生不忘本来、吸收外来、面向未来，更好构筑中国力量、中

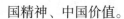

国精神、中国价值。

### 三、课程思政教学设计

大学英语教学在课程思政方面担负着不可替代的责任和义务，也是立德树人的有效载体之一。在教学过程中，教师根据各个教学单元的内容特点，选取更切合的课程思政教学目标融入，并配合以相应的教学活动设计，促进知识、能力和课程思政教学目标的同步有效达成。

在大学英语课堂上批判性地进行西方文化教育、中华传统文化教育和新时代中国国情教育，是增强学生文化自信和民族自信的新颖别致的方式。在新颖别致中，学生们不知不觉地受到社会主义核心价值观和中华优秀传统文化的浸润和洗礼，并且能够将其所学应用到英语语境中，提高学习英语的兴趣。

《大学英语-2》的教学设计坚持思想性原则，关注中华优秀文化传承，激发学生深度探索。每单元的教学过程主要包括iPrepare、iExplore、iProduce三部分，每部分的教学活动都关注学生i的自我成长和思政融合。iPrepare设计的是真实的交际场景，激发学习的兴趣，引导学生关心国际形势、国家实际和个人发展。iExplore环节设计的学习内容、视角广泛，充分考虑个人成长与社会责任、国际视野与家国情怀，围绕的主题有交友艺术、职业选择和个人价值、中国科技发展、文化与传统等，这些教学内容的设计为学生完成本单元产出任务提供必要的思想内容和语言结构知识，培养学生跨文化比较、批判性分析和讲好中国故事的能力。iProduce呼应iPrepare的任务场景，引导学生利用所学解决现实问题，实现学用结合，比如：通过访谈来探讨中国科技精神和成就，给媒体写专栏文章展现中国传统美德，等等。教师在对单元主题挖掘和教学任务设计过程中，都积极融入育人元素，在课堂教学中取得语言水平提升与思政教育无缝衔接的效果，从而实现英语教学向英语教育的转变。

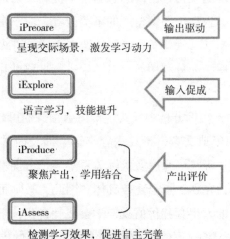

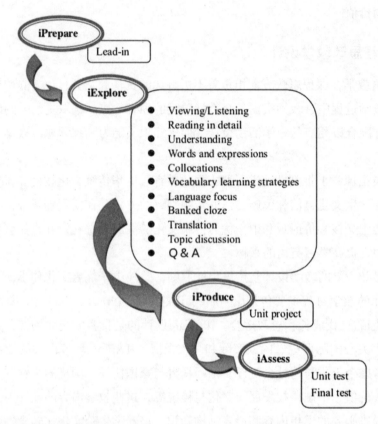

### 四、课程思政元素的融合

1. 英语作为一门使用广泛的语言本来就具有鲜明的人文性，在实现"提高学生综合人文素养"的思政目标上具有得天独厚的优势。首先，语言是文化的载体，也是文化不可分割的一部分。对外国文化的理解可以让学生更准确的理解语言意义，大大减少应用错误，从而更好地与人交流，准确的表达自己的思想感情，提高英语运用能力。其次，本门课程中融合了文学美、思想美、人性美等多角度的审美教育，对于陶冶学生的情操，提高审美情趣具有积极的意义。再次，《大学英语-2》的课文囊括了许多人物和事件，教师在对教材进行深刻理解和分析之后，充分利用教材对学生进行潜移默化的影响，促使学生形成健康的人格。

2. 在教材文章的人物、实例分析中"实现价值引领"的思政目标。《大学英语-2》中收录了多个主题和题材的经典文章，不仅内容丰富、涉及面广，而且具有鲜明的人文特色，在历史、文化、民族、经济、家庭及人际关系等各个方面都有渗透。教材在宣扬人文精神时结合了大量的实例，在切入点上比较具体。因此，教师可以通过对这些实例进行讲解，引导大学生树立正确的人生观和价值观，学会战胜自我，学会与他人相处，学会善待他人，学会合作，学会在困难时不放弃希望……价值观引导的内容随处可见，只要善于挖掘和利用，思政教育的契机无处不在。

在教学手段上，该部分多利用多媒体现代化教学手段。多媒体教学可以将教材中的文化背景及社会化内容以直观的形式展现在学生面前，这种语言材料更加真实，冲击力也更强，也更贴近生活。学生可以从不同的领域以不同的角度去品味异国文化，感受地道英语的魅力，在声情并茂的语境里去领悟其中的文化内涵，实现"润物细无声"。

3. 在学习、理解外国文化的过程中，引导青年学子对涉及的西方文化进行全面分析和解读，通过中西文化的对比，更突出促进"增强民族文化自信"思政目标的达成，不断增强自我意识，提高思想觉悟和文化认同感，清晰地认识中华文化的优秀之处，从而对自己的民族文化充满自信心和自豪感。

同时，用英语对青年学子进行时事教育。如党的十九大召开后，第一时间向学生推送党的十九大报告的英文版，带领学生共同学习，从解读报告中朗朗上口的中国特色词汇的英语表达入手，进而分析报告中形式灵活的新时代话语的不同英语表达方式，直至掌握报告的丰富内涵，由易到难，层层深入。通过将党的十九大报告的相关内容以英语的形式融入教学内容，对学生进行潜移默化的思想教育。

在此基础上，向学生推荐美国探索频道播出的纪录片"*China: Time of Xi*"《习近平的治国方略：中国这五年》，从国外主流媒体的视角向学生们介绍习近平主席领导下的中国发生的变化以及为世界带来的变化，系统了解习近平治国理政思想，了解中国和中国共产党的国际影响力，以及中国对外话语体系的构建和强化，从而增强学生们的民族自豪感和文化自信心。另外，通过向学生介绍BBC录制的纪录片"*Chinese New Year 2016*"（《中国春节》）、"*The Story of China 2016*"（《中国故事》）以及国家地理播放的纪录片"*China from Above*"（《鸟瞰中国》）等，将基于中国文化的内容自然而然地融入英语教学中，培育学生们的文化自信，唤醒其传承中华文明的历史责任感和时代使命感，引导学生正确认识和系统学习中华文化，从而形成文化自觉，真正实现大学英语教学与课程思政的深度有机融合，实现立德树人的目的。

4. 在每单元或每节课学后思考环节中运用 critical thinking 部分强化"培养批判性思维"的思政目标。

语言的教学与文化和意识形态内容的传播密不可分，大学英语课堂教学自然少不了对英语所包含的西方文化和意识形态等的介绍。近代以来，随着工业革命的成功以及科学技术的不断发展，西方文化有被神圣化的倾向。广大青年由于判断力较弱，很容易受错误思想的影响，对西方文化不加辨别、全盘吸收。因此，在大学英语教学中课程思政的融入尤其重要。

在大学英语课上，教师有义务引导青年学子批判性地学习西方文化，即认清哪些是西方文化中有利于我们发展和进步的东西，哪些是阻止我们前进甚至把我们引入歧途的东

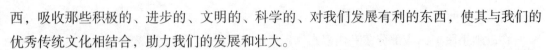

西，吸收那些积极的、进步的、文明的、科学的、对我们发展有利的东西，使其与我们的优秀传统文化相结合，助力我们的发展和壮大。

该部分更多的是采用启发式、问题式教学法，在所学内容的基础上对话题进行深挖、延展，引发学生深入思考，并分享、交流观点，深入讨论，让学生在思想的碰撞中发展辩证思维的能力，并意识到祖国文化的博大精深。

### 五、教学效果

教学设计关注并积极融入育人元素，坚持教书与育人相统一，以"春风化雨、润物无声"的形式，在课堂教学中取得语言水平提升与思政教育无缝衔接的效果，实现英语教学向英语教育的转变。通过《大学英语-2》的课程思政教育，学生们不仅可以掌握西方文化精髓，而且还可以随时传达我们的思想文化、价值理念，使学生"不忘本来、吸收外来、面向未来，更好构筑中国精神、中国价值、中国力量"。

# 《法理学》课程思政教学设计

**人文法律学院　路　瑶**

该课程主要讲述法学的基础理论、基本理论、方法论和意识形态，培养学生法学专业特有的制度创新思维和职业实践能力，融入理性思维、法治信念、中国立场、时代担当等课程思政点，培养学生德法兼修的职业素养和人民至上的家国情怀。

## 一、课程定位

《法理学》课程是法学专业本科一年级开设的专业必修课程，也是法学专业的基础课程。作为法学的基本理论、基础理论、方法论和意识形态，《法理学》无疑承担着启蒙和型塑学生专业思维、专业理念和专业伦理的重要作用。

## 二、课程思政教学目标

立足课程思政的现代课程观，《法理学》课程重新认识、重新定位和重新塑造了教学目标，在知识性和能力性目标之外，还将"构建理性的思维、树立法治的信念、坚守中国的立场、勇挑时代的担当"的课程思政目标融入其中，贯穿于课程教学大纲的各个单元，实现了课程思政建设与教学目标的契合，与教学内容的融合，与教学素材的整合，与教学过程的结合。

## 三、课程思政教学设计

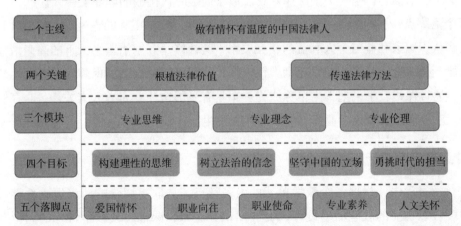

**一个主线：**《法理学》作为学生的专业基础课，在塑造学生的法律人格、法律思维和法治观念中有着非常重要的基础性作用。这门课不仅承载着知识的创新以及专业素养的培育，还担负着对国家人文精神和主流价值观的号召，是对社会主义法学在意识形态领域的塑造和完善。因此，课程以"做有情怀有温度的中国法律人"作为主线开展课程思政教学设计。

**两个关键：**《法理学》是法学核心理论课，是价值观和方法论。法理学体现着特定社会的行为准则、价值取向和社会理想的理论依据。因此，课程以"根植法律价值，传递法律方法"作为课程思政的两个关键点，力图通过理论知识和价值理念的传递，根植学生正确的符合中国依法治国的价值理念，传递法律人所秉持的思考、观察、判断和解决法律问题的、基本立场、观点和方法。

**三个模块：**《法理学》承担着启蒙和型塑学生专业思维、专业理念和专业伦理的重要作用，因此本课程思政围绕此三个模块进行设计。单纯的知识传授而忽视价值观教育就背离了法理学的价值初衷，学生变成背法条的法律机器，缺少正确的价值观和方法论，在具体实践中处理法律问题时往往脱离社会实际，背离传统伦理观念，不能把依法治国理念完美地贯穿于日常工作中，对法律产生理解偏差并误导当事人，甚至知法犯法，走上违法犯罪，从法律的践行者和守护者角色演变为利用者和谋利者的角色。因此，应当树立学生理性的法律思维，正确的专业理念和正向的专业伦理，为实现四个思政目标奠定基础。

**四个目标：**《法理学》课程重新认识、重新定位和重新塑造了教学目标，在知识性和能力性目标之外，还将"构建理性的思维、树立法治的信念、坚守中国的立场、勇挑时代的担当"的课程思政目标融入其中。我们的法理学是马克思主义的法理学，体现的是社会主义核心价值观，是在吸收借鉴西方法学理论的基础上，立足于中国的实际，以马克思主义为指导，体现着中国特色社会主义的法治观，是培养社会主义法治人才的理论基础，学好法理学是培养"德才兼备的高素质法治人才"的基础和关键。因此教学设计中，将社会主义法治核心价值观渗透到理论知识中，引导学生成为符合我国依法治国理念的思维，树立社会主义法治信念，坚守中国法律立场、敢于迎接时代挑战的职业法律人。

**五个落脚点：**引导学生了解法律制度的价值内涵，树立正确的人生观、价值观和世界观，正确认识国家利益与个人利益的相互关系，胸怀修身齐家治国平天下的高尚情怀，认识到法律不是冰冷的规则，而是充满人性关怀，有温度的社会制度保障，培养学生树立正义理念，通过课程教学，把学生培养成为一个具有爱国情怀、充满人文关怀、心存职业向往、敢担职业使命、彰显专业修养的新时代大学生。

## 四、课程思政元素的融合

在教学过程中，根据各个教学单元的内容特点，选取更切合的课程思政教学目标融入，并配合以相应的教学活动设计，促进知识、能力和课程思政教学目标的同步有效达成。

1. 在法的概念、特征、作用、法律行为、法律关系、权利和义务等基础知识的讲授部分突出"构建理性的思维"的思政目标。这部分的知识核心是构建学生的法学专业思维体系，而理性的思维本身，又能够促进学生真正在专业视角上掌握这些看起来生涩难懂的专业术语，整合自己的知识体系，而非像以往的学生只是进行知识的简单零散识记。

该部分更多的让学生直面理性与感性、社会与法律、常识与专业相冲突的特殊案例，强化专业理性思维对学生原有认知的冲击和改变。例如，讲到权利能力与行为能力，用两难的案件让学生思考胎儿的生命权保护的问题，并进而追问生命的价值和法律对生命和人格尊严的评判标准问题，让学生真正理解看似简单死板的法律规定背后蕴含的深刻的逻辑和价值基础。

2. 在法治原理、法治与社会发展、法治改革、法治与全球治理等理论性、抽象性较强的部分内容的讲授中融入"树立法治的信念"的思政目标。只有真正让学生体验到法治的精神意蕴与价值追求，才能切实理解复杂法治理论背后的实践意义。这种坚定的法治信念一旦达成，既能够在知识层面上有利于学生学习枯燥的理论内容，又有利于学生形成坚定的职业信仰，极大的激发学生的自主学习动力和克服学业困难的毅力。

该部分主要选取中国法治历程中有代表性的事件和人物，唤起学生的法治情感体验。例如，用百年间伴随中国革命、建设、改革的强国史的法治历程，唤起学生投身法治建设的爱国情怀和强国的使命感；用名案中不畏强权、追求真理的法律人唤起学生在国家法治建设进程中的职业使命感；用当代热点案件中的法律分析评述唤起学生对专业学习与实践的法治责任感。

3. 在马克思法理学中国化、新时代中国的法治改革、依法治国、建设法治中国等时代性和国家背景比较突出的部分内容讲授中，更突出促进"坚守中国的立场"思政目标的达成，让学生能够充分理解"学习的法学是中国的法学"，只有用中国的立场讲述法学、研究法学、建设法学才能完成中国法律人的使命和担当。这一目标的达成，能够将爱国、报国、强国的强大精神动力转化为学习法学的热情，形成强烈而持久的学习内驱力。

该部分更多的是采用启发式、问题式教学法，让学生直面当代中国社会的现实问题，追问性的启发学生进行自我学习和自我发现，潜移默化的实现在中国视角下观察、分析、反思、解决法律问题。例如，谈到执法问题，启发学生对比封建制度下的执法和当代执法的区别和借鉴，并进而思考制度的差异性导致的作用的差异性，再深入启发学生提出解决执法问题的方案，在辩证中提升对中国特色社会主义的先进性和优越性的认识。

4. 在法律职业、法的运行等涉及法律实务的教学内容讲授中，强化"勇挑时代的担当"的思政目标。对于大一的法学专业学生，社会责任感和时代使命感能够帮助他们建立坚定、稳定、持久的职业责任感和职业荣誉感，这种情感反过来也能够帮助学生真正理解法律职业存在的社会和人文价值。

这部分更多的是采用社会实践和社会参与的方法，增强学生的学业参与感与获得感。例如，讲到法律职业的时候让学生与全国优秀法官、优秀律师座谈，传播积极向上的职业风尚，矫正学生对职业的理解偏差，帮助学生树立维护正义、慎审明判、献身于法律的职业形象；讲到立法的时候让学生亲身去做民生方面的调研、法律提案和草案的撰写，体验法是如何为人民服务，如何体现民主精神，在严谨理性的背后反映出的是怎样的对人的关切与关怀；带学生观摩刑事法律援助案件的审理过程，向学生普及为贫弱群体进行法律援助的必要性和社会意义。

## 五、教学效果

在课程思政这种的新的教学观的指导下，深入挖掘课程的思想内涵，并与课程教学内容深度融合，在专业教育中同步、全过程实现"育人"目标。这种如盐入水的课程思政教学设计，使得学生能够在教学过程中自然而然地将专业知识的理解升华为理想信念和价值观的认识，树立起更健康的价值观念和更高层次的理想追求，又能够在更深层次的对国家、社会、职业和个人的认识中，深化对专业知识的认知，促进对专业学习的目的的理解，并将这种专业知识背后的思政理念内化为自身学习的动力、转化为报国的志向。

在教学过程中，对于思政元素的挖掘和融合是两个过程，又是一个完整的闭环。根植教学内容，拓展教学内容自身的深度和广度，就能更好的挖掘教学内容所蕴含的思政元素，这种凝练不是外在于教学内容、强加于教学过程的，它是一种对教学原有内容的总结和升华，所以当其再次融入教学活动中，这种无痕融入就能够最大程度的激发学生在专业知识学习中的思政共鸣，使思政和专业教学"同向同行"，二者最大程度的相互依托，实现教学效果的最大化呈现。

本课程在进行了课程思政设计和实施后，学生的学习兴趣和学习热情显著提升，能够更好地理解和构建法律理性思维、树立坚定的法治信仰，能够在中国立场下思考中国问题、使用中国的方法解决中国问题，并能够在学习和生活中认识到自己的社会主体身份，承担起一个法学生应有的时代担当。

## 六、教学案例对法学类课程的推广

本课程的课程思政设计，具有一定的开放性和互动性，体现了法学课程设计的灵活性和创新性，学生能够更好地在课堂上进行全面参与，最大限度地发挥了学生的学习主体性，更能促进课程思政入脑入心。

本课程的课程思政设计，能够广泛应用于法学类课程中，其教学法学类课程思政元素的凝练，典型课程思政教学案例的设计，以及教学方法的选取和应用，对于法学专业课程均具有一定的普适性。

# 《民法-1》课程思政教学设计

人文法律学院　商艳冬

该课程主要讲述民法基本原则、民事主体、民事法律行为、代理、诉讼时效、除斥期间等知识，培养学生的法律思维及运用法律知识解决实践问题的能力，融入自由、平等、公正、法治、爱国、诚信、友善等社会主义核心价值观为课程思政点，培养学生德法兼修、公平正义的法律人情怀。

## 一、课程定位

《民法学-1》课程是在法理学、宪法学、中国法制史、法学逻辑基础上大学一年级下学期开设的专业必修课程，是法学专业核心课程之一。课程讲授紧密贴合《民法典》的编纂，对《民法典》的重要条文、司法解释以及指导性案例进行系统介绍，结合我国司法实践中的相关案例进行实务分析。课程内容涵盖民法总则编、物权编等两部分。授课方式以课堂讲解为主，同时采用重大理论问题研讨、疑难案例分析、实例法律文书写作等方式鼓励学生深度参与教学过程。

## 二、课程思政教学目标

《民法-1》课程内容以《民法典》总则编、物权编为主要内容。《民法典》在中国特色社会主义法律体系中具有重要地位，是一部固根本、稳预期、利长远的基础性法律，对推进全面依法治国、加快建设社会主义法治国家，对发展社会主义市场经济、巩固社会主义基本经济制度，对坚持以人民为中心的发展思想、依法维护人民权益、推动我国人权事业发展，对推进国家治理体系和治理能力现代化，都具有重大意义。

在教学目标设计上，除了理解和掌握民事法律知识，具备运用民法学知识解决实际民事法律问题的能力之外，注重对学生的思想教育和价值观引领，重点培养学生"养成自觉守法的意识，形成遇事找法的习惯，培养解决问题靠法的意识和能力"，引导学生将民法中的公平、正义作为基本的价值追求，增强学生的社会主义法律理念和社会责任感，将德法兼修作为最终培养目标融入课程各个模块。

## 三、课程思政教学设计

**一条主线：**以习近平总书记"民法典是一部固根本、稳预期、利长远的基础性法律，对于坚持以人民为中心的发展思想、依法维护人民权益、推动我国人权事业发展具有重大意义"为主线，增强学生对民法典意义的认识，切实树立以人民为中心的思想。

**两个核心要素：**将知识学习、思维培养及价值观塑有机统一。通过对于民法总则编内容的讲解，帮助学生树立民法从抽象到具象，从具体案件到法律规范规定的思维模式。通过总则编、物权编内容的学习，树立和加强富强、民主、文明、和谐、自由、平等、公正、法治、爱国、敬业、诚信、友善等社会主义核心价值观的认识。

**三个课程资源库：**文献库、判例库、事例库。为了给学生学习专业知识、树立正确价值观提供立体式全方位支持，高标准建设三个资源库。以权威、博观、创新为三个维度建设文献库；以专业、典型、复杂为标准建设案例库；以爱国、和谐、平等、公正、诚信为核心要素建设事例库。

**四个教学实施环节：**以学生为主体、以教师为主导、以体验为关键、以网络为载体，通过"课前预习+课中学习+课后练习+案例实践"四个实施环节，完成教学，实现隐性教育与显性教育相统一。

### 四、课程思政元素的融合

教学过程中，将课程各部分蕴含的不同的思想政治教育元素融入相应课堂教学环节，培养学生爱国主义情怀、创新创业精神、法治思想等，实现课程思想引领与知识传授的统一。

**（一）总则编**

1. 基本规定部分

本部分规定了《民法典》的立法目的和依据。其中，将"弘扬社会主义核心价值观"作为一项重要的立法目的，体现坚持依法治国与以德治国相结合的鲜明中国特色。同时，规定了民事权利及其他合法权益受法律保护，确立了平等、自愿、公平、诚信、守法和公序良俗等民法基本原则。为贯彻习近平生态文明思想，将绿色原则确立为民法的基本原则，规定民事主体从事民事活动，应当有利于节约资源、保护生态环境。上述规定体现了平等、公正、法治、诚信、文明的社会主义核心价值观。

2. 民事主体部分

民事主体是民事关系的参与者、民事权利的享有者、民事义务的履行者和民事责任的承担者，具体包括三类：一是自然人。自然人是最基本的民事主体，涵盖了自然人的民事权利能力和民事行为能力制度、监护制度、宣告失踪和宣告死亡制度。结合此次疫情防控工作，对监护制度作了进一步完善，规定因发生突发事件等紧急情况，监护人暂时无法履行监护职责，被监护人的生活处于无人照料状态的，被监护人住所地的居民委员会、村民委员会或者民政部门应当为被监护人安排必要的临时生活照料措施。二是法人。法人是依法成立的，具有民事权利能力和民事行为能力，依法独立享有民事权利和承担民事义务的组织。法典规定了法人的定义、成立原则和条件、住所等一般规定，并对营利法人、非营利法人、特别法人三类法人分别作了具体规定。三是非法人组织。非法人组织是不具有法

人资格，但是能够依法以自己的名义从事民事活动的组织，并对非法人组织的设立、责任承担、解散、清算等作了规定。

自然人主体资格一律平等的规定体现了平等的社会主义核心价值观；而扩展民事主体的范围，能够促进市场经济的法治化发展，体现了富强、法治的社会主义核心价值观；监护的规定体现了以人为本的理念，激发学生的爱国主义情怀。

3.民事权利部分

保护民事权利是民事立法的重要任务。民事权利制度，包括各种人身权利和财产权利。为建设创新型国家，对知识产权作了概括性规定，以统领各个单行的知识产权法律。同时，对数据、网络虚拟财产的保护作了原则性规定。此外，还规定了民事权利的取得和行使规则等内容。

对于民事权利的保护，体现了社会主义法治原则；同时权利是自由的边界，对民事权利进行广泛保护也体现了自由的社会主义核心价值观；对于权利滥用的限制则进一步凸显了和谐、诚信、友善的社会主义核心价值观。

4.民事法律行为和代理部分

民事法律行为是民事主体通过意思表示设立、变更、终止民事法律关系的行为，代理是民事主体通过代理人实施民事法律行为的制度。《民法典》规定了民事法律行为制度、代理制度：一是规定民事法律行为的定义、成立、形式和生效时间等；二是对意思表示的生效、方式、撤回和解释等作了规定；三是规定民事法律行为的效力制度；四是规定了代理的适用范围、效力、类型等代理制度的内容。

民事法律行为效力制度，如违反公序良俗的民事法律行为无效。在我国民法语境下，公序良俗中的公共秩序强调的是国家和社会层面的价值理念，善良风俗突出的则是民间的道德观念，是社会主义核心价值观在《民法典》中的规范表达，直接赋予社会主义核心价值观在规范民事法律行为效力上的功能，弥补强行法的不足。

5.关于民事责任、诉讼时效和期间计算

民事责任是民事主体违反民事义务的法律后果，是保障和维护民事权利的重要制度。诉讼时效是权利人在法定期间内不行使权利，权利不受保护的法律制度，其功能主要是促使权利人及时行使权利、维护交易安全、稳定法律秩序。民事责任、诉讼时效和期间计算制度：一是规定了民事责任的承担方式，并对不可抗力、正当防卫、紧急避险、自愿实施紧急救助等特殊的民事责任承担问题作了规定；二是规定了诉讼时效的期间及其起算、法律效果，诉讼时效的中止、中断等内容；三是规定了期间的计算单位、起算、结束和顺延等。

民事责任制度体现了公正、法治的社会主义核心价值观。诉讼时效制度有助于权利人及时行使权利，促进经济发展，维护良好社会秩序，体现了富强、和谐的社会主义核心价值观；关于自愿实施紧急救助民事责任的规定，有助于友善的社会主义核心价值观落地生根。

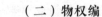

（二）物权编

物权是民事主体依法享有的重要财产权。物权法律制度调整因物的归属和利用而产生的民事关系，是最重要的民事基本制度之一。

1. 通则部分

通则规定了物权制度的基础性规范，包括平等保护等物权基本原则，物权变动的具体规则，以及物权保护制度。对于各类所有权不因所有制不同而在保护上有所区分，体现了平等的社会主义核心价值观。对于物权的保护，体现了有恒产者有恒心的内在机理，有助于物尽其用实现财富增值，最终实现国家富强。

2. 所有权部分

所有权是物权的基础，是所有人对自己的不动产或者动产依法享有占有、使用、收益和处分的权利。所有权制度，包括所有权人的权利，征收和征用规则，国家、集体和私人的所有权，相邻关系、共有等所有权基本制度。

对私人的财产征收、征用补偿规则，体现了法治、公正的社会主义核心价值观。相邻关系的处理，有助于和谐社会的建立。本部分不仅规定权利，也规定了一些义务，比如总结疫情应对经验，明确物业服务企业和业主的相关责任和义务，增加规定物业服务企业或者其他管理人应当执行政府依法实施的应急处置措施和其他管理措施，积极配合开展相关工作，业主应当依法予以配合，体现了自由的限度，个人利益应当服从整体利益。

3. 用益物权部分

用益物权是指权利人依法对他人的物享有占有、使用和收益的权利。用益物权制度明确了用益物权人的基本权利和义务，以及建设用地使用权、宅基地使用权、地役权等用益物权。

用益物权实现了物权由以所有为中心到以利用为中心的迁移，有利于实现物尽其用的立法目标。用益物权主要基于土地等不动产物权设立，在我国土地公有制背景下具有尤其重要的意义。建设用地制度的设立是为应对我国市场经济的发展而设立，取得了非常巨大的制度实效，促进了经济发展，有助于国家富强。而宅基地制度的设立是为了保障农民住有所居，是一项福利制度，充分体现了社会主义优越性，体现了人人平等的价值理念。原则上无偿设立的居住权，有助于保障困难群体的居住权利，建设社会主义和谐社会。

4. 担保物权部分

担保物权是指为了确保债务履行而设立的物权，包括抵押权、质权和留置权。担保物权部分明确了担保物权的含义、适用范围、担保范围等共同规则，以及抵押权、质权和留置权的具体规则。

民法典进一步扩大担保合同的范围，明确融资租赁、保理、所有权保留等非典型担保合同的担保功能，增加规定担保合同包括抵押合同、质押合同和其他具有担保功能的合

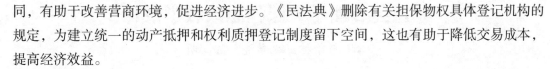

同，有助于改善营商环境，促进经济进步。《民法典》删除有关担保物权具体登记机构的规定，为建立统一的动产抵押和权利质押登记制度留下空间，这也有助于降低交易成本，提高经济效益。

5. 占有部分。

占有是指对不动产或者动产事实上的控制与支配。占有是一种事实上物的管控秩序，无论有权占有、无权占有，均应得到法律的保护，这体现了对和谐的社会秩序的追求。

## 五、教学效果

通过精心设计、认真备课、广泛动员学生参与保障授课效果，实现教学目标的高度达成。在各个步骤的教学中，以知识传授、能力培养为载体，发掘并进行思政教育。学生通过本课程学习，能够深刻认识到民法在建设社会主义法治国家、实现中华民族伟大复兴中的重要作用。

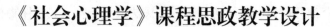

# 《社会心理学》课程思政教学设计

心理与精神卫生学院　陈　昕

该课程是研究社会中的个人和群体的心理和行为规律的科学，帮助学生掌握社会心理学的基础理论及应用性技术和方法，使学生了解人们行为与社会环境及个人内在心理特性之间的联系，学会从社会、文化以及人际互动的视角来分析问题、解决问题，进而提高其实践应用能力水平，同时帮助学生更好地了解自己，提高行为的自觉性，增强社会适应能力，充分地发挥个人的心理潜能，履行好自己的社会角色，形成积极正确的自我概念，帮助学生树立正确的人生观和价值观。通过课程思政点的融入，潜移默化地对学生的科学观、个人品格、家国情怀等方面进行塑造。

## 一、课程定位

《社会心理学》课程是应用心理学专业本科二年级开设的必修课程，也是应用心理学专业的基础课程。社会心理学是研究社会中的个人和群体的心理和行为规律的科学，是心理学的重要分支学科之一，也是一门理论性与实践性较强的学科。

这门课程的任务在于帮助学生掌握社会心理学的基础理论及应用性技术和方法，使学生了解人们行为与社会环境及个人内在心理特性之间的联系，学会从社会、文化以及人际互动的视角来分析问题、解决问题，进而提高其实践应用能力水平，同时帮助学生更好地了解自己，提高行为的自觉性，增强社会适应能力，充分地发挥个人的心理潜能，履行好自己的社会角色，形成积极正确的自我概念，帮助学生树立正确的人生观和价值观。这门课程的学习为后续的心理学应用分支学科，咨询心理学、心理治疗、消费心理学、教育心理学、犯罪心理学、管理心理学等提供必要的理论和方法学支持。

根据学生的情况及课程内容，在授课的过程中强化一些心理学的基本理念及基础知识，对一些重点难点进行深入浅出的分析，通过"一般——特殊——一般"的思路将新知识融入到原有的知识结构当中，使之产生联系，让知识结构系统化。在学法指导上，通过生活中的常见现象来激发其学习兴趣，调动积极思维，利用讲授法克服思维定式的影响，促进知识的正向迁移，采用"事例——理论——应用"的思路提高学生分析问题、解决问题的能力，树立正确的爱情观、价值观；案例分析使学生学会学习，提高学生主动获取、整理、贮存、运用知识和获得学习能力，不仅强化学生的主动意识，同时建立学生严谨的科学态度。

## 二、课程思政教学目标

中华民族有着五千年的灿烂文化，历史积淀深厚。我们是社会主义国家，人们的社会心理与社会行为既受传统文化的影响，又会打上社会主义的政治烙印。社会心理学必然是研究深受文化背景影响下的社会心理与社会行为。在教师的引导之下，学生可以运用社会心理学相关知识认识社会，热爱祖国，践行社会主义核心价值观，从深厚的文化传统中汲取营养，自信自强，与人为善。因此，本课程从科学观、个人品格、家国情怀三个方面实现大学生思想政治教育的教学目标。

### 三、课程思政教学设计

本课程采用"课前线上预习+课中线下讲授+课后线上拓展"的混合式教学设计模式。教师在讲授理论知识的同时以生活中的事例启发学生，将理论知识与问题解决结合在一起，将思政元素融入课前、课中和课后整个过程中，在培养学生专业能力的同时，潜移默化地对学生的科学观、个人品格、家国情怀等方面进行塑造。

课前线上预习主要包括章节导入、知识点讲解和课前小测三个部分。其中，章节导入选用生活中的热点事件，在引出话题的同时，激发学生对本章节的兴趣，学生也可以在讨论区针对整个话题发言辩论。这样，教师既可以了解学生的真实想法，便于课上指导，还可以在线上与学生互动，引导学生进行深入思考，看到不同个体的个性差别，提高学生的包容性，还从客观的角度审视自己，加深对自我的认识。

课中线下讲授则包括重难点解析和事例分析。教师根据课前学生的讨论情况和课前测验，有针对性地进行重难点的讲解，然后将课前导入案例进行分析。教师在运用理论知识分析案例的同时，注重对学生的思想引导。

课后线上拓展主要包括话题讨论、作业、单元小测和课外拓展四个部分。其中在讨论部分教师会选取话题性较强，具有一定争议性的话题，学生在讨论时既要进行理论分析，又要反思对自己的启迪，在培养科学素养的同时，提高自我反思的能力。

### 四、课程思政元素的融合

经过多年发展，社会心理学已经形成较为固定的内容体系，按照研究对象的不同划分为个体社会心理和社会行为、社会交往心理和行为、群体心理和应用社会心理学四个层面。在教学过程中，根据各个教学单元的内容特点，选取更切合的课程思政教学目标融入，并配合以相应的教学活动设计，促进知识、能力和课程思政教学目标的同步有效达成。

1. 在社会心理学绪论部分，主要讲授社会心理学的学科发展历程与性质、研究思路与方法，从宏观的角度对本学科有一个基本的认识。因此，本章着重从科学观的角度，培养学生求真务实，开拓进取、钻研、毅力、勤奋、求实、批判性思维、创新意识、学术诚信等品质，即如何做事。

2. 个体社会心理和社会行为部分，包括社会化、社会角色、自我意识、社会认知、社会态度等内容，这部分内容着重突出对个人品质的培养，如道德情操、人文素养、正确的三观等，探讨如何做人的主题。在学习"自我意识"一章时，要求学生运用所学的自我意识相关知识，以"我"为题目写一篇剖析自我的小论文。要完成这篇小论文，学生必须反思"我"是什么样子的，生理的我、心理的我、社会的我各有怎样的表现，现在的我是如何形成的，受哪些因素的影响，理想中的我是怎样的，理想自我与现实自我差距有多大，怎样实现理想自我，等等。如此一来，学生不仅巩固了自我意识的定义、分类、影响因素等专业知识，也提高了认识自我、发展自我的能力，塑造其健全的人格。

3. 在社会交往心理和行为部分，包括人际关系、人际沟通、侵犯与利他、社会影响等内容，这部分着重突出对家国情怀的培养、党和国家意识、社会主义核心价值观、民族精神和时代精神、优秀的中华传统文化的认同和坚持等，培养学生的责任与担当。例如，学习"人际沟通"时，课程思政的目标是借助人际沟通专业知识的学习培养学生的人际交往能力。为此，我们设计了一个实地训练项目：与陌生人说话。该项目要求学生个人在课外实际生活场景中与陌生人交谈，在确保自己安全的情况下最后能达到交换电话号码，或互加QQ、微信好友，承诺以后在遇到思想困惑时可以随时联系的熟悉程度。实施过程中要求把沟通过程记录下来，课上以小组为单位进行讨论分享，分析不成功沟通的主要问题或困难，总结成功沟通的条件以及这次实地训练对自己未来沟通的启示。这个带有挑战性的活动激发了学生的兴趣和热情，大家积极参与，认真讨论，不仅巩固了人际沟通的理论知识，学生的人际交往能力也得到了很大提升，达到了思政教育的目的。

4. 在团体心理部分，则可以融和科学观、个人品质与家国情怀三个方面的内容，如：讲解团体特征时，从社会发展的角度看民族心理的特征，如中国人的孝道，人情等；讲解团体沟通中，可以结合前面所讲的政治社会化，看待中国的历史选择；讲解团体凝聚力时，引入抗疫故事，从中看到中国人的大我精神；讲解团体思维时，结合社会影响的从众与服从，从香港与澳门的发展轨迹，体会家国意识对个体与社会的影响，潜移默化地对学生进行理想信念教育，培养学生树立坚定的共产主义理想，坚持道路自信、制度自信、理论自信、文化自信。

5. 除此之外，社会心理学还有一个较重要的教学环节，就是社会实践，即：全班分为若干个小组，每个小组要在课程结束前共同完成一项社会心理学实验研究。在这项活动中，学生以团队合作为基础，以问题研究为导向，根据自己的兴趣任意选择一社会心理学的研究主题作为这门课程的社会实践的作业内容。在这里，特别强调采用实验的方法，而非问卷调查的方法，目的是使学生更多的接触社会、培养严谨的科学态度。小组确定课题后，通过查阅文献、小组讨论来设计研究方案，经过3—4周的准备，将在课上向老师和其他同学汇报。为避免出现责任分散，即小组的任务变成某个人的任务，汇报时将由每个团队成员向新组成的新团队介绍本组实验。完整的社会实践，既有利于培养学生发现问题、解决问题的能力，即培养其科学观，也有利于提高学生小组团队合作、沟通交流的能力，还可以帮助学生优化实验方案，减少由于考虑不周密导致的失误，增加对自我的了解，并通过科学的视角看待社会上的种种心理现象，培养学生科学严谨的专业态度的同时，融入以人为对象、以人为中心的人文精神。

## 五、教学效果

本门课程通过混合式教学模式，提高了学生的自主学习能力，有效地调动了学生参与学习的积极性。讨论话题的多样性，让学生畅所欲言，更愿意分享自己所想所思所感，而教师更容易对学生的思想状态进行引导，既要有科学精神，又要看到个体差异与事件的特殊性，既看到当时的时代、文化、情境等环境背景，又要考虑视角不同所带来思考方式的不同。这种"课内+课外"的模式，有效地将课内理论学习与课外生活体验进行了有机融合，教学效果变得更为理想。

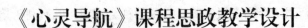

# 《心灵导航》课程思政教学设计

心理与精神卫生学院　马红霞

该课程引导大学生正确认识自我，指导学生合理应用应对策略，增强自我调节能力，帮助大学生树立心理健康意识，预防和缓解心理问题，优化心理品质，增强心理调适能力和社会生活的适应能力。课程融入渗透社会主义价值观，树立正确的三观，塑造良好的人格，培养努力、进取、爱国的具有良好心理素质的社会主义合格接班人等课程思政点，让大学生深刻体会到作为新时代祖国未来事业接班人的责任担当，将个人的人生观、世界观和价值观与社会主义核心价值观结合起来，最终成长为努力、进取、爱国的具有良好心理素质的社会主义合格接班人。

## 一、课程定位

1. 课程性质：《心灵导航——大学生心理健康教育》是全校大学生在大学一年级或大学二年级开设的公共通识必修课程。

2. 课程地位：《心灵导航》课程从大学生心理发展的年龄特征和已有心理素质发展水平出发，以大学生的健康人格培养为核心，针对大学生自我意识、人格、学习、人际交往、恋爱和情绪压力等方面普遍存在或可能出现的心理问题为重点，针对大学生的角色特点由学校走入社会，让学生实现从中学角色转变为大学角色，从孩子角色转变为成人角色。通过本门课程的学习，引导大学生正确认识自我，指导学生合理应用应对策略，增强自我调节能力，帮助大学生树立心理健康意识，预防和缓解心理问题，优化心理品质，增强心理调适能力和社会生活的适应能力。

3. 课程教学的内容与意义：《心灵导航》课程通过课堂讲授、案例启发式教学、线上线下混合教学、体验式教学、互动讨论式教学等形式，从心理健康、自我意识、人格、情绪、人际关系等各个专题出发，激发大学生的潜能，培养大学生的创新意识，引导大学生在深刻认识自我、了解他人以及了解社会的过程中树立正确的人生观、世界观和价值观，最终形成正确的人生定位。

## 二、课程思政教学目标

围绕《心灵导航》课程知识目标、能力目标和素质目标，挖掘《心灵导航》自身蕴含的思政素材和资源，结合《心灵导航》课程普及心理常识的特色和优势，将课程思政理念有机渗透到心理健康教育课程内容中，将课程思政教学目标"渗透社会主义价值观，树立正确的三观，塑造良好的人格，培养努力、进取、爱国的具有良好心理素质的社会主义合格接班人"融入其中，贯穿于课程教学大纲的各个专题，实现课程思政建设与教学目标契

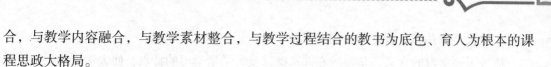
合，与教学内容融合，与教学素材整合，与教学过程结合的教书为底色、育人为根本的课程思政大格局。

### 三、课程思政教学设计

在教学过程中，根据各个教学专题的内容特点，选取更切合的课程思政教学内容融入目标，并配合以相应的教学活动设计，促进知识、能力、素质和课程思政教学目标的同步有效达成。将课程思政元素融入《心灵导航》课程，具体内容如下：

| 课程思政元素 | 《心灵导航》教学专题 | 主要教学方法 |
| --- | --- | --- |
| 涵养国民心态（积极进取开放包容）、道德修养、人文素质 | 走进心理的世界 | 讲授法、体验式教学 |
| 树立正确的三观、塑造良好的人格品质、健全人格 | 大学生的自我意识与人格发展 | 体验式教学、互动讨论式教学 |
| 学习强国，爱岗敬业、创新精神、学术诚信、科学精神、探索未知、追求真理、勇攀高峰 | 大学生学习心理 | 案例启发法、体验式教学 |
| 社会主义核心价值观、道德修养、人文素质 | 大学生情绪管理 | 体验式教学、互动讨论式教学 |
| 社会主义核心价值观（诚信、友善、和谐）、道德修养、人文素质、规则意识 | 大学生人际关系 | 案例启发法、体验式教学 |
| 培养良好的意志品质、爱国主义、使命和担当、奋斗精神、意志品质、锤炼意志、迎难而上 | 大学生压力管理与挫折应对 | 案例启发法、体验式教学、互动讨论式教学 |
| 道德修养、人文素质、责任意识 | 大学生性心理与恋爱心理 | 体验式教学、互动讨论式教学 |
| 理想信念、使命担当、责任意识 | 大学生生命教育与心理危机干预 | 体验式教学、互动讨论式教学 |

### 四、课程思政元素的融合

#### 1. 了解心理常识，提升人文道德素养

通过了解心理健康的相对性和连续性，让大学生认识到每个人的心理健康是在一个范围内浮动的；通过明晰异常心理的表现以及人的心理健康的个体差异性，引导大学生树立正确的心理健康观念和自助求助意识；通过了解自我意识的个性化和人格的独立性，让大学生学会尊重每一个独立的个体，尊重他人的个性和人格完整，培养大学生积极进取开放包容的人文素养，塑造良好的人格品质，培养健全的人格，树立正确的人生观、世界观和价值观，形成恰当的人生定位。

通过掌握大学生常见情绪困扰的调节策略，使大学生懂得有效疏导和调节情绪，学会善于恰当表达情绪，提升大学生的道德修养。通过了解人际关系建立的原则方法，学会建立良好的人际关系，在与人交往中践行规则意识和边界意识，遵从诚信、友善、和谐的社会主义核心价值观，提升对他人富有爱心、善于处理人际关系的人文道德素养。

课程思政优秀教学设计（医学、经管文法艺篇）

**2. 激发学习热情，提升创新创业精神**

通过了解学习的含义、学习的心理基础以及大学生学习的特点，使大学生认识到自主学习的重要性，激发大学生的积极主动学习动机，培养大学生在探索未知的学习道路中勇于钻研、敢于创新、勇攀高峰的科学精神，引导大学生在追求真理的道路上遵守学术诚信原则，在实现自身人生理想和奋斗目标的过程中为祖国社会主义现代化建设添砖加瓦。

**3. 珍爱情感生命，提升使命责任担当**

通过了解压力和挫折的恰当应对方式，反观自己曾经对待压力和挫折的态度和应对方式，使大学生学会将积极有效的压力管理和挫折应对策略应用于自己的实践，面对挫折时能够冷静处理，认识到每个人都需要对自己的人生负责，对自己的行为负责。

通过了解性心理的概念及其发展过程，把握性心理健康的标准和维护性心理健康的基本原则和自我保护策略，使大学生认识到恋爱动机、恋爱心理中存在的问题，形成健康的爱情观并发展健康的恋爱行为；帮助大学生直面探讨爱情问题，了解健康爱情的表现，以及在恋爱受挫中如何正确处理，能够平衡学业和爱情的关系，学会恰当与异性交往，培养爱和被爱的能力，完善大学生的道德观，学会在恋爱中对彼此的行为负责。

通过了解大学生常见的心理危机，能够对心理危机状况进行鉴别，熟悉大学生心理危机的易感性，学会及时进行自我调节，自觉主动地应对心理危机；了解认识生命、尊重珍爱生命，服务大学生生命成长，提升大学生生命质量，丰富大学生生命内涵，实现认识生命、热爱生命、珍惜生命、尊重生命的终极目标。

## 五、教学效果

通过精心设计课程教学，保障课堂教学效果，达成教学目标。在教学过程中，坚持教书与育人相统一，充分挖掘并积累思政元素，将思政元素有机地融入《心灵导航》通识课程课堂教学的各个环节，不断丰富课程思政的内涵。在普及心理常识的同时，引导大学生树立正确的三观、塑造良好健全的人格，提升人文和道德素养，培养大学生的创新精神和责任担当意识，实现教书为底色、育人为根本的课程思政大格局。

学生通过该通识课程的学习，深刻认识到个人的人格完善对于个体未来发展和国家繁荣昌盛的重要性，让大学生深刻体会到作为新时代祖国未来事业接班人的责任担当，将个人的人生观、世界观和价值观与社会主义核心价值观结合起来，最终成长为努力、进取、爱国的具有良好心理素质的社会主义合格接班人。

## 六、教学案例对通识类课程的推广

在教学实施过程中，通过灵活多样的教学模式和方法，保障了课程的教学质量，凝练出了"教—学—做"一体化的教学设计。以学生为中心，以体验式教学活动为主导，通过线上线下、课内课外、常识知识和体验活动相结合的教学方式，提升大学生自主学习和探究能力，培养大学生的人文道德素养，将社会主义核心价值观融入人文道德素养培养的教学全过程中，达到认知过程、情感过程、行为过程的有机统一，培养大学生真正成为知识复合、能力复合、思维复合的复合型创新型人才，适应社会现代化发展的需要。

　　本课程将思政元素有机地融入心理常识知识中，化有形为无形，可供其他通识类课程推广应用。本课程使通识课程与思政教育相辅相成，坚持立德树人的教育理念，践行"门门课程有思政""教师人人讲育人"的思政理念，既提高课堂教学质量和效果，也提升学生学习的主动性和有效性，实现课程思政与知识、能力、素质整合的教书育人的课程思政大格局。

# 《临床心理学及见习》课程思政教学设计

心理与精神卫生学院　彭　焱

该课程是精神医学专业的基础课程，起到了用心理学专业知识、专业思维、专业伦理更好地适应临床精神科工作以解决心理问题的重要作用。本课程以"构建心理学专业价值观，培养优良的医德医风，增强社会责任感，树立医生职业自信"为课程思政目标，使学生树立正确的人生观及价值观，培养学生的"工匠精神"、奉献精神、救死扶伤精神。

## 一、课程定位

《临床心理学及见习》课程是精神医学专业本科一年级开设的必修课程，也是精神医学专业的基础课程。作为精神医学本科专业应用型人才培养的主要课程，是"两条腿走路"培养模式的重要体现，《临床心理学及见习》起到了用心理学专业知识、专业思维、专业伦理更好地适应临床精神科工作以解决心理问题的重要作用。

本课程按照"以学定教，以论深教，以教促学，以练帮学"的教学步骤进行。通过案例法、讲授法、探究—翻转、角色扮演法、体验感受法、讨论探究、分析论述等教学形式，讲授临床访谈与评估、心理评估及其工具、心理治疗理论及技术、应激与心身疾病、危机干预、医患心理与医患关系、心理康复与临终关怀等。通过学习，要求学生掌握临床心理学基本知识和理论，能够独立完成临床访谈，能够熟练使用常用心理测验工具，引导学生利用所学心理治疗理论和技术为相关人群提供心理援助，理论联系实际，提高学生综合运用知识的能力。此外，通过学习可以更好地提高医学生人文意识和素养，促进形成良好的医患关系。

## 二、课程思政教学目标

临床心理学教授的是人"心灵"的知识。人的"心灵"除了知识以外，更需要有"灵魂"，而思政教育就是"灵魂"，社会主义核心价值观就是"灵魂"的导师。《临床心理学及见习》课程的思政教育以立德树人为根本任务，重视加强品德修养、培养正确的价值观与高度的社会责任感。课程通过重新认识、重新定位和重新塑造教学目标，在知识性和能力性目标之外，将"如医德、诚信、仁爱、人道主义、以人为本、职业精神、伦理道德等"融入课程，以"构建心理学专业价值观，培养优良的医德医风，增强社会责任感，树立医生职业自信"为课程思政目标，贯穿于课程教学大纲的各个单元，实现了课程思政建设与教学目标的契合，与教学内容的融合，与教学素材的整合，与教学过程的结合。

## 三、课程思政教学设计

在教学过程中，根据各个教学单元的内容特点，选取更切合的课程思政教学目标融入，并配合以相应的教学活动设计，促进知识、能力和课程思政教学目标的同步有效达成。

1. 在临床心理学的概念、内容任务、研究方法、与其他学科的关系、学科发展历史、现状、发展前景等基础知识的讲授部分突出"构建心理学专业价值观"的思政目标。这部分的知识核心是理解、掌握概念、内容、研究方法，对心理学及临床心理学的专业性有所了解，在临床工作中加入心理学专业的技术，体现专业价值感，增加专业学习兴趣。

具体到各个章节的教学中，如在"第一章临床心理学概述"中，利用教材素渗透临床心理学概念、任务性质，通过学习使同学们了解临床心理学是为临床患者服务，使用心理学相关专业技术方法改善人们的适应不良、能力缺乏、情绪不适，帮助人们更好适应生活，达到自我成长，达到培养学生正确积极的人生观，价值观，秉承医学生的专业素养，增加学习心理学专业知识的兴趣，树立良好的学习动机的目标。同时，了解心理学不仅是对心理疾病进行治疗，也可以对人类所拥有的潜能、力量进行发掘；它也是关于生活、工作、教育、爱、成长和娱乐的科学。

2. 现代医学模式由之前的生物模式演变为"生物—心理—社会"医学模式，强调以人为中心，重视生物、心理和社会因素等综合因素及相互作用对人体健康与疾病的影响。这象征着现代医学向人文回归。在教学过程中，在临床评估与访谈、心理评估、医患关系等章节中，突出"培养优良的医德医风"的思政教学目标。结合临床访谈技术、多元文化视角、伦理问题等基础知识，将人文素质充分阐述。

医德医风在课程中多处都有涉及，例如医患心理和医患关系一章，让本科生了解患者心理特点，做到以患者为中心，关注患者内心感受，强调把患病的人作为整体进行治疗，而不仅仅是疾病本身，强调生命价值优先的人道主义精神，强调对人的尊严与权利的尊重与平等对待，强调人与自然、人与人、人与社会的和谐共处。同时，在医患关系的模式中，直接可以体现医生医德医风及人文素养水平，良好的医患关系是以医生高尚的医德医风为基础的，让学生了解只有道德品质高尚，做到以患者为中心，才能得到患者信任，并建立良好的医患关系，从而教育学生重视自身道德修养、医德医风、人文素质的培养。

3. 临床心理学心理治疗的技术、危机干预、临终关怀等章节的讲授中突出"增强社会责任感"的思政教学目标。这部分内容让学生深刻体会心理治疗技术帮助的不仅仅是一名患者，而是这个患者背后的一个家庭，乃至家庭背后的整个社会。心理学专业技术的应用对整个社会的整体心理健康都起到重要作用，可以增强学生学习的动力，增强社会责任感、使命感。

该部分在危机干预一章中，讲授心理危机的概念、危机干预理论、心理危机临床表现、危机干预原则等知识点。结合当前新冠肺炎疫情，作为一次全球性的心理危机事件，我们精神科医生、心理工作者也都积极投入到抗击新冠肺炎疫情中，民众在全国疫情中出现的恐惧、焦虑、紧张、抑郁等情绪，全国多家精神卫生机构快速开通心理危机关于热线、出台心理危机干预政策、指导手册等帮助人们度过难关，平复心情、重新回归正常生活，复工复产。这可以让学生从切身感受中激发作为医学生的社会责任感，勇于承担责任与使命，危难关头冲在一线，为国家做出贡献。

4. 课程中的见习部分，通过学生到医院进行实地见习突出"树立医生职业自信"的思政教学目标。临床见习主要是通过帮助医生护士做一些力所能及的工作，观察精神心理问题患者的临床表现、尝试与患者沟通，进行心理评估及治疗，让学生树立医生的职业精神，培养具有爱岗敬业、认真负责、以患者为中心、服务精神等职业素养。

通过组织学生前往医院进行实地见习，比如协助护士准备药品、为患者做一些基础的体格检查、精神检查、心理治疗等，让学生接触临床心理学工作，提早感受"有时去治愈，常常去帮助，总是去安慰"的医者情怀，有助于培养学生的临床实践技能与沟通能力，有助于塑造医学生的职业精神。

## 四、课程思政元素的融合

### 1. 构建心理学专业价值观

临床心理学是为临床患者服务，使用心理学相关专业技术和方法改善人们的适应不良、能力缺乏、情绪不适，帮助人们更好适应生活，达到自我成长。通过临床心理学概念、内容和任务，激发学生对心理学专业学习的兴趣，树立为患者服务的意识，提升医学生的专业素养。

通过讲授中国心理咨询艰难的发展史，激发学生的爱国主义情怀，增强奋发学习、报效祖国的动力，树立医生的职业观念。中国临床心理学的发展历史可谓是断断续续，近30年来心理健康体系才有了一定发展，但是仍然不能满足社会对心理健康的需求。2013年《中华人民共和国精神卫生法》的颁布对今后临床心理学的发展提出了更高的要求。这主要体现在：第一，临床心理工作者的专业化在职培训模式和在校临床心理学专业方向学生的学科培训将得到发展。第二，科研工作的重点将是解决解决临床实践所面临的问题。第三，心理测量量表在临床实践中的应用将发生重大变化。第四，诊断与治疗并重。第五，本土化现代化的趋势。第六，普及化是社会需求发展的必然。通过讲授使学生体会到中国现在临床心理学专业面临的困难，并提出讨论："我国临床心理学发展面临哪些问题，我们可以做些什么？今后的发展趋势如何？"让学生从中体会到作为一名医生的使命，增加学习心理学专业知识的兴趣，树立良好的学习动机的目标。

### 2. 培养优良的医德医风

医患心理和医患关系一章，让本科生了解患者的心理特点，做到以患者为中心，关注患者内心感受，强调把患病的人作为整体进行治疗，而不仅仅是疾病本身，强调生命价值优先的人道主义精神，强调对人的尊严与权利的尊重与平等对待，强调人与自然、人与人、人与社会的和谐共处。教学过程中应用角色扮演法，让学生2人一组，分别扮演医生和患者，体会各自所扮演角色的心理感受，体验患者被尊重、被理解，期待得到救助的心情；体验医生的技术专业性、情感中立性、服务对象同一性、职能专一性。在医患关系的模式中，直接可以体现医生医德医风及人文素养。良好的医患关系是以医生高尚的医德医风为基础的，让学生了解只有道德品质高尚，做到以患者为中心，才能得到患者信任，并建立良好的医患关系，从而教育学生重视自身道德修养、医德医风、人文素质的培养。

在医德医风的培养中，通过"伤医案例"开展讨论，让学生了解到在医疗过程中，病人以及病人家属由于疗效不佳、医患沟通障碍等因素，情绪不稳定或失常而有意识地对医务人员造成心理、生理等方面的伤害。根据2015年中国医师协会发布的《中国医师执业状况白皮书》显示，有近6成的医务人员遇到过语言暴力，13%的医务人员受到过身体上的伤害。尤其是近几年，时常发生的医疗纠纷、伤医等恶性事件，不仅损害医务人员尊严，同时伤害医患互信以及医务人员的职业安全，严重影响了医疗秩序，成了社会关注的热点。医学生在讨论中，树立坚定的职业信念同时，还要具备高尚的道德修养，同时要有自我保护意识，才能更好地为患者服务，成为一名合格的临床医生。

### 3. 增强社会责任感

在危机干预一章中，讲授心理危机概念、危机干预理论、心理危机临床表现、危机干预原则等知识点。结合当前新冠肺炎疫情，作为一次全球性的心理危机事件，我们精神科医生、心理工作者也都积极投入到抗击新冠肺炎疫情中，民众在全国疫情中出现的恐惧、焦虑、紧张、抑郁等情绪，全国多家精神卫生机构快速开通心理危机关于热线、出台心理危机干预政策、指导手册等帮助人们渡过难关，平复心情、重新回归正常生活，复工复产。这些事例让学生从切身感受中激发作为医学生的社会责任感，勇于承担责任与使命，危难关头冲在一线，为国家做出贡献；让学生深刻体会心理治疗技术帮助的不仅仅是一名患者，而是这个患者背后的一个家庭，乃至家庭背后的整个社会。心理学专业技术的应用对整个社会的整体心理健康都起到重要作用，增强学生学习的动力，增强社会责任感、使命感。

新冠肺炎疫情是全国性、世界性的重大突发公共卫生事件，通过对2020年1月26日国家卫生健康委应对新型冠状病毒感染的肺炎疫情联防联控工作机制下发《关于印发新型冠状病毒感染的肺炎疫情紧急心理危机干预指导原则》的讲解与分析，突出心理危机干预对人们心理健康、生命价值的意义，使学生通过切身感受和经历理解生命的意义、价值，以及维护心理健康的重要性，从而树立正确的生命价值观、培养医学生的职业精神及人文素养。在党中央的英明领导下，中国在本次疫情中的表现卓越，并在国际抗击新冠肺炎疫情中体现出大国担当，帮助学生厚值爱国主义情怀，坚定中国立场，勇挑时代担当，并在此过程中引入医生的职业精神、心理学专业价值，能够将学生自然将爱国主义情怀倾注到自己的专业中去，坚定学习临床心理学知识技能的决心，坚定成为精神科医生及心理治疗师的职业信心。

### 4. 树立医生职业自信

临床见习主要是通过帮助医生、护士做一些力所能及的工作，观察精神心理问题患者的临床表现、尝试与患者沟通，进行心理评估及治疗，让学生树立医生的职业精神，培养具有爱岗敬业、认真负责、以患者为中心、服务精神等职业素养。

通过组织学生前往医院进行实地见习，比如协助护士准备药品、为患者做一些基础的体格检查、精神检查、心理治疗等，让学生接触临床心理学工作，提早感受"有时去治愈，常常去帮助，总是去安慰"的医者情怀，有助于培养学生的临床实践技能与沟通能力，有助于塑造医学生的职业精神。

## 五、教学效果

通过线上线下结合，多种教学方法的使用，保障教学效果，完成教学目标。在教学过程中，坚持教书与育人相统一，通过思政元素融入教学，培养学生的基本素质、精神医学的专业素质、医生的职业素质，使学生树立正确的人生观及价值观，培养学生的"工匠精神"、奉献精神、救死扶伤精神。

教学过程充分体现"内化于心、外表于行"的课程思政理念，将社会主义核心价值观，积极正确的世界观、人生观和价值观融入医学生的生活之中；将一切"以患者为中心"，积极沟通，营造良好医患关系为临床工作职业重点，激发责任感和使命感，勇担当、守初心，共筑健康中国梦；培养医生的高尚情怀，结合疫情时医务工作者的奉献精神，激发学生的职业高度责任感和使命感，为成为一名合格的医生做好准备。

## 六、教学案例对医学类课程的推广

本课程在教学实施过程中，以"新医科"倡导下的"医工融合"教育理念为目标，结合线上与线下、讲授与自学、理论与实操、医学与工学、医学与理学的融合交叉，以"需求——导向——发展"为教学思路，以学生为中心，以学生自我实现需求、职业需求、社会需求为根本，以专业培养方案为导向，在掌握课堂知识的同时还极大锻炼了学生的探究能力和创新思维能力。按照"以学定教，以论深教，以教促学，以练帮学"的教学步骤进行，教学使学生对临床心理学专业产生兴趣，面对中国现状，激发出爱国热情，勇于承担建设祖国精神医学及心理学的重担，深刻理解患者处于疾病中的痛苦，树立医者仁心的职业素养，培养学生正确的人生观和价值观，激发学生作为一名医生的使命感及责任感，为人民服务，以患者为中心的意识，为今后成为一名合格医生做好准备。

# 《生理心理学》课程思政教学设计

心理与精神卫生学院　袁建新

该课程研究心理、行为以及神经活动之间的内在联系。通过该课程的教学使学生掌握心理活动的生理机制，为后续专业课程学习奠定必要的专业知识；同时使学生具有一定的学术素养，树立辩证思维和创新思维，能够发现问题、解决问题，并具有一定的创新能力，能够在未来脑科学领域进行深入研究；并且以自身合理的知识结构，成为大健康时代卓越的心理健康工作者。课程教学中融入以科学观和人文观为核心要素的课程思政点，在传授专业知识的同时，引领学生思想、塑造价值观、培养家国情怀。

## 一、课程定位

《生理心理学》是应用心理学专业二年级开设的专业必修课程。该课程是一门研究心理、行为以及神经活动之间内在联系的科学，而随着学科知识体系的完善与发展，生理心理学除了与神经生理学、遗传学、神经分子生物学、精神病学之间有深度的交叉和融合外，近年来也与工程学、信息科学以及社会学有所交叉。可以说，生理心理学代表的正是心理学科学化、实证化的路线。在某种程度上，生理心理学所具有的学科包容性以及伴随科技发展的态势使其影响不断壮大。目前，生理心理学无论是从基础理论还是临床实践层面，已逐渐加强对脑的关注，并融入脑科学领域。通过该课程的教学使学生掌握心理活动的生理机制，为后续专业课程学习奠定必要的专业知识；同时使学生具有一定的学术素养，树立辩证思维和创新思维，能够发现问题、解决问题，并具有一定的创新能力，能够在未来脑科学领域进行深入研究；并且以自身合理的知识结构，成为大健康时代卓越的心理健康工作者。

通过综合应用讲授式、自主探究、以案例为基础的学习方法（Case-Based Learning，CBL）、以问题为导向的教学方法（Problem-Based Learning，PBL）等教学形式，学习感知觉、注意、记忆、语言、情绪、睡眠等心理现象的生理机制；掌握研究各种心理现象的研究方法；了解该学科领域最新研究进展和发展趋势。通过该课程的学习，培养学生能够运用辩证唯物主义科学思维方法观察问题、分析问题和理论联系实际解决问题的能力；拥有批判性思维和积极进取的探索精神；树立以人为本的人文精神和为人类健康服务的奉献精神。

## 二、课程思政教学目标

立足课程思政的现代课程观，围绕课程知识传授、能力提升和价值引领相结合的整体目标，挖掘自身蕴含的思政素材和资源，结合自身课程的特色和优势，以感知觉、注意、记忆、语言、情绪、睡眠等心理现象的生理机制为理论基础，构建逻辑思维和辩证思维；以研究方法和课程实习为途径，培养创新思维；以中国脑计划（China Brain Project）中认知相关重大疾病，包括阿尔茨海默病、帕金森症、自闭症、抑郁症的诊断与干预，拓展临床思维，培养人文情怀，树立责任感、使命感和为人类健康事业无私奉献的精神。由此，本课程以理论基础、研究方法和课程实习、认知相关重大疾病为依托，形成了本门课程的思政目标，其核心要素为科学观和人文观，并最终实现了课程思政建设与教学目标的契合，与教学内容的融合，与教学素材的整合，与教学过程的结合。

### 三、课程思政教学设计

课程采取"知识讲授+自主探究+思政元素"的教学设计模式，在讲授理论知识的同时以认知相关重大疾病为主线进行自主探究活动，融入隐性思政元素，培养学生理论联系实际的科学思维方法和专业知识应用能力，潜移默化地进行科学精神、价值取向、情怀与担当的教育和引领，并形成特色的课程教学设计："一条主线、两个核心要素、三个课程案例库、三个故事模块和五个教学实施环节。"（见图1）

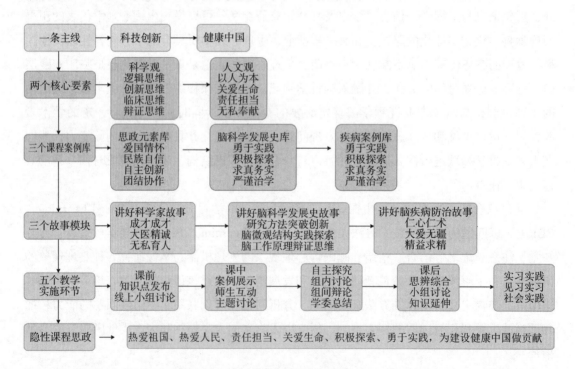

**图1　课程思政教学设计**

**一条主线**：以中国脑计划中认知相关重大疾病，包括阿尔茨海默病、帕金森症、自闭症、抑郁症的诊断与干预为聚焦点，以《"健康中国2030"规划纲要》推进健康中国建设，提高人民健康水平为主线，引导学生树立为祖国人民的健康做贡献的奉献精神和以人为本、关爱生命的人文情怀。

**两个核心要素**：为促进学生知识传授、能力培养与价值引领有机统一，将科学教育与人文教育相交融，以科学观和人文观为核心要素，通过心理现象的生理机制的讲解，以及研究方法和课程实习，构建逻辑思维、辩证思维和创新思维；通过认知相关重大疾病诊断与干预的探究，拓展临床思维，彰显仁心仁术。

**三个课程案例库**：在教学过程中挖掘思政元素，促进学生知识传授、能力培养与价值引领有机统一，形成三个课程资源案例库。一是以爱国情怀、科技自信、创新精神等内容的思政元素库；二是以勇于实践、积极探索、求真务实等内容的脑科学发展史库；三是以奉献精神、敬畏生命、人文关怀等内容的脑疾病案例库。

**三个故事模块**：模块一讲好科学家故事，讲解科学家自主创新，攀登科学高峰，为国争光的爱国精神；模块二讲好脑科学发展史的故事，讲解科学家在脑科学领域坚韧不拔的探索精神和严谨求实的科学态度；模块三讲好脑疾病防治的故事，讲解以人为本、大爱无疆、关爱生命的人文情怀和为建设健康中国奉献力量的社会责任感和使命感。

**五个教学实施环节**：以学生为主体、以教师为主导、以体验为关键、以自主探究为核心，通过"课前+课中+课后+自主探究+实习实践"五个实施环节，完成教学，实现隐性教育与显性教育相统一。

## 四、课程思政元素融合

### 1. 讲好中国科学家故事——榜样的力量，培养什么样的人

在相应的章节，适时引入我国著名脑科学家的科学故事，以真实、鲜活的科学故事感染学生，激发学生热爱祖国、自主创新、文化自信、攀登科学高峰的精神。

通过讲解视知觉的神经生物学机制，引出中国科学院陈霖院士。陈霖院士主要从事认知科学和实验心理学、视觉认知和脑成像等方面的研究。1982年陈霖在《科学》杂志*Science*上提出视知觉拓扑结构和功能层次的理论，之后二十年来进行了知觉组织的大量实验研究，系统地发展了拓扑知觉理论。2003年，又在《科学》杂志*Science*发表了支持这个理论的生物学证据。拓扑知觉理论在知觉基本表达的根本问题上，向近代占统治地位的"由局部性质到大范围性质"的理论提出挑战，认为知觉过程是"由大范围性质到局部性质"，以大范围拓扑不变性质为基础的各级几何不变性质是图形知觉的基本表达，从而为知觉组织研究提供了一个既有科学准确描述、又有生物学约束的不变性知觉的系统理论。通过讲解学习记忆的神经生物学机制，引出中国科学院郭爱克院士。郭爱克院士研究的主要内容是从基因—脑—行为的结合上，从分子、细胞、回路、网络直到行为多层次研究果蝇的学习、记忆、注意和抉择机制，开创了果蝇的两难抉择的研究，发现了果蝇在视觉和嗅觉之间跨模态的记忆协同和传递。通过科学家故事的讲解，让学生深刻体会科学家们的

开拓创新，不畏艰险，知难而上，勇攀高峰的科学精神，以及为中华民族伟大复兴努力奋斗的爱国奉献精神。

**2. 讲好脑科学发展史的故事——怎样培养人**

将各种心理现象和行为的神经生物学机制，融入世界范围内脑科学的研究历史进行讲解，激发学生的学习兴趣，同时在潜移默化中将坚韧不拔的探索精神和严谨求实的科学态度"融入其中，培养学生构建逻辑思维和辩证思维，激发创新思维。对于世界脑科学的研究历史的讲解首先介绍古希腊关于脑的观点，其中最有影响力的学者——希波克拉底（公元前460—公元前379年），又被尊称为"西医之父"，他认为"脑不仅参与对环境的感知，而且是智慧的发祥地"。然而同时代的著名希腊哲学家亚里士多德（公元前384—公元前322年）却认为"心脏是智慧之源"，脑是"散热器"，被"火热的心"沸腾了的血液在脑中降温。罗马帝国时期的脑观，盖伦通过大量细致的动物解剖，推测大脑可能是感觉的接收装置，小脑一定是支配肌肉。文艺复兴时期的脑观，最有代表性的人物安德烈·维萨里（Andreas Vesalius），他是著名的医生和解剖学家，近代人体解剖学的创始人。他认为脑以类似于机械运行的方式行使其功能即"脑功能—液压机械论"。勒内·笛卡尔是法国著名的哲学家、数学家、物理学家（1596—1650年）脑功能—液压机械论的主要倡导者。他认为"不同于其他动物，人们拥有智慧和一颗上帝赐予的心灵。脑控制人类的行为至多也就是动物所具有的那些行为而已。人类所特有的智慧，存在于脑之外"。直到17、18世纪，一些科学家摆脱了Galen脑室中心论这一传统观念的束缚，展开了脑物质构成的更深入研究，开创了脑功能定位研究的新时代。然而，对于脑功能定位的研究也经历了曲折的探索过程。19世纪，Gall的颅相学（phrenology）说认为颅骨上的隆起反映了脑表面的隆起，提出一个人的性格倾向都与头颅相应部位的大小相关联。而法国的神经科医生Paul Broca他通过研究生前能够理解别人言语，但自己却无法说话的病人的大脑解剖和病理变化，提出了左额叶下部区域负责语言的形成。Paul Broca是将科学的天平坚定地指向了大脑的功能定位的第一人。关于大脑皮质的功能定位分区，德国神经科医生科比尼安·布洛德曼（Korbinian Brodmann）将每个半球大脑皮质分为52个区。Brodmann分区是在单个人的尸体组织标本上利用细胞构筑绘制的，之后虽然陆续出现了许多类型的脑图谱，但存在众多问题。2016年中国科学院自动化所脑网络组团队经过6年的努力，利用脑结构和功能连接信息绘制脑网络组图谱的思想，成功绘制出全新的人类脑图谱"脑网络组图谱"。该图谱包括246个精细脑区亚区，以及脑区亚区间的多模态连接模式，第一次建立了宏观尺度上的活体全脑连接图谱。脑网络组图谱的构建将引领人类脑图谱未来发展从标本走向活体，从粗糙走向精细，从单一的解剖结构描述到集成结构、功能和连接模式等多种知识的综合描述，为实现脑科学和脑疾病研究的源头创新提供基础。

该部分让学生直面一代又一代科学家从宏观到微观，走过的艰难历程，展示他们锲而

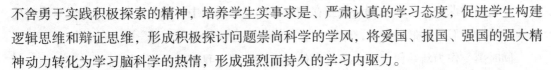

不舍勇于实践积极探索的精神，培养学生实事求是、严肃认真的学习态度，促进学生构建逻辑思维和辩证思维，形成积极探讨问题崇尚科学的学风，将爱国、报国、强国的强大精神动力转化为学习脑科学的热情，形成强烈而持久的学习内驱力。

**3. 讲好脑疾病诊治的故事——为谁培养人**

习近平总书记为我国高等教育明确提出了"四个服务"的目标定位，其中"把为人民服务"摆在首位。大脑的认知功能是整个课程的核心和重点章节，学习大脑认知功能是为了更好地保护人类的大脑。在此章节的讲解过程中，介绍"中国脑计划"，首当其冲就是认知功能神经回路的基础研究，在此基础上进行认知相关重大疾病包括阿尔茨海默病、帕金森症、自闭症、抑郁症等的诊断和干预。目前我国目前已逐步进入老龄化社会，中国老年痴呆的患者已经超过1000万，居世界首位，到2050年，预计我国阿尔茨海默病（AD）所带来的经济负担将会高达49230亿元！"世界老年痴呆日"的确定使全世界人民认识老年痴呆，懂得老年痴呆的防治非常重要，同时更要关爱老年痴呆患者。然而，目前尚无有效药物能够治愈阿尔茨海默病，多个阿尔茨海默病药物在临床试验中失败，主要原因可能是受试者病程已处于较晚的阶段。如果在阿尔茨海默病早期甚至是无症状期就对患者进行干预，临床症状则可能会延迟出现，因此是否能在阿尔茨海默病早期甚至无症状阶段就准确做出诊断至关重要，这也是当前预防和治疗阿尔茨海默病的新思路。中国科学家贾建平团队在国际上首次在外周血中发现可在症状出现前的5—7年预测AD的生物标志物，为AD的早期干预打下基础，对改变AD目前治疗困境有着里程碑式的重要意义。同时该团队在中国首个大样本量阿尔茨海默病全基因组关联分析（GWAS）中发现四个新风险基因位点，并据此构建发病预测模型。这不仅为全球AD相关GWAS研究提供了东亚数据，也为AD的早期筛查提供了新的遗传标记物。

习近平总书记指出："没有全民健康，就没有全面小康。"该部分更多的是让学生深刻认识"中国脑计划"就是脑科学的研究，重点研究大脑的认知功能，包括人类的感知觉、注意、记忆、执行功能、问题解决等；在此基础上研究认知相关重大疾病包括阿尔茨海默病（老年痴呆）、帕金森症、自闭症和抑郁症等的诊断与干预，积极防治脑疾病，提高人民的健康水平和生活质量。由此不仅培养了学生以人为本，关爱生命的人文情怀，更重要的是激发了同学们热爱祖国，为建设美丽中国健康中国贡献力量的责任感、使命感。

## 五、教学效果

通过精心设计课程教学，保障授课教学效果，达成教学目标。在教学过程中，坚持教书与育人相统一，挖掘并积累思政元素，以"春风化雨、润物无声"的形式，潜移默化地融入心理学专业课程教学环节，不断丰富课程思政的内涵，在传授专业知识的同时，引领学生思想、塑造价值观、培养家国情怀。

学生通过课程学习，深刻认识到在脑科学的发展历程中，感受一代一代科学努力攀登科学高峰百折不回的艰辛努力，热爱祖国，拥有坚定的信念和为科学献身的精神。

同时感受作为新一代青年学子的责任与担当，建立我们的民族自豪感和民族自信心，坚定理想信念，不断发奋进取，勇于实践，在成才的道路上实现自己的人生价值，为建设美丽中国健康中国贡献力量。

### 六、教学案例对心理学类课程的推广

在教学实施过程中，通过灵活多用的教学模式，创新的教学方法，保障了课程质量，凝练出"一条主线+两个核心要素+三个课程案例库+三个故事模块+五个教学实施环节"教学设计，以学生为中心，通过线上线下、课堂内外、理论实践、探究研讨多种形式，将基本理论知识和脑疾病相结合，提升学生学以致用、以知促行、知行合一的能力，将社会主义核心价值观融入教育教学全过程，培养实践能力强、创新能力突出、具有团队协作精神和家国情怀的复合型人才，培养德智体美劳全面发展的社会主义建设者和接班人。本课程融合隐性思政的教学模式，可供其他心理学类课程借鉴并推广应用，使专业课程与思政教育同向同行，形成协同效应。坚持立德树人为中心，践行"门门课程有思政""教师人人讲育人"，提高课堂教学效果和质量、提升学生学习热情和成效。

# 《健美操》课程思政教学设计

体育部　张萍萍

该课程主要讲授健美操的基本概念、基本动作的技术要点，以及第三套《全国健美操锻炼标准》二级的规定动作以及相关体育基础理论知识应用，培养学生创新能力和实践能力，融入爱国主义、民族精神、健康中国、体育道德等课程思政点，培养学生爱国主义情怀和提高学生体育核心素养。

## 一、课程定位

《健美操》课程是为本科一、二年级开设的公共体育选项课程，也是学校体育课的核心课程之一。健美操是以有氧运动为基础，以健、力、美为特征，融音乐、体操、舞蹈为一体的体育运动。它既是一种增进健康、塑造形体、娱乐身心的大众健身方式，又是竞技运动的一个项目。

在体育与艺术交融的坐标系里，《健美操》课程就定位在健与美这一充分展示人体运动姿态的项目上。本课程通过系统讲授、翻转课堂、分组探究、混合教学、比赛表演等形式，使学生明确健美操的基本概念，掌握体育基础理论知识，正确理解健美操基本动作的技术要点，掌握利用健美操运动锻炼身体的手段与方法，提升健与美的体育欣赏能力，同时重点培养学生的创新能力和实践能力，培养学生的团队意识、组织能力与协调能力，起到健全人格、锻炼意志的重要作用。

## 二、课程思政教学目标

立足课程思政的现代课程观，《健美操》课程重新认识、重新定位和重新塑造了教学目标，在知识目标、技能目标之外，还将"厚植爱国主义情怀、雕刻顽强意志与拼搏精神、规范体育道德与正当竞争意识、培养高尚集体主义情感"的课程思政目标融入情感目标之中，贯穿于该课程的各个教学单元，实现课程思政与教学目标、教学内容、教学方法和教学评价的紧密结合。

## 三、课程思政教学设计

课程采取"技术能力教学+自主探究+思政元素"的教学设计模式，在教授技术动作的同时，以提高体育素养为主线进行自主探究活动，融入隐性思政元素，提高学生身体素质和体育技能，潜移默化的进行爱国情怀、体育精神、拼搏意志等精神塑造，并形成特色的课程教学设计"一个主线+两个核心要素+三个体育系列模块+四位一体目标+五个教学实施环节"（见图1）。

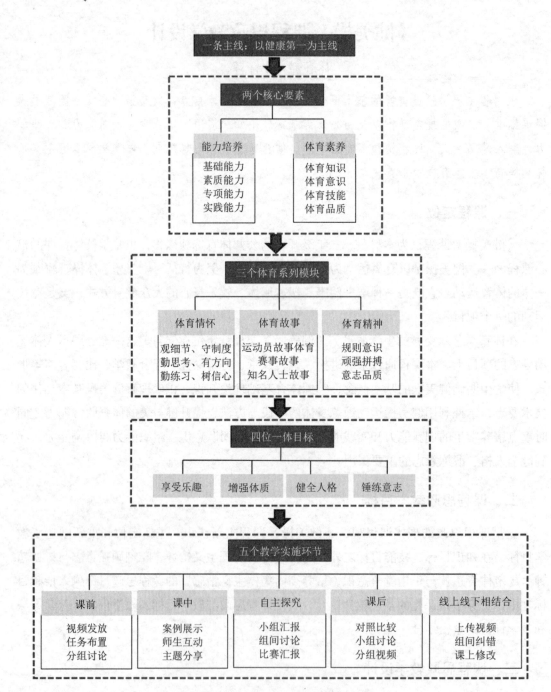

**图1 健美操课程思政教学设计**

**一条主线：**以习近平总书记"要树立健康第一的教育理念，开齐开足体育课"——健康第一为主线，培养学生养成终身受益的锻炼习惯。

**两个核心要素：**提高学生身体素质、体育技术培养与价值引领相统一，以体育能力培养和体育素养为核心要素。通过体育基础知识的讲解，让学生了解和掌握体育运动的基本知识，提高体育知识素养；通过健美操专项素质、体能的练习，让学生提高素质能力，增强体育健康意识；通过健美操整体操化套路的学习，提高学生专项能力，增加体育技能；通过健美操动作、队形创编，提升学生实践能力，彰显体育品质。

**三个体育系列模块：**模块一是体育情怀，讲解运动比赛中的规则，培养良好的规则意识，遇到困难要勤思考、有方向，不断勤练习、树信心；模块二是体育故事，讲解运动员、体育赛事、知名人士的体育故事，引领正确人生方向；模块三是体育精神，讲解体育运动中的规则意识、顽强拼搏、意志品质，树立正确的人生观。

**四位一体目标：**在教学过程中挖掘思政元素，促进学生体育素养、能力培养与价值引领有机统一，以培养学生兴趣、养成锻炼习惯、掌握运动技能、增强学生体质为目的，最终达到享受乐趣、增强体质、健全人格、锤炼意志。

**五个教学实施环节：**以学生为主体、以教师为主导、以实践为关键、以网络为载体，通过"课前+课中+自主探究+课后+线上线下相结合"五个实施环节，完成教学任务，实现运动技能教育与思政教育相统一。

## 四、课程思政元素的融合

让学生了解和掌握体育运动的基本知识，基本健康理论，构建体育思维体系，提高学生体育知识素养，厚植爱国主义情怀；通过健美操专项素质、体能练习，让学生提高素质能力，增强体育健康意识，雕刻顽强拼搏的意志品质；通过健美操整体操化套路的学习的，提高学生专项能力，增加体育技能，规范体育道德与正当竞争意识；通过健美操动作、队形创编，提升学生实践能力，培养高尚集体主义情感，彰显体育品质。

### 1. 关注体育基础知识讲解，厚植爱国主义情怀

在体育理论教学部分突出"厚植爱国主义情怀"的思政目标。这部分内容的教学核心是构建学生的体育思维体系，使学生了解什么是体育，大学体育的必要性、重要性；高等学校体育教育的目的和任务；使学生明确课堂常规、本学期所学内容及成绩评定标准。在这一过程中，通过具体体育案例，潜移默化的加强学生爱国主义教育，完成思政教学目标。

该部分可以用体育界代表人物的故事讲解或竞技比赛视频直接点燃学生思想上的火花，植入爱国主义精神，发掘诸如李宁、邓亚萍、郎平、姚明等我国体育事业发展进程中的代表人物及他们不畏艰苦、拼搏奋进的励志经历。还可以摆出事实、结合体育时事对学生进行爱国主义教育，例如讲述中国乒乓球队、中国女子排球队、中国跳水队等先进团体在比赛中追求卓越、不畏强敌、不懈奋斗的光荣传统；在本次十三届全国人大第三次会议中，中国女排国家队队长朱婷所表达的情怀：女排精神就是民族的精神，祖国至上、团结协作、顽强拼搏、永不言败，这是我们的女排精神，也是我们的民族精神。

**2. 加强身体素质练习环节，雕刻顽强意志与拼搏精神**

在健美操素质专项练习、大学生健康标准测试项目练习及体能练习过程中融入"雕刻顽强意志与拼搏精神"的思政目标。素质与体能练习是相对枯燥乏味的，并且还伴随着因为运动强度增加而带来的身体负担，是对学生身体和意志的极大考验。在素质和体能训练中，不仅可以提高学生的各项身体素质，更有助于锻炼和发展其克服困难、战胜自我的意志品质。

在进行该部分教学时，要循序渐进，并且积极鼓励学生。如体育精神中追求更快、更高、更强的精神，在体育教学鼓励学生学会挑战自我，追求卓越，锻造自强不息的人格品质。在体育运动的参与过程中，注入体育情怀，遇到困难要勤思考、有方向，不断勤练习、树信心，使得学生必须主动克服生理上的疲劳和心理上的争斗，提高了学生克服困难的能力。从另一个角度来说，通过放大体育情怀的闪光点，也促进了学生不畏艰难、乐观开朗面对生活的性格品质。

**3. 形成成套动作表演机制，规范体育道德与正当竞争意识**

在健美操课的体育课堂常规、团体表演、模拟比赛中突出促进"规范体育道德与正当竞争意识"思政目标的达成，让学生能够约束自己的言行，自觉建立对规则规范主动遵守的意识，帮助学生从容适应未来社会规则的各种要求。

体育课课堂常规的具体执行过程是建立规则敬畏，是组织纪律教育课程思政的直接体现。规范课堂常规，严肃每一个课堂常规环节，帮助学生树立规则规范意识。

健美操成套动作的表演和竞赛活动是高校健美操课程中常用的教学组织形式，这种体育教学方法或内容，一定程度上会激励学生主动追求成功、积极取得结果的胜利。同时，在健美操表演和竞赛的组织过程中规则的合理运用，会使学生明白竞争需要在"平等"的条件下进行，成功与失败对于参与者的机会是均等的，从而自觉树立公平竞争的意识和观念。并且，学生通过表演、比赛体现体育精神的力量，在公平、公开、公正的环境下，培养他们顽强自信、胜不骄败不馁、会合作、能包容的优良品质。

**4. 积累创编、实践经验，培养高尚集体主义情感**

在健美操小组创编、课程评价的教学环节中强化"培养高尚集体主义情感"的思政目标。众所周知，体育教学和体育竞赛活动蕴含着体育情怀、进取精神、团队意识和健康向上的文化追求，对于高校思政教育来说，这是体育课独特的思政资源。在健美操小组创编、课程评价中，老师、同学、队友以及对手间的交流沟通，促使学生学会与人相处的平衡之道，树立正确且高尚的集体主义精神，进一步增强社会适应力。

这部分教学会安排在整个教学周期的后半部分，在学生基本掌握健美操规定套路后，为了培养其实践与创新能力，安排学生以团队的形式对已掌握的内容进行动作再创编和队形再创编，期末教学评价中30%的成绩来自小组展示。对每个成员来说，为了出色地完成任务，成员之间需要协作沟通，换位思考。在一个完整的健美操表演中，既要有"主角"，也要有"配角"，并且在队形变化化过程中必然要完成"主角"与"配角"的角色互换，这既培养了他们的包容心，又培养了他们的集体主义情感。

## 五、教学效果

通过精心设计教学环节，保证教学效果，达成教学目标。在教学过程中，坚持运动技能与思政育人相统一，深度挖掘并积累具有体育特色的思政元素，以"潜移默化"的形式，隐性融入健美操课堂的每一个教学环节，不断充实课堂的思政内容，在传授体育技能，提高身体素质的同时，引领学生思维方向、塑造高尚品质、培养拼搏斗志、树立爱国信念。

学生通过健美操课程的学习，深刻感受到体育情怀、体育故事、体育精神带来的体育力量，深刻感受到作为新时代大学生的责任与担当，并愿意为之不断拼搏奋斗，勇敢向前，为建设美好的祖国贡献力量。

## 六、教学案例对体育类课程的推广

《健美操》课程通过灵活的教学模式，科学的教学方法，保证了整门课程的教学质量，并且凝练出具有课程特点的"一个主线+两个核心要素+三个体育系列模块+四位一体目标+五个教学实施环节"教学设计，主要以学生为中心、教师为主导、实践为关键、以网络为载体，通过线上线下，课堂内外，翻转课堂等多种形式，将体育基本理论知识、基本运动技能、专项运动技能和思政设计相结合，提升学生身体素质和实践学习的能力，并将体育情怀、体育故事、体育精神融入教学中，厚植学生的爱国主义情怀，培养其拼搏向上的精神及坚忍的意志品质，规范其道德行为意识，为国家培养德智体美劳全面发展的社会主义建设者和接班人。

本课程的思政教学模式，可向其他体育类课程借鉴、推广应用。在体育课教学中深度挖掘思政内涵，坚持以"立德树人"为中心，全面建立体育思政案例集，提高体育课课堂教学效果，促进学生学习成效。

# 《中国茶文化》课程思政教学设计

生命科学学院　徐传远

该课程主要讲述各种茶叶的分类及其制作原理、各种茗茶的特点及其品尝方式、茶叶的化学成分与健康、中国茶文化的发展以及茶风茶俗、中国茶艺的分类及其欣赏方法等内容，培养学生人文素养和社交能力，融入爱国、创新、健康、明德等课程思政点，培养学生俭美和静、崇尚自然的情怀。

## 一、课程简况

中国茶文化是中国制茶、饮茶的文化。中国是茶的故乡，中国人发现并利用茶，据说始于神农时代，少说也有4700多年了。直到现在，汉族还有以茶代礼的风俗。作为开门七件事（柴米油盐酱醋茶）之一，饮茶在古代中国是非常普遍的。中华茶文化源远流长，博大精深，不但包含物质文化层面，还包含深厚的精神文化层面。唐代"茶圣"陆羽的《茶经》在历史上吹响了中华茶文化的号角。从此茶的精神渗透了宫廷和社会，深入中国的诗词、绘画、书法、宗教、医学。几千年来中国不但积累了大量关于茶叶种植、生产的物质文化，更积累了丰富的有关茶的精神文化，这就是中国特有的茶文化，属于文化学范畴。

根据普通本科生的学习及专业特点，《中国茶文化》重点使学生了解中国茶文化形成和发展的历史，掌握茶文化的内容与意义；掌握茶的基础知识，并熟悉一定的茶艺茶道知识同时，本课程还使学生体会茶文化对日常生活和其他艺术形式的影响，通过与其他文化形式的比较，感受茶文化独有的艺术魅力，培养学生的基本人文素养和社交礼仪，同时可以陶冶学生的情操，帮助其建立良好的人生观和价值观。

## 二、课程思政教学目标

立足课程思政的现代课程观，《中国茶文化》课程重新认识、重新定位和重新塑造了教学目标，在知识性和能力性目标之外，还将"俭、美、和、敬"的课程思政目标融入其中，贯穿于课程教学大纲的各个单元，实现了课程思政建设与教学目标的契合，与教学内容的融合，与教学素材的整合，与教学过程的结合。

## 三、课程思政教学设计

在教学过程中，根据各个教学单元的内容特点，选取更切合的课程思政教学目标融入，并配合以相应的教学活动设计，促进知识、能力和课程思政教学目标的同步有效达成。

1. 在中国茶文化基本知识部分，主要通过讲解茶文化的性质与特点使学生对中国茶文化有一个大致的了解，体会茶文化对当今经济社会发展的意义；同时了解我国茶文化起源的历史，了解饮茶方式的起源和发展历史。该部分讲授主要突出"俭、美"的思政目标。这部分的知识核心是构建学生的发展的思维体系，而发展的思维本身，又能够促进学生真正在历史唯物主义视角上看待茶文化的现象和问题，整合自己的知识体系，练就一双慧眼，通过现象发现事物的本质规律。

2. 在介绍茶树的进化和分类知识，基本茶类的分类和加工方法和茶叶质量的评鉴方式等茶叶基本知识的部分的讲授中融入"美、和、敬"的思政目标。只有真正让学生体验到"敬"的精神意蕴与价值追求，才能切实理解茶叶花色种类琳琅满目、不断推陈出新背后的规律和实践意义。这种视角及思维习惯一旦养成，既能够在知识层面上有利于学生学习枯燥的理论内容，又利于学生形成坚定的职业信仰，极大的激发学生的自主学习动力和克服学业困难的毅力。

3. 在茶叶中的主要营养成分及其保健功效部分的讲授中，更突出促进"和、敬"思政目标的达成，让学生能够充分理解祖国传统食疗理论对饮茶行为的指导意义，要了解在不同季节，不同时间饮不同茶叶的规律，只有用辩证统一的观念才能很好地掌握这些饮茶规律。这一目标的达成，能够将和谐、尊敬、自豪的强大精神动力转化为学习中国茶文化的热情，形成强烈而持久的学习内驱力。

4. 在茶叶基本知识部分教学内容的讲授中强化"俭、美、和、敬"的思政目标。对于当代大学生，"美、和、敬"的社会责任感和时代使命感能够帮助他们建立坚定、稳定、持久的历史责任感和荣誉感，而"俭"这种情感反过来也能够帮助学生真正理解社会生活和人文价值。

## 四、课程思政元素的融合

### 1. 悠久灿烂的中国茶文化

在中国茶文化的发展历程中，神农氏、陆羽、卢仝、宋徽宗等都曾做出过巨大的贡献。通过这些大家在茶文化探索中不懈追求的特殊案例，强化对学生创新认知的和发展的思维，以及敢为人先，为全人类谋福利的民族自豪感。例如，以著名茶学家、"茶圣"陆羽的生平和主要事迹为例，强调"茶之为用，味至寒，为饮，最宜精行俭德之人"，以此感染学生，鞭策学生静心学习、潜心钻研、艰苦朴素、勇于创新。在饮茶方式的历史变迁中，"唐煮宋点明泡"的变化，是一种历史的发展，但在各个阶段中，又对礼仪、味道、汤色等极尽唯美地追求，力求尽善尽美。

### 2. 活化石——中国先民对茶树的驯化

该部分主要通过古茶树的不断发现，唤起学生的情感体验。例如，云南凤庆的栽培型古茶树"锦绣茶祖"，树龄有3200年，树干直径1.84米。这些古茶树的发现，证实我们

的先民在5000年前即开始驯化茶树，通过与自然界的不断斗争又和谐共生，终于选育出花色、类型繁多的茶树类型，并且有利驳斥了茶树起源于印度的奇葩学说，唤起学生爱国情怀和强国的使命感。通过对各地不同的名优茶品所属茶类及加工方式的介绍，可以让学生在潜移默化中接受"和而不同"的思想，以及对茶叶"色香味形"美的追求。

### 3. 健康的源泉

该部分更多的是采用启发式、问题式教学法，让学生通过中医药食疗和茶叶组成成分的分析比较，启发学生进行自我学习和自我发现，潜移默化地发现中医药食疗的现代科学逻辑，通过茶多酚组成及含量的辩证关系，增强对茶叶滋味及加工工艺合理性分析的能力。例如，绿茶因茶多酚含量较高，所以滋味浓烈，爽口，茶性寒，但茶多酚易氧化，所以保存就应该低温、干燥、隔离空气。引导学生要有历史唯物主义的意识，在唐代，主要茶品为绿茶，所以陆羽才有"茶，味至寒"的说法，但明末清初创制出的红茶、黑茶等茶品则是温热性的，从而在辩证中提升对"创新"的认识。

### 4. 俭美和敬——茶艺之美

这部分更多的是采用多媒体教学，结合大量的极具美感的图片，增强学生的美感意识，使中国茶德"俭美和敬"春风化雨、深入人心。例如，讲述茶艺"五美"（境美、水美、器美、茶美和艺美），境美强调"天人合一"——人与自然的和谐；而艺美除了对泡茶技术的要求外，也十分强调礼仪及仪态的掌握运用，人们相互之间的尊敬与和谐。所以，茶艺对于陶冶大学生的思想道德修养具有非常重要的作用。

## 五、教学效果

通过精心设计课程教学、保障授课教学效果，以达成教学目标。在教学过程中，坚持教书与育人相统一，挖掘并积累思政元素，以"春风化雨、润物无声"的形式，隐性融入课堂教学环节，不断丰富课程思政的内涵，在传授专业知识的同时，引领学生思想、塑造价值观、培养家国情怀。

学生通过课程学习，感受中国优秀的传统文化，培育民族自豪感和自信心，建立新一代中国青年的责任与担当意识。

# 《工程经济学概论A》课程思政教学设计

管理学院　林永民

该课程以经济评价要素和方法为知识核心，创新创业应用为导向，让学生理解经济评价的核心概念，掌握经济评价的核心方法，具备结合现实项目进行投资决策分析的能力，能够进行系统的经济分析和项目评价分析，完成项目计划书编制。课程教学中融入理论自信、职业道德与职业素养、工匠精神、矛盾论和系统论的思维方法等课程思政点，潜移默化地进行四个自信、科学精神、职业道德、情怀与担当教育。

## 一、课程定位

《工程经济学概论A》是公共事业管理专业大三学生的的必修课程，也是公共事业管理的专业课。它以经济评价要素和方法为知识核心，创新创业应用为导向，目标是让同学们理解经济评价的核心概念，掌握经济评价的核心方法，具备结合现实项目进行投资决策分析的能力，能够进行系统的经济分析和项目评价分析，完成项目计划书编制。

通过课堂讲授、探究翻转、案例教学、混合教学等形式，讲解经济性评价基本要素、经济性评价方法、不确定性与风险分析、技术创新、价值工程、创业计划书等内容。教学设计的特色在于：1. 以工程项目和创业分析为导向的内容设计，将评价方法与现实应用背景相结合；2. 以经济评价为核心的知识体系，培养对实际项目的综合分析应用能力；3. "学—练—用"相结合的培养模式，将在线学习、在线测试、线下综合分析应用相结合，实现学以致用的目的。

## 二、课程思政教学目标

围绕课程知识传授、能力提升和价值引领相结合的整体目标，挖掘自身蕴含思政的素材和资源，结合自身课程的特色和优势，运用工程技术与经济分析方法，以市场为前提、经济为目标、技术为手段，对多种工程方案进行经济效益评价使得工程项目在经济上更加可行，具体课程思政目标有：

### 1. 培养学生社会主义市场经济的理论自信与行为自觉

准确把握经济效益理论的深刻内涵，辩证分析工程—经济关系，深刻领会社会主义市场经济对于提高社会经济效益水平、提高社会经济发展质量的极端重要性，把握社会主义市场经济的核心要义、特征，理解市场调节与计划干预的辩证关系，增强社会主义市场经济的理论自信、行为自觉。

### 2. 坚定理论自信

增强我国构建国内国际双循环发展格局的理论自信与行为自觉，深刻领会、全面把握资金时间价值的背景、前提，深刻理解我国改革开放基本国策的重大意义，理解资本分配的理论依据，增强新时代构建国内国际双循环发展格局的理论自信、行为自觉。

**3. 培养职业道德与职业素养**

充分认识做好基础工作既是专业的要求，更是职业的使命。要通过学业训练，要帮助学生树立爱岗敬业的职业精神、实事求是的科学精神、协作共进的团队精神等职业道德和职业精神，为委托人提供科学评价结论，为决策提供翔实依据，要坚决反对把可行性研究蜕变成可批性研究。

**4. 培养精益求精的工匠精神**

进行方案的比选和优化是职业人员的基本动作，是提高工程咨询质量、增强决策科学性的关键工作。做好这项工作既是专业的要求，更是职业的使命。通过学业训练，帮助学生树立钻研奋进的钉子精神、精益求精的品质精神、追求卓越的进取精神等工匠精神。

**5. 掌握矛盾论和系统论的思维方法**

辩证唯物主义-从Miles式思考的逻辑中抓住主要矛盾或矛盾的主要方面，通过步步深入、"止于至善"的研究、设计、创新从平凡到卓越的哲学思想。从对比研究TQC、IE及VE，揭示人们为了项目"有效性"不断进取、不断创新、不断发展的历史进程，感悟从局部入手到系统推进的哲学思想、系统观点、整体思路，从把握功能分析这个价值工程核心中，学会工作优化的系统的观点、哲学思维和整体方案。

## 三、课程思政教学设计

课程采取"知识讲授+思政元素+课后内化"的教学设计模式，在讲授理论知识的同时融入隐性思政元素，培养学生经济思维和专业知识应用能力，潜移默化地进行坚定四个自信、科学精神、价值取向、职业道德与责任、情怀与担当，并形成特色的"四步三段九环节"课程教学模式（见图1）。

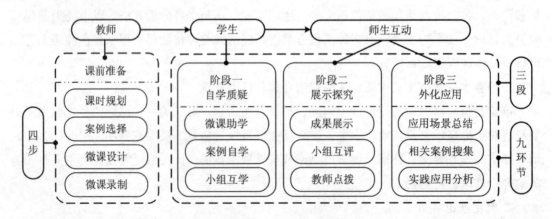

**图1 四步三段九环节教学模式**

**1. 教师课前"四步"**

教师要充分做好"课时规划—案例选择—微课设计—微课录制"四个主要工作。首先，根据课程的教学内容，制定有层次有步骤的课时规划，为课程的有序推进奠定基础。其次，要精心选择融入思政元素的案例，调动学生的积极性，使学生更好地融入实践情景，便于实现知识的折叠与展开。再次，精心设计微课，将案例中涉及的相关知识点讲清讲透。最后，录制微课时要充分考虑学生利用碎片化时间学习的特点，将视频时长控制在10至12分钟。

**2. 师生"三段九环节"**

将学生的学习过程划分成自学质疑、展示探究、外化应用三个阶段。自学质疑阶段，学生通过微课助学、案例自学、小组互学三个环节，对知识进行吸收，并将所有疑问进行归纳总结。展示探究阶段，通过课堂成果展示、小组互评、教师点拨三个环节，使学生实现"知其所以然"。外化应用阶段，通过总结案例原理应用场景、搜集相关案例、实践应用分析三个环节，将折叠在案例中的思政元素、理论、方法、技巧挖掘出来，并使学生能够举一反三，推而广之，应用到实践工作中去，实现"知其何处然"。

## 四、课程思政元素的融合

### 1. 增强社会主义市场经济的理论自信与行为自觉

结合经济效益理论，增强学生社会主义市场经济的理论自信、行为自觉。首先系统解析经济效益理论的基本内涵、经济效益质的规定性、经济效益量的规定性及全面投入的概念——既关注项目消耗的社会资源（成本），又关注项目占用的社会资源（投资）。其次，准确把握经济效益理论的基本要义。

（1）市场及社会主义市场经济的观点。把握社会主义市场经济典型特征：前提是社会主义，是生产资料公有制，是权力集中统一；本质是市场经济，发挥价值规律的作用，通过竞争优势获得资源配置机会、发展机遇。深刻认识社会主义制度的本质特征使得政府在促进市场竞争的公开、有序方面更有作为、更有效，展现出了极大的优越性。

（2）效益及企业管理体制改革的观点。深刻理解我国国有企业改制、建立现代企业制度，创造性地解决机制不活、效益不高问题。

（3）创新的观点。深刻认识习总书记"综合国力竞争说到底是创新的竞争。要深入实施创新驱动发展战略，推动科技创新、产业创新、企业创新、市场创新、产品创新、业态创新、管理创新等，加快形成以创新为主要引领和支撑的经济体系和发展模式"的论述。

（4）现代竞争的观点。认识在经济融合发展和世界经济一体化趋势中，竞争不是"零和博弈"，而是互利双赢。深刻认识习总书记从提出共建"一带一路"倡议到共建人类命运共同体设想，无不体现着世界经济社会发展的现代合作与竞争观点。

**2. 坚定理论自信——专业知识点：资金的时间价值**

将坚定理论自信与资金时间价值相结合，深刻理解资金时间价值对于不断满足人们日益增长的物质文化需要和推进人类自身再生产的重要意义，准确把握资金时间价值理论的深刻背景，准确把握资金时间价值的前提，增强自觉运用资金时间价值理论指导实践的能动性。

首先，系统掌握资金时间价值理论的背景及重大意义。深刻认识资金的时间价值是客观存在，是社会生产再生产规律的客观反映。人类自身的再生产也赖以资金的时间价值。以辩证唯物主义观点认识资金时间价值理论。全面、深刻把握资金时间价值的背景、本源和实现条件。

其次，深刻理解改革开放基本国策。通过改革梳理不适应生产力发展的生产关系，按照"三个有利于"的标准，大胆进行了体制机制创。比如，改革单一的劳动分配制度为"按劳分配为主、多种分配形式并存"，在理论和政策上承认资本的贡献，引导更多的资本投入。通过开放，引进外资，弥补我国社会主义建设的资本不足，为做大做强国民经济总量的盘子、提高综合国力提供资本支撑。

再次，深刻理解我国 "全民创新，万众创业"。创新创业是支撑经济高质量发展的逻辑前提，积极投身"双创"是对国家经济建设、对社会发展的有效贡献，有志于担当社会责任的青年一代，应该积极投身"双创"。

**3. 职业道德与职业素养——专业知识：现金流分析方法**

将职业道德与职业素养与现金流分析方法相结合。深刻理解工程经济分析基本工具——现金流的意义，准确理解不同情景下的现金流构成，准确识别、区分构成现金流的基本经济要素，合理归集投资、成本等，科学计算不同情景下的经济效益指标，准确解读指标含义，科学提出决策建议和意见。

首先，教师通过教材建设、课程建设，清晰解析投资、成本等基本经济要素的内涵及特征，准确、清晰分析其逻辑构成及现金流属性。

其次，学生积极推进 "基于项目的团队合作学习（PBTL）"课堂组织方式改革，按照"先学后教、以学定教、精准教学"的原则推进教学，让学生成为课堂的主角；说明白逻辑思维，说明白方案设计，说明白实现任务的过程，说明白最终方案、成果；坚决打破"讲理论、抄理论、背理论、考理论"的怪圈，基于真实的工程项目、基于真实的工程问题、在真实的规范和市场环境下，着重于职业能力、职业素质的考核。

再次，在现实工程背景基础上，让学生站在职业者（咨询工程师）视角，根据工程经济学理论、依据国家规范、标准和行业惯例，解析真实案例，提出务实方案，得出科学结论，提出合理建议。

落实好、走好应用型人才培养的最后一公里，着眼于职业、立足于工程场景、面向有效履职、矢志于竞争中脱颖而出，概念再往前走一步，理论再往实下一点，距离职业更近。

**4. 精益求精的工匠精神——专业知识：多方案比选**

将精益求精的工匠精神与多方案比选相结合，深刻理解多方案比选对于方案优化、科学决策的重要意义，准确把握不同关系类型技术方案的特征，熟练运用不同类型关系的经济评价方法。科学把握资本结构优化理论，系统考量基于资本结构优化理论的融资问题，科学权衡债务资金的避税优势和高财务风险，审慎进行资本结构优化决策。

首先，要通过安排大量的多方案的比选和优化案例训练，让学生学会运用工程经济分析方法进行工程设计方案比选及优化。

其次，让学生以执业者（咨询工程师）身份置身于多方案比选优化中，通过真实项目的评价和优化过程，真实体验、感受多方案比选和优化的重要意义，体会由于备选方案少，评价结论单一带来的决策不稳妥、不可靠乃至不科学的问题，从而警示学生在未来职业中必须精益求精。

再次，开展工程经济评价优秀案例教育，通过了解三峡工程、南水北调工程等国家重大工程项目的可行性研究经过了几十年的漫长过程，感受咨询工程师的严谨、审慎、负责态度、客观、公正、科学的求实精神。

最后，开展反面典型案例教育，从决策失败的工程案例中探寻现金流归集的错误、基础数据的主观、工程经济评价的败笔、决策建议的疏忽等导致失败的缘由，警示工程经济评价的文本工作对于现实工程的影响，激发学生钻研奋进、精益求精、追求卓越，埋下工匠精神的种子。

**5. 辩证唯物主义矛盾论与系统论——专业知识：价值工程原理**

将辩证唯物主义的矛盾论和系统论与价值工程原理的专业知识相结合。教学过程中深刻把握Miles式思考的逻辑，学习、借鉴工作研究、工作设计、工作创新的思路历程。对比研究TQC、IE及VE，学习借鉴为了项目"有效性"从动时研究、成本控制（IE）到全面质量管理的"局部解决方案"再到关注质量与成本的匹配、全面提升价值（VE）的"全面解决方案"，从而准确理解和把握价值管理的核心、目标和基本工作流程，让学生能用系统的观点、思维和方法进行工作优化，以提升工作效能和活动价值。

首先，解析Miles式思考——抓主要矛盾或矛盾的主要方面。抓住了这个牛鼻子，就会有事半功倍的效果，之后的路径的寻找和选择只不过是实现这个目的的手段，它们是目的和手段的逻辑关系，不可本末倒置。

其次，探究管理的历史，对比研究IE、TQC及VE等现代化管理方法，感悟IE、TQC及VE，从历史变迁中学习从局部入手到系统推进的哲学思想、系统观点、整体思路。

再次，通过PBL教学，结合真实项目案例，系统理解、把握价值管理流程，学习基于价值管理效能的ABC分类方法，抓关键的少数的矛盾论观点，基于价值提升的性能和成本协同设计的系统观点、权衡用户价值、厂商价值和产品价值的哲学思维以及用户、研发、设计、生产、材料、工艺等全员参与的整体解决方案。

按照这样一种思想，在工作中要学会"弹钢琴"，牵"牛鼻子"，不能胡子眉毛一把抓，更不能丢了西瓜捡了芝麻。工作方案优化、创新可以从局部做起，积累经验、完善方案，再整体推进。

## 五、教学效果

通过精心设计课程教学，保障授课教学效果，达成教学目标。在教学过程中，坚持教书与育人相统一，挖掘并积累思政元素，以"春风化雨、润物无声"的形式，隐性融入公共事业管理专业课程课堂教学环节，不断丰富课程思政的内涵，在传授专业知识的同时，引领学生思想、塑造价值观、培养家国情怀。学生通过课程学习，感受中国力量、中国制造、中国精神、中国故事，感受作为新一代建设者的责任与担当，建立我们的民族自豪感、民族自信心、民族创造力，感受在党的领导下，健康生活的幸福和美好。

## 六、教学案例对管理类课程的推广

在教学实施过程中，通过灵活多用的教学模式，创新的教学方法，保障课程质量，凝练出"四步三段九环节"教学设计，以学生为中心，通过线上线下、课堂内外、理论实践、面授翻转多种形式，将社会主义核心价值观融入教育教学全过程，培养懂得工程技术，又具有管理学、经济学等知识的综合专业人才，培养经济管理实践能力强、创新能力突出、具有团队协作精神和家国情怀的复合型人才，培养德智体美劳全面发展的社会主义建设者和接班人。本课程融合隐性思政的教学模式，可供其他经济管理类课程借鉴并推广应用，使专业课程与思政教育同向同行，形成协同效应。坚持立德树人为中心，践行"门门课程有思政""教师人人讲育人"，提高课堂教学效果和质量、提升学生学习热情。

# 《中级财务会计A-2》课程思政教学设计

管理学院　韩艳红

　　该课程主要涉及会计要素的确认、计量、记录与报告，教学中既强调理论基础，又需根据国家相关会计法规的变化及时更新教学内容。课程融入社会主义核心价值观、职业素养和职业道德、优秀传统文化等课程思政点，让学生在专业知识的学习过程中树立社会利益为先的理想信念，积极认识到应有的社会责任，做到明德于心。

## 一、课程定位

　　《中级财务会计》是会计学专业的专业核心课程，该课程是一门实务性非常强的课程，主要涉及会计要素的确认、计量、记录与报告，教学中既强调理论基础，又需根据国家相关会计法规的变化及时更新教学内容。本课程在会计学科课程体系中处于承前启后的地位，既是对先修课程《初级财务会计》的具体运用，又是进一步学习《高级财务会计》的必要前提和基础。

## 二、课程思政教学目标

　　《中级财务会计》教学内容将体现思想性、理论性、现实性与前瞻性，达到理论与实践相统一。在课程思政视域下，在课堂理论教学中，让学生形成健康的世界观、人生观、价值观、法治观和道德观，养成良好的会计职业素养，具备会计职业道德，会计职业行为规范，践行社会主义核心价值观于日常工作之中，做到"爱岗敬业、遵循准则、不做假账"。

## 三、课程思政教学设计

### 1. 开设"德育"专题，显性输入式教学

　　在学习《中级财务会计》的过程中，关于会计人员的职业道德和职业素养、价值观的培养是很重要的内容。在教学活动中，结合思想政治教育的内容体系，选择实施思想政治教育的切入点，合理把握课程教学内容与思政之间的契合点。在教学过程中，将这一部分的知识目标和课程思政目标有机融合，进行系列专题讲授。

### 2. 寓教于常于行，隐形渗透式教学

　　将思政教育落实到常规的教学活动当中，真正落实"课程思政"教育理念，务必在日常课程中的各个阶段融入注重学生价值观的培养。在备课环节精心巧妙地进行教学设计，在课程的各个阶段，涉及与会计人员职业道德有关的内容时，重复并加深学生对此知识点的印象，直到记忆深刻。

课程思政优秀教学设计（医学、经管文法艺篇）

### 3. 线下线上结合，互动体验式教学

注重教学方法和手段的创新，充分利用互联网和新型媒体技术与平台，促进网络信息技术与专业教学的深度融合，构建和完善线上平台课程思政资源，实现线上网络互动和线下课程教学育人相结合，让学生在专业知识的学习过程中深入思考作为一个财务人的使命和责任，潜移默化地实现知识教授与价值引领相统一的教育目标。

### 四、课程思政元素的融合

1. 在讲解负债项目关于应交税费知识点时，结合明星偷漏税被巨额罚款事件，融入践行"社会主义核心价值观"中的法制理念。通过明星偷漏税反面案例让同学真切感受"偷税抗税违法，纳税协税光荣"，激发同学们的家国情怀和担当意识，做一个自觉纳税的遵纪守法好公民。同时在教学过程中结合课程内容介绍最新理论和法规，有利于在潜移默化中深化学生对于依法治国理念的理解，提高学生的法治道德修养。

2. 在讲解收入知识点时，根据瑞幸咖啡虚构收入财务造假的案例，融入社会主义核心价值观的诚信元素。让同学们深刻了解诚信是建立社会主义和谐社会的内在要求，企业或个人在风险管理过程中必须保持最大限度的诚意，双方都应恪守信用，不能欺骗和隐瞒。同时针对该事件在国际社会中对中国企业带来的一系列负面影响，唤起大学生对民族尊严的重视，唤起中华儿女担负传承五千年优良传统的责任感。教育学生要以诚信为本、操守为重、坚持原则、不做假账，提高会计学专业学生的职业道德底线。

3. 在讲解财务报告编制时，手脑并用，用精益求精的工匠精神和严肃认真的科学精神，处理票据业务要细心精确，审核原始单据要独立公正，编制记账凭证要规范，完成账簿的登记，编制会计报表。通过模拟公司业务自觉维护国家利益、社会利益、集体利益，提供会计报表要真实准确，体现客观公正，从而践行"社会主义核心价值观"中公正和诚信理念，养成细心、责任、担当等良好的职业素养和职业道德。

### 五、教学效果

通过精心的教学设计有效调节和控制教学进程，激发学生课程学习的热情和积极性，促进教学效果的提升。《中级财务会计》课程以教学育人为导向，认真挖掘和梳理各类专业课程中的思想政治元素，通过教学目标、教学起点、教学内容、教学时间和教学方法等方面的设计，将德育元素通过课程教学设计融入专业课程教学的各环节中，以专业知识为载体进行德育工作，达到价值观念教育与知识教授同频共振。

综合运用混合式、情景模拟教学和案例教学等多种教学方法，巧妙地将情感和价值观念教育融入多样化的课程教学之中，让学生在专业知识的学习过程中树立社会利益为先的理想信念，积极认识到应有的社会责任，做到明德于心。

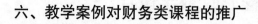

### 六、教学案例对财务类课程的推广

本课程显性与隐性相结合的教学模式，可供会计学专业的其他课程借鉴并推广使用，以便全面提升会计学专业学生的职业道德和专业素养。

# 《管理学》课程思政教学设计

管理学院　韩彩欣

该课程主要讲述管理学的基本概念、管理学发展史、管理环境分析、管理学基本职能等，通过融入课程思政点，引领学生思想，塑造价值观，培养家国情怀、工匠精神、责任感与担当精神，培养不畏艰难，勇于创新的意识，培养学生珍惜时光、珍惜生活、感恩父母、尊重他人与自己的态度，培养符合新时代需求的现代化人才。

## 一、课程定位

《管理学》课程是公共管理系和劳动与社会保障系所有专业开设的专业基础课程。作为管理学的基本理论、基础理论、方法论和意识形态，《管理学》无疑承担着启蒙和型塑学生专业思维、专业理念和专业伦理的重要作用。课程教学内容有管理学基本概念、管理学发展史、管理环境分析、管理学基本职能，采用课堂讲授、案例教学、情景模拟等教学方法，为后续公共事业管理相关专业课程的学习打下坚实的基础。

## 二、课程思政教学目标

《管理学》课程落实"课程育人"，在知识性和能力性目标之外，旨在突出管理技能培养的同时，学生通过课程相关专业知识和理论，结合中国传统文化、中国共产党党史、学生自我管理与控制等方面，培育并践行社会主义核心价值观、公共部门核心价值观、个人价值观，实现专业课程与思政课程的同心同向育人格局具有重要意义和独特的优势。这主要表现于：①开设时间优势，《管理学》一般在大一开设，引导学生在大一做好规划、明确目标；②课程内容的育人优势，《管理学》以决策与计划、组织、领导、控制和创新等职能为主线，这与学生学习生活联系密切，在课程育人方面具有独特的功效。

从国学中学东方管理智慧、从党史中学组织管理经验、从实践中学自我管理工具，以马克思主义理论思想为引领，在教学中融入社会主义核心价值观、十九大精神、党的优秀组织管理经验等内容，通过管理思想、管理理论和管理实践的介绍，培养学生文化自信和民族自豪感，帮助学生树立正确的价值观，按照管理的规律进行科学思维，成为本课程的教学目标定位。

## 三、课程思政教学设计

在教学过程中，根据各个教学单元的内容特点，选取更切合的课程思政教学目标融入，并配合以相应的教学活动设计，促进知识、能力和课程思政教学目标的同步有效达成。

**1. 实施思路**

课程思政是一个系统的体系，是基于教育对象的身心特征，通过科学规划和系统设计，使思想政治教育与专业课程设计及实施紧密结合，目的在于把价值观培育和塑造"基因式"地融入专业课程，将教书育人的要求落实在课堂教学上。

**2. 重点措施**

课程思政突破了传统的教育范式，搭建了全新的教育载体，明确了专业课程对大学生思政教育过程中的功能定位，实现与思政理论课同向同行、协同效应具有重要意义。

（1）明确课程思政的内涵和要求。

以《管理学》课程为载体，以隐性教育的方法，将思想政治教育的原则、要求和课程内容设计、课程实施等有机结合起来，深度开发，充分挖掘和激发专业课程中的思想政治教育内涵。

（2）融合课程知识传授与价值引导。

找准"契合点"，以无缝对接和有机互融的方式，建立思想政治教育与《管理学》课程之间的内在契合关系。这就要求教学中要立足管理学科的特殊视野、理论和方法，创新《管理学》课程话语体系，实现专业授课中知识传授与价值引导的有机统一。

（3）开发课程思政资源体系。

《管理学》课程资源的开发以不影响课程自身的知识图谱、逻辑体系和内在有机结构为前提，并基于课程特色和学校特色进行辅助读物开发、延展资料开发。如基于学科的思想政治教育影音资料的开发，基于课程实践基地和平台的思想政治教育资源的开发等。

（4）构建课程教师与思政教师互动模式。

立足《管理学》课程教师的专业发展，与思政课任课教师合作，建立互动合作模式，常态化培训、伙伴式合作不仅能够提升本专业课程教师的思想政治素养，更能够完善其教学方法体系，优化教学能力结构。

**3. 主要内容**

《管理学》课程中所蕴含的思政元素较丰富，主要表现在：①马克思主义哲学；②社会主义核心价值观；③中国传统文化思想和管理智慧；④个人素养和职业素养，如工匠精神、敬业精神、科学精神、奉献精神和企业家精神等；⑤借助特定情境，融入思政元素，如借助全民公祭日，让学生感受红色文化，以营造爱国主义教育的现实情景和庄重氛围，衬托和彰显课程主题。

（1）在管理思想史部分融入我国传统文化，体现东方管理智慧，培养学生的民族自豪感和文化自信。

在讲解管理思想史中国部分时，结合儒家的《论语》、道家的《道德经》、法家的《韩非子》、兵家的《孙子兵法》等内容，中华五千年文明凝结了无数先人的智慧和经

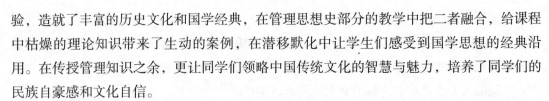

验，造就了丰富的历史文化和国学经典，在管理思想史部分的教学中把二者融合，给课程中枯燥的理论知识带来了生动的案例，在潜移默化中让学生们感受到国学思想的经典沿用。在传授管理知识之余，更让同学们领略中国传统文化的智慧与魅力，培养了同学们的民族自豪感和文化自信。

（2）在管理者道德和社会责任部分，培养学生的爱国精神社会主义的核心价值观念，报效祖国，做担当民族复兴重任的时代新人。

这部分的教学可以借助为新冠肺炎疫情逝者默哀、企业家慈善捐款等活动进行，以企业家的爱国主义精神、公职人员的职业道德修养等为教学主题，结合华为、海尔等企业、霍英东、何鸿燊等的爱国故事讲解著名企业家无私奉献祖国的爱国精神，开拓进取振兴民族实业的报国之举，阐释爱国精神在管理激励理论中的重要地位和组织文化建设中的重要意义，激励同学们从自我做起，立志努力学习建功立业报效祖国，做担当民族复兴重任的时代新人。

（3）在计划、组织、领导、激励、控制等环节，把党的优秀组织管理经验、社会主义核心价值观和十九大及之后的精神融入课程。

计划部分可以从"一带一路"倡议的提出，组织部分可以从党史中学组织管理经验：自1921年，中国共产党从成立到发展经历了风风雨雨、峥嵘坎坷，但始终正确地引领我们走中国特色社会主义道路。近百年历史中孕育出的党的优秀组织管理经验自然也是一笔不小的精神财富。不同的章节对应不同的党的组织管理经验、社会主义核心价值观，并且紧跟时代融入十九大及之后的重要会议精神。例如，在组织单元中，用"三湾改编"这一经典案例导入，使同学们很容易地理解了组织设计的重要性；在人员配备单元中选择毛泽东使用罗荣桓的故事通俗易懂地说明了识人和用人艺术；让同学们通过课后阅读黄大年教授的事迹从而潜移默化地培育"爱国"这一社会主义核心价值观；通过学习"工匠精神"的模范代表许振超从而培育"敬业"这一社会主义核心价值观。由远及近，深入浅出地将党的优秀组织管理案例、党员的先进事迹融入课程知识点中。这些内容，对于加强学生的党史学习教育、提高学生的道德品质、培养学生成为社会主义事业合格建设者和可靠接班人都有很大的作用。

在控制环节部分，结合党的八项规定、监察部的成立等，体现管理控制的预先控制的重要性，监察部的职能更好体现了国家管理中控制职能的体现。

（4）在讲述管理者的基本技能、计划、激励和控制等环节时，把学生的个人管理和控制等内容融入进去，提升学生自我管理和控制能力。

关于制定计划这一主题，要求学生结合时间管理法制定一份一周课余时间安排计划，详细到小时，之后反思自己的时间用到了哪里，从而让学生切身体会到时间管理的重要性。同时，也可以通过让学生写情绪日记、感恩日记、假如你的生命只剩下三天等活动，

这些课后个人作业把课堂中的理论知识与生活中的实践结合到一起，也用事实教会了学生很多生活中的小道理，让学生在平时实践中学会自我管理，从而为"立德树人"打下了良好的基础。

### 四、课程思政元素的融合

管理学课程教学过程中，课程思政元素的融合具体见表1：

表1 《管理学》主要教学内容和思政内容的融合

| 教学内容 | 育人元素 | 融入途径 | 拟解决学生的问题 |
|---|---|---|---|
| 绪论 | 融入社会主义核心价值观，培养学生团队合作精神 | 给学生分组，参与《管理学》教学各个主要内容的学习，引导学生如何在团队中发挥自己的作用、团结协作，端正学习态度，为团队贡献自己的力量。 | 从高中步入大学阶段的迷茫、松懈、适应学习方式的转变、提高自我管理能力，梳理团队协作的意识。 |
| 管理学发展概述 | 融入社会主义核心价值观、融入"四个自信"元素 | 管理概念融入习近平治国理政、国家治理的思想；管理者的角色和技能、管理者道德融入社会主义核心价值观：爱国、敬业，通过《首席执行官》等短片的收看，让学生理解我国优秀企业家的爱国情怀和责任担当；管理思想史的介绍让同学理解四个自信，掌握我国传统管理思想中的精髓。 | 让学生了解国家政策、融入青年责任担当、提升学生的责任意识和爱国情怀、培养学生正确的价值观念、增强文化自信。 |
| 决策 | 培养学生正确的人生观和价值观 | 大学阶段人生也面临着非常多的决策问题，如在有限的黄金时间里做什么事情，选择什么样的朋友等，让学生理解选择正确的事情，做出正确的决策的重要性；如何选择朋友，让学生理解决策的原则和标准；商务决策模拟训练让学生理解诚信的重要性。以新冠肺炎疫情为例，我国面对突发公共卫生事件时以人民的生命和财产安全为首要目标，体现了我国的制度优势。 | 进入大学，许多同学缺乏对自身准确的分析，往往把时间浪费在不重要的事情上，帮助学生树立正确的目标和人生方向并为之努力。 |
| 环境分析 | 十九大精神、培养学生正确的人生观和价值观 | 带学生了解我国当前的发展现状以及面临的机遇和挑战，了解"一带一路"、"互联网"等政策带来的影响；环境分析方法的介绍，让学生学会分析自身所处的环境、客观评价自身优劣势，明确未来的四年的发展规划。 | 让同学了解中国发展现状、了解国家政策；明确自身的优劣势，思考未来四年学习乃至以后职业生涯发展方向问题。 |
| 计划 | 十九大精神、培养学生正确的人生观和价值观，培养职业素养 | 在介绍目标时，让同学了解中国"两个一百年"目标、国家"十四五"规划和其他重大发展规划，使同学了解国情、提高责任感。通过对学生是否制定学习计划问题的提问，让同学理解计划的重要性，学会制定计划。"我的时间去哪了"——制定个人计划，学会管理自己的时间，制定个人学习计划。 | 引导学生了解国家发展现状、"十四五"规划的重要性；树立正确的目标，制定未来的计划，保证四年大学生活过得有价值、有意义，实现了自己的目标，为以后发展打下基础，培养自己良好的职业素养。 |

续表

| 教学内容 | 育人元素 | 融入途径 | 拟解决学生的问题 |
|---|---|---|---|
| 组织 | 从党史中学习党的组织管理经验、人员配备中树立正确的价值观、中国传统文化的影响、公职人员应该具备的品质 | 在组织设计和组织变革时，以"三湾改编"为例，让学生深刻理解组织设计对我党我军的重要性；组织设计原则时，结合我国2018年组织机构的变革、当前公共管理领域"九龙治水"深刻理解组织设计的重要性，学生要有责任担当；人员甄选时标准和原则体现社会主义核心价值观念，训练学生具备理想职业的职业素养；组织文化讲解时让同学理解中国传统文化对组织文化的影响，全面理解传统文化的影响。 | 引导学生学习党史、理解组织设计的重要性，通过组织文化的学习，学会如何建立优良的班级文化，让同学深处其中，带领同学共同进步；思考班干部需要具备的素质和条件，锻炼自己和完善自我。 |
| 领导、激励 | 社会主义核心价值观、十九大精神的融入 | 让同学们自己说出心目中成功的领导者，让学生自己总结这些人物具有的品质和特征，体会领导者应该具备的素质和品质；中国优秀企业家的介绍，让同学们了解其是如何践行社会主义核心价值观的。在激励部分，结合我国十九大提出的我国社会的主要矛盾，引导学生分析当代大学生的自我需求，如何进行激励。 | 提高学生的综合素质、学会制定班级激励计划，调整努力方向，在为人民服务中同时实现自我价值。 |
| 沟通 | 社会主义核心价值观、个人自我修养水平提高、培养逆商 | 在如何实现有效沟通时，把经典的诚信故事引入，帮助学生树立诚信的价值观念；在面对冲突时，通过正向和反向例子的引入，让学生学会如何应对突发事件、学会控制情绪、选择正确的沟通渠道，妥善解决可能遇到的矛盾。 | 引导学生树立正确的价值观，针对大学生思想不够不成熟、容易冲动等特征，让其学会如何妥善管理情绪，选择正确沟通渠道，妥善解决面对的矛盾和问题，提高个人修养水平，学会为人处世的道理，提高沟通水平。 |
| 控制 | 社会主义核心价值观、工匠精神、公职人员的应该具备的品质 | 通过正反案例，让同学们体会控制的重要性，提炼出责任、担当、敬业、诚信等价值观；通过预先控制的讲解，当前对公职人员的教育和要求，就属于预先控制的内容；重大的安全事件和质量问题，让学生学会认真、负责、具有工匠精神。 | 引导学生学会在不同层次的管理中都要学会控制，提高学生严谨、细致、认真、负责的职业素养。 |
| 创新 | 社会主义核心价值观、个人特质的培养和锻炼 | 通过中兴事件让学生体会到芯片领域我国与先进国家的差距，这种情况同样体现在其他领域，正确认识这种差距，分析自身优劣势并将其转化为奋发图强的动力；通过高铁、互联网、港珠澳大桥的建设等让学生体会我国处于领先水平的领域，增强学生的民族自信心；再结合管理创新的案例，体会管理创新带来的价值，激发学生的创新意识。 | 鼓励学生奋发图强，通过管理创新，能够为推动未来卫生事业和政府部门管理水平努力学习。 |

### 五、教学效果

通过精心设计课程教学，保障授课教学效果，达成教学目标。在教学过程中，坚持教书与育人相统一，挖掘并积累思政元素，与《管理学》授课内容深度融合，让学生在学习管理学专业知识的同时，起到引领和纠正学生思想，塑造价值观的作用，培养家国情怀，培养工匠精神，培养责任感与担当精神，培养不畏艰难、勇于创新的意识，培养学生珍惜时光、珍惜生活、感恩父母、尊重他人与自己的态度，培养出符合新时代需求的现代化人才。

# 《医疗保险A》课程思政教学设计

管理学院　张　洁

该课程是劳动与社会保障专业本科三年级开设的必修专业课程，也是劳动与社会保障专业的基础课程。该课程的教学有利于加强学生对医疗、医保、医药之间的关系的理解，承担着启蒙和型塑学生专业思维、提高专业能力的重要作用。教学中融入社会主义制度的优越性、全民医保时代的中国梦、爱国主义与使命担当等课程思政点，培养学生的爱国情怀、使命感、责任感与自豪感。

## 一、课程简况

《医疗保险A》课程是劳动与社会保障专业本科三年级开设的必修专业课程，也是劳动与社会保障专业的基础课程。作为医疗保障乃至社会保障重要的内容之一，《医疗保险A》有利于加强学生对医疗、医保、医药之间的关系的理解，承担着启蒙和型塑学生专业思维、提高专业能力的重要作用。

## 二、课程思政教学目标

立足课程思政的现代课程观，《医疗保险学A》课程重新认识、重新定位和重新塑造了教学目标，在知识性和能力性目标之外，还将"社会主义制度的优越性、全民医保时代的中国梦、爱国主义与使命担当"的课程思政目标融入其中，贯穿于课程教学大纲的各个单元，实现了课程思政建设与教学目标的契合，与教学内容的融合，与教学素材的整合，与教学过程的结合。

## 三、课程思政教学实施设计

在教学过程中，根据各个教学单元的内容特点，选取更切合的课程思政教学目标融入，并配合以相应的教学活动设计，促进知识、能力和课程思政教学目标的同步有效达成。

1. 在医疗保险的概念、性质、特征、体系、模式等讲授部分突出"社会主义制度的优越性"的思政目标。这部分的知识核心是使学生了解医疗保险的基本知识，立足国际视野，构建医疗保险的基本思维能力，促进学生真正在专业视角上掌握医保体系，尤其是医疗机构与医保之间的关系。

该部分让学生站在国际视野探讨当代医保的体系，分析不同的医保模式的优劣，客观评价医保的作用与价值，通过视频、案例以及讲解等方式，辨析医保模式的优劣。例如，讲到国家保障型医保模式时，用视频启发学生思考，"全民免费是真的免费吗"，"费

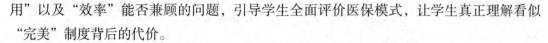

用"以及"效率"能否兼顾的问题，引导学生全面评价医保模式，让学生真正理解看似"完美"制度背后的代价。

2. 在我国医疗保险制度沿革、社会医疗保险基金的筹集、社会医疗保险基金的支付等部分的讲授中融入"全民医保时代的中国梦、爱国主义与使命担当"的思政目标。只有真正让学生了解我国医保的历史与改革过程，才能切实理解我国医保的改革以及实践意义。只有在时代背景下了解医保，深入体会医保发挥的作用，才能够在知识层面上有利于学生学习枯燥的理论内容，有利于学生形成坚定的职业信仰，极大的激发学生的自主学习动力和克服学业困难的毅力。

该部分主要选取中国医保建立与改革历程中有代表性的事件和人物，唤起学生的医保情感体验。例如，用百年间伴随中国革命、建设、改革的强国史的医保历程，唤起学生投身医保建设的爱国情怀和强国的使命感；用医保在不同时代发挥的作用唤起学生在国家医保改革进程中的职业使命感；用当代热点中的医保实践唤起学生对专业学习与实践的责任感与自豪感。

# 《卫生经济学》课程思政教学设计

管理学院　赵　燕

该课程将卫生经济学的教学与党和国家关于"健康中国"建设的重大战略相结合，通过价值引领与知识传授相融合、理论和实践教学相联动，让学生在学习实践中深入理解"健康中国"战略，牢固树立以促进全民健康为己任，为推进"健康中国"宏伟蓝图的建设添砖加瓦。教学中引导学生牢固树立为人民服务的理念，把维护人民群众健康权益放在第一位，为实现全民健康而奋斗。

## 一、课程定位

人民健康是民族昌盛和国家富强的重要标志。十九大报告提出，将"实施健康中国战略"作为国家发展基本方略中的重要内容，这是以习近平同志为核心的党中央立足长远发展和新时代美好生活需要作出的一项重要战略安排，是以人民为中心的健康福祉发展理念。《"健康中国"2030规划纲要》中强调，要将健康融入所有政策，将健康教育纳入国民教育体系，把健康教育作为所有教育阶段素质教育的内容。《卫生经济学》作为公共事业管理专业的一门必修课程，将卫生经济学的教学与党和国家关于"健康中国"建设的重大战略相结合，通过价值引领与知识传授相融合、理论和实践教学相联动，让同学们在学习实践中深入理解"健康中国"战略，牢固树立以促进全民健康为己任，为推进"健康中国"宏伟蓝图的建设添砖加瓦。

"没有全民健康，就没有全面小康。"卫生事业是以最大限度地保持和促进人民的健康为目的，以研究卫生服务、健康与社会经济发展相互关系及其经济规律和经济行为为主要内容，探讨如何通过有效配置稀缺资源，以最大化改善健康状况为目标。本课程聚焦卫生事业主旨，深入挖掘课程思政元素，将社会主义核心价值观融入教学实践，教育引导学生牢固树立为人民服务的理念，把维护人民群众健康权益放在第一位，为实现全民健康而奋斗。

## 二、课程思政教学目标

立足课程思政的现代课程观，《卫生经济学》课程重新认识、重新定位和重新塑造了教学目标，在知识性和能力性目标之外，还将"树立正确价值观、构建创新思维、树立远大长远目光"的课程思政目标融入其中，贯穿于课程教学大纲的各个单元，实现了课程思政建设与教学目标的契合，与教学内容的融合，与教学素材的整合，与教学过程的结合。

### 三、课程思政教学实施设计

在教学过程中，根据各个教学单元的内容特点，选取更切合的课程思政教学目标融入，并配合以相应的教学活动设计，促进知识、能力和课程思政教学目标的同步有效达成。

1. 在卫生经济学的概念与基本理论、卫生服务需求与供给、卫生服务市场的特征与作用、卫生服务成本与卫生服务价格等基础知识的讲授部分突出"树立正确价值观"的思政目标。只有真正让学生体验到卫生经济的精神意蕴与价值追求，才能切实理解复杂卫生经济学理论背后的实践意义。这部分的知识核心是在理解每个知识点的基础上挖掘背后的隐形价值观，在树立公共事业管理专业学生的正确价值观的同时，又能够促进学生真正在专业视角上掌握卫生经济学的专业术语，整合自己的知识体系，形成正确的思维方式和价值意识。

2. 在卫生资源配置、卫生筹资与卫生费用、卫生人力资源、卫生财务管理等理论性与实践性较强的部分讲授中融入"构建创新思维"的思政目标。在这些内容的讲授中需要将理论和实践密切结合起来，让学生能深入了解其内涵和外延，能更形象深刻地了解其内在机理，并能运用创新思维将理论灵活运用到实践中。实际操作的能力绝不是一成不变的，实践是检验真理的唯一标准，只有让学生在实践中构建创新思维去灵活地掌握卫生经济学的理论和方法，增强实际操作的能力，才能学以致用并更好实现人生价值。

3. 在疾病经济负担、卫生经济学评价、医疗保险等教学内容中加入"树立远大长远目光"的思政目标。对于大二的公共事业管理专业学生，社会责任感和时代使命感能够帮助他们树立长远的发展目光，以积极向上、吃苦肯干的工作热情投身实际工作中，从而更好促进卫生健康事业的可持续发展。

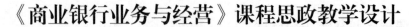

# 《商业银行业务与经营》课程思政教学设计

经济学院　赵　晶

该课程主要讲述商业银行的基本经营理论、管理理论和主要业务的实际操作，培养学生业务操作能力、管理能力和创新能力，融入职业道德、民族精神、个人品德、改革创新、时代精神等课程思政点，培养学生职业自豪感及为国家经济发展、人民幸福奉献的精神。

## 一、课程定位

《商业银行业务与经营》课程是金融学专业本科三年级开设的专业必修课程。本课程为金融学本科教育的一门基础理论与基本业务知识相结合的应用学科，通过本课程的学习，使学生对商业银行的基本经营理论、管理理论和主要业务的实际操作有一个比较系统、全面的了解，从而开阔学生视野，培养学生的业务操作能力、管理能力和创新能力，以适应从事商业银行各项业务的基本需要。为了更好地实现这一目的，教师在教学过程中，要善于将讨论、答疑等教学手段有机地结合起来，同时，要注意启发和引导学生联系我国商业银行的业务经营实际进行比较研究，使学生加深对教材内容的理解。

## 二、课程思政教学目标

立足课程思政的现代课程观，《商业银行业务与经营》课程重新认识、重新定位和重新塑造了教学目标，在知识性和能力性目标之外，还将"遵守商业银行运作规范，坚守法律和道德底线，发挥金融中介职能，助力中国经济发展"的课程思政目标融入其中，贯穿于课程教学大纲的各个单元，实现了课程思政建设与教学目标的契合，与教学内容的融合，与教学素材的整合，与教学过程的结合。

## 三、课程思政教学设计

本课程中主要以案例引入为主要的课程思政形式，根据具体情况，结合学生讨论、学生分享等方式进行。本门课程将"遵守商业银行运作规范，坚守法律和道德底线，发挥金融中介职能，助力中国经济发展"的思政内容贯穿于整门课程始终。同时，在教学过程中根据各个教学单元的内容特点，选取更切合的课程思政教学目标融入，并配合以相应的教学活动设计，促进知识、能力和课程思政教学目标的同步有效达成。

通过利用时事内容，抓社会热点，引发学生的讨论与思考，同时将所学理论知识和热点问题引发的道德等问题相结合，进行教学设计，让同学们更有代入感，增强学生的体验感，自觉体会并增强爱国主义、爱岗敬业等道德情操，达到德育、智育的双重目标。

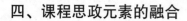

## 四、课程思政元素的融合

在教学过程中，根据各个教学单元的内容特点，选取更切合的课程思政教学目标融入，并配合以相应的教学活动设计，促进知识、能力和课程思政教学目标的同步有效达成。

1. 在导论、商业银行资本管理、负债业务的经营管理、现金资产业务、贷款业务、银行证券投资业务、租赁和信托、表外业务、其他业务等基础知识的讲授部分突出"遵守商业银行运作规范，发挥金融中介职能，助力中国经济发展"的思政目标。这部分的知识核心是构建学生对于商业银行业务体系的整体认知，同时了解各业务模块的业务原理和操作流程；在了解了业务的基本定义、功能、特点等的基础上，通过具体案例又能够促进学生真正从投资银行从业者的专业视角上掌握这些看起来生涩难懂的专业术语，整合自己的知识体系，而非像以往的学生只是对知识进行简单零散的识记。

该部分内容让学生学习各个业务模块中的真实交易过程，通过剖析各业务模块业务背后的原理，强化专业理性思维对学生原有认知的整合。例如，讲到负债业务时，通过对比银行负债业务与其他企业负债业务的异同，可以让同学们更深刻的理解商业银行产品设计的初衷以及它发展的原理，引导学生思考创新的意义和价值，同时让学生真正理解看似简单的操作原理背后深刻的逻辑和对于整个金融体系稳定运行的重大意义，使学生也认识到遵守商业银行运作规律才能真正实现金融价值。

另外，我们也可以通过各业务模块业务操作的案例，让学生们理解到商业银行在资源配置中的重要作用，体会商业银行在促进我国经济平稳发展过程中的重要作用。例如，讲到表外业务中利用期货、期权等衍生品进行套期保值的相关案例的介绍，再加以基础资产的对比，可以让同学们更直观、更深刻地体会到各种金融工具在我国经济发展过程中的重要作用，对于稳定金融市场、稳定经济的重要意义。

2. 在各业务章节中，我们还会有关于风险控制的相关教学内容。在这部分的讲授中融入"坚守法律和道德底线"的思政目标。只有真正让学生体验到法律和道德在商业银行运营中的重要作用及价值意义，才能切实理解商业银行在保障金融市场稳定运行的重大意义。这种坚定的底线信念一旦形成，既能够在知识层面上有利于学生学习枯燥的理论内容，又有利于学生形成坚定的职业信仰和职业操守，极大地激发学生的自主学习动力和克服学业困难的毅力，也有利于学生在将来从业过程中遵纪守法，合规操作。

该部分主要选取身边的事例，以小见大，使学生们可以切实体会到商业银行从业人员在参与市场运作过程中坚守法律和道德底线的意义。例如，在介绍商业银行资本管理时，如何有限管理资本，按照法律要求操作，降低商业银行经营风险，保障金融市场稳定。在介绍贷款业务时，强调业务经理按规章操作，不谋私利，有利于贷款的安全性和稳定性，

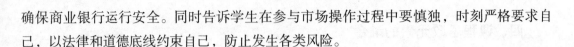

课程思政优秀教学设计（医学、经管文法艺篇）

确保商业银行运行安全。同时告诉学生在参与市场操作过程中要慎独，时刻严格要求自己，以法律和道德底线约束自己，防止发生各类风险。

## 五、教学效果

本门课程通过课程思政教学设计，将理论知识与思政内容完美融合，以润物细无声的方式将思政教育传递给学生，同时结合社会热点问题，讲好中国故事，不断丰富课程思政的内涵，实现显性教育与隐性教育相结合，减少教师一味地灌输，更多地让学生自我体会、自我感受，让同学们发自内心地深刻感受到中国力量、中国自信和中国精神，感受作为新一代中国人、新一代中国金融人的责任感与自豪感，真正达到课程思政教学目标，做到学生德育与智育相统一，师生共进，做到教书与育人相统一。同时，通过整门课程统一的、不断的课程思政，形成统一的思政理念，让同学们在学习知识的过程中不断接受思政教育并践行，做到知行合一，内化于心，外化于行。

# 《酒店礼仪英语》课程思政教学设计

外国语学院　王雪彤

　　该课程主要讲述酒店礼仪的基本理论知识和酒店管理服务的基本技能，阐述酒店各种基本的职能划分及实际操作，培养学生的创新思维和实践能力，融入创新精神、爱国主义、社会公德、职业道德等课程思政点，培养学生酒店服务、管理能力和乐业敬业的奉献精神。

## 一、课程简况

　　中国酒店业的发展历经了80年代初的茫然无措，到90年代开始的突然启动，再到现在的生机盎然。历经30年的风雨，中国酒店业的生命力愈加旺盛。中国的酒店业是最早向外资开放的行业之一，早在1982年就出现了第一家合资酒店"北京建国酒店"，在此后的三十年中，中国酒店业更是伴随着国际酒店业的发展取得了良好的发展趋势。现在，中国的酒店行业在中西方交流合作过程中起到了举足轻重的作用，许多酒店不仅为外国友人提供住宿之处，还承办了许多的国际会议和国际展览。酒店行业作为中西方文化交流过程中重要的一环，更应在服务过程中展示中国文化特色，向世界介绍中国、传播中华文化，将中华文化进一步发扬光大。

　　《酒店英语》课程是面向全年级全专业的公共选修课程，是培养学生从事酒店工作所需的实用英语技能的课程。课堂教学内容围绕介绍现代酒店业的各个方面，对学生进行基于完成酒店工作任务的英语口语训练，训练内容体现了酒店服务的各个工作流程，学习本课程，学生能用英语来完成酒店的各项服务工作。

## 二、课程思政教学目标

　　立足课程思政的现代课程观，《酒店英语》课程重新认识、重新定位和重新塑造了教学目标。语言既是文化和意识形态的载体，也是其传播媒介。语言的教学与文化和意识形态内容的传播密不可分，传授一种语言的过程即是传授该语言所代表的文化、承载的意识形态的过程。《酒店英语》课堂教学自然少不了对于英语所包含的西方文化和意识形态等的介绍。

　　近代以来，随着工业革命的成功以及科学技术的不断发展，西方文化有被神圣化的倾向。广大青年由于判断力较弱，很容易受错误思想的影响，对西方文化不加辨别、全盘吸收。因此，在英语教学中的"以批判的眼光学习西方文化"教学目标尤其重要。同时，将"培养学生对民族文化的自信"作为第二个教学目标。"文化自信是一个国家、一个民族发展中更基本、更深沉、更持久的力量。"高度的文化自信是文化繁荣兴盛、民族伟大复

兴的基础。学习西方文化与培养学生的文化自信并不矛盾。在学习英语的过程中，带领青年学子对涉及的西方文化进行全面分析和解读，通过中西文化对比，引导青年学子不断增强自我意识、提高思想觉悟和文化认同感、清楚地认识中华文化的优秀之处，从而对自己民族的文化充满自信心和自豪感。

此外，教学目标还包括"展现中国文化、中国价值、中国力量"。当代学生要坚定文化自信，向世界"讲好中国故事，传播好中国声音，阐释好中国特色"；既要继承中华优秀传统文化又要弘扬时代精神，既要立足本国又要面向世界，即把中华传统文化以及现代文化的创新成果继承下来、传播出去，发扬光大。

### 三、课程思政教学实施设计

在教学过程中，根据各个教学单元的内容特点，选取更切合的课程思政教学目标融入，并配合以相应的教学活动设计，促进知识、能力和课程思政教学目标的同步有效达成。

1. 在西方饮食、宴会承办等单元的教学过程中引导学生批判地学习西方文化，即认清哪些是西方文化中有利于我们发展和进步的东西，哪些是阻止我们前进甚至把我们引入歧途的东西，吸收那些积极的、进步的、文明的、科学的、对我们发展有利的东西，使其与我们的优秀传统文化相结合，助力我们的发展和壮大。

2. 在结账服务、外汇兑换服务将单元引导学生辨识世界主要国家货币和货币名称缩写，挖掘其中的思政教育元素：勇于创新，民族自豪感。在此基础上进行内容拓展，中国创新的移动支付方式有哪些？从探讨答案的过程中引出更便捷普遍的支付方式，如支付宝支付、微信支付等，学习包括不同种信用卡的名称和不同的APP支付方式及其相应的英文表达。适当的内容补充不仅能够提升语言知识，拓展经济知识，也能引发学生对"互联网+"生活在我国普及的自豪感。

3. 在酒店购物、中国饮食、酒水服务等单元授课过程中引导学生搜集中国茶文化、饮食文化和中国特色礼品的相关知识。例如将茶文化的起源、中国茶叶的分类、茶艺、中国八大菜系、丝绸制品、瓷器、国画等内容渗透到课程中，让学生能向外国客人讲解中国文化，从而在酒店服务过程中展现中国文化、中国价值、中国力量。

# 《汉英笔译》课程思政教学设计

外国语学院　王志青

该课程主要讲述汉英笔译的基本理论知识和基本技巧，以及翻译技巧在实际翻译中的综合应用，培养学生双语思维和笔译实践能力，融入民族精神、爱国主义、职业道德、责任意识等课程思政点，培养学生民族自信、文化自信的美育情怀。

## 一、课程定位

### 1. 课程性质

《汉英笔译》课程是英语专业学生本科三年级开设的必修课程，也是英语专业的专业课程。翻译能力是英语专业本科生培养目标"听、说、读、写、译"中的一个重要方面。

### 2. 课程地位

翻译能力是英语专业本科生培养目标"听、说、读、写、译"中的一个重要方面。《汉英笔译》课程，通过师生研读中国文化原语资料，使学生了解中国国情民情；通过教师讲授汉英翻译的基本技巧和理论，理论与实践相结合，以汉英翻译实践为主，提高学生的翻译水平；进行翻译赏析和反思，提高学生译文鉴赏能力；在提高学生英译能力的同时，提高学生的英语沟通能力。

### 3. 课程教学内容与意义

通过课堂讲授、翻译工作坊、探究翻转、经典翻译赏析、混合教学、双语（中英）资料研读、翻译反思等形式的学习，培养学生掌握汉英翻译的技巧在翻译实践中的应用，具备分析和解决汉英翻译中问题的能力，熟悉中国文化原语资料的及其特色词汇的翻译，理解其英语翻译沟通中地位和影响。通过课程的学习，让学生在双语思维、双语语言、双语文化、双语国情的提高下，提高汉译英的能力。

## 二、课程思政教学目标

围绕课程知识传授、能力提升和价值引领相结合的整体目标，挖掘自身蕴含思政的素材和资源，结合自身课程的特色和优势，以汉英翻译理论为基础，构建双语思维，展示译者沟通智慧；以中英双语为对象，对比理解中英双语的特点，实现中英的语言顺畅转换；以双语资料为源泉了解中国国情和文化特色，坚守传递中国文化之心，形成本门课程"三以、双语、双维、一心"的课程思政目标，实现教书、授业、育人、解惑的目标，强化显性思政、细化隐性思政，构筑育人大格局。

### 三、课程思政教学设计

**1. 课程教学设计模式**

课程采取"知识讲授+自主探究+思政元素"的教学设计模式，在讲授翻译理论的同时，以汉英翻译技巧为主线进行自主探究活动，融入隐性思政元素，培养学生双语思维和专业翻译的能力，潜移默化地进行科学精神、价值取向、爱国情怀、译者责任担当，并形成特色的课程教学设计：一条主线+五个素养+四个课程案例库+五种教学方法来实现"一颗中国心"（见图1）。

**一条翻译和思维文化的主线**：翻译是两种语言、两种文化的转换活动，优秀的翻译要精通中英语言、谙熟两国文化。

**五种素养**：促进学生知识传授、能力培养与价值引领有机统一，培养素质过硬的译者；使学生成为精中英双语、有中英思维、有家国情怀、有学习能力、有责任的译者。

**四个案例库**：在教学过程中挖掘思政元素，促进学生知识传授、能力培养与价值引领有机统一，形成四个课程资源案例库译者案例库、译文案例库，中国文化案例库和思政元素案例库。

**五种教学方法**：五个教学方法：坚持以学生为主体、以教师为主导的原则。教师通过翻译策略讲授，使学生具有扎实的翻译理论基础，成为负责任的译者；通过翻译工作坊，使学生实现理论和实践结合，同时培养他们的探究精神和合作精神；通过经典翻译赏析，培养学生对别人译作的尊重、对翻译的探究和批判赏析能力；通过中英双语预料研读，使学生精中英双语，有中英思维，知中国国情；通过翻译探究翻转，培养学生的探究精神，终身学习能力和自主学习能力，实现隐性教育与显性教育相统一。

**一颗中国心**：通过本课程的学习，最终实现本课程的思政目标，使学生具有"体现中文之美、传播中国文化、知晓中国国情、维护中国利益"的一颗中国心。

**2. 课程教学特色与创新**

通过课堂讲授、翻译工作坊、探究翻转、经典翻译赏析、混合教学、双语（中英）资料研读、翻译反思等形式的学习，使学生在双语思维、双语语言、双语文化、双语国情的提高下，提高汉译英的能力，做优秀译者，一心讲好中国故事。

**3. 课程教学设计如何体现课程思政教学目标**

课程以汉英翻译理论为基础，构建双语思维，展示译者沟通智慧；以中英双语为对象，对比理解中英双语的特点，实现中英的语言顺畅转换；以双语资料为源泉了解中国国情和文化特色，坚守传递中国文化之心，形成本门课程"三以、双语、双维、一心"的课程思政目标。

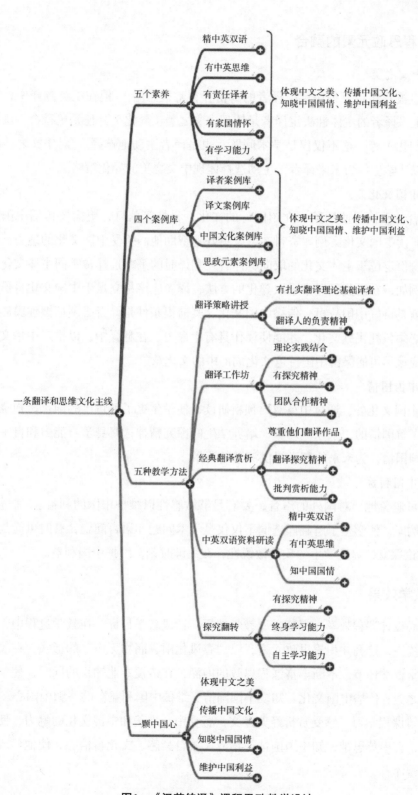

**图1　《汉英笔译》课程思政教学设计**

### 四、课程思政元素的融合

**1. 体现中文之美**

翻译一直被看作是一种桥梁，译者的身份存在常被忽略。但在汉英翻译中，在翻译策略的选择上，译者的主体性决定译者是体现中文之美（异化），还是更符合译文读者的审美需求（归化）等。这不仅仅是学术问题，也是译者主动地选择。对中文之美的体会和感受，可以让学生作为未来译者，主动选择体现中文之美的异化策略。

**2. 传播中国文化**

作为译者，不仅仅使用英文介绍国外的文化、科技等信息，更需要传播中国文化。通过让学生研读中国文化案例库资料，可以更好地帮助他们感受中国文化的魅力。译者把自己的文化身份定位于主体文化的取向，译者在翻译时的策略选择常常同主体文化的民族性分不开。例如，在汉英翻译中采取异化的方法，译者应该是立足于中国文化身份的中西合璧性，这就是讲好中国故事，传播中国文化，其前提条件是译者必须把握住民族特性的身份。译者必须依托民族文化，才能使译作具有生命力。在翻译中，以推广中华文化为目的，译者就应该尽可能保留中国特色文化词汇中的文化意象。

**3. 知晓中国国情**

除谙熟中国文化外，通过中英双语预料研读，使学生更了解自己的国家，知晓我国国情，做一个了解国情的"杂家"译者，培养学生的探究精神，终身学习能力和自主学习能力，知晓中国国情，为未来的翻译提供深厚的背景。

**4. 维护中国利益**

译者不可避免地面对国外的声音，要有足够敏感性以维护中国的利益。通过对比中西方媒体案例库，使学生了解翻译选词不仅仅是学术问题和语言问题，有时可能是政治问题。通过讨论探究，提高学生的政治敏锐性，在关键时刻，维护中国利益。

### 五、教学效果

通过精心设计课程教学，保证授课教学效果，达成教学目标。在教学过程中，坚持教书与育人相统一，挖掘并积累思政元素，以"春风化雨、润物无声"的形式，在汉英翻译专业课程课堂教学环节，不断丰富课程思政的内涵，在传授专业知识的同时，使学生具有"体现中文之美、传播中国文化、知晓中国国情、维护中国利益"的一颗中国心。

学生通过课程学习，感受赏析经典译文，感受中文之美和中国文化的魅力，使学生精通中英双语，有中英思维，知中国国情，培养民族自豪感、文化自信心，使他们成为具有中国心的优秀译者。

### 六、教学案例对翻译类课程的推广

在教学实施过程中，通过灵活多样的教学模式，创新的教学方法，保障了课程质量，凝练出"一条主线+五个素养+四个课程案例库+五种教学方法来实现'一颗中国心'"的路径。通过课堂讲授、翻译工作坊、探究翻转、经典翻译赏析、混合教学、双语（中英）资料研读、翻译反思等形式的学习，使学生在双语思维、双语语言、双语文化、双语国情的熏陶下，提高汉译英的能力，做优秀译者，一心讲好中国故事。将社会主义核心价值观融入教育教学全过程，培养实践能力强、创新能力突出、具有团队协作精神和家国情怀的复合型人才，培养德智体美劳全面发展的社会主义建设者和接班人。

本课程融合隐性思政的教学模式，可供翻译类课程借鉴并推广应用，使专业课程与思政教育同向同行，形成协同效应。

# 《大学英语（中外）-1》课程思政教学设计

外国语学院　王　颖

该课程主要基于8个读写译单元话题和8个视听说单元话题，带领学生进行文章阅读、主题短文写作、段落翻译、对话、篇章和新闻听力、TED演讲视听等英语技能练习，培养学生语言理解和表达能力、中西文化思维能力、批判思维能力和团队协作等能力。课程教学中融入继承传统、全球关切、科学创新、勇于担当等课程思政点，培养学生心怀天下担大任的精神和求实创新务本职的品质。

## 一、课程简况

《大学英语（中外）-1》课程是为非英语专业中外合作办学班学生第一学期开设的必修课程，旨在高中英语的基础上进一步提升学生语言知识与应用技能、培养跨文化交际意识、提升综合人文素养。

## 二、课程思政教学目标

立足课程思政的现代课程观，《大学英语（中外）-1》课程重新认识、重新定位和重新塑造了教学目标，在知识性和能力性目标之外，还将"了解全球关切、熟识中国之道、强化学术精神、提升做人素养"的课程思政目标融入其中，贯穿于课程教学大纲的各个单元，实现了课程思政建设与教学目标的契合，与教学内容的融合，与教学素材的整合，与教学过程的结合。

## 三、课程思政教学实施设计

在教学过程中，根据各个教学单元的内容特点，选取更切合的课程思政教学目标融入，并配合以相应的教学活动设计，促进知识、能力和课程思政教学目标的同步有效达成。

### 1. 了解全球关切

我国改革开放的深入发展加快了中国融入世界的步伐。在"中国离不开世界、世界离不开中国"的背景下，大学英语教学应当引入代表世界潮流、展现全球关切的内容作为教学内容，与时俱进地开展语言教学活动。《大学英语（中外）-1》课程以清华大学出版社于2020年4月出版的《新世界交互英语读写译》（第二版）和《新世界交互英语视听说》（第二版）为基础教学用书，引领学生进行英语听、说、读、写、译综合技能的训练。新教材涉及的话题既有全球共同应对的环境保护问题，也讨论日新月异新技术、新潮流带来的"时尚"，为学习者打造开放包容、放眼世界的课程架构，使学生能够深入了解全球关切、形成大局意识、增强跨文化意识，树立良好的世界观、价值观，形成担世界大任的领袖精神。

如在讨论Social Relationships和Global Challenges单元时，通过素材介绍、文章阅读、讨论活动、思想内化等学习活动，引导学生加深"人类处在一个地球村、处于一个命运共同体"的意识，思考应当如何处理不同时空、不同文化、不同种族、不同理念下的人际关系及人和动物的关系。在面对逐渐复杂的人类活动对于人类生存环境的威胁，以及自然界和社会已经在某种程度上对人类发起了警示甚至报复等问题上，通过素材学习和语言活动体验，让学生正确认识人与自然的关系，形成正确的宇宙观、世界观和生存观。

**2. 熟识中国之道**

中国作为世界第二大经济体，在全球发展和世界舞台上起到无可替代的积极作用。中国具有五千年的文明史，在浩瀚的历史长河中，中国保留了最完整的华夏文明与最高妙的思想道德体系和中国智慧。在向全球开放的过程中，讲述中国故事、弘扬中华文化、重振中国精神是我们大学教育中必须完成的一项艰巨任务。大学英语教学更应该以异国语言为工具、以先进的教学手段为依托，向世界讲述中国故事、传递中国声音、弘扬中国智慧之道。因此，《大学英语（中外）–1》课程将结合章节内容，重点引导学生既继承中华传统思想道德，又要树立社会主义核心价值观。

与该部分相关的章节有City Solutions、The Travel Business等，将结合中国国情，讨论中国城市建设、城镇化发展、文化旅游等话题，使学生了解中国国情、社会问题、有中国特色的产业发展等实际问题，帮助学生树立问题意识、批判思维，培养解决问题的能力，在辩证中提升对中国特色社会主义制度的先进性和优越性的认识。

**3. 强化学术精神**

语言是载体，传递的是文化；语言是工具，锻炼的更是科学素养。大学英语学习在侧重思想文化内容的同时，更应该注重不同语言文化下的学术素养的训练。为了使学生能够运用英语更好地在国际舞台进行学术交流、发挥专长，《大学英语（中外）–1》课程还在学术能力的培养和精神塑造上为学生提供相应的学习体验，潜移默化增强学生探索世界的兴趣，形成严谨的学习、工作和生活态度。

课程中涉及"科学研究与调查"、"演讲与辩论"、"学术文献阅读与写作"等话题和语言能力的训练。在这些环节中，让学生开展社会实践、进行情景实训、了解学术圈常识、探讨学术精神、培养合作意识，从而增强学生的学业参与感与获得感，初步形成职业精神意识，养成热爱科学、崇尚科学、勇于探索的精神。

**4. 提升做人素养**

教育的核心目的是教会学生如何做人。教学的内容时刻都不能离开对人的个体优良品质的塑造、对人的成长的思考。关于勇气、责任、担当；关于友善、博爱、正义；关于乐观、希望、追求……永远都是教育教学活动中振臂高呼的主题。《大学英语（中外）–1》课程也会全力向学生传递这些核心的做人素养和修身之道，学生作为个体只有具备了这些高尚的品德素质，才能应对好自己的生活，才能发挥好自己的本领，才能实现对社会的积极的价值。

对照榜样，塑造自己。课程中的许多学习篇目都是介绍他人的生活经历、处事方法、情感活动。通过这些内容的学习，让学生思想上得到鼓舞，有所思、有所得、有所悟，逐渐树立正确的价值观及有自身特色的性格和品质。

《大学英语（中外）–1》课程将为学习者提供一场全球化视野下的"文化盛宴"，在沉浸式语言、文化学习的过程中，深入锤炼学习者的思想道德素养，真正实现学好本领又完善自我的人类教育的本质。

# 《大学英语-3》课程思政教学设计

外国语学院　段　冉

该课程是非英语专业本科二年级第一学期开设的通识必修课，是以英语语言知识与技能、学习策略和跨文化交际为主要内容，关注词汇、搭配、语法、篇章等基础语言知识，注重听、说、读、写、译等语言技能的课程体系。课程教学中注重培养学生的英语综合应用能力、跨文化交际能力，和自主学习能力，融入爱国主义、美育情怀、民族精神等课程思政点，培养学生的人文素养、美育情怀和家国情怀，坚定文化自信和文化认同。

## 一、课程定位

《大学英语-3》是非英语专业本科二年级开设的必修课程。作为一门语言基础课程，大学英语课程兼有工具性和人文性，核心是语言能力、跨文化能力和人文素养的培养。思政教育和人文教育有共同的价值理念，因此，大学英语在课程育人中占有得天独厚的优势，把思政教育融入课程教学中，大学英语课程当仁不让，责无旁贷。

《大学英语-3》课程思政紧贴时政新闻和先进文化，将习近平新时代中国特色社会主义思想融入教学，充分体现了时代性，将思政融入大学英语教学，也丰富和扩展了大学英语课程内涵，因此大学英语课程思政本身也体现了创新性，是"三全育人"和建设"一流课程"的需要。

## 二、课程思政教学目标

《大学英语-3》课程不仅注重知识传授与能力培养，更注重价值塑造，提高学生的政治素质和品德修养，使他们树立社会主义核心价值观，以"三位一体"的育人理念开展教学。《大学英语-3》课程将"学习中国文化、坚定文化自信、塑造健全人格、勇担时代使命、传播中国声音、培养家国情怀"的课程思政目标融入其中，贯穿于课程教学大纲的各个单元，实现了课程思政建设与教学目标的契合，与教学内容的融合，与教学素材的整合，与教学过程的结合。

## 三、课程思政教学设计

将任务教学法贯穿始终，单元结构以iPrepare - iExplore1&2 - iProduce - iAssess为主线，充分发挥教师的创造性，对课前、课中、课后进行创新设计。在教学过程中，根据各个教学单元的内容特点，从课文主题、词汇讲解、篇章理解、任务产出四个方面挖掘思政元素，选取更切合的课程思政教学目标融入，并配合以相应的教学活动设计，注重学生参与，让学生自己选择、自己展示、自己评价，帮助和引导青年学子以思政的内容武装头脑、以外语能力增进沟通和交流，促进知识、能力和课程思政教学目标的同步有效达成。

| | 教学环节 | 行为主体 | 依托平台 | 具体内容 |
|---|---|---|---|---|
| 课前 | 翻转课堂 | T | U校园 | 发布学习任务，明确学习目标。 |
| | | S | U校园、UMOOCs | 文章理解：课文大意、结构；<br>语言知识：重难点词汇、表达方式。 |
| | 学情监控 | T | U校园 | 监控学生学习数据，适时提醒监督。 |
| 课中 | 教学输入<br>小组活动 | T&S | 教室 | 1.引导学生深入分析课文，讲授课文重点难点，随时答疑解惑，以问题和任务为导向，进行有效的师生互动和生生互动学生；<br>2.以个人或小组形式进行成果展示，提升应用和思辨能力，实现教学效果最大化。 |
| 课后 | 作业与测试 | T&S | iTest/iWrite | 1.布置作业与测试辅助学生巩固已学内容，形成有效的产出，以实现学用一体；<br>2.完成作业与测试巩固所学知识，强化知识体系建设，形式有效地产生；<br>3.监测学生学习数据，形成系统的教学反馈。 |
| | 学情监控 | T | U校园、iTest、iWrite | 监测学生学习数据，形成系统的教学反馈。 |

## 四、课程思政元素的融合

### 1. 课文主题

学生在学习课文前首先会关注文章主题，对于主题的思政联系要有的放矢，以课本为载体。《大学英语-3》课程共8个单元，根据各单元主题，教师确定了每单元的思政主题并挖掘了相契合的思政元素，如下表：

| 单元 | 课文主题 | 思政教学元素 |
|---|---|---|
| Unit1 | 语言教育 | 习近平总书记语言文化观、教育观 |
| Unit2 | 青年成长 | 习近平总书记青年观：责任、担当、奋斗；回家思乡之情 |
| Unit3 | 文化交融 | 习近平总书记语言文化观、加快建设中国特色社会主义哲学社会科学 |
| Unit4 | 校园爱情 | 树立正确的婚恋观；大学生以学业为重 |
| Unit5 | 青年理财 | 中国传统消费观：注重储蓄，克勤克俭 |
| Unit6 | 人生事业 | 习近平总书记青年观：青年要多锤炼意志 |
| Unit7 | 女性地位 | 男女平等基本国策，新时代女性风采 |
| Unit8 | 人与自然 | 辩证唯物主义；保护环境，爱护家园 |

例如，在讲解"青年成长"这一主题时，教师以career为话题，引入梁启超的《少年中国说》中"少年智则国智，少年富则国富，少年强则国强，少年独立则国独立，少年自

由则国自由，少年进步则国进步，少年胜于欧洲则国胜于欧洲，少年雄内于地球则国雄于地球"让学生们以小组讨论的方式阐述了对这句话的理解，并谈一谈作为一名现代青年，在毕业后的就业与择业过程中，如何将个人的发展融入国家的命运之中，帮助学生树立责任、担当、奋斗的青年观。又例如在讲解"Getting the most out of life"的篇章时，教师在主题升华阶段让学生思考作为当代大学生如何获取人生的最大意义，并且结合当下疫情，将最美逆行者"汪勇"的示例引入课堂，培养学生的同理心和社会责任感。

### 2. 词汇讲解

由于词汇学习的语境化特点，即需要引入例句讲解词汇用法，丰富的思政元素可以被自然贴切融入例句中，起到"润物细无声"的育人效果。因此，词汇教学是课程思政的主要方式之一。在讲解单词时，教师积极挖掘思政元素，从习近平总书记金句或寄语、中英双语版的古诗、古语箴言、历史故事等寻找出现的相关单词进行进一步讲解，既加深了学生对单词的学习，同时也帮助学生了解时事政治、积累文化底蕴。例如，在短语"cling to"（坚信）的讲解练习中，教师结合当下时政内容，以及习近平总书记在世卫大会上的讲话，给出例句："他坚信各国在与病毒的斗争过程中，合则两利，斗则两伤。"学生在翻译过程中不仅需要使用到规定短语，同时思考"合则两利，斗则两伤"的翻译方法。教师在讲授过程中分享学生不同的非常精彩的译法，同时强调这一对抗疫情的基本原则的重要性。教材每一课都有重点词汇出现在党政文件和习近平总书记重要讲话的英文版中，如果把使用这些词汇的句子找出来补充到例句中，就增加了词汇学习的厚度，这些词汇的思政价值也就挖掘出来了，从而达到了思政赋能词汇学习的效果。

### 3. 篇章理解

大学英语课程思政同样可以从语篇的范畴挖掘思政素材，大学英语课程的特殊性就在于语言输出同时包含文化输出，对西方文化的解读与辨别需要对学生加以引导，这也是大学英语课程思政的重点。课文文本中蕴含的西方文化、理念、思维、习俗，我们都可以找准切入点，用跨文化对比的方法进行思辨式解读。这些与西方文化相对的中国文化元素往往涉及社会主义核心价值观、中华优秀传统文化、革命文化、社会主义先进文化，还包括时事新闻中反映的价值伦理，通过对比解读，教师可以指导学生对中西文化的异同进行思考思辨，发扬精华，摒弃糟粕，从而帮助学生形成正确的世界观、人生观、价值观。

### 4. 产出任务

每一单元、每一讲课的产出任务，比如critical thinking、presentation、translation、writing等都蕴含思政元素，比如翻译，包括英译汉和汉译英，内容涉及中西方传统文化和当代社会发展，通过对比翻译引导学生理解和表达中西文化差异，引导学生对中西文化的异同进行思考、思辨，从而形成文化自觉，真正实现大学英语教学与课程思政的融合，实现立德树人的目标。比如组织以"We are fighters"为题的英语演讲，布置以"A Letter to

Wuhan"为题的英语作文，引导学生通过不同形式，运用语言的输出功能，表达自己的感受和观点，凝练疫情特殊时期的"中国精神"。这些任务使得学生既学习、运用了英语知识和技能，也关注了党和国家高度重视此次疫情所实施的各项政策，抒发自己的爱国主义情怀、身处祖国怀抱的安全感和民族自豪感。

### 五、教学效果

为了将课程思政有效的融入线上课堂，大学英语教师们从教学设计、情感教学以及师生互动入手，充分结合本学期"成长""友谊""亲情"等单元主题，引导学生用心感受，用语言表达，既能助力学生专业成才，又能促其精神成人，既能赋予思想政治教育以鲜活的生命力，又能丰富英语课程本身的内涵。另外，《新一代大学英语》系列主题涵盖校园生活、情感发展、历史文化等多方面，能够助力培养学生正确价值观、提升人文素养，体现了英语课程的思政育人价值。

# 《日语-2》课程思政教学设计说明

外国语学院　宫　娟

　　该课程主要讲述日语的文字词汇、语法等基础知识、基础理论，阐述各语法在不同场景下的实际应用，培养学生跨文化交际的能力和国际视野，融入爱国主义、文化自信、民族精神等课程思政点，培养学生德才兼备的素养和家国情怀。

## 一、课程简况

　　《日语-2》课程是英语专业本科二年级开设的二外必修课程，其前一学期的课程为《日语-1》，下一学期的课程为《日语-3》。作为英语专业学生的二外课程，该课程在巩固学生的基础知识、基础理论、培养其跨文化交际的能力和视野方面起着重要作用。同时，英语专业的学生在报考本专业学硕时，二外日语也是必考的一门课程。

## 二、课程思政教学目标

　　立足课程思政的现代课程观，《日语-2》课程在原有的培养学生的基础知识及能力之外，还将"培养跨文化交际的视野，构建理性思维，打造国际化思维，打造文化自觉与文化自信"的课程思政目标融入其中，贯穿于教学大纲的各个单元，实现了课程思政建设与教学目标的契合，与教学内容的融合，与教学素材的整合，与教学过程的结合。

## 三、课程思政教学实施设计

　　在教学过程中，根据各个教学单元的内容特点，选取更切合的课程思政教学目标融入，并配合以相应的教学活动设计，促进知识、能力和课程思政教学目标的同步有效达成。

　　1. 在讲授授受动词的语法部分，突出"培养跨文化交际的视野"的思政目标。中文和英语中的授受动词比较简单且容易理解，中文中的"给、得到"和英语中的"give、receive"均能覆盖大部分的使用范畴。但是，日语中的授受动词即包含敬语动词的存在，又有恩惠意识内存其中，且在使用时十分注重授受双方与说话人的远近亲疏等人际关系，因此理解起来颇有难处，在使用时也经常用错。这部分的知识核心是培养学生的跨文化交际的视野，不局限于中文和英文，在理解授受动词背后的文化内涵的前提下去理解授受动词的使用，引导学生理解文化背景在语言中的具体表现。

　　该部分主要通过引入中国古代的一则小故事来具体体现敬语的含义及用法，强化学生对于日语中敬语及授受动词的理解，引导学生用跨文化的视角来思考语言现象，理解语言与文化存在密不可分的关系。

2. 在讲授日语中的形容词的部分，突出培养"构建理性思维"的课程目标。日语中的形容词一般是按照词尾来划分为两类，而不是按照词义来划分。这两类形容词在使用时的变形方式各不相同。本学期的重点之一就在于学习日语中形容词的用法，如教材的第9、10、11、12课的主要内容都是形容词。如何构建学生关于形容词的理性思维方式十分重要，需要将关于形容词的语法整合为一个完整的知识体系，而非知识的简单零散识记。

该部分更多的是用图表及顺口溜、小视频的方式加强学生的理解与记忆，例如讲形容词分类时，利用图表让学生直观地感受分类的依据；在讲形容词的比较级与最高级时，与英语进行对比，且播放短视频让学生更容易理解句型的使用，最后用顺口溜的方式加深记忆。这样，关于形容词的分类及使用使学生构建成一个整体的知识模块。

3. 在讲授日语中的暧昧表现时，如拒绝别人或请求时说半句话的表达方式等时，将"打造文化自觉与文化自信的"课程思政融入其中。传统的二外日语教学，教材的设置基本上是在词汇、语法等语言方面的学习基础上，设置具体场景下的会话、短文，以此来介绍日本的文化、风土人情等。如果忽略了本国文化的融入、对比通常会出现两种极端：一部分同学由于对本国文化的了解、认同，会对日本文化产生抵触情绪，认为学习、认同日本文化就是崇洋媚外，从而抵触语言的学习；还有一部分同学由于对本国文化知之甚少，在日语的学习过程中会逐渐地接受、认同日本的意识形态，当中日两国产生文化冲突时，会对本国文化缺少认同感，在跨文化交际过程中缺少文化自觉与文化自信。

在讲授本部分的内容时，将日语的暧昧表现与中文的表达方式进行对比，直观地将中文两国文化导致的语言现象上的区别呈现给学生。在教授日语基础用法的同时，也加深学生对于中国文化的理解，培养其文化自觉与文化自信。

4. 在讲授动词的"て形"变形部分，强调"打造国际化思维"的课程思政。日语是一门变形非常多的语言，时、体、态等均需要运用到变形。而在这其中，动词的变形是意义最多且形式最为丰富的。其中，"て形"的变化是初级阶段最常用且最复杂的变形之一，熟练掌握"て形"的变化对于日常的会话及文章的书写均大有用处。中文中的动词不需要变形，因此在讲授这一部分时可将中日文进行比对，培养学生的国际化视野与思维。

该部分的讲授主要采用问题引入法、日汉对比法等教学手法，将日语和汉语中关于变形的区别直观地展现出来，培养学生的国际化视野与思维。

经管文法艺篇

# 《高级俄语-1》课程思政教学设计

外国语学院　李兴华

该课程主要讲述职业选择、考试、爱情、交通、经济与社会、高等教育、家园等主题，培养学生独立分析、解决问题的能力以及思辨能力，融入价值追求、遵纪守法、家庭美德、爱国主义等课程思政点，培养学生翻译专业素养、人文精神和家国情怀。

## 一、课程定位

《高级俄语-1》是翻译专业三年级第一学期开设的必修课程，是训练和提高翻译专业学生口、笔语实践能力的专业核心课程。作为《基础俄语》课程的进阶课程，选取题材更为广泛，内容更为深入，难度随之提升，对学生提出了更高的要求。通过课堂讲授、小组讨论、个人讲演、翻译探究与实战模拟等方式，掌握择业、考试、爱情、交通、经济与社会、高等教育、家园等主题，提升俄语综合运用能力。

通过本门课程的学习，夯实学生的俄语词汇、语法基础，提高其听、说、读、写、译的基本言语技能，提升学生的语言和文化素养，培养其独立分析、解决问题的能力以及思辨能力，培养学生的家国情怀，使其树立正确的世界观、人生观和价值观。

## 二、课程思政教学目标

围绕课程知识传授、能力提升和价值引领三个维度的总体目标，挖掘自身蕴含思政元素，结合自身课程的特色和优势，形成本门课程的课程思政目标：

1. 以俄语主题词汇表达和语法体系为基础，构筑坚实的语言基础，展示翻译工作者扎实的言语基本功；

2. 以社会政治生活和文学等8个专题为主线，提升人文素质、文化素养，展示翻译工作者广博的知识面和跨文化交际能力；

3. 以听说读写译实践为手段，提高俄语的综合运用能力，展示翻译工作者良好的心理素质和娴熟的俄语实战技能；

4. 以培养新时代翻译工作者为目的，提高探究和思辨能力，彰显翻译工作者的家国情怀和使命担当。

## 三、课程思政教学设计

课程采取"知识点拨+探究学习+实践演练+思政元素"的教学设计模式，在言语文化知识点提示点拨的前提下，学生进行个人自主探究和小组合作探究，之后进行高强度的言语技能训练，过程中融入隐性思政元素，培养学生翻译职业素养、职业道德、家国情怀与

课程思政优秀教学设计（医学、经管文法艺篇）

247

使命担当，形成特色的课程教学设计："一条主线+两个核心要素+三个课程案例库+四个翻译模块+五个教学实施环节。"

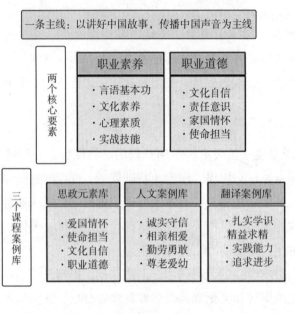

**一条主线**：以"讲好中国故事，传播中国声音"为主线，培养和增强学生新时代翻译工作者的使命与担当的意识。

**两个核心要素**：促进学生知识传授、能力培养与价值引领有机统一，以翻译工作者的职业素养和职业道德为核心要素。通过俄语主题词汇表达和语法体系的进一步掌握，构筑坚实的语言基础，展示翻译工作者扎实的言语基本功；通过社会政治生活和文学等8个专题的深入学习，提升文化素养，展示翻译工作者广博的知识面和跨文化交际能力；通过听、说、读、写、译实践的展开，提高俄语的综合运用能力，展示翻译工作者良好的心理素质和娴熟的俄语实战技能；通过对翻译工作者职业素养和职业道德的体悟，提高探究和思辨能力，彰显翻译工作者的家国情怀和使命担当。

**三个课程案例库：**在教学过程中挖掘思政元素，促进学生知识传授、能力培养与价值引领有机统一，形成三个课程资源案例库。一是以爱国情怀、使命担当、文化自信和职业道德等内容的思政元素库；二是以诚实守信、相亲相爱、勤劳勇敢、尊老爱幼等内容的人文案例库；三是以扎实学识、精益求精、实践能力等内容的翻译案例库。

**四个翻译系列模块：**模块一讲解翻译工作者扎实俄语言语基本功的达成；模块二讲解翻译工作者文化素养和跨文化交际能力的提升；模块三讲解翻译工作者过硬心理素质和娴熟俄语实战技能的练就；模块四讲解翻译工作者家国情怀和新时代使命担当的践行。

**五个教学实施环节：**以学生为主体、以教师为主导、以网络为载体、以实践演练为关键，通过"课前自主预习+课前预设作业提交+课中讲授+课中言语实践+课后成果检测"五个实施环节，完成教学，实现隐性教育与显性教育相统一。

## 四、课程思政元素的融合

（1）夯实俄语词法基础，培养学生严谨的科学精神，展示翻译工作者所需的扎实的言语基本功。过硬的俄语水平是准确理解的基础，准确理解是准确表达的基础。过硬的俄语水平是对一名俄语翻译工作者的基本要求，是其从事翻译工作的首要条件，是其需要具备的基本素养。

学生在平时的学习过程中，要脚踏实地，重视语言基础的不断磨炼与精进，要知其然，更要知其所以然。学习过程主要通过"自主学习+合作学习+言语实践"的形式进行：

①课前自主预习，发现并借助字典、语法书、网络等资源自主解决基本的词汇、表达、语法问题，自主总结主题中的新词汇、新表达；

②课前合作学习，针对教师预设的表达理解、语法重难点等知识点的提示，通过线下组内讨论、线上班级讨论等方式解决，教师通过线上对学生共同的问题进行讲评；

③课上通过俄汉汉俄口笔译练习、主题讲演、主题讨论等形式，夯实俄语语音语调、词汇、语法、修辞、语体、语用等方面的知识。

（2）借助专题的深入学习，提升学生的人文素质和人文修养，培养其树立正确的人生观、价值观。

①在《谢谢您，教授！》这一主题中，启发学生思考为何学习、如何学习，使学生明

白应正确对待大学学业，应全力以赴、刻苦钻研，不断精进专业水平；使其懂得"分数诚可贵，人格价更高"，应做到诚信考试，以诚信的态度对待每一场考试，考出真实水平，弘扬诚信正义。

②在《婚姻中的爱情和年龄》这一主题中，使学生树立正确的恋爱观和婚姻观，恋爱和婚姻是一种责任和奉献，要做到认真严肃、感情专一，引导学生在恋爱和婚姻中要学会自尊和尊重对方、学会理解和包容。

③在《交通问题及解决方案》这一主题中，提升学生的环保意识，使学生养成"文明出行""绿色出行"习惯，同时补充中国的交通基础建设的快速发展所创造出的"中国速度"与"中国模式"，增强学生的民族自豪感和自信心。

④在《彩票》这一主题中，启发学生树立正确的家庭观和婚姻观，夫妻之间应和睦、相亲相爱；同时启发学生树立正确的金钱观、财富观，使其深刻理解"劳动光荣，勤劳最美"，任何"捷径"都是不可取的，必须通过正确途径，依靠自己的双手，艰苦奋斗，勤劳致富。

⑤在《家园》这一主题中，使学生学习、传承孝道文化。孝道文化是关于关爱父母长辈、尊老敬老的一种文化传统，孝与感恩是中华民族传统美德的基本元素，培养学生新时期的核心素养，使学生懂得感恩、学会感恩。

（3）通过听、说、译实践，锻炼学生的心理素质和俄语表述、翻译实战能力。

从事口译工作时，译员需面对众多听众，如若怯场，必将影响翻译水平的正常发挥。此外，由于翻译涉及的范围较广，且形式复杂多变，因此翻译过程中难免会有很多不可预见的问题出现。这就要求译员具备过硬的心理素质，处变不惊，反应敏锐，从容面对。因此，在平时学习的过程中学生要不断加强自身的心理素质的锻炼，而课堂正好提供了这样一个锻炼的环境。课上学生应积极进行主题讲演、主题辩论、限时口笔译等实践练习，提高自身的心理素质和及俄语实战能力。

（4）通过对翻译工作者职业素养和职业道德的体悟，提高探究和思辨能力，培养学生的家国情怀和使命担当。

①在《职业选择》这一主题中，启发学生思考作为新时代翻译工作者的使命和担当，引导学生提高专业素养和综合素质，做好职业规划，为今后的职业选择做好充分准备，同时树立正确的择业观，树立正确的人生理想，坚定职业信仰，加强自身思想道德修养，增强社会责任感，自觉践行社会主义核心价值观。

②在《经济与社会》这一主题中，使学生了解改革开放40年间我国经济建设取得的成就，了解国家的经济发展方针，启发学生思考我国经济建设取得如此巨大成就的原因，激发学生的爱国主义热情，增强学生的民族自豪感，提升民族自信心，引导学生心系祖国，努力学习，报效祖国。

③在《高等教育》这一主题中，启发学生思考高等教育的重要性和意义，使学生明确，不仅要夯实专业知识，还要提高自身的综合素质，更要提升自身的思辨能力，使学生懂得除了努力学习，成为一名专业过硬的人才，更重要的培养具有爱国主义情操、关心人民疾苦、心系国家和中华民族的前途和命运，为中国崛起而读书的人。

## 五、教学效果

通过精心的课程教学设计，保障授课教学效果，达成教学目标。在教学过程中，坚持教书与育人相统一，挖掘并积累思政元素，以"春风化雨、润物无声"的形式，隐性融入翻译专业课程课堂教学环节，不断丰富课程思政的内涵，在传授专业知识的同时，引领学生思想、塑造价值观、培养家国情怀。

学生通过课程学习，深刻认识新时代翻译专业人才的使命与担当，以此形成内在的学习动力，为成为一名拥有扎实汉俄双语功底和过硬跨文化交际能力，具有强烈的社会责任感和家国情怀，勇担时代使命，能够讲好中国故事，传播中国声音的优秀翻译人才而不断前进。

# 《英语影视与文化》课程思政教学设计

外国语学院　李京函

该课程主要讲述经典英语影视片段，从而引出对相关文化背景知识、语境及语言功能性表达的鉴赏与学习，培养学生语言综合应用能力、对影视作品的鉴赏能力和思辨能力，融入梦想与拼搏的民族精神、增强意志品质、健全人格、敢于突破陈规等课程思政点，培养学生为梦想奋斗的精神和正确的人生态度及自我认知。

## 一、课程定位

《英语影视与文化》是大学英语的拓展课程，是为大学本科全体学生开设的英语公选课。本课程旨在提高学生对语言真实度较高的各类视听材料的理解能力和口头表达能力。通过视、听、说、写的结合，以直观画面和情节内容为基础开展有针对性的口语训练，运用复述、总结、对话、口头概述等活动形式，提高学生的听力理解和口头表达能力，同时通过论文写作的形式，加深他们对英语国家的政治、经济、社会、文化等方面的认识和了解，从文化层面上更好地把握英语这门语言艺术。

## 二、课程思政教学目标

立足课程思政的现代课程观，《英语影视与文化》课程重新认识、重新定位和重新塑造了教学目标，在文化知识性和语言运用能力性目标之外，还将"梦想与拼搏的民族精神，增强意志品质，健全人格，敢于突破陈规"的课程思政目标融入其中，贯穿于课程教学大纲的各个影片单元，实现了课程思政建设与教学目标的契合，与教学内容的融合，与教学素材的整合，与教学过程的结合。

## 三、课程思政教学设计

在教学过程中，根据各个影片单元内容与主题特点，选取更切合的课程思政教学目标融入，并配合以相应的教学活动设计，促进文化知识、语言运用能力和课程思政教学目标的同步有效达成。

1. 第一单元影片《阿甘正传》，这部影片描绘了先天智障的小镇男孩福瑞斯特·甘自强不息，最终"傻人有傻福"地得到上天眷顾，在多个领域创造奇迹的励志故事。观看这部影片即能全方面感知美国二战后的社会现状和人们的精神状态，也能通过阿甘这个人物让学生受到鼓舞，一个人无论在多么残缺的条件下，通过孜孜不倦地追求和持之以恒的执着，最后能够获得意想不到的收获，行动和目标终归达成一致。这部影片曾经影响了一代人，学生依然可以在这部影片中汲取力量。讨论影片主题是每个单元的重要环节，通过

英文讨论，除了加强学生的语言应用能力之外，更多的是帮助学生实现"增强意志品质"的思政目标。有缺陷并不代表就会失去所有的可能，内心的安定与坚持的力量终将成就一个人。洁白无瑕的翩翩飞舞的羽毛又像人们多舛的命运起伏不定，但总有一天它会停靠在某个避风港安稳下来。

2. 第二单元影片《肖申克的救赎》。这部影片表现的主题是自由、希望与友谊，讲述了一个因冤案入狱的年轻银行家在牢中如何追寻自由的故事。在目睹了狱中腐败之后，他自知难以讨回清白，只有越狱才是生路，于是他开始暗中实施自己的计划，在此过程中也收获了真挚的友情。同时，他坚持近十年接连不断的书信上访，为肖申克监狱建立了全美最好的监狱图书馆。他还无私地辅导帮助众多犯人获得了同等学历，使得他们可以在狱中继续学习，为日后重获自由，踏上社会打下基础。影片同时暴露了西方司法制度的缺陷。在赏析影片的同时布置任务，让学生课下查找资料了解中国文化中与安迪类似的人物形象，并对比中西方司法制度，帮助学生"树立梦想与拼搏的民族精神"。这一目标的达成，能够将爱国、强国的强大精神动力转化为学习语言的热情，形成强烈而持久的学习内驱力。

3. 第三单元影片《楚门的世界》。影片讲述了一个在摄影镜头下生活了三十年的真人秀"演员"楚门的故事。从他呱呱落地后的三十年来，楚门就是史上播映最久、最受欢迎的纪录片、肥皂剧的主角。他居住的理想小镇海景镇居然是一个庞大的摄影棚，而他的亲朋好友和他每天碰到的人全都是职业演员。经过三十年的浑噩生活后，楚门终于感到他的生活有点不对劲，当他发现他就像是活在玻璃罐里的蝴蝶时，他决定要不计代价地逃离海景镇。但是他必须面对"楚门的世界"的创始人、制作人和导演克里斯托，克里斯托告诉楚门，他如今已经是世界上最受欢迎的明星，他今天所取得的一切是常人无法想象的，如果他愿留在西海文就可以继续明星生活。但楚门不为所动，毅然走向远方的自由之路，"敢于突破陈规"的思政目标在影片赏析过程中逐步达成。

4. 第四单元影片《玛丽与马克思》。影片讲述了一个发生在两位笔友之间的故事。玛丽是一个居住在墨尔本市区的胖乎乎的有些抑郁和孤独的小姑娘；马克思是一个居住在乱糟糟的纽约的肥胖的、患有自闭症的44岁犹太人。影片把观众带入了一场关于友情、自我和对自我的剖析之旅，向人们展示了两个人的精神世界。细腻、温柔、善良、黑色幽默、奇思妙想等这些都是导演的笔触，整部电影就像是导演写给观众的一封信，用旁白内敛的声音娓娓道来，看完整个电影，似乎也陪着主角们度过了一生。"健全人格"的思政目标在该部电影文化教学中逐步实现。教学过程中采用启发式、问题式教学法，设置多重问题层层递进，引导学生不断深入思考，让学生深层挖掘影片主人公传递出来的精神力量。每个人都可能会因为某种原因在某种情况下陷入泥潭，人生不会就此停止，心中始终怀有向上的力量，始终怀有希望，就能到达内心的彼岸。

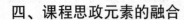
## 四、课程思政元素的融合

在第一单元影片《阿甘正传》的赏析中，主要通过课前任务的布置、课上小组活动的实施与课下任务的完成，对影片主题深度剖析。选取具有代表性的台词进行语言的赏析与主题的深化，旨在让学生树立坚定的意志品质，自强不息，学会在逆境中的自我调整。通过对影片的政治和历史事件的梳理与讨论加深学生对美国历史事件的理解，从文化层面更好的理解影片。

对于《肖申克的救赎》主要分析人物的旁白，感受安迪的内心变化，让学生赏析电影画面所传达的意蕴。在安迪的不懈努力与坚持中让学生感受坚韧不拔的力量。同时，通过课下任务的布置，让学生主动去了解中国文化及中西方司法制度，增强他们的文化自信。

在《楚门的世界》的赏析中，通过对情节及主题的梳理与讨论，让学生看到后现代娱乐方式中存在的媒介失控，同时揭露出西方商业活动中唯利是图、践踏人权的丑恶行径，帮助学生树立敢于突破陈规的意识，增强文化自信。

《玛丽与马克思》这部影片以定格动画的形式，用简单朴实的手法将玛丽和马克思20年的人生经历娓娓道来。通过总结人物性格特征，帮助学生树立正确的自我认知；通过分析经典台词，讨论影片主题，并进行与主题相关的课堂活动，深化学生对友谊的理解，帮助学生树立正确的人生态度；将《玛丽与马克思》的电影主题与传统文化相联系，并布置课后任务让学生自主搜集中西方文化中的相关内容，使学生坚定学习语言就是学习文化，树立文化自信。

## 五、教学效果

通过对课程的精心设计及课堂上精准的把控，实现既定的教学目标。坚持教书与育人相统一的理念，挖掘并自然而然地融入思政元素，在传授知识的同时，引领学生的思想，培养学生的文化素养，提高学生的人格品质。

学生通过课程的学习，深刻领悟到意志品质的力量，健全的人格对人生的积极影响。同时，感受到作为一个中国人的幸福，提高了对中国文化的自信。

# 《刑法-2》课程思政教学设计

## 人文法律学院　沈　颖

该课程主要讲述刑法分则的基本理论知识和实践技能，阐述刑法分则各个罪名的构成要件、认定标准、刑罚裁量以及罪与非罪、此罪与彼罪的界限，培养学生的综合分析能力、创新思维和实践能力，融入规则意识、法治信仰、正义追求等课程思政点，培养学生的恪守法律的规则意识、信仰法治的坚定信念和情系国家的人文情怀。

## 一、课程定位

《刑法-2》课程是法学专业本科二年级第一学期开设的必修课程，也是法学专业的基础必修课程。《刑法-2》课程是法学课程中的一个重要组成部分，对于培养学生的法学专业思维、专业理念和职业伦理有着重要的作用。通过本课程的学习，使学生系统地掌握刑法分则的危害国家安全罪、危害公共安全罪、破坏社会主义市场经济秩序罪、侵犯公民人身权利及民主权利罪、侵犯财产罪、妨害社会管理秩序罪、贪污罪受贿罪、渎职罪等犯罪的概念、特征、构成、认定以及罪与非罪、此罪与彼罪的界限以及相关犯罪的量刑等问题进行熟练掌握。

## 二、课程思政教学目标

《刑法-2》课程以"立德树人、德法兼修"为理念，以培养能够满足社会主义法治建设需要的卓越法律人才为目标，立足于课程思政的现代课程观，在重视知识性和能力性目标的同时，注重以下课程思政教学目标的实现：

1. 培养学生恪守法律、崇尚法律的规则意识；

2. 培养学生信仰法治、维护法治的坚定信念；

3. 培养学生提倡公平、追求正义的价值观念；

4. 培养学生情系国家、心怀梦想的人文情怀。

教学过程中将以上思政教学目标贯穿于课程教学大纲的各个单元，将专业知识的学习与专业素质的教育相结合，实现课程思政建设与教学目标的契合、与教学内容的融合、与教学素材的整合、与教学过程的结合。

## 三、课程思政教学设计

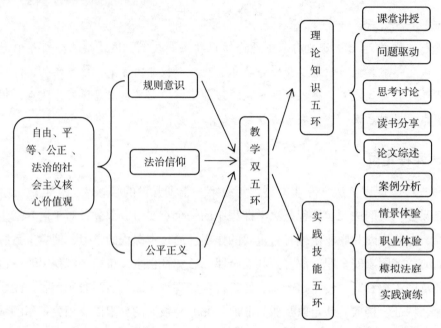

《刑法-2》讲授的主要内容是《中华人民共和国刑法》的各个罪名的构成要件问题，是法学专业的核心主干课程。在教学过程中，主要从教学内容和教学方法两个方面开展课程思政的教学与实践活动，以深化课堂教育教学改革为牵引，强化内容建设，创新教育教学方法。根据各个教学单元的内容特点，选取更切合的课程思政教学目标融入，并配合以相应的教学活动设计，促进知识、能力和课程思政教学目标的同步有效达成，实现思政教学目标的内化。

在《刑法-2》课程授课过程中，理论知识传授与实践技能培养并重，通过教学途径、教学方法的改革，带动课程思政教学目标的实现。《刑法-2》课程使用"双五环模式"进行教学。理论知识五环：课堂讲授、问题驱动、思考讨论、读书分享、论文综述；实践技能五环：案例分析、情景体验、职业体验、模拟法庭、实践演练。教师根据不同环节的教学需要，将上述课程思政的教学内容分解、融入专业知识传授和能力培养中，使课程思政贯穿教学全过程，并切实提升教学针对性和感染力，逐步渗透价值观的塑造。

## 四、课程思政元素的融合

1. 培养学生"恪守法律，崇尚法律的规则意识"教学目标的实现：通过对刑法分则各个罪名构成要件的讲解，提高学生对法律、对犯罪行为及其所应当的刑事责任的相关认识和理解，树立恪守法律法规、正确履行义务、合理行使权利的意识，理性的对待生活中出现的问题，养成对社会、对自己的行为负责的态度，做到能够自觉地履行遵守法律的义

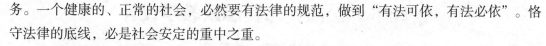
务。一个健康的、正常的社会，必然要有法律的规范，做到"有法可依，有法必依"。恪守法律的底线，必是社会安定的重中之重。

2. 培养学生"信仰法治、维护法治的坚定信念"教学目标的实现：从刑法的基本任务、刑法的基本原则、刑法宣扬的价值等方面向学生传导刑事司法理念与法治精神。以"法治中国"理念统领和贯穿课程内容，加深学生对"全面依法治国"战略的理解。只有真正让学生体验到法治的精神意蕴与价值追求，才能切实理解复杂法治理论背后的实践意义。学生的法治信仰关乎学生学习法学专业的专业自豪感和归属感，这种坚定的法治信念的形成，不仅有利于提高学生的学习积极性和自觉性，还会使得学生在学习过程中获得熏陶和提升，将"法治"这种专业理念逐步渗透到生活和行为中。

3. 培养学生"提倡公平、追求正义的价值观念"教学目标的实现：罪刑法定、罪责刑相适应、刑法面前人人平等原则在刑法各论实践过程中，尤其是在精准的定罪和量刑过程中的适用，是保障公民权益、追求公平正义的最基本的刑法学理念。学生通过学习各罪的定罪条件和量刑幅度等知识点，运用严谨的逻辑思维，对定罪量刑进行分析和判断。在培养学生法律思维、法律分析方法等能力的同时，可以养成学生对社会重大、热点问题分析、判断的专业性，引导学生树立正确的是非观、正义观，培育公正理念和正义感，自觉遵守社会规则和程序，并将其运用到法律实践中。

4. 培养学生"情系国家、心怀梦想的人文情怀"教学目标的实现：在授课过程中不仅讲授我国刑法的实然规定，还要分析刑法法条背后所蕴含的法律原理和价值判断，让学生真正理解中国刑法，坚定理论自信和文化自信，从而树立情系国家法治、心怀专业梦想、奋勇拼搏的精神。只有用中国的立场讲述法学、研究法学、建设法学才能完成中国法律人的使命和担当。这一目标的达成，能够将爱国、报国、强国的强大精神动力转化为学习法学的热情，形成强烈而持久的学习内驱力，内化为学生的法律职业道德和情操，树立专业的责任感和使命感。

## 五、教学效果

1. 教学内容上，在学习和分析案件涉及的相关知识点的同时，不断强化学生对法律尊重和敬畏，树立恪守法律法规、正确履行义务、合理行使权利的意识，理性的对待生活中出现的问题，养成对社会、对自己的行为负责的态度，有助于学生正确人生观、价值观形成。

2. 教学途径上，运用启发式教学法深化学生对知识的理解和法治思想的理解。通过启发式提问，促使学生思考相关法律问题，在思考中加深对知识和思政元素的感受和认识，形成专业的刑法思维，并将课程思政的内容内化于心。不断将课程思政的教学内容分解、融入专业知识传授和能力培养中，使课程思政贯穿教学全过程，并通过教学方法的创新，切实提升教学针对性和感染力，逐步渗透价值观的塑造，进一步使学生树立起牢固的法治信念。

# 《民事诉讼法》课程思政教学设计

人文法律学院　吴英旗

该课程主要讲述民事诉讼法学的基本理论，阐述民事诉讼法的原则、制度和程序，培养学生程序思维和规则意识，融入程序理性思维、树立程序法治信念、坚守中国立场、勇挑时代担当等课程思政点，培养学生德法兼修素养和程序理性思维的人文情怀。

## 一、课程定位

《民事诉讼法》课程是法学专业本科二年级第二学期开设的必修课程，也是法学专业的核心课程。"课程思政"教育教学改革就是要将社会主义法的价值引领渗透进《民事诉讼法》课程，通过课程教育本位的回归，促使"民事诉讼法律知识传授"与"程序法价值引领"无缝对接，最终实现培养德法兼修的社会主义法律人才的目标。作为法学中程序法基本理论、方法论和意识形态，《民事诉讼法》承担着启蒙和型塑大学生的程序思维、法治理念的重要作用。

## 二、课程思政教学目标

《民事诉讼法》课程思政建设应当以社会公平正义、程序思维与规则意识作为主线，引导学生思考诉讼程序对社会公平与正义的作用。立足课程思政的现代课程观，《民事诉讼法》课程重新认识、定位和塑造了教学目标，准确把握课程思政的实际内涵和现实意义。在知识性和能力性目标之外，将"构建程序理性思维、树立程序法治信念、坚守中国立场、勇挑时代担当"的课程思政目标融入其中，贯穿于课程教学大纲的各个单元，实现了课程思政建设与教学目标的契合，与教学内容的融合，与教学素材的整合，与教学过程的结合，并向学生传递正确的价值观，培养学生严谨认真的学习态度和敢于创新的探究精神。

## 三、课程思政教学设计

我们按照"是什么——为什么——怎么样"的教学设计思路，从法律文本解释入手，过渡到法律价值引导，上升到立法实践回归，形成"事实逻辑——价值逻辑——实践逻辑"层层递进的三环，实现求知、铸魂、践行三者的有机融合（见图1）。

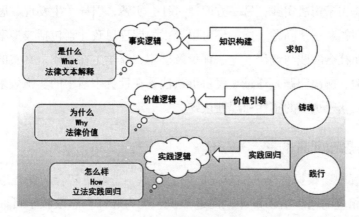

**图1　课程思政教学设计**

**（一）事实逻辑环——求知——知识构建**

《民事诉讼法》课程思政"三环导入"教学设计的第一环是事实逻辑环，事实逻辑环的主要任务是知识构建，作用在于"求知"。这里的"求知"不仅仅是学科知识内容，还包括学科知识体系的构建和学科思维的训练。教师要在讲清讲透基本的法律概念、原则、规范的过程中，让学生领悟学科思维方式，逐步建立《民事诉讼法》学科知识体系，体会马克思主义唯物史观和唯物辩证法。这一环可以导入的课程思政元素主要是立法背景、立法环境、立法沿革和立法体系。通过立法纵向比较和横向比较，让学生知过去、知现在、窥未来；知本土、知他国、知世界；通过相关立法串联，让学生知部分，知整体，知对立、知统一。这一环课程思政的目标主要是指导思想层面和学科思维层面。

**（二）价值逻辑环——铸魂——价值引领**

《民事诉讼法》课程思政"三环导入"教学设计的第二环是价值逻辑环，价值逻辑环的主要任务是价值引领，也是《民事诉讼法》课程思政的主阵地，它的作用在于高屋建瓴式的"铸魂"。教师要引导学生思考，帮助学生理解《民事诉讼法》为什么这样规定，帮助学生理解《民事诉讼法》立法的合规律性和合目的性，理解立法背后所体现的价值选择、利益均衡和精神追求。这一环可以导入的课程思政元素主要是立法背景和环境分析、立法价值和目的探讨、立法未来和趋势展望。可以通过横向的立法比较，增强学生内心的立法认同和立法自信；可以通过具体的案例分析，引导学生在自由、公平、效率、秩序等诸多价值中进行理性衡量，在个人、国家、社会等诸多利益间进行正确选择。这一环节《民事诉讼法》课程思政的目标主要是价值引领层面。

**（三）实践逻辑环——践行——实践回归**

《民事诉讼法》课程思政"三环导入"教学设计的第三环是实践逻辑环，实践逻辑环的主要任务是立法回归，是《民事诉讼法》课程思政的皈依，是深入社会实践、内化于心、外化于行的"践行"过程。教师一方面要通过典型案例分析，引导学生如何将《民事

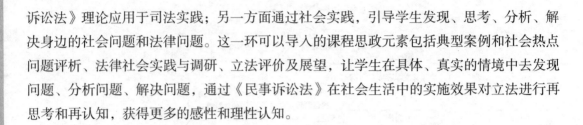

诉讼法》理论应用于司法实践；另一方面通过社会实践，引导学生发现、思考、分析、解决身边的社会问题和法律问题。这一环可以导入的课程思政元素包括典型案例和社会热点问题评析、法律社会实践与调研、立法评价及展望，让学生在具体、真实的情境中去发现问题、分析问题、解决问题，通过《民事诉讼法》在社会生活中的实施效果对立法进行再思考和再认知，获得更多的感性和理性认知。

## 四、课程思政元素的融合

在教学过程中，根据各个教学单元的内容特点，选取更切合的课程思政教学目标融入，并配合以相应的教学活动设计，促进知识、能力和课程思政教学目标的同步有效达成。

1. 民事诉讼法全部教学内容可以分为基础理论、总论、分论三个部分，并以此为基础确定各个部分的教学方法、教学形式以及案例在教学中的比重。基础理论部分纯理论性问题多，抽象性、综合性强。在这些基础知识的讲授部分突出"构建程序理性思维"的思政目标。这部分的知识核心是构建学生的法学专业思维体系，而理性的思维本身，又能够促进学生真正在专业视角上掌握这些看起来生涩难懂的专业术语，整合自己的知识体系，而非像以往的学生只是进行知识的简单零散识记。

2. 民事诉讼基本流程可分解为"启动——审判——执行"三大主要环节或阶段，即：民事诉讼程序启动的前提导源于"民事纠纷"——由此引发民事诉讼程序的启动（当事人的起诉）——法院的审查与受理和审判（包括第一审程序和第二审程序，以及对生效裁判确有错误而引起的审判监督程序）——裁判生效后的执行（民事执行程序）。同时，针对存在的一些特殊情况审理程序予以单列，便于掌握它们与一般民事诉讼程序的区别。以上构成了民事诉讼活动的核心内容和基本程序流程，以此建立民诉法课程的教学内容体系，思路清晰、脉络清楚，便于对民事纠纷采取诉讼机制解决的整体把握，也有助于对民事诉讼各阶段或环节诉讼技能的分析和培养。在这部分内容讲授中融入"树立程序法治信念"的思政目标。只有真正让学生体验到法治的精神意蕴与价值追求，才能切实理解复杂法治理论背后的实践意义。这种坚定的法治信念一旦达成，既能够在知识层面上有利于学生学习枯燥的理论内容，又有利于学生形成坚定的职业信仰，极大的激发学生的自主学习动力和克服学业困难的毅力。

以发展的眼光，启发学生多侧面、多角度地理解问题。民事诉讼法学理论是建立在"本土资源"的基础上加以研究开发的，其发展过程较之其他学科缓慢得多。民事审判方式改革，一方面要改革不符合民诉法规定的极易导致司法腐败的陈规陋习；另一方面对民事诉讼法规定不完善或不规范的内容加以修改、增补。所以在课堂教学中，要结合审判实践充实课堂教学内容。如讲述"审前准备程序"时，就要运用辩证分析原理，用发展的眼光对待教学内容，不仅要讲解现行立法与规定，而且要更多地结合审判实践讲解该程序在实际中存在的弊端及解决途径。这样一来就可以开阔学生的视野，让学生对有关制度有一个全面而完整的认识，从而达到加深记忆，提高理解能力的目的。该部分更多的让学生直面理性与感性、社会与法律、常识与专业相冲突的特殊案例，强化专业理性思维对学生原有认知的冲击和改变。例如，在讲解"当事人概念"时，先讲解传统当事人的定义是"因与案件有法律上的利害关系，以自己的名义参加民事诉讼并受法院裁判约束的人"，再说明由于实践中与案件无法律上的利害关系的"当事人"参加诉讼的现象比比皆是，因而自然引入"形式当事人"概念以弥补传统当事人概念之不足，让学生能够真正理解看似简单死板的法律规定背后深刻的逻辑和价值基础。

3. 在民事诉讼一审程序、简易程序、第二审程序、再审程序、督促程序、公示催告程序和民事执行程序的讲授中，更突出促进"坚守中国立场"思政目标的达成，让学生能够充分理解"学习的法学是中国的法学"。在民事诉讼程序中，以民事诉讼法的法律文本为依托、结合经典案例分析、思辨明理，加强民事诉讼法学专业知识和思政教育的有效衔接，充分发掘民事诉讼法学知识背后的人性考量、价值关怀、制度定位，将思政元素辐射到民事诉讼程序的实践环节，结合法律条文制定背后的鲜活故事，形成较为生动的课程思政元素，使中国问题寻找到合适的中国答案，促进民事诉讼法学教育与思政课程的自然融合。比如我国的法院调解，其优势功效概括为以下六个方面：即有利于在更大范围、更广大的领域内维护社会稳定；有利于促进人民内部团结，维护家庭、社区和邻里关系的安定，有效地防止"民转刑"案件的发生；更能体现当事人平等主体的地位，发挥平等协商、平等对话的功能，创造和谐的气氛；更能体现法官居中的作用，体现公平、公正的职能作用，体现司法公开、透明的特点；更有利于提高司法效率、节约司法资源；有着悠久的历史，更适合于中国国情等。如要将法院调解的此等优势功效作一个精准的简约概括，即"案结事了人和"。这项制度表明，只有用中国的立场讲述法学、研究法学、建设法学才能完成中国法律人的使命和担当。这一目标的达成，能够将爱国、报国、强国的强大精神动力转化为学习法学的热情，形成强烈而持久的学习内驱力。

该部分更多的采用启发式、问题式教学法，让学生直面当代中国社会的现实问题，追问性的启发学生进行自我学习和自我发现，潜移默化的实现在中国视角下观察、分析、反思、解决法律问题，融入大学生"勇挑时代担当"的课程思政目标。通过启发学生对比国外民事诉讼制度和我国民事诉讼制度区别和借鉴，并进而思考中国特色制度的差异性导致的作用的差异性，再深入启发学生提出解决民事诉讼程序的具体方案，在辩证中提升对中国特色社会主义的先进性和优越性的认识，培养大学生的文化自信，使民事诉讼法课堂既具有深厚的中华文化哲学底蕴，又充满时代的创新气息，在传授民事诉讼法学知识的同时引导学生体会背后的价值体现，以更加灵活生动的方式促进民事诉讼法学知识与思政内容

的深度融合，提升学生的职业使命感和荣誉感，培养学生的人文情怀。

## 五、教学效果

通过精心设计《民事诉讼法》课程教学，保障授课教学效果，达成教学目标。在教学过程中，坚持教书与育人相统一，挖掘并积累思政元素，以"春风化雨、润物无声"的形式，隐性融入《民事诉讼法》课程课堂教学环节，不断丰富课程思政的内涵，在传授专业知识的同时，引领学生思想、塑造价值观、培养家国情怀。

国家的长盛不衰和中华民族伟大复兴的中国梦的实现，都要求我们要培养和教育好当代的青年人。习近平总书记也强调对青年人的培养要"立德树人、德法兼修"。也就是说，在对高校大学生进行培养和教育的过程中，要把"德"的培养放在首位，让学生首先得是一个有道德、有品行的人。而"法"字也不仅仅指的是《民事诉讼法学》课程的理论知识和实践技能，它更是建设社会主义现代化所需要的各种理论知识和实践技能。道德和法治从来都是联系在一起的，在法治教育中要注重道德和法治在具体生活实践中的融合，通过德法兼修，在培养学生高尚的道德情操的同时，更要注重加强对学生的公共精神等公德的养成。在教学过程中，引导学生思考，作为公民，我们可以对国家、社会做出哪些贡献和努力，以督促学生在学习《民事诉讼法》的道路上更加有动力，真正为国家和社会培养出有理想、有道德、有纪律、有信念、有品行、有文化、有实践能力的社会主义建设人才，为早日实现中华民族伟大复兴的中国梦而添砖加瓦、发光发热。

# 《家事法理论与实务》课程思政教学设计

人文法律学院　向　东

该课程主要讲述婚姻家庭法和继承法以及相关的基本理论和应用实务，培养学生家事法律思维和案件实务能力，融入相亲相爱、尊老爱幼、男女平等、以人为本、公平正义等课程思政点，培养学生传承家庭美德、弘扬人本关怀的理念。

## 一、课程定位

### 1. 课程性质

《家事法理论与实务》是法学专业三年级开设的选修课，属于法学的应用法学学科，其特点是紧密结合现实，又具有一定的理论深度。通过本课程的学习，使学生掌握家事法律制度的基本原理、基础知识，同时具备处理相关领域实际问题的操作能力，更树立以人为本的法治理念，践行社会主义核心价值观。

### 2. 课程地位

《家事法理论与实务》属于应用法学学科，包括婚姻家庭法和继承法以及相关的基本理论和应用实务，属于民商法学的分支学科，在我国法学体系中占有重要的地位，不仅是重要的民事基本法，同时也是民事审判活动中适用性最为普遍的法律之一，在学科特色上体现出私法性、伦理性和与时俱进性。

### 3. 课程教学内容与意义

《家事法理论与实务》的课程教学内容以我国《民法典》总则编、婚姻家庭编、继承编为主要依据，紧密结合最高人民法院的司法解释，吸收国内外民法学研究的新成果，注重理论联系实际的教学效果。通过本课程的学习，使学生系统掌握家事法的基本理论、基本制度和基本知识，适应社会发展的需要。基于家事法领域的社会热点呈现出多元性、公众参与性和道德评价性，因此，在课程建设上要不断调整知识结构、实时更新课程案例、增加沉浸式学习内容。通过本课程的学习，使学生掌握家事法律制度的基本原理、基础知识，同时具备处理家事法律问题的实际操作能力。

## 二、课程思政教学目标

1. 知识目标：系统地掌握婚姻家庭继承法的基本原理和基本制度；

2. 能力目标：受到家事法律思维和案件实务的基本训练，具有解决家事问题的基本能力；

3. 思政目标：以习近平注重家庭、注重家教、注重家风的"三个注重"家庭思想为指导，将"传承家庭美德、弘扬人本关怀"的课程思政目标融入其中，让学生学专业、育三

观。婚恋观方面，正确处理恋爱、婚姻、性和学业的关系；职业观方面，既有悯恤弱者的人文情怀，又有伸张正义的胆识勇气；价值观方面，领会传统文化道德中的精华与社会主义核心价值观的内在关系并指导自己的行为。

### 三、课程思政教学设计

#### 1. 课程教学设计模式

坚持问题导向，对当前高校教学思政中教学内容陈旧、教学模式简单、教学评价单一等问题，在教学创新过程中予以重点分析、重点设计、重点解决。具体教学设计模式为：在"OPPPS"模块下，通过教师的"五讲"，提取《家事法理论与实务》课程的思政元素"四美"，让学生在"两学"中能够学专业，育"三观"，实现隐性化思政教育，沉浸式学习中"能""法""情"的综合提升。

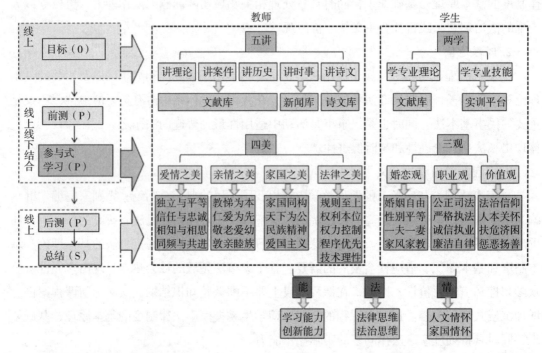

#### 2. 课程教学特色与创新

（1）课程教学特色

首先，课程思政目标设计与"学生为主体"的融通。

只有以学生为主体，整合学生需求和经验，才能提升育人实效。《家事法理论与实务》课程思政的目标设计首先要在课程教学中满足学生成长发展的需求，整合学生的学习经验，强调价值引领的完美契合，最终实现价值引领的作用。所以，在课程思政目标上，选取能够引起学生兴趣、增长知识、引领学生价值，实现"思想范围"形成发展的思政元素。如爱情之美、亲情之美、家国之美和法律之美。教学中涉及的事物、形式、符号与学生经验相结合，更容易被学生所接受，起到教育的作用。以学生为本，关注学生需求，整合学生经验，实现同频共振。

其次，课程思政内容供给与专业课程单元的衔接。

针对家事法的内容和特点，追溯其学科知识体系的初心，深入挖掘最契合的育人元素。将《家事法理论与实务》课程隐性存在的价值观、育人元素要与国家目标、社会目标以及个人目标相统一，兼顾思想政治教育的主导性、系统性与专业课程的主体性、特殊性，在培养学生学科素养的同时，充分发挥其在社会主义核心价值观引领中的作用，最终实现"学科育人"与"课程教学"的隐性融合。

最后，课程思政广度拓展与立德树人效度的并重。

以习近平注重家庭、注重家教、注重家风的"三个注重"家庭思想为指导，将"传承家庭美德、弘扬人本关怀"的课程思政理念拓展于其中，真正实现立德树人，学专业、育三观。

婚恋观方面：正确处理恋爱、婚姻、性和学业的关系，识别和克制亲密关系中的热暴力和冷暴力，远离PUA，共同成长、共同进步；

职业观方面：激发职业热情，培养权利和义务相统一的法律思维和逻辑方法，既有悯恤弱者人文情怀，又有伸张正义的胆识勇气，公正司法、严格执法、诚信执业；

价值观方面：领会传统文化道德中的孝悌为本、仁爱为先、敬老爱幼、敦亲睦族等精华与社会主义核心价值观的内在关系，理解家庭、家教、家风在民法、家事法中的作用，树立法治信仰、人本关怀、扶危济困、惩恶扬善的理念。

（2）课程思政创新

一是专业学习和隐性思政相结合。从教学目标中找到思政教育的相通点，从教学内容中找到课程思政的支撑点，在教学过程中找到课程思政的切入点，实现专业教育与隐性思政有机融合，化雨无形，让学生在浸入式学习中塑造符合社会主义核心价值观的思想道德、价值取向和行为方式。

二是整体提升和教学分层相结合。教学设计实现了线上知识讲授与线下知识内化相融，线上的信息化数据和线下的纪律管控和公正考核相应，线上知识的广度和线下知识的深度相通，课程思政质量整体提升的基础上，实现差异化、层次化教学，满足不同学生课程思政的学习需求。

三是版块固定和内容灵活相结合。"OPPPS"的固定模块保证教学组织的效率，翻转课堂的快速更新能够灵活调整教学内容，适应法治进程快速前进的脚步，有助于互动交流的多维化，有助于教学成本的最小化，教学质量的最大化，社会效益的最大化。

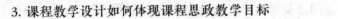

**3. 课程教学设计如何体现课程思政教学目标**

从《家事法理论与实务》课程的基本特质出发，在思想政治教育系统中选取与自身相契合、相匹配的知识点和价值坐标，深度挖掘自身所蕴含的思想政治教育元素和资源，确立其开展课程思政教学的重要支点和关键抓手，从而实现二者的向心聚合与浸润融合。

## 四、课程思政元素的融合

**1. 教师方面：以"五讲"传"四美"**

（1）"五讲"：讲理论、讲案件、讲历史、讲时事、讲诗文。

讲理论：依托文献库，讲授家事法的基本理论，包括婚姻制度、继承制度等，让学生感受我国法治建设的卓越成就和伟大进步。

讲案件：依托文献库，选取经典家事案件进行讨论分析，体会在复杂要素中情与法、理与义、罪与罚、德与则的关系。

讲历史：依托文献库，回顾家事立法中的历史阶段和代表人物，学习追求正义和真理的精神，体会立法成果的来之不易，努力学习、加倍珍惜。

讲时事：依托新闻库，结合社会时事探讨家事领域的热点问题，从冻卵纠纷到技术与法，从人工代孕到亲子关系，培养创新理念和创新思维。

讲诗文：依托诗文库，采撷我国古代诗词中的经典片段，从诗文诵读中体会"共饮长江水"的相思之苦，"寸草春晖"的舐犊亲情，"我失骄杨君失柳"的革命爱情，"广厦千万"的家国情怀。

（2）"四美"：爱情之美、亲情之美、家国之美和法律之美。

爱情之美：独立与平等、信任与忠诚、相知与相思、同频与共进；

亲情之美：孝悌为本、仁爱为先、敬老爱幼、敦亲睦族；

家国之美：家国同构、天下为公、民族精神、爱国主义；

法律之美：规则至上、权利本位、权力控制、程序优先、技术理性。

**2. 学生方面：以"两学"育"三观"**

（1）"两学"：学专业理论和学专业技能。

学专业理论：良好的法律理论素养，是从事法律职业的基础。让学生体会到，只有扎实的专业基础，才能做到明辨与审慎，才能形成良好的法律观念、系统的法律哲学知识、全面的了解国情社情人情、宽厚的人文社会科学功底和秉持正义的法律精神。

学专业技能：法律实践从私而言，有关人格有关财产；从公而言，有关秩序有关稳定。在专业技能的学习中，体会无论如何，法律实践作为正义之事，法律尤其要"如临深渊，如履薄冰"，唯有如此，才能日渐接近正义，维护正义，伸张正义。

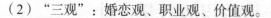

（2）"三观"：婚恋观、职业观、价值观。

婚恋观方面：正确处理恋爱、婚姻、性和学业的关系；识别和克制亲密关系中的热暴力和冷暴力；远离PUA（Pick-up Artist，情感操控）。

职业观方面：激发职业热情，培养权利和义务相统一的法律思维和逻辑方法，既有悯恤弱者人文情怀，又有伸张正义的胆识勇气。

价值观方面：领会传统文化道德中的精华与社会主义核心价值观的内在关系，理解习近平"三注重"家庭思想在民法、婚姻家庭继承法中的体现和作用，以此指引自己的行为。

## 五、教学效果

在教学过程中，根据各个教学单元的内容特点，选取更切合的课程思政教学目标融入，并配合以相应的教学活动设计，促进知识、能力和课程思政教学目标的同步有效达成。

### 1. 端正婚恋观念

大学生刚刚步入成年，对爱情有着天然的憧憬和追求。爱情是美好的，是人生的重要组成部分，但不是人生的全部。志同道合的爱情应该是理想、道德、义务、事业和性爱的有机结合。爱不仅是得到，更重要的是责任和奉献。恋爱双方要真诚相待，感情专一，更要保有自己独立的人格和精神世界，既不能完全依附对方，也不能要求完全占据对方。大学期间拥有爱情固然美好，没有遭遇爱情更要充实自己的学习生活，内外兼修，为未来做更多的准备。

### 2. 传承家庭美德

婚姻家庭法的伦理性极强，道德对婚姻家庭制度的影响很深。法律植根于道德，道德对于婚姻家庭的稳定不可或缺。尊老爱幼、孝敬父母既是中华民族的传统美德，又是社会主义道德的基本要求。婚姻家庭继承法课程的设计和学习无法回避法律与道德之间密切的联系，这是这门课程和其他课程的典型不同，更是其魅力所在。只有将婚姻家庭法概论课程立足于家庭伦理，方能引导学习者理解实证法规则的科学性。

### 3. 弘扬人本关怀

婚姻家庭关系是最重要的社会关系，婚姻家庭的稳定对社会稳定具有极其重要的作用。婚姻家庭法既蕴含着追求公平正义的一般法理精神，又具有维护家庭伦理关系、保护弱势群体利益的人文关怀属性。在婚姻家庭关系严重失衡的时候，法律必须出手，调整失衡的关系，保护弱者的权益。在处理具体案件和思考问题的时候，保有悲悯之心，秉持道德维度，这样的婚姻家庭法，不仅有正义之剑，也有诗和远方。法学人才培养应自觉对之回应，即在法学人才的培养过程中注重培育学生关注社会、关爱民生，关心弱势群体利益的人本精神。

# 《大学国文》课程思政教学设计

人文法律学院　李萌萌

该课程主要讲述汉语语法修辞、经典的中国古典文学作品与文学史常识，培养学生的汉语应用能力、文学欣赏能力及审美创造力，融入爱国主义、品德伦理、美育情怀等课程思政点，培养学生的传统美德、人文情怀与健全人格。

## 一、课程定位

### 1. 课程性质

《大学国文》课程是各专业本科一年级开设的通识必修课程，也是我校一门重要的基础性人文素质教育课程。课程通过以中国文学史与中国文学作品为内容的教与学的过程，提升学生的语言运用能力，以人文知识的传授为纽带，融汇中国精神、传统美德，将优异的国文基础素养内化到学生人格养成之中，提高其人格涵养、审美气质及专业学习中的汉语表述能力。

本课程通过线上线下混合式教学，运用讲授法、演示法、分组讨论法、PBL等教学方法，按中国文学史的线索讲解先秦、秦汉、魏晋南北朝、隋唐宋元、明清等时代的文学发展脉络及代表作家和作品，应用古典文论培养文学赏析方法、激活现代精神、锻炼汉语应用能力，培养学生的文学美育素养，通过古文学文字陶冶情操，使受教育者成为具有民族语文和文化素养的人，成为民族精神的传承者。

## 二、课程思政教学目标

国文课基于传承文化传统与激发现代精神的旨归，力求在知识、能力、素质与美育目标构建的基础上提炼出总体思政目标：通过国文教学与交流，引导学生从进取自洽的人生观、淡泊致远的价值观、纯洁忠诚的婚恋观、和谐环保的自然观的角度构建四种思政维度；从"四观"中提炼出家国担当意识、文化自信意识、审美创造意识，强化三种思政意识；将"三意"归纳为内修完美自我、外化理想世界的两个思政方向；最终由"二育"的内外兼修养成独立健全的人格，是为"四观、三意、二育、一格"的课程思政目标。

## 三、课程思政教学设计

本课程通过三个支撑（教学内容、教学方式、融合模式）扛起思政教学目标之鼎，即"三一模式"，力求通过此模式培养具备家国担当、文化自信、审美创造意识的内修外化、健全独立的人格。

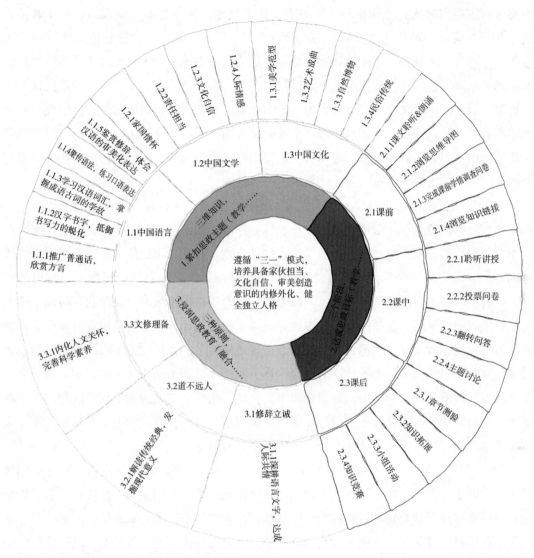

　　"三个支撑"为：三维知识组成教学内容、三个阶段打造教学方式、三个原则构建思政融合模式。

　　《大学国文》教学内容分为中国语言、中国文学、中国文化三大模块。中国语言的学习表现在：推广普通话，加强文化普及，欣赏方言，感受地方特色与历史积淀（口语方音纠正、格律诗的平仄、古诗的方言阅读）；汉字书写，抵御数字时代书写力的蜕化，感受中国书法之美，体会凝聚在汉字中的文化（课堂听写小竞赛、书法作品赏析、书法作业）；学习汉语词汇，学习汉语构词法理论，掌握成语古词的掌故，重温历史文化的瞬间（课堂成语游戏、词汇章节测验、为古书作注）；聚焦语法，练习口语表达，雕琢汉语书写，锻炼文学创作（命题文学创作，国文八分钟，即兴问答）；鉴赏修辞，体会汉语的审美化表达，感受汉语的艺术化特色（课堂文学欣赏 互动问卷调查 主题文学讨论）。中国文学的主题内容为：家国情怀（《黍离》忧国之思、屈原之殇、南宋词等）；责任担当（孔子与儒家、司马迁之发愤著书、杜甫之《哀江头》等）；文化自信（《诗经》之悠久、《左传》之凝练、老庄的处世智慧、苏轼的通达观等）；人际情感（《郑伯克段于鄢》之"孝道"、《管晏列传》之"知遇"、《湘夫人》之"相许"、《行行重行行》之"离愁"等）。中国文化的大致分类为：美学范型（魏晋风骨、盛唐气象、沉郁顿挫和潇洒飘逸等）；艺术戏曲（字体与书法、王维的文人画、《牡丹亭·游园》等）；自然博物（诗中的山水田园、诗经楚辞动植物、汉服知识、文物器具等）；民俗传统（儒家风范与礼仪、唐诗中的折柳与赏花、《红楼梦》中的节日等）。

教学方法按单元循环顺序，分为课前、课中、课后三个阶段。课前内容：课文聆听和朗诵（聆听典范朗诵、锻炼普通话发音、体会声韵平仄间的思想感情）；浏览思维导图（掌握知识框架、明确思政主题与教学内容的结合点、找准学习定位）；完成课前学情调查问卷（唤醒思政记忆、调动思政情绪、思考思政问题）；浏览知识链接（启发思政思路、拓展思政阅历、激发学习兴趣）。课中内容：聆听讲授（激发思政课题、明确正确主旨、草拟问题意见）；投票问卷（发表独立观点、比照选择分布、反思现状与存在）；翻转问答（主观思政阐释、熟悉古代传统、激活现代精神）；主题讨论（归纳中国精神、汇聚头脑风暴、引发民族思考）。课后内容：章节测验（巩固中国传统文化常识、考核文学基础知识、锻炼文化思辨力）；知识拓展（文化现象衍生、文化现象批判、沙龙式自由座谈）；小组活动（国文综合能力锻炼、国语文化创造、写作分享式学习）；知识竞赛（人文基础知识考核、民族文化精神熏陶、团队协作能力锻炼）。

作为第三个支撑，课程思政与教学的融合机制体现了教学特色与创新。融合机制概括为三个四字原则：修辞立诚、道不远人、文修理备，力求春风化雨一般在日常教学中浸润思政理念，使思政教育的过程成为"羚羊挂角，无迹可求"的艺术享受。所谓"修辞立诚"，指深耕语言文字，达成主客共情。例如，激发切身体会理解《郑伯克段于鄢》中郑庄公对母亲的复杂孝情；对比李煜与赵佶的亡国词，说明能引发人类共情的作品才能成为文学经典的道理。所谓"道不远人"，指发掘现代意义，激活传统经典，例如应用《庄子·山木》中"乘道德而浮游"的观点剖析明星人设翻车的现象；应用《楚辞》中的神话学思想解读疫情期间人类的迷惑行为。所谓"文修理备"，指内化人文关怀，完善科学素养，例如，结合心理学引入阿德勒《自卑与超越》中的"缺失补偿"理论，解读司马迁对"知遇之感"的独特感情；结合建筑美学，探讨《湘夫人》中水上房屋建造的可行性，从而理解"人，诗意的栖居"这一哲学观念，领悟浪漫主义文学色彩。

《大学国文》课程思政教学目标的达成有其课程本身的优势，教学内容即思政内容，教学过程即思政过程，但是它又应该与思政课本身相区别，乃是一种诗化的思政教育。"三一模式"中对教学内容、教学方式的概括已经体现了对思政总目标——"培养具备家

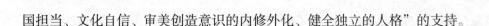

国担当、文化自信、审美创造意识的内修外化、健全独立的人格"的支持。

### 四、课程思政元素的融合

首先，国文课基于传承文化传统与激发现代精神的旨归，利用国文教学内容——"诗化思政"——的本质优势，从知识、能力、素养、美育四个方面渗透达成思政教学目标。其次，教学过程中将课程思政的构想与国文课的特色相结合，确立"修辞立诚、道不远人、文修理备"的思政教学融合模式。所谓修辞立诚，指在修习民族语言文学中建立协调自我价值与家国情怀的人格素质；所谓道不远人，指激活传统文化的现代精神，培养传统结合现代的全球观文化素质；文修理备，指学生在结合自身理工医专业基础上建设人文关怀，提升科学人文素质。本着这一目标，本课程在教学内容、教学方法、考评体系等方面进行了一系列设计，力求将课程思政春风化雨般地融入整个教学中。

（1）"课程思政的诗化"——国文教育的本质使命。

上文已论述过国文教学的三维度知识，即中国语言、中国文学、中国文化。《大学国文》自诞生即以歌颂中国精神、树立文化自信、弘扬民族传统作为本质使命。中国语言是对汉语规范化使用、艺术化表达的观照；中国文学是对汉语文学作品的追溯、对古老民族精神的致敬；中国文化是对物质化中国精神的礼赞、对非物质文化遗产的弘扬。它们本身即是课程思政的诗化阐释，是思想政治原则艺术化、抒情化、审美化的体现。综上所述，最深度的课程思政融合行为应当是讲好国文课自身，最"润物细无声"的融合理念应当是打破理念条框的拘束，突出国文教学的自身特色。

（2）修辞立诚：以文学之诚，激发民族自信心和自豪感，培养家国情怀；认知人与自然、人与社会、人与人之间的关系，感知共情能力，赞许真善美，探索生命的终极价值。

修辞立诚，指人类语言凝结而成的文学结晶，一定要建立在热爱、善良、诚恳等多种符合道义的人格基础上，否则文章无法成为经典。所以，国文教育的整个过程，时时处处贯穿着人格教育与道德伦理教育。而如今的道德教育不应该是教条化的，应该融合人类共通的正常情感，共情力的激发、爱国情怀与民族自豪感的结合、人类的各种社会关系的处理，是国文课教学的重要内容。

比如表现忧国之思主题的《黍离》、爱国诗人屈原的思想情感、陆游与辛弃疾的民族情怀，都是与当下学生的爱国情感相通的；《古诗十九首》对离愁别恨的咏叹、《郑伯克段于鄢》对孝道与权谋矛盾的思考、《管晏列传》对知遇之感的向往，也是令当代人或心向往之，或扼腕叹息的。古人曾袒露真性书写的文字，后辈通过独特的解读引起共鸣，这便是共情力的培养。

（3）道不远人：在文化素质教学方面，提炼中国文化的优良传统，剖析文化时事的现代精神，构建全球文化观念。

道不远人，人文经典即便历经千年亦不会脱离时代，反而具备现代性、通俗性，与常人的思想情感联系在一起。传播中国文化的优良传统是国文教育的本质使命。国文教学大纲中的所有篇目都在不同角度诠释、完善着我国文化的优良传统，然而如何对传统文化进行通俗性、符合时代观感的诠释，则是本课程课程思政需要解决的问题。国文课的每个教学单元都会在"道不远人"的原则指导下对课程主题的现代性进行解读与研讨。比如《论语修身十八章》，在社会分工极端精细化的今天，对孔子提出的"君子不器"（君子不可偏执于一端、局限于一技）如何正确理解？又如《庄子·山木》，如何理解"乘道德而浮游"的自由人生状态对资本化社会人格异化的修正意义？

以课程思政为指导构建的国文课，不能仅拘泥于对传统文化的单纯解读，更应该尽力解读经典的现代意义，让经典充满活力。

（4）文修理备：在科学人文素质方面，结合文学与理工医等各自专业的特点，内化人文关怀，完善科学素养。

文修理备，指当代大学生，无论学习什么专业，都应该具备基础的汉语文字表达能力、文学基础知识以及文化素养。理工医学等各专业的同学在自己的专业中内化人文关怀，也是国文课的重要旨归。知识与技能的锻炼往往是可以量化考量的，而人文素养这个关乎人格气质的不可名状的元素，有必要跟专业学习结合在一起，才能使学生成为面向世界、心怀悲悯的人，这也正是提倡课程思政的意义所在。

国文课在有限的课程设置内，做出与各专业课程相结合的积极探索。如屈原《湘夫人》中对传统建筑文化的描述与建工专业相结合，司马迁《管晏列传》的创作动机与心理学中"缺失——补偿"原则的结合等。

## 五、教学效果

《大学国文》通过中国语言文学的讲授、中国精神的发掘、中国文化的弘扬，注重文理结合、内外兼修的人才培养规划，培养家国担当、文化自信、审美创造三方面意识，完成学生对人格塑造、社会责任的修为，做到知行合一、内化于心、外化于行，达成思政教学目标。

本课程通过独特的教学内容——"中国传统优秀文学作品"，通过"修辞立诚、道不远人、文修理备"三种独特的融合机制，做到教书与育人的统一、显性与隐性的结合，深度发掘课程思政内涵。

# 《心理学研究方法》课程思政教学设计

心理与精神卫生学院　吕少博

本课程讲解心理学研究方法的基本概念与原则，介绍常用的观察法、问卷法、访谈法、实验法以及元分析等研究方法及其使用条件，提升心理学本科生的心理学方法论水平，提高其解决心理科学问题的研究能力。课程教学融入中国立场、科学精神、时代担当等课程思政点，使学生在对知识进行运用的过程中体验到了一名心理学人所应具有的时代担当与家国情怀。

## 一、课程定位

《心理学研究方法》课程是应用心理学专业本科三年级开设的必修课程，也是应用心理学专业的基础课程。作为应用心理学专业的方法论，《心理学研究方法》无疑承担着启蒙和型塑学生专业思维、专业理念和专业伦理的重要作用。通过本门课程的学习，培养学生掌握心理学的研究方法，具备运用观察法、问卷法、访谈法、实验法、元分析等多种研究方法进行心理学研究的能力，并理解研究方法在心理学中的重要地位。

本课程通过采用讲授法、案例法、混合教学、小组讨论、小组课外实践、小组汇报分享等多种教学方式，讲解心理学研究方法的基本概念与原则，介绍常用的观察法、问卷法、访谈法、实验法以及元分析等研究方法及其使用条件，提升心理学本科生的心理学方法论水平，提高其解决心理科学问题的研究能力。通过本课程的学习，让学生将其原来的知识转化为可操作的研究能力，实现科研素质的提升，实事求是的科学精神的培养。

## 二、课程思政教学目标

立足课程思政的现代课程观，《心理学研究方法》课程重新认识、重新定位和重新塑造了教学目标，在知识性和能力性目标之外，通过对自身蕴含的思政元素的探索，结合自身课程的特色与优势，立足心理学研究的方法论，坚守以科学伦理为底线，以追求真理为使命，以自主创新为行动，以勇攀高峰为目标的科学精神，立足中国立场，树立责任意识，科技报国，勇挑时代担当。在实现传道授业解惑的同时，强化思政，全面育人。

## 三、课程思政教学实施设计

课程采用"知识+科研+思政"相结合的教学模式。在讲授心理学研究方法知识的同时，鼓励学生进行科研探索，充分发挥独立思考、自主创新的精神，融入思政元素，培养学生在立足中国立场、坚守科学精神以及勇挑时代担当的基础上进行自主创新的能力。通过课前问题，课上学习，课后科研实践，总结汇告的形式，形成"研究问题本土化、研究问题前沿化、研究技术先进化"的课程思政教学设计，如下图1所示。

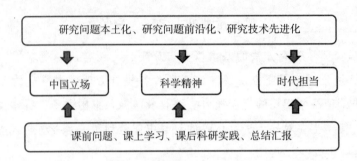

研究问题本土化、研究问题前沿化、研究技术先进化

中国立场　　　　科学精神　　　　时代担当

课前问题、课上学习、课后科研实践、总结汇报

**图1　课程思政教学实施设计**

研究问题本土化：以立足中国立场为基本原则，培养学生运用现代心理学研究方法解决人民群众心理问题的意识，学以致用，服务大众；

研究问题前沿化：促进学生以科学伦理为底线，以追求真理为使命，以自主创新为行动，以勇攀高峰为目标，勇担时代重任，培养学生的科学意识，提升其科学素养；

研究技术先进化：培养学生关注学习先进技术的意识，用先进的技术推动心理学研究方法的发展，实事求是，勇担时代重任。

课前问题：以研究问题本土化、前沿化以及研究技术先进化为基础，提出前沿科研问题，引导学生进行预习，将思政以隐性的方式加入到教学环节过程中；

课上学习：强调科学精神，科学思维，培养学生科学的方法论；

课后科研实践：以课前问题为科研主题，引导学生运用所学进行科研工作，鼓励新的科技方法的应用，要求原创，激发创新；

总结汇报：以科研成果为内容进行总结汇报，培养学生的科学思维、科学素养。

## 四、课程思政元素的融合

1. 在教学过程中，通过教学环节将课程思政隐性融入，加强课程思政元素对于学生的培养作用。

（1）问题引导

通过课前问题设置，以本土化，前沿化的科研问题，激发学生的兴趣，培养学生学以致用，解决人民群众心理问题的思维习惯，潜移默化使其坚守"中国立场"，提升其"时代担当"的意识。

（2）案例展现

课上内容，以本土化、前沿化案例讲解相关的知识内容，在培养学生的"中国立场"的同时，使其树立创新精神，"勇攀高峰"。

（3）实践体验

以课前问题为研究对象，通过进行科研实践，学生亲身体验到自身所学对于解决人民群众心理问题的重大意识，使其对"中国立场""科学精神"与"时代担当"具有直接的体验。

（4）汇报提升

通过科研成果的汇报，教师点评，改善学生的知识结构，同时在该过程中，通过肯定学生的"中国立场""科学精神"与"时代担当"，加强思政教学的效果。

2. 除了隐性的思政元素的融合，本门课程也会结合各个教学单元的内容特点，选取更切合的课程思政教学目标显性融入，并配合以相应的教学活动设计，促进知识、能力和课程思政教学目标的同步有效达成。

（1）在心理学研究方法的基本伦理、学术规则的讲解上，突出"坚守科学伦理"的思政目标。这部分的内容主要是科学研究的学术规范、伦理规则，通过对其详细讲解和重点强调，使学生在认知上了解，意识上重视，从而达到提升其道德修养的目的。

（2）在心理学研究方法中各种研究方法、技术手段基础知识的讲授部分突出"树立科学精神"的思政目标。这部分的知识核心是构建学生的心理学专业思维体系，而理性的思维本身，又能够促进学生真正在专业视角上掌握这些看起来复杂的心理学研究方法，整合自己的知识体系，而非像以往的学生只是进行知识的简单零散识记。

该部分更多的让学生运用心理学的研究方法，科学而客观的解决研究问题，强化其专业思维。例如，讲到实验法时，会追问学生如何使实验更为严谨，更能排除无关变量的干扰，从而达到理性、科学客观地认识心理现象背后的原理。

（3）讲授心理学研究方法技术手段时融入"科技报国"的思政目标。只有真正让学生真正意识到现代科技的发展所带来的学科知识的变革，才能让学生切实体会到现代科技发展的强大，这种意识一旦达成，学生的自主学习能力与创新能力将得到极大的发展。

在这一部分，将主要围绕着脑电、核磁、脑机接口等技术，让学生认识到现代科技是如何实现对于人的心理的客观化呈现以及如何实机人类意识与外部设备的互动，激发学生的专业兴趣，启迪其创新思维。

（4）现代心理学发源于西方，研究方法大多是西方学者提出并得以推广应用，而在心理学的发展过程中，心理学的本土化是一个势在必行的趋势。在本课程的讲解中，除了介绍相关的心理学研究方法之外，还要学生牢记心理学的本土化的使命，探索基于本土的测评工具，灌输立足土地的理念，促成"坚守中国的立场"思政目标的达成，让学生能够充分理解"学习的心理学是中国的心理学"，只有用中国的立场讲述心理学，才能真正实现中国心理学的发展，这也是中国心理学人的使命和担当，并且，一旦这种理念形成，学生将会使爱国热情与专业热情相结合，形成持久的学习动力。

该部分更多地采用启发式、问题式教学法，让学生从相关文献中分析中国心理学目前存在的问题，直面这些问题反映出的中国心理学的不足，启发学生立足本土的思维，通过日常生活中常见问题的分析与解决，使学生意识到，学习心理学首先是为了了解分析本土心理现象背后的原理，解决相关问题。

（5）在运用心理学研究方法解决实际问题的教学内容中强化"勇挑时代担当"的思政目标。大三的应用心理学专业学生，他们即将走出校门，承担社会主义祖国建设的重任，社会责任感和时代使命感的培育是必需的，这种责任感与使命感会使他们将自己个人的目标与祖国发展的目标相结合，产生更为强大而持久的学习动力。

这部分通过给学生布置作业，使其发现问题、分析问题、解决问题，并且在选题阶段重点阐述选题的意义，尤其是对于我国社会主义现代化建设的意义，让学生意识到学术研究与祖国发展的内在密切关系。通过这种方式，使学生对我国的国情更为了解，同时也了解到自己所学与祖国发展的密切联系。

## 五、教学效果

本课程隐性与显性的思政目标相互结合，通过精心设计的课程教学，保障了教学效果，做到了理论知识与操作技能相结合，专业知识与思政素养共提升，使教书与育人的统一。在本课程中探索出来的思政元素不仅可以通过显性的思政目标使学生获得关于思政知识的认识，同时也通过教学环节中隐性思政目标对学生起到潜移默化的影响，对于引领学生树立科学精神、中国立场，树立现代科技意识具有很好的效果。学生在学习过程中，不仅学会了专业知识，提长了科学思维，同时也在对知识进行运用的过程中体验到了一名心理学人所应具有的时代担当与家国情怀。

## 六、教学案例对心理学类课程的推广

本课程在教学实施过程中，通过课程的前中后三个环节，结合课堂讲授、案例教学、小组讨论、科研实践、科研汇报等，通过线上线下的教学方式，提升学生运用所学知识解决心理学问题的能力，同时将中国立场、科学精神以及时代担当等思政目标融入其中，用于培养基础知识扎实，实践能力优秀，具有良好的人生观、世界观、价值观的高素质复合型人才。本课程隐性、显性思政目标相结合的方式可以适用于其他类的心理学课程，尤其是理论与实践相结合度高的心理学课程，在教书的同时真正起到育人的目的，做到"门门课程有思政""教师人人讲育人"。

# 《变态心理学》课程思政教学设计

心理与精神卫生学院　陈允恩

该课程主要阐述变态心理学的研究对象、判别标准、影响因素、理论模型、研究方法、分类和诊断等基本理论和方法，融入培养仁爱之心、树立诊疗思路、勇挑新时代担当精神等课程思政点，培养学生心理学、医学思维和专业知识应用能力，潜移默化地进行自然与人文科学精神、价值取向、伦理规范下的心理学工作者的责任、情怀与担当教育。

## 一、课程定位

### 1. 课程性质

《变态心理学》是应用心理学专业本科三年级开设的必修课程，也是应用心理学专业的专业基础课程。

### 2. 课程地位

《变态心理学》把一般的心理异常作为其研究内容，更侧重于原因、理论与机制方面，特别是从生物、心理与社会等多角度进行探讨。变态心理学是医学心理学、临床心理学、精神病学等心理健康相关学科与行业的重要基础。学生通过学习该课程后能判断正常心理与异常心理的区别，鉴别精神障碍和非精神障碍，以便将精神障碍转诊给精神科医生，留下非精神障碍，作为心理咨询和心理治疗的对象。同时，学会运用心理学的理论和技术进行心理咨询与治疗帮助来访者。该课程在今后为心理咨询和治疗、临床实习起到承前启后的重要作用。

### 3. 课程教学内容与意义

课程教学内容主要阐述变态心理学的研究对象、判别标准、影响因素、理论模型、研究方法、分类和诊断等基本理论和方法。后面各论介绍各种心理障碍：心理障碍的基本症状、应激相关障碍、神经症性障碍、抑郁障碍、双相及相关障碍、自杀与自伤、进食障碍、睡眠障碍、人格障碍、性障碍等。

通过课堂讲授、探究翻转、案例教学、混合教学等形式，从心理学角度出发，研究心理障碍的表现与分类，探讨其原因与机制，揭示异常心理现象的发生、发展和转变的规律，并把这些成果应用于异常心理的防治实践。通过课程的学习，探索心理障碍如何产生、如何被诊断以及怎样得到治疗，使我们对自己和他人的心理状态能够做出判断，了解导致心理异常的生物因素、心理因素、生活环境和家庭背景等特点，从而提示我们应该注意的问题，减少心理障碍发生的机会。

## 二、课程思政教学目标

立足课程思政的现代课程观，《变态心理学》课程重新认识、重新定位和重新塑造了教学目标，在知识性和能力性目标之外，还将"培养仁爱之心、树立诊疗思路、勇挑新时代担当精神"的课程思政目标融入其中，贯穿于课程教学大纲的各个单元，实现了课程思政建设与教学目标的契合，与教学内容的融合，与教学素材的整合，与教学过程的结合。

通过学习该课程后能判断正常心理与异常心理的区别，鉴别精神障碍和非精神障碍，以便将精神障碍转诊给精神科医生，留下非精神障碍，作为心理咨询和心理治疗的对象。

## 三、课程思政教学设计

课程采取"案例导入+知识讲授+深入探究+思政元素"的教学设计模式，在讲授理论知识的同时以临床精神心理疾病为主线进行自主和深入探究活动，融入隐性思政元素，培养学生心理学、医学思维和专业知识应用能力，潜移默化地进行自然与人文科学精神、价值取向、伦理规范下的心理学工作者的责任、情怀与担当，并形成特色的课程教学设计："一个核心+两个框架+三个课程案例库+四个教学环节+整体诊疗思路"（见图1）。

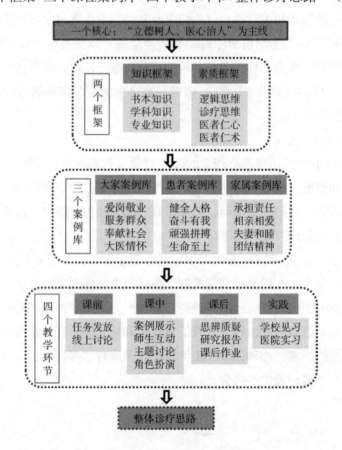

**一个核心：** "立德树人、医心治人"。习近平总书记在全国教育大会上指出："要把立德树人融入思想道德教育、文化知识教育、社会实践教育各环节"；习近平总书记在看望北京大学师生时指明了"立德树人为教育之本"。立德树人可谓是中华民族永恒的教育价值追求，绵延不断，源远流长！立德树人可以分为立德和树人两个部分，立德是基础，树人是目的。习近平在"全国卫生与健康大会"上强调，没有全民健康，就没有全面小康。要把人民健康放在优先发展的战略地位，以普及健康生活、优化健康服务、完善健康保障、建设健康环境、发展健康产业为重点，加快推进健康中国建设，努力全方位、全周期保障人民健康，为实现"两个一百年"奋斗目标、实现中华民族伟大复兴的中国梦打下坚实健康基础。习近平总书记还提出，要加大心理健康问题基础性研究，做好心理健康知识和心理疾病科普工作，规范发展心理治疗、心理咨询等心理健康服务。

**两个框架：** 知识和素质构成两个框架。促进学生知识传授、能力与素质培养有机统一，以知识框架（书本——学科——专业）和素质框架培养为架构，通过基础知识、学科和专业知识的讲解，构建逻辑思维，体现心理工作者与医者仁智；通过精神心理疾病病因探索，提升诊疗思维，坚守医者仁心；通过心理咨询和治疗技术方法的使用，培养创新思维，彰显心理工作者与医者仁术；通过临床精神心理疾病的诊断，拓展临床思维，践行心理工作者与医者仁义。

**三个课程案例库：** 在教学过程中挖掘思政元素，促进学生知识传授、能力培养与价值引领有机统一，形成三个课程资源案例库（心理工作者与医生、患者、家属）。一是以爱岗敬业、服务群众、奉献社会、大医情怀、职业担当、伦理道德及以人为本等为主要内容的医学家、心理学家案例库；二是以奉献精神、生命至上、人文关怀、健全人格、奋斗有我、顽强拼搏等为主要内容的患者案例库；三是以诚信为善、承担责任、相亲相爱、夫妻和睦、爱自己骨肉同胞、团结精神、实践运用等为主要内容的家属案例库。

**四个教学环节：** 以学生为主体、以教师为主导、以体验为关键、以网络为载体，通过"课前+课中+课后+实验实践"四个实施环节，完成教学，实现隐性教育与显性教育相统一。

**整体诊疗思路：** 遵循现代的生物——心理——社会整体医学模式，从三方面对来访者的病因与发病机制进行分析和判断，并从整体上对患者进行咨询和治疗。

**1. 课程教学设计模式**

本门课程的知识内容可分为总论部分的变态心理学的发展史、研究对象与任务、影响变态心理形成的因素以及各理论模型对变态心理的解释、变态心理的分类与诊断，以及各论部分的心理障碍的基本症状、应激相关障碍、神经症与躯体形式障碍、自杀与自伤、进食障碍、睡眠障碍、人格障碍、性障碍等。在讲授中融入"树立诊疗思路"的思政目标，重视培养学生独立自主的思维能力、学习能力、发现问题和解决问题的能力、处理与社会

和自然关系的能力，以及适应未来社会需求的能力。同时，评定学生质量的标准也在于学生应用和拓宽知识的能力，教师注重教学内容和教学方法的创新，才能培养出思路清晰、诊疗明确、治疗规范的应用型人才。教学中鼓励学生对心理问题（一般和严重）、神经症性问题以及精神障碍的病因、发病机制、鉴别诊断、心理咨询与治疗进行科学研究，提高学生的临床诊疗能力。

**2. 课程教学特色与创新**

变态心理学是心理学中研究异常心理与行为及其规律的一门分支学科。在接触有异常心理和行为的来访者、患者及家属时，以及在进行咨询和治疗时，都要求我们有职业道德，就要突出"培养仁爱之心"的思政目标。

作为教师，应该有一颗仁爱之心。"学而不厌、诲人不倦"，教育是一门"仁而爱人"的事业，爱是教育的灵魂，没有爱就没有教育。教师应该是仁师，没有爱心的人不可能成为好教师。教师的爱，既包括爱岗位、爱学生，也包括爱一切美好的事物。教师的爱也会影响和传递给学生，让学生爱课程、爱专业、爱行业和爱患者，让学生做到关心、爱护和尊重每一位心理问题（一般和严重）、神经症性问题和精神障碍患者，给予来访者人文关怀、心理咨询和治疗，促进其心理健康。

**3. 课程教学设计如何体现课程思政教学目标**

在应激障碍、焦虑症、强迫症、恐惧症、神经性厌食症、失眠症、人格障碍等教学内容的讲授中强化"勇挑新时代担当精神"的思政目标。对于大三的心理学专业学生，社会责任感和时代使命感能够帮助他们建立坚定、稳定、持久的职业责任感和职业荣誉感，这种情感反过来又能够帮助学生真正理解心理咨询师职业存在的社会和人文价值。

这部分更多地采用视频和临床见习的方法，增强学生的学业参与感和获得感。通过心理学教育使学生能够热爱本职工作，坚定为社会做贡献的信念，刻苦钻研专业知识，增强技能，提高自身素质，遵守国家法律法规，与求助者建立和谐的咨询关系。

不歧视任何来访者，让来访者了解心理咨询和治疗的性质、特点、局限性、自身的权利和义务，始终遵守保密原则。我们的学生都要走上社会、从事心理学相关岗位工作，在校期间树立的职业道德观念，会很大程度上影响着个人的发展方向以及心理咨询人员队伍的整体职业能力和道德水平，因此更要注重课程思政的教育培养。最终培养的心理学学生一定能做到对患者真诚热忱，对工作认真负责，对技术精益求精。

## 四、课程思政元素的融合

### 1. 榜样的作用，大家成长路

结合心理学和医学的发展史，讲好科学家的故事。在讲述《变态心理学》发展史时，介绍该课程的地位和作用，突出其与普通心理学、临床心理学、精神病学等相互渗透的特

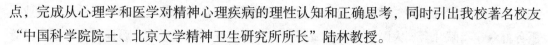

点，完成从心理学和医学对精神心理疾病的理性认知和正确思考，同时引出我校著名校友"中国科学院院士、北京大学精神卫生研究所所长"陆林教授。

好的开始是成功的一半，采用首堂课进行"榜样的作用"活动，增强奋发学习、报效祖国的动力，树立实现心中职业梦想的信心和决心。通过讲解我校优秀校友陆林院士成为精神心理专家的历程，他领导的北京大学精神卫生研究所是我国顶级的精神心理研究中心，培养了我国一大批精神心理卫生工作者。通过案例的讲解，让学生体会"有条件要上，没有条件创造条件也要上"的实干精神，让科学家们的家国情怀与科学精神成为新时代中国人砥砺前行的榜样。

**2. 患者的案例、家属的故事，在新冠疫情下人的事例**

患者自强不息、努力拼搏战胜病魔的精神；家人不抛弃、不放弃的家庭理念，共建和谐家庭与社会的精神；新冠肺炎疫情下习近平总书记高度重视和指示：重视心理健康和心理干预，疫情当前，需要万众一心，心手相连。疫情当前，更当风雨同舟，众志成城。战胜疫情，守卫我们美好的家园。

**3. 医心助人，大医精诚**

变态心理学是心理学中研究异常心理与行为及其规律的一门分支学科。遵循现代的生物——心理——社会整体医学模式为贯穿的主线，从三方面对来访者的病因与发病机制进行分析和判断，并从整体上对患者进行咨询和治疗。面对精神心理疾病，医学伦理及医德医风的教育显得尤其重要，工作中如何尊重病人的知情权和隐私权，如何最大限度做到医疗公平，要结合专业知识讲解进行伦理学教育，引导学生去观察、思考，引导其做出正确的决定。

医乃仁术，古训道"无恒德者，不可以为医"，就是强调医者要有崇高的道德品质，在教学中，帮助学生树立正确的世界观、人生观和价值观，使其明白医学科学的特殊性，医生面对的是患者的生命和健康，树立全心全意为病人服务的思想，以高度的责任心和同情心对待病人，不仅关系到患者的生命与安全，还关系到医疗行业的声誉，真正做到以疾病诊断为目的，新中唯诊，拓展临床思维，践行医者仁义。

## 五、教学效果

通过精心设计课程教学，保障授课教学效果，达成教学目标。在教学过程中，坚持教书与育人相统一，挖掘并积累思政元素，以"引人入胜中潜移默化，于无声处里恍然大悟"的形式，隐性融入医学专业课程课堂教学环节，不断丰富课程思政的内涵，在传授专业知识的同时，引领学生思想、塑造价值观、培养家国情怀、职业道德、大医情怀。

老师以身作则、言传身教，对学生的道德及课堂纪律的严格要求。当老师在讲一个知识点时，就是把专业知识点和人文素养结合起来，形成了"化学反应"，对学生会产生影响。

学生通过课程学习，深刻认识到在精神心理疾病的临床诊疗过程中，感受爱岗敬业、服务群众、奉献社会、大医情怀、生命至上、人文关怀、健全人格、顽强拼搏、爱自己骨肉同胞、团结精神等，感受作为新一代青年心理工作者和医生的责任与担当，建立我们的职业品德、价值追求、使命担当、敢于奉献、迎难而上、学术诚信、精益求精，感受在中国共产党的领导下，幸福和美好的健康生活。

## 六、教学案例对《精神病学》《精神药理学》课程的推广

在教学实施过程中，通过灵活多用的教学模式，创新的教学方法，保障了课程质量，凝练出"一个核心+两个框架+三个课程案例库+四个教学环节+整体诊疗思路"的教学设计，以学生为中心，通过线上线下、课堂内外、理论实践、面授翻转多种形式，将基础知识、心理诊疗技术和临床疾病相结合，提升学生解决复杂精神心理问题的能力，将社会主义核心价值观融入教育教学全过程，培养医学实践能力强、创新能力突出、具有团队协作精神和家国情怀的复合型人才，培养德智体美劳全面发展的社会主义建设者和接班人。

本课程融合隐性思政的教学模式，可供其他医学类课程借鉴并推广应用，使专业课程与思政教育同向同行，形成协同效应。坚持立德树人为中心，践行"门门课程有思政""教师人人讲育人"，提高课堂教学效果和质量、提升学生学习热情和成效。

# 《太极拳》课程思政教学设计

体育部　李世森

该课程主要讲述太极拳的基本理论知识和基本技术动作，阐述中国传统文化的伦理观、道德观、审美观，弘扬并传承民族传统文化，培养学生的学习和实践能力，融入规则意识、爱国主义、团队协作、顽强拼搏、勇于担当等课程思政点，培养学生的德能兼修素养和爱国奉献情怀。

## 一、课程定位

《太极拳》课程是我国高校本科一年级开设的必修课程之一，也是我国传统武术在国际社会、高校体育及全民健身运动项目中影响度高、受众广的杰出代表。作为丰富大学生的德育知识，太极拳渗透着中国传统文化的伦理观、道德观、审美观。如太极拳所要求的各项武德规范："未曾习武先习德""武以德立、德为技先"及对习拳者的"仁、义、礼、信、恭、俭、让"等要求，更是中国传统伦理观、道德观在传统体育运动项目中的深刻反映。该课程对塑造我国高校大学生在传承民族传统文化、养成良好规则意识、团结精神、爱国奉献和顽强拼搏等素养和精神培育的的同时厚植民族荣誉感，激发感恩祖国情怀等爱国主义精神具有深远意义和重要作用。

## 二、课程思政教学目标

立足课程思政的现代课程观，《太极拳》课程重新认识、重新定位和重新塑造了教学目标，在知识性和技能性目标之外，重点将"传承中华传统文化、养成良好规则意识、加强团队协作意识、培养爱国奉献情怀、锻炼顽强拼搏和勇敢担当的精神"的课程思政目标融入其中，贯穿于课程教学大纲的各个单元，实现了课程思政建设与教学目标的契合，与教学内容的融合，与教学素材的整合，与教学过程的结合。

## 三、课程思政教学设计

课程采取"示范教学+自主探究+思政元素"的教学模式，在讲授技术动作和理论知识的同时以提高体育素养为主线进行自主探究活动，结合各个教学单元的内容特点，融入切合的隐性思政元素，潜移默化的在教学中对学生进行民族传统文化传承精神、规则意识、团结精神、爱国奉献和顽强拼搏等素养和精神的培养。坚持以立德树人为中心，培养学生良好的健康理念，提升专业体育健身能力，养成终身体育意识，并形成特色的课程教学设计"一个主线+两个核心要素+三个体育系列模块+四位一体目标+五个教学实施环节"（如下图）。

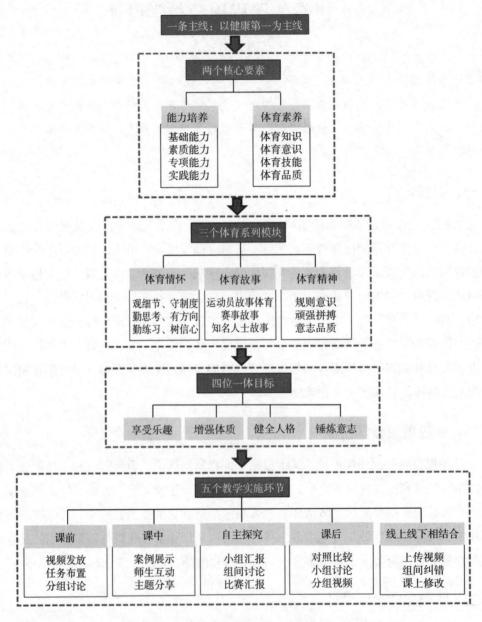

**一条主线：**以习近平总书记"要树立健康第一的教育理念，开齐开足体育课"——健康第一为主线，培养学生养成终身体育意识的良好习惯。

**两个核心要素：**提高学生身体素质、体育技术技能培养与价值引领相统一，以体育能力培养和体育素养为核心要素。通过体育基础知识的讲解，让学生了解和掌握体育运动的基本知识，提高体育知识素养；通过身体素质的练习，让学生提高素质能力，增强体育健康意识；通过太极拳全套技术动作的学习，提高学生专项能力，增加体育技能；通过太极拳技术动作练习、组间讨论、比赛汇报、分组视频等，提升学生实践能力，彰显体育品质。

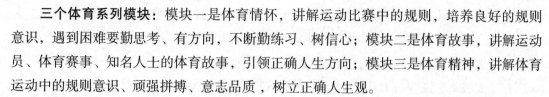

**三个体育系列模块**：模块一是体育情怀，讲解运动比赛中的规则，培养良好的规则意识，遇到困难要勤思考、有方向，不断勤练习、树信心；模块二是体育故事，讲解运动员、体育赛事、知名人士的体育故事，引领正确人生方向；模块三是体育精神，讲解体育运动中的规则意识、顽强拼搏、意志品质，树立正确人生观。

**四位一体目标**：在教学过程中挖掘思政元素，促进学生体育素养、能力培养与价值引领有机统一，以培养学生兴趣、养成锻炼习惯、掌握运动技能、增强学生体质为目的，最终达到享受乐趣、增强体质、健全人格、锤炼意志。

**五个教学实施环节**：以学生为主体、以教师为主导、以实践为关键、以网络为载体，通过"课前+课中+自主探究+课后+线上线下相结合"五个实施环节，完成教学任务，实现运动技能教育与思政教育相统一。

## 四、课程思政元素的融合

在教学过程中，根据各个教学单元的内容特点，选取切合的隐性思政元素融入，并配合以相应的教学活动设计，促进知识、能力和课程思政教学目标的同步有效达成。

### 1. 感悟太极文化发展、厚植民族荣誉"传承精神"

在太极拳的概况、技术要求与特点、全民健身中的实际应用效果、国际社会的影响度等基础知识的讲授部分突出"传承精神"的思政目标。这部分的知识核心是深入挖掘太极拳中蕴含的人生哲理，向学生渗透中国传统的价值观、道德观、审美观。

该部分通过讲解太极拳技术要求与特点，例如二十四式太极拳架势舒展简洁、结构严密、身法中正、动作顺和、柔中带刚、轻灵沉着兼而有之，一举一动带有技击内涵，练法上使意、气、力三者结合达到意力合一等特性，引入"太极拳为世界第一武术运动"，让学生充分理解"太极拳是中国的太极拳，只有中国才能创造出太极拳"，进一步激发学生传承和弘扬中华传统文化的热情，厚植民族荣誉感。

### 2. 探究民族传统武术礼仪，侧重"规则意识"培养

在讲授中华传统武术礼仪"抱拳礼"的基本做法和要求部分，详解"未曾习艺先习礼，未曾习武先习德"和"以礼始、以礼终"的抱拳礼基本原则，着重培养学生懂规矩、知礼节的传统美德，促进了学生"规则意识"和"自律习惯"的养成。

该部分通过中华武术所特有的"抱拳礼"，有助于我们大学生培养懂规矩、知礼节的传统美德，引入古代"程门立雪"和近代"总理借书"两个案例，确立了我们当代大学生成为国家栋梁之材应注意培养"规则意识"和养成"自律习惯"的重要性。

### 3. 注重技术动作和教学活动，强化"团结精神"

在《太极拳》课程技术动作部分时通过体育游戏竞赛和课堂分组展示等的教学活动，突出促进"团结精神"思政目标的达成，让学生充分理解突出团队协作的意义和重要性。

该部分通过太极拳阶段性课堂分组展示、五人六足50米小组赛等教学活动中，引入"铿锵玫瑰"的女足精神案例，进一步加强培养了学生的团队协作意识。

**4. 加强教学活动互助环节，确立"爱国奉献"情怀**

在《太极拳》课程技术动作小组互助学习部分加强"爱国奉献"思政目标的确立，激发学生爱国主义情怀，坚定政治认同和文化自信。

该部分通过太极拳小组互助学习与探讨教学活动，引入"武汉疫情全民抗疫，我国人民团结一心、众志成城"案例，在锻炼学生观察、分析、学习、探讨与解决问题能力的同时，培养学生互助有爱、荣辱与共、知恩感恩的传统美德和行为习惯。

**5. 深化身体素质练习，塑造"顽强拼搏"精神**

在《太极拳》课程教学内容的身体素质练习的讲授中强化"顽强拼搏"的思政目标，让学生通过亲身体验，充分理解挑战自我和勇于担当的社会责任感和时代使命感。

这部分更多的是通过小组竞赛的组织形式进行身体素质练习，例如：5人~10人小组800米接力赛（注：每小组允许有两名身体素质较好的同学在接力线前10米处帮助他人提前接棒）。列举我国各优秀明星运动员在国际赛事上顽强拼搏、为国争光的精彩片段和实例，引入"平昌冬奥武大靖短道500米破世界纪录夺冠"案例，让学生深刻体会到参与感与获得感，不仅锻炼了学生挑战自我和勇于担当的精神，同时可以对学生加强国家荣辱思想教育，培养学生爱国主义情怀。

## 五、教学效果

通过对《太极拳》课程教学精心设计，进行巧妙的隐性思政元素融入，保障授课教学效果，达成教学目标。在教学过程中，坚持教学与育人相统一原则，挖掘并积累思政元素，丰富课程思政的内涵，在传授各项体育专业技能的同时，引领学生爱国思想，建立正确的人生观、价值观，确立家国情怀。

学生通过课程学习，深刻认识到太极拳在国际社会中的影响力和对中国民族传统体育运动中的重要意义，塑造了学生"传承精神、规则意识、团结精神、爱国奉献、顽强拼搏"等良好的精神和优秀品质。

## 六、教学案例对体育类课程的推广

在教学实施过程中，通过创新多样的教学方法，采取"示范教学+自主探究+思政元素"的教学模式，保障了整门课程的教学质量，并且凝练出具有课程特点的"一个主线+两个核心要素+三个体育系列模块+四位一体目标+五个教学实施环节"教学设计，形成以学生为中心、教师为主导、实践为关键、以网络为载体，通过线上线下、课堂内外、翻转课堂等多种形式，将体育基本理论知识、基本运动技能、专项运动技能、科学健身方式方法和思政设计相结合，将体育情怀、体育故事、体育精神融入教学中，厚植学生的爱国主义情怀，培养其拼搏向上的精神及坚忍的意志品质，规范其道德行为意识，提升了学生专业的体育健身能力，培养了良好的健康理念和终身体育意识，为国家社会主义建设培养德智体美劳全面发展接班人的身心健康发展起到了促进作用。

本课程的思政教学模式，可供体育类其他课程借鉴和推广，使体育课程与思政教育协调发展、同步推进，坚持以立德树人为中心，实现课程思政建设与教学目标相契合，与教学内容相融合，与教学素材相整合，与教学过程相结合的育人成效。

# 《土地资源管理》课程思政教学设计

管理学院　张晓凤

该课程是公共事业管理专业土地资源与房地产管理方向的核心专业基础课程，承担着启蒙和型塑学生专业思维、专业理念和专业伦理的重要作用。课程教学融入维护社会主义土地公有制、建立节约型社会、促进社会可持续发展、助力乡村振兴战略目标实现等课程思政点，引领学生思想、塑造价值观、培养家国情怀。

## 一、课程简况

《土地资源管理》课程是公共事业管理专业本科二年级开设的必修课程，也是公共事业管理专业土地资源与房地产管理方向的核心专业基础课程。作为土地资源管理的基本理论、基础方法和意识形态，《土地资源管理》无疑承担着启蒙和型塑学生专业思维、专业理念和专业伦理的重要作用。

## 二、课程思政教学目标

立足课程思政的现代课程观，《土地资源管理》课程重新认识、重新定位和重新塑造了教学目标，在知识性和能力性目标之外，还将"维护社会主义土地公有制、建立节约型社会、促进社会可持续发展、助力乡村振兴战略目标实现"的课程思政目标融入其中，贯穿于课程教学大纲的各个单元，实现了课程思政建设与教学目标的契合，与教学内容的融合，与教学素材的整合，与教学过程的结合。

## 三、课程思政教学实施设计与课程思政元素的融入

在教学过程中，根据各个教学单元的内容特点，选取更切合的课程思政教学目标融入，并配合以相应的教学活动设计，促进知识、能力和课程思政教学目标的同步有效达成。

1. 在土地资源管理的概念、土地资源管理的性质和土地资源管理的内容及原则、我国土地资源状况等基础知识的讲授部分突出"维护社会主义土地公有制、建立节约型社会"的思政目标。这部分的知识核心是向学生讲授土地资源管理相关知识，搭建学生的土地资源管理工作知识框架。

该部分的讲解要突出在土地资源管理工作中"维护社会主义土地公有制"的原则，这是我国与土地私有制国家在土地资源管理工作中最本质的区别。在这部分就我国的土地公有制与西方国家的土地私有制这两种不同的土地制度进行讨论，分析我国土地公有制的优势及对社会主义国家发展目标实现的支撑作用，在辩证中提升对社会主义土地公有制的优越性和先进性的认识。在讲述我国土地资源状况时，按利用土地资源人口承载力理论分析

我国土地资源人口承载力水平，并与建立节约型社会课程思政目标结合起来。

2. 在土地资源集约利用和土地资源可持续利用等理论与实践相结合的部分的讲授中融入"社会可持续发展"的思政目标。土地资源集约利用的最终目标是为了实现土地资源的可持续利用。土地资源是大自然馈赠人类的宝贵财富，具有数量的有限性的特性，土地资源的可持续利用就构成了社会可持续发展的一个重要组成部分。

该部分主要在自然资源部网站及其他网站上选取相关视频，通过观看视频，唤起学生的情绪体验，让学生直观认识到土地资源可持续利用及对社会可持续发展的重要意义。在此基础上，通过讨论的方式探讨应对社会可持续发展的问题与对策，培养学生主动思考、深入分析问题的能力，也培养学生关注社会、关注人类发展的使命感和责任感。

3. 在土地资源法律管理和土地资源经济管理部分的讲解中，更突出"助力乡村振兴战略目标实现"思政目标的达成，让学生能够充分理解土地既是资源也是资产，充分发挥土地的资产属性，给农民带来更多的财产性收入，是助推乡村振兴战略目标实现的重要举措。这就要求我们的土地资源管理工作应抓紧从法律角度完善农村土地产权权能、建设城乡统一的建设用地市场等相关改革工作，才能助力乡村振兴战略目标的实现，完成我们的使命和担当。这一目标的达成，能够将爱国、报国、强国的强大精神动力转化为学习专业知识的热情，形成强烈而持久的学习内驱力。

该部分更多地采用启发式、问题式教学法，让学生直面当代中国社会的现实问题，追问性地启发学生进行自我学习和自我发现，潜移默化地实现在中国视角下观察、分析、反思、解决农村土地资源管理问题。例如，在谈到农村土地问题时，启发学生对比城市土地利用和农村土地利用的区别，包括土地产出、土地集约利用程度、土地市场的发展等问题，并进而引导学生去深入思考农村土地问题与农村贫困问题的关系，以及如何解决这些问题。通过讨论式、启发式的教学，让学生感受到专业知识与解决实际问题密切相关，甚至会助推国家战略目标的实现，激发学生学习的内在驱动力，增强自身的使命感和责任感及社会担当。

## 四、教学效果

通过精心设计课程教学，保障授课教学效果，达成教学目标。在教学过程中，坚持教书与育人相统一，挖掘并积累思政元素，以"春风化雨、润物无声"的形式，隐性融入土地资源管理专业课程课堂教学环节，不断丰富课程思政的内涵，在传授专业知识的同时，引领学生思想、塑造价值观、培养家国情怀。学生通过课程学习，深刻认识到在土地资源管理中，感受中国制度、中国文化、中国精神和中国故事，感受作为新一代青年公共管理工作者的责任与担当，建立我们的民族自豪感、民族自信心、民族创造力；感受在党的领导下，各级政府充分利用有限的土地资源来满足人民群众日益多样化的对美好生活的向往和追求的不懈努力。

# 《战略管理》课程思政教学设计

管理学院　瞿羽佳

该课程探究企业持续竞争优势的源泉，探讨企业生存与发展的动因与本质，培养和提升学生的战略性思维能力，融入构建思维、拓展思路、开发潜能、提高修养等课程思政点，培养爱国、敬业、诚信、友善等社会主义核心价值观。

## 一、课程简况

《战略管理》课程是工商管理专业本科三年级开设的必修课程，教学目的在于培养和提升学生的战略性思维能力，立足中国企业的现实背景，坚持理论与实践结合、教学与科研相结合、继承与创新结合，彰显现代企业战略管理的现实背景与时代要求，研究企业持续竞争优势的源泉，探讨企业生存与发展的动因与本质。

## 二、课程思政教学目标

立足课程思政的现代课程观，《战略管理》课程重新认识、重新定位和重新塑造了教学目标，在知识性和能力性目标之外，还将"构建思维、拓展思路、开发潜能、提高修养"的课程思政目标融入其中，并将中国传统文化贯穿于课程教学大纲的各个单元，提高学生的传统文化意识和文化自信，实现了课程思政建设与教学目标的契合，与教学内容的融合，与教学素材的整合，与教学过程的结合。

## 三、课程思政教学实施设计

在教学过程中，根据各个教学单元的内容特点，选取更切合的课程思政教学目标融入，并配合以相应的教学活动设计，促进知识、能力和课程思政教学目标的同步有效达成。课程以导论、战略分析、战略选择和战略实施四大部分为主线，侧重战略分析和战略选择，即战略制定部分，具体包括构建企业愿景规划，宏观、产业与环境分析，资源、能力与核心竞争力分析，总体战略、竞争优势与竞争战略以及战略选择等。每章结合时代背景下的企业案例，联系自己生活背景与生活学习经验及感受，发挥主观能动性，引发学生思考与讨论。

1. 构建思维：培养和提升战略性思维及洞察力，使学生能从高层管理者高瞻远瞩、纵览全局的视角审视与把握企业面临的机遇和挑战，修炼学生的心智模式，培养学生作为企业家所应该具有的独到战略思维。

2. 拓展思路：课程设计充分体现时代性和本土性，把互联网、大数据、商业模式创新、平台战略等时代要素贯穿于课程当中，同时体现我国企业实际、我国环境实际和我国

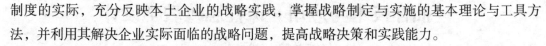

制度的实际，充分反映本土企业的战略实践，掌握战略制定与实施的基本理论与工具方法，并利用其解决企业实际面临的战略问题，提高战略决策和实践能力。

3. 开发潜能：认识到学习的最终目的不仅仅是为了获取未来谋生的手段，而是要建立起用战略思维去思考问题的能力，面对复杂多变的外部环境，能用批判性思维去观察这个世界，培养创新创业能力，在学习工作中反思自己的行为，去规划自己的人生。

4. 提高修养：将中国传统文化贯穿于课程教学大纲的各个单元，提高学生的传统文化意识和文化自信，注重愿景使命的内化与社会责任感的凝练，培养爱国、敬业、诚信、友善等社会主义核心价值观。

# 《抽样技术与应用》课程思政教学设计

经济学院　刘文慧

该课程主要讲述抽样调查的基本理论与基本方法，培养学生抽样调查实践能力，融入科学精神、爱国主义、时代精神等课程思政点，培养学生热爱祖国的民族情怀与爱岗敬业的基本素养。

## 一、课程定位

### 1. 课程性质

课程属性：必修课

学　　时：40

学　　分：2.5

先修课程：高等数学、线性代数、概率论与数理统计

适用专业：经济统计学（第四学期）

### 2. 课程地位

抽样技术与应用是统计学的一个重要分支学科，在社会经济领域中有着广泛的应用。我国统计调查方法改革目标模式已明确我国统计调查"以经常性抽样调查为主体"，并列入修改后的《统计法》。在国际上，抽样调查已成为世界各国普遍采用的一种统计调查方法。

抽样技术与应用是统计学专业的核心课程之一，也是经济管理类专业的重要课程之一，该课程主要介绍抽样的一般原理、方法与技术。本课程讲授的内容有：抽样调查概述、简单随机抽样、分层随机抽样、比率估计量、回归估计量、不等概率抽样、整群抽样、系统抽样、多阶段抽样、调查中的非抽样误差。

### 3. 课程教学内容与意义

通过本课程的学习，使学生对抽样技术的基本含义有系统的理解，掌握抽样技术的基本概念、基本原理，特别是估计量的分布及其特征，培养学生的抽样思维和应用抽样技术的基本思想与基本原理以及解决实际问题的能力。在方法上，掌握抽样中各类分析方法的应用场合、条件、程序、要点，熟知获得各种抽样估计结果的步骤和估计结果的含义；在基本技能上，要求具有针对一般的实际场合和具体情况选择合适抽样方法、制订抽样方案的能力。课程教学的目的为学生毕业后从事社会、经济、科技等领域的抽样调查或进一步学习抽样调查的理论和方法打好基础。

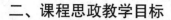

## 二、课程思政教学目标

### 1. 专业素养

专业素养是学生首先应具备的，学生应养成自觉获取、运用知识的习惯，以认真负责的态度应对本职工作。专业素养的提升需要有扎实的专业知识功底，能将课本所学理论知识应用于实践，分析和解决现实中的问题。学生除了自觉学习掌握课程知识，还应在日常实践中养成运用统计数据的习惯，并拓展学习更多抽样技术和方法。通过课程的学习，培养学生提升专业素养、养成积极认真对待工作的习惯，这必会让学生终身受益。在大数据时代，数据科学发展迅速，相关理论方法不断更新，这就要求从业人员不断提高自身统计业务能力。此时，良好的专业素养是立身之本，是走向成功的必要要素之一。

### 2. 科学精神

经济统计学是一门科学，在实践应用过程中要具备科学精神，坚持科学的经验原则，浸透实证精神。经济统计学中数据的收集、分析、解释的过程要基于事实，公正平实、精益求精、严谨求真。在抽样实践中数据的准确度、分析方法的合理性、结果的可解释性都要严格掌控。统计分析需要有正确的数据，尤其在大数据时代，统计数据收集中的小差异或错误可能会产生错误的结论，导致严重后果。因此，抽样方案的设计与执行过程中，要求学生求真务实，要注意其数据来源。在做数据处理时，要实事求是，切不可随意或为了某些目的而篡改数据。选用数学方法时，要严谨地检验方法的适用性，做到有理有据。要结合现实对数据分析的结果做解释，对于明显不合理的结果，要考虑统计方法的合理性。严谨求真的务实精神是做数据统计工作的基本道德素养，由此引申到学习、工作、生活中，不要弄虚作假，要实事求是。

### 3. 统计伦理操守

学生要树立正确的统计伦理操守，提高学生的统计尽责与统计问责的伦理精神，增强学生统计责任意识。统计工作的最终目的是服务社会，归根结底是应该对社会公众负责。因此要求在做抽样工作时应在职业作风、职业态度、职业观念等方面对自己严格要求。《统计职业道德规范》给出了统计工作领域中具有的道德标准和职业规范要求，基本内容包括："忠诚统计，乐于奉献；实事求是，不出假数；依法统计，严守秘密；公正透明，服务社会。"另外，还有《统计法》规范统计职业行为，保障统计资料的准确性、及时性和全面性。在课程教学中，培养学生对数据敬畏的态度，自觉地维护《统计法》、遵循《统计职业道德规范》。

## 三、课程思政教学设计

（1）通过调查实践，增强学生的社会责任感。调查方案设计、调查问卷设计和抽样

调查技术章节在理论讲授的基础上，结合具体的调研项目进行讨论。项目一般来自于学生们关心的校内或社会热点问题，通过项目实践增强学生的社会责任感和参与度。

（2）科学精神方面，可以从课程中数据收集、数据分析、结论解释等内容挖掘相关点。收集数据时要严谨求真，保证统计数据的真实性、准确性。统计数据质量是统计工作的关键，没有真实可靠的统计数据，就不可能有准确的预测。讲授数据收集时，需结合案例讲授统计信息失真的各种危害，以及数据的来源及类型、数据收集方法、数据质量、数据时效性等方面的要求。

（2）统计伦理操守方面，要结合案例介绍涉及《中华人民共和国统计法》的相关内容，培养学生遵纪守法、提升道德素养、强化社会责任。例如，数据安全方面，《中华人民共和国统计法》明确规定，统计人员对在统计工作中知悉的国家机密、商业机密和个人信息应予以保密。另外，《中华人民共和国统计法》中规定，任何单位和个人不得利用虚假统计资料骗取荣誉、物质资料或职务晋升。做抽样工作时要实事求是，切忌弄虚作假，可以以天津市滨海新区临港经济区案件为例进行说明。再有，《中华人民共和国统计法》中也规定，作为统计调查对象必须依照基本法和国家相关规定，真实、准确、完整、及时地提供统计调查所需的统计资料。通过了解《中华人民共和国统计法》，促进学生法治思维的培育和能力提升，同时培养学生强烈的道德感，以及增强社会责任感。

### 四、课程思政元素的融合

（1）由统计学发展史，培养学生的人文素养。统计是静止的历史，历史是流动的统计。统计虽然不能创造历史，但用数字真实记录了历史的发展。作为一项社会实践，也是一部人类生活和斗争的历史，更是社会文明积累的结果。统计学发展史中蕴含着大量做人的道理，统计学的发展和完善是众多统计学者和研究者孜孜不倦不断探索的结果，了解统计发展史，有利于培养学生对知识不断追求的毅力；知识无国界，知识的多样性，知识的交流有利于我们了解外面的世界，接受先进文化，便于培养学生宽容大度的人文素养。让学生在学习的过程中感受美、体会美，进而在生活中创造美。总之，人文素养贯穿于整个统计学的发展史，学生在体验历史中不断提升自身的人文素养

（2）由抽样调查，培养学生实事求是的科学精神和严谨细致的做事风格。在抽样调查概述中，介绍抽样调查产生和发展历程。抽样调查被普遍认为开始于1895年挪威统计局局长凯尔的一项关于挪威全国人口和农业的普查工作。在这项工作中，他运用了"代表性抽样"的思想，通过"代表性抽样"选取样本，借助样本研究总体特征。这个思想的提出具有很强的实际意义，但从理论角度不能得到很好的证明。后续不少学者从多个角度探索和改进理论证明，包括随机样本的提出、抽样技术的改进、置信区间估计方法的提出等，这些不断完善的理论，为抽样调查结果的准确性和可信度提供了科学保证。

在讲授抽样调查基本方法和基本步骤时，可融入毛泽东《寻乌调查》的案例，以培养学生实事求是的科学精神。毛泽东曾说过"没有调查，就没有发言权"。毛泽东对中国革命的思考都是基于对现实的调查。1930年5月开始，在当时严酷的战争环境下，毛泽东先后在江西省寻乌县、江西省兴国县、黑龙江省绥化市兰西县长岗乡、福建省龙岩市上杭县才溪乡等地就中国农村和城镇的现状进行了深入调查，这些调查结果为制定农村包围城市的革命道路提供了有力的依据。

（3）由学者故事，培养学生强烈的事业心和爱国情怀。统计学中有众多统计学者的事迹及统计故事，利用这些事件对学生进行思想政治教育，可以陶冶他们的情操，使其心灵得到净化。细细品味统计学者的励志故事及其思想，可以"品出"他们的伟大人格和高尚情操，从而培养学生追求科学真理的坚定信念，树立正确的人生观和世界观。从历史事件是非曲直的背后，引导学生如何做事、如何做人，培养他们正确的人生价值取向。

## 五、教学效果

经济统计学课程思政改革应牢记高校立德树人之初衷，立足课程要求和特点，构建知识传授与价值引领同向同行、协同发展。

1.转变教师观念，发挥教师的关键作用

教师是课程思政教学的关键，要推进思政教学，首先要改变教师课程教学过程中"重智轻德"的传统观念。课堂是传播知识、孕育思想的殿堂，课程教学不仅要注重专业知识的传授及职业技能的提高，更要注重培养理想信念和职业素养等思政教育。教师在传道授业解惑中"引人以大道，启人以大智"，才能使学生成为国家的有用之才。其次，教师要树立思政教育贯穿教学的全过程和全课程的理念，思政教育要与基础课、专业课等各类课程浑然一体。再者，开展思政教育，要把握好专业课程与思政课程的度，切不可本末倒置，反客为主。

2.尊重学生需求，发挥学生的主体地位

苏霍姆林斯基曾说过："人的内心里有一种根深蒂固的需要——总想感到自己是发现者、研究者、探寻者。"一项关于车间照明度是否会影响劳动生产率的统计调查显示，当人感觉自己被注意时，容易表现出被认可和被接受的行为。这说明，人的心理作用在激发人的积极行为时具有重要的作用。因此在教学过程中，要尊重学生需求，有效激发学生的学习兴趣；增加师生互动，发挥学生的主体地位，让学生参与到教学中来。

①选择热点问题，贴近时代，引起学生共鸣。大学生思维活跃、热衷网络，对社会热点问题和国家大事甚为关注。

②增加课堂互动，还话语权于学生。要尊重学生在课堂中的地位，教学不是教师单方向的输出，还要给学生一定的话语权，教师要注重提出问题，提问学生。

③加强课外交流，打造师生和谐关系。除加强课堂互动之外，教师也不能忽视课外互动的重要性。互联网技术的应用，方便了人与人之间的沟通交流。教师可利用相关的教学平台、微信、QQ等聊天软件，就学生碰到的问题在线答疑，不应仅局限于学习问题，生活中遇到的问题也可进行交流，积极解答学生心中所惑，帮助学生、鼓励学生，增加学生的自信，培养学生应对问题的能力。

④结合思政资源，修改教学大纲和教学内容。在课程思政资源的基础上，重新修订统计学教学大纲，按照课程思政和专业课程的教学要求，明确每一章每一节的教学目标和教学要求，详细列出相应的重难点；重新编写教案，补充课程思政的教学内容；确定思政教学的实施手段、实施过程及课下要求，借助案例分析法、分组讨论法等让学生参与教学过程，精心设计教学，提升思政教学的效果。

⑤言传不如身教，提高老师思想道德修养课堂是思政教育的阵地之一，教师则是思政教育的组织和实施者，是思政教育成功与否的关键要素之一。因此，务必要提高教师的思想政治修养。"师者，所以传道授业解惑也。"作为知识的传道者，教师首先要明"道"，要不断提高自身的业务水平、知识能力和政治理论水平，渊博的专业知识和过硬的政治水平相结合，才能将"道"深入、透彻、生动地传授给学生。

# 《国际经济学》课程思政教学设计

经济学院　韩国玥

该课程主要讲述国际经济学的基本理论知识和基本技能，阐述国际贸易和国际金融的理论模型及综合应用，培养学生理论与实践能力的结合和创新能力，融入民族精神、爱国主义、国家战略、改革创新等课程思政点，培养学生国际商务素养和国际商务思维意识。

## 一、课程定位

《国际经济学》课程是面向国际贸易与经济专业三年级学生开设的专业必修课程。

《国际经济学》课程的任务是通过国际贸易和国际金融的理论模型学习，透析原理和实践规律，让学生不仅掌握理论工具，更重要的是理解国际经济的发生动机，以及在动机驱动下发生的经济学活动。

国际经济学由国际贸易和国际金融两大核心领域组成，它讲述了在国际环境下国际贸易与国际金融之间的密切关系，同时两大核心内容也是推动国际经济发展的原动力。本课程的目的是使学生掌握现代国际经济学的基本理论和研究方法，理解其理论与实践的最新发展，了解理论基础下的经济政策动态，掌握运用国际经济理论与方法分析现实经济问题的能力。

## 二、课程思政教学目标

知识和思想源于一体。《国际经济学》课程中原理和知识好比人的身体，课程思政好比人的大脑，"身体"的完善和行动都要由"大脑"去支配。建立课程思政能够重新认识、重新定位和重新塑造了教学目标，让专业知识和原理的学习有了明确的思辨意识，有了家国情怀，有了民族和时代担当，有了中国梦的伟大事业目标。课程思政目标融入专业学习之中，让学生的专业学习更有目标，不仅实现个人价值，社会价值，更是国家利益至高无上。

## 三、课程思政教学设计

课程采用"知识讲授+自主探究+思政元素"的教学设计模式，在讲授理论知识之前，分享一个思政故事，树立专业理论知识学习的思想旗帜，形成学生心理和行为上的激发点，在基础上培养学生国际贸易与经济、国际商务思维和专业知识应用技能，通过融入隐形思政元素，潜移默化地影响和指导学生的价值观、人生观、商业伦理道德、自强奋斗精神、家国情怀与责任担当，并形成特色的课程教学设计："一条主线+两个核心要素+三

个课程案例库+四个教学实践环节。"

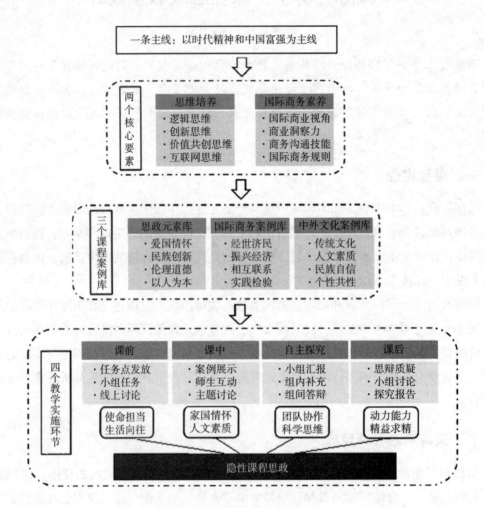

**图1 课程思政教学设计**

**一条主线：**以十九大报告"中国特色社会主义进入新时代，意味着近代以来久经磨难的中华民族迎来了从站起来、富起来到强起来的伟大飞跃，迎来了实现中华民族伟大复兴的光明前景"为主线，培养和增强学生以时代精神和中国富强为己任的思想意识。

**两个核心要素：**以专业和思维的统一为目标，以思维培养和素质培养为核心要素，通过国际贸易和国际金融理论学习和国际沟通技能训练，构建创新和价值共建思维以及互联网经济思维；通过国际贸易案例和事件的学习，提升学生国际化视角，洞察国际商业机会，强化国际经济沟通技能和水平，熟悉和熟练国际经济规则以开展高效的国际经济活动，向世界推广中国文化，中国理念和中国精神。

**三个课程案例库：**在课堂内外融入中国特色社会主义新时代的思政元素，促进专业知识和社会主义核心价值的有机统一，形成三个课程资源案例库。一是以爱国情怀、民族创

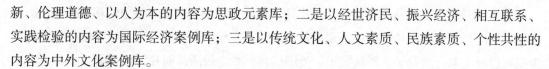

新、伦理道德、以人为本的内容为思政元素库；二是以经世济民、振兴经济、相互联系、实践检验的内容为国际经济案例库；三是以传统文化、人文素质、民族素质、个性共性的内容为中外文化案例库。

**四个教学实践环节：**以学生为本位，以辩证思维为基础，以讲授为引导，以实践为根本，以网络为平台，以团队协作为技能，以中英文表达为形式，通过课前、课中、课后、自主探究四个环节，完成知识转化和实践技能的统一学习，以达到显性思政为激励，专业理论和技能学习为落脚点，隐性思政为内涵的整合教育任务。

## 四、课程思政元素的融合

### 1. 突出"专业学习有了明确的思辨意识"的思政目标

在《国际经济学》的国际贸易理论和国际金融理论的讲授部分突出"专业学习有了明确的思辨意识"的思政目标。这部分的知识核心是构建学生的国际经济活动驱动力的思辨意识，有了这样的思辨意识，学生才能真正在专业视角上具有掌握这些看起来比较复杂而深奥的战略和策略的动力，有了愿意整合自己的知识体系的意愿，而非知识的简单零散识记。

该部分更多的让学生直面理性与感性、认知国际贸易和国际金融的不可控性和风险性，强化专业理性思维对学生的原有认知的冲击和改变。例如，讲到国际贸易经典理论和新贸易理论在驱动国际贸易的动因上，让学生思考自由贸易的意义，并进而追问贸易保护主义发生的动因，让学生真正理解看似刻板的理论背后深刻的逻辑和价值基础。

学生通过在课前收集的相关资料，在课堂上讲述和讨论中国特色社会主义市场经济体制的优势和中国精神的案例或中国故事，达到以民族文化、大国精神的民族智慧解决危机的隐性传承。

### 2. 突出"家国情怀"的思政目标

改革开放40多年来，中国制造倍受世界瞩目，中国企业更是受到全球的关注，市场竞争压力空前巨大，中国企业在世界市场的发展壮大与中国自身经济实力的强大直接相关。在讲课过程中突出促进"家国情怀"思政目标的达成，让学生能够充分理解中国特色社会主义市场经济对推动社会民生改善，提升人民收入，减少和消灭贫困人口的必要联系。拥护和坚定中国特色社会主义市场经济体制是中国经济发展的根本。这一目标的达成，能够将爱国、报国、强国的强大精神动力转化为持久的学习内驱力。

该部分主要选取中国自改革开放以来的多项经济指标和参与的国际经济事件，让学生看到中国改革开放之后GDP水平逐渐超越世界大多数发达国家的直观、动态的数值变化，唤起学生投身祖国经济建设的爱国情怀和强国的使命感、社会主义市场经济建设进程中的职业使命感，用实际案例分析评述唤起学生对专业学习与实践的法治责任感。

学生通过调查中美贸易摩擦这个历史性问题，展示中美贸易摩擦中的相关图表、历史数据，推演当下中国贸易摩擦中出现的新问题、新变化、新问题，以科学思维、使命担当为隐形思政元素，激发学生科研意识、爱国情怀，坚定政治认同和民族自信。

**3. 突出"民族和时代担当"的思政目标**

在国际国际贸易和国际金融实践性较强的部分的讲授中融入"民族和时代担当"的思政目标。只有真正让学生体验到中国企业走出去的过程中所面临的困难、风险、市场竞争的残酷，才能切实理解复杂的国际贸易和国际金融体系的实践意义。这种对拆解后的经济学的必备能力一旦掌握，既能够在知识层面上有利于学生学习枯燥的理论内容，又有利于学生形成坚定的事业与职业态度和信念，极大的激发学生的自主、内在学习动力和挑战学业困难的毅力，以及勇于面对风险和竞争的自信。

该部分更多地采用启发式、问题式教学法，让学生直面中国面临的国际经济的现实问题，追问性地启发学生进行自我学习和自我发现，潜移默化地实现在中国视角下观察、分析、反思、解决贸易问题。例如，谈到人民币汇率在外汇市场变动的问题，启发学生对比世界其他货币的汇率变动，并进而思考人民币国际化表现出的作用，再深入启发学生提出人民币国际化的方式和方法，在辩证中提升对中国特色社会主义的先进性和优越性的认识。

**4. 突出"中国梦的伟大事业"的思政目标**

国际贸易是中国经济发展的重要支柱，但也是中国经济发展的最大风险来源，在讲授中国经济快速增长的部分中强化"中国梦的伟大事业"的思政目标。对于国际经济与贸易专业学生，社会责任感和时代使命感能够帮助他们建立坚定、稳定、持久的职业责任感和职业荣誉感，这种情感反过来也能够帮助学生真正理解我国人民追求美好生活的愿望，也是中国人中国梦伟大事业和价值表现。

这部分采用多种教学方法，案例、问题引导、学术研讨、课堂辩论，增强学生的价值追求和爱国主义精神。例如，通过海尔、阿里巴巴、华为、三一重工等中国企业国际贸易案例的学习，让学生深刻地体会中国制造、中国科技的骄傲和自豪，中国企业走出去才是实现中国梦的伟大事业的必然途径。企业的国际贸易是我国国际经济的具体形式，也是直接的回报和收益，更是对世界经济发展做出的贡献。中国梦是让学生开拓视野，以自我梦想为始点，以人类共同命运和发展为终点的价值观念。

## 五、教学效果

通过精心设计的整合课程教学方案，通过显性的实证案例和故事作为教学的激发点，达到思政的刺激和激励目的。在教学中，以学生为主体，以辩证思维和问题讨论为主要过程，在学生潜意识中重新建立和强化思政元素和专业知识与技能的高度统一。在学生实践

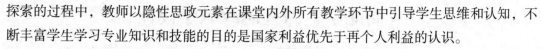

探索的过程中，教师以隐性思政元素在课堂内外所有教学环节中引导学生思维和认知，不断丰富学生学习专业知识和技能的目的是国家利益优先于再个人利益的认识。

　　学生通过课程学习，通过中英文作为沟通交流工具，深刻理解中外国际经济的差异，深刻体会中国文化的悠久和力量。

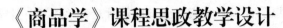

# 《商品学》课程思政教学设计

经济学院　孟　琦

该课程主要讲述有关商品的一般知识，包含商品的概念及内容、商品学的发展过程、商品的分类与编码、商品品种、商品质量与质量管理、商品标准与合格评定、商品检验、商品包装、商品开发等，培养学生识别商品的质量、管理商品质量、开发商品品种、能够与客户就商品本身的问题进行良好沟通的能力，融入"拼搏奋斗，敢于创新"的民族精神、"遵纪守法，忠于规则"的社会公德以及"诚实守信，服务群众"的职业道德等课程思政点，培养学生树立法治观念、遵纪守法，坚定诚实守信观念，敢于创新，并唤起其投身社会主义经济建设的爱国情怀和强国的使命感，坚定其民族自豪感和爱国热情。

## 一、课程定位

《商品学》课程是国际经济与贸易专业本科三年级春季学期开设的选修课程，主要讲授有关商品的一般知识，包含商品的概念及内容、商品学的发展过程、商品的分类与编码、商品品种、商品质量与质量管理、商品标准与合格评定、商品检验、商品包装、商品开发等。培养学生识别商品的质量、管理商品质量、开发商品品种、能够与客户就商品本身的问题进行良好沟通的能力。

通过讲授法、直观演示法、讨论法、案例分析法、任务驱动法等形式，学生能够掌握有关商品的基础知识。课程除了负有专业知识方面的承上启下功能外，还承担着引导和培养学生树立法治观念、遵纪守法，坚定诚实守信观念，并敢于创新，培养学生专业思维、专业理念和专业伦理的重要作用。

## 二、课程思政教学目标

立足课程思政的现代课程观，围绕课程知识传授、能力提升和价值引领的相结合的整体目标，《商品学》课程重新认识、定位和塑造了教学目标，在知识和能力目标之外，结合自身课程的特色和优势，挖掘自身蕴含思政的素材和资源，将"拼搏奋斗，敢于创新"的民族精神、"遵纪守法，忠于规则"的社会公德以及"诚实守信，服务群众"的职业道德等元素融入课程思政，最终体现出"勇挑时代担当、构建法治思维、树立诚实守信观念、坚守爱国立场"的课程思政目标，将其贯穿于课程教学大纲的各个单元，实现课程思政与教学目标的契合，与教学内容的融合，与教学素材的整合，与教学过程的结合，强化显性思政、细化隐性思政。

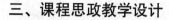

### 三、课程思政教学设计

课程采取"知识讲授+自主探究+思政元素"的教学设计模式，在讲授理论知识之后，以讨论法、任务驱动法等形式要求学生进行自主探究活动，培养学生的专业思维、专业理念和专业伦理，引导学生树立法治观念、遵纪守法，坚定诚信守信观念，敢于创新，形成特色的课程教学设计："三个模块+四个核心要素"（见图1）。

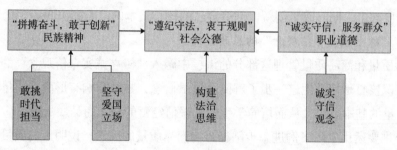

**三个模块：** "拼搏奋斗，敢于创新"的民族精神，讲解迎难而上、勇于拼搏的创新故事；"遵纪守法，衷于规则"的社会公德，讲解懂法守法、用于实践的守法故事；"诚实守信，服务群众"的职业道德，讲解诚信为善、伦理道德的服务故事。

**四个核心要素：** "勇挑时代担当"强调创新意识；"构建法治思维"突出法治观念；"树立诚实守信观念"显现诚信经营理念；"坚守爱国立场"彰显爱国主义精神。

### 四、课程思政元素的融合

#### 1. 突出"构建法治思维"的思政目标

本门课程在合格评定与质量管理等知识的讲授部分突出"构建法治思维"的思政目标。这部分的知识核心是使学生进一步了解质量认证和质量监督的概念及其种类与形式，熟悉商品质量监督的主客体、原则、依据和制度，使学生认识商品学的法治思维体系，而法治体系本身，又能够促进学生真正在专业视角上掌握这些看起来比较复杂的质量监督体系，整合自己的知识体系，而非知识的简单零散识记。

该部分更多的是强调专业理性思维，让学生强化规则意识和法治观念，质量认证与监督工作要认真规范，才能有效增强政府、监督者、公众、用户和消费者对商品的信心和认可，旨在培养学生的事业心、责任心和使命感。例如，在讲到商品质量监督的依据时，会讲到《产品质量法》《消费者权益保护法》《中华人民共和国食品安全法》等法律，生产者只有遵守这些法律，强化规则意识和法治观念，才能生产出安全合格且能在市场上正常流通的商品。

#### 2. 突出"勇挑时代担当"的思政目标

在商品开发这部分的讲授中融入"勇挑时代担当"的思政目标。这部分的知识核心是使学生进一步了解新产品、新服务的概念及类别，理解新产品开发和新服务开发的程序以及.熟悉商品开发的战略与方式，从而培养学生勇挑时代担当、敢于争先创新的精神。

该部分主要运用商品开发的实际案例，从新产品或新服务开发的角度，从不同的开发模式和程序出发，让学生清晰明了地看到新产品开发的过程以及可能遇到的困难。例如，吉利汽车在并购沃尔沃的过程中，坚持将核心技术转移纳入并购计划里，从而实现自己技术引进，进行新产品开发，最后成功打入欧美市场，用实际案例的讲解激发学生适应新时代潮流，不畏艰难，同时敢于创新，创造自己的核心技术的信心和决心。

### 3. 突出"树立诚实守信观念"的思政目标

在商品质量和商品质量管理这部分的讲授中融入"树立诚实守信观念"的思政目标。这部分的知识核心是使学生进一步了解商品质量概念，熟悉影响有形商品质量的因素，掌握对商品质量的基本要求，从而培养学生树立诚信经营的现代商品质量观。

该部分主要运用实际案例进一步阐释影响商品质量的因素，说明人的质量意识、技术水平和质量管理水平对商品质量的重要影响，从而培养学生一丝不苟、认真负责、诚实守信的观念。

### 4. 突出"坚守中国立场"的思政目标

在商品检验与商品包装部分的讲授中强化"坚守中国立场"的思政目标。对于国际经济与贸易专业学生，社会责任感和时代使命感能够帮助他们建立坚定、稳定、持久的职业责任感和职业荣誉感，这种情感反过来也能够帮助学生真正理解我国对外贸易发展现状和经济发展状况，能够将其爱国、报国、强国的强大精神动力转化为学习的热情，形成强烈而持久的学习内驱力。

该部分更多地通过展示我国在商品检验和商品包装领域的先进技术和经验，增强学生的爱国主义精神。例如，通过播放视频使学生认识到我国在改革开放后对外贸易的发展成果以及在贸易过程中所采取的先进技术，唤起学生投身社会主义经济建设的爱国情怀和强国的使命感，坚定其民族自豪感和爱国热情。

## 五、教学效果

通过精心设计教学内容，根据各个教学单元的内容特点，选取更切合的课程思政教学目标融入，并配合以相应的教学活动设计，促进知识、能力和课程思政教学目标的同步有效。在教学过程中，坚持教书与育人相统一，挖掘思政元素，积累思政案例，以"春风化雨、润物无声"的形式，在传授专业知识的同时，引领学生树立正确价值观、培养家国情怀。

学生通过课程学习，不仅能够掌握有关商品的一般性知识，还能够在学习中逐渐树立遵纪守法的法治观念，坚定诚信守信观念，敢于创新，并唤起其投身社会主义经济建设的

爱国情怀和强国的使命感，坚定其民族自豪感和爱国热情。

### 六、教学案例对经济类课程的推广

本课程将显性知识和隐性思政相结合，可供其他经济类课程借鉴并推广应用，使专业课程与思政教育同向同行，形成协同效应。坚持立德树人为中心，践行"门门课程有思政""教师人人讲育人"，提高课堂教学效果和质量、提升学生学习热情和成效。

# 《基础日语-1》课程思政教学设计

### 外国语学院　姜茉然

该课程主要讲述日语语言文字的基本知识和语法，以及不同场景下的文化背景知识和语言应用礼仪，培养学生协调沟通能力和国际化视野，融入职业素养、爱国主义、行为规范、跨文化交际等课程思政点，培养学生成为具有坚定立场和高职业素养的外语人才。

## 一、课程定位

《基础日语-1》课程是日语专业本科一年级开设的基础必修课程，共112学时。本课程为日语专业的核心课程，包含日语入门、兴趣培养、语言习惯培养等内容，较其他专业课课时占比大、课程教学内容丰富，是本学科基础课程中的基础。

通过课堂讲授、翻转课堂、小组讨论、混合教学等形式，系统地传授日语语言基础知识（包括日语语音、语法、词汇、句型、篇章结构和语言功能等）和进行严格的基本技能（听、说、读、写、译）训练，逐步培养学生的语言综合能力和跨文化交际能力，同时引导学生扎实学习，掌握正确的学习方法，丰富学生的人文知识，培养思辨能力及对异国文化的理解能力，为下一阶段学习打下坚实基础。

## 二、课程思政教学目标

在学习外国语言与外国文化的过程中，常常会有中华文化与异国文化的相遇与碰撞、较量与交融，单方面讲授目标语言及习俗，无法确立学生彰显中华文化自信、坚守国家利益和确保国家安全的核心理念。能自信地用外国语言阐述中国文化，掌握对自己文化的话语权和诠释权，是对中华文化安全与利益的坚守。因此《基础日语-1》作为一门外语课程，除了教授日语基本的语法、词汇等语言知识和技能以外，还将"培养学生成为坚定的理想信念、家国情怀、有社会常识和社会责任感、深厚的文化素养和国际化视野的应用型人才"的课程思政目标融入其中，与教学内容的融合，与教学案例的整合，与教学过程的结合。

## 三、课程思政教学设计

课程采取"自主学习+知识讲授+小组学习+思政元素"的教学设计模式，通过线上自主学习+课堂讲授理论知识的同时，通过小组及任务式的学习活动，全过程融入思政元素，培养学生具备扎实的语言及应用能力、文化素养和协调沟通能力的同时，培养学生用马克思主义的世界观和方法论看待问题，具有家国情怀和中国立场，有情怀、有担当。形成"围绕一个核心，提高四个素养，培养六个能力，活用三个案例库，全教学过程思政"

的特色教学设计（见图1）。

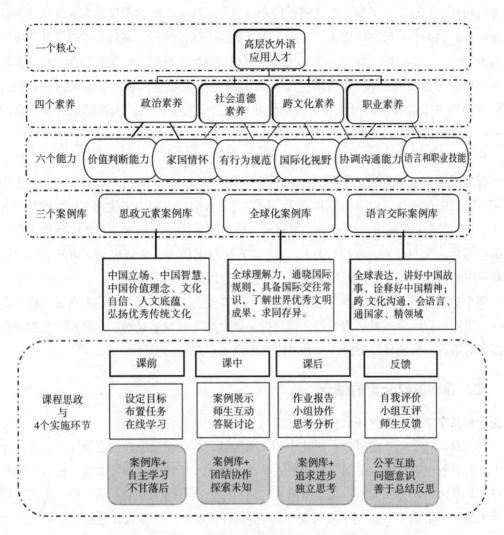

**图1 课程思政结构及教学设计**

**一个核心：**《教育部等八部门关于加快和扩大新时代教育对外开放的意见》提出："提升我国高等教育人才培养的国际竞争力，加快培养具有全球视野的高层次国际化人才。"教育部意见与我校人才培养目标结合，形成课程培养核心培养目标。

**四个素养：**进入新时代，中国将继续发挥负责任大国的作用，积极参与全球治理体系改革和建设，贡献中国智慧和力量，需要培养具备全球视野与世界眼光的外语人才。核心培养目标分解过程中，要回答"为谁培养什么人"，可以从四个素养入手，包括政治素养、"立德树人"的社会道德素养、"全球化"的跨文化素养和职业素养。

**六个能力：**围绕四个素养的提升，要求培养"熟悉党和国家方针政策、了解我国国情、具有全球视野"，包含"立足中国，价值判断和历史与传统内化于心"——"价值判断能力"和"家国情怀"；《中国学生发展核心素养》对国际理解素养的定义是：具有全球意识和开放的心态，了解人类文明进程和世界发展动态；能尊重世界多元文化的多样性和差异性，积极参与跨文化交流；关注人类面临的全球性挑战，理解人类命运共同体的内涵与价值——"遵守国内外行为规范和常识"和"国际化视野"；全球表达力包括国际交际中外语、母语之间自如切换的能力，与同行就专业领域的话题进行深入探讨的能力，理解并洞察对方的看法同时能让对方听懂并理解进而接受自己所表达的观点和内容的能力——"协调沟通能力"和"语言与职业技能"。

**三个案例库**：在教学内容和过程中挖掘思政元素，促进学生知识理解记忆、技能培养和价值引领目标的实现，形成三个课程资源案例库。（1）思政元素案例库：提出中国立场，展现中国智慧、中国价值和理念，树立文化自信，了解中华优秀文化，提升人文底蕴；（2）全球化案例库：提升学生的全球理解力，通晓国际规则，具备国际交往常识，了解世界优秀文明成果，求同存异；（3）语言交际案例库：全球表达，讲好中国故事，诠释好中国精神，能够进行跨文化沟通，会语言、通国家、精领域。

**四个教学环节**：在整个教学环节中，坚持以学生为主体、以人才培养目标为核心，以教师为主导，以混合式教学为手段，通过师生线上线下的教学互动，完成知识技能的传授和能力的培养，实现显性案例库教育与隐性思政元素教育的统一。

## 四、课程思政元素的融合

### 1. 植根中华文明，胸怀家国天下

结合日本文字诞生的过程，讲述中华文明传播。在此阶段思政的主要目标为通过介绍日语中假名的由来，展示中国汉字的博大精深，进一步了解中国传统文化，提升文化自觉和自信。具体融入方式如下：在学习语音之前，先介绍日语文字的构成，由此引出日语假名的来源：一般认为，直到平安时期（794年—1192年），日本人才根据汉字创造出片假名和平假名，从而慢慢有了自己的文字。平假名由汉字草书简化而来，片假名来自汉字楷书的偏旁盖冠。与中华文明的接触，不仅为日本带来了文字，还有大米种植技术、房屋建造技术、织布、佛教等。同时，通过演变的小视频和图片让学生形象地了解中日之间的紧密联系，感受汉字的美，增强民族自豪感和自信心。

通过介绍身边的中国，了解国情党情。如在学习"上海のバンド"这一课中，教师课前下达任务，让学生以小组为单位，收集关于上海外滩的资料，上课时先让每组分别进行展示。教师储备从外滩的历史变迁到外滩的标志性建筑的思政元素，在教学过程中使学生了解国际之都上海的历史变迁，并通过磁悬浮列车、世界博览会等感受祖国日新月异的变化，展现中国创造，体现中国智慧。最后，再让学生化身为导游，自己设计一段导游词，向大家介绍外滩或自己的家乡和传统，并选出最具创意的佳作，引导学生团队合作，应对挑战。

　　进行中日民俗文化比较，弘扬优秀传统文化。如在介绍十二生肖时，请学生调查干支纪年法的由来和在汉字圈国家的应用，同时比较十二生肖的形象和差别，如关于羊是"ひつじ"还是"やぎ"、猪是"ぶた"还是"いのしし"，通过比较和分析，使学生了解中国文化的传播，感受灿烂的中华文明，提升学生文化底蕴，并客观公正地看待文化在传播过程中产生的"ずれ（差异）"和文化接受的过程，为讲好中国故事，展现当代中国提供换位思考的角度，同时为客观看待外国文化打下基础。

　　**2. 树立规则意识，投身**

　　了解日本风土民情，探讨语言背后的文化。如"遠くの親類より近くの他人"一课中，涉及日语的惯用语。在课前资料中，给出日语惯用语的定义和范畴以及常用惯用语，课堂上请学生讲述自己印象深刻或感觉有趣的惯用语，根据学生的讲述，引申出日语惯用语的特点。学生一般对惯用语应用的场合理解会存在偏差，汉语交谈中引经据典是美谈，但日语中刻意使用成语等，给人的印象是刻板生硬，这点需要特殊提醒学生。此外，在课文中出现的赠答礼物等人情交往，也需要从思政角度分析赠答礼品的相关礼仪，具备国际交往常识。

　　提升全球理解力，提升学生国际化水平。全球理解力即包含从中国视角看待中国问题，也包括从中国角度看世界和从世界角度看中国。真正的自信是建立在既"知己"亦"知他"的基础上的。我们应当站在世界历史的高度审视当今世界发展趋势和面临的重大问题，善于学习人类文明发展的优秀成果。如"うさぎとかめ"是伊索寓言"龟兔赛跑"的日语版本，以伊索预言为线索，介绍初级阶段中西经典，加大课外阅读量，扩充词汇，比较讨论中外文化的异同。

　　**3. 精练语言交流技能，展现新时代中国**

　　以语言为线索，提升学生全球表达力。国际交往中相互理解是基础，沟通是目标，表达是桥梁。要讲好中国故事，除了使学生具备母语和外语进行交流的基础知识以外，还要能够理解和洞察对方的观点和意图，使话语能够"听顺耳、听入耳"。这既需要地理、历史、经济等知识，也需要理解不同国家和民族的政治制度、文化、习俗等差异，理解文化习俗对个体思维和行为方式的影响，保持好奇和开放的心态，尊重文化差异，同时深刻认识自己的文化根源与价值观。如"ゴールデンウイーク"一课中关于"黄金周"中黄金周时间的差异、旅游观光的人数、背景、习俗等进行比较，避免出现理解偏差，更好的介绍中国。

　　同时，在小组活动中，增加学生表达的机会，锻炼学生在跨文化环境中自信得体地表达观点，具有跨文化同理心，能够与不同文化背景的人友好互动和交流沟通，并通过不断自我审视来改善自我表达，坦然面对不确定性，适时调整自己的情感与行为，善于化解冲突与矛盾，勇于承担责任，具有合作精神和协调能力。

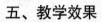

## 五、教学效果

通过精心设计课程教学，保障授课教学效果，达成教学目标。在教学过程中，从课文和词汇中深入挖掘，提炼思政元素，以"春风化雨、润物无声"的形式，隐性融入日语专业课程课堂教学环节，不断丰富课程思政的内涵，在传授专业知识的同时，坚定学生中国立场，提升学生文化及职业素养。

学生通过学习外语，能够在比较中更深刻了解自己的祖国，感受中国智慧、中国精神，会讲中国故事，提升民族自豪感、民族自信心。

## 六、教学案例对外语类课程的推广

外语类课程的思政点可以从社会、文化、语言、文字中挖掘多种元素，本课程在教学实施过程中，有小班课、面授时间长的优势，教师可以通过多种教学手段和教学方法，在讲授基础知识、介绍社会背景的同时，用马克思主义世界观和方法论带领学生科学地认识和了解世界，同时在师生互动中提升学生交流协作、解决复杂社会问题的能力，将社会主义核心价值观融入教育教学全过程。

本课程案例可供其他外语类课程借鉴并推广应用，使专业课程与思政教育密切结合，提升学生知识水平，实现"立德树人"，践行"门门课程有思政""教师人人讲育人"，提高课堂教学效果和质量、提升学生学习热情和成效。

# 《英语小说》课程思政教学设计

外国语学院　杨东英

　　该课程主要通过细读英语国家小说原著，分析小说的基本要素，并从不同的角度解读作品，以培养学生的文学鉴赏能力、文学写作能力和一定的学术研究能力。课程融入自尊自爱、家庭责任、现象本质等课程思政点，培养学生树立正确的价值观、人生观、世界观，提高文学素养。

## 一、课程定位

　　《英语小说》是英语专业高年级的一门专业任选课，是英语专业必修课《英语文学》的延伸。开设本课程的目的是通过学习与小说写作及欣赏有关的基础知识和基本理论，培养学生对英语小说的鉴赏分析能力。

　　通过课堂讲授、课堂讨论和混合教学等形式，使学生了解英语小说的基本要素以及基本要素在作品中的意义和作用，进而深入剖析英美小说的思想主题、艺术形式、创作技巧和语言风格，从某个角度深入理解作品的意义和特色。通过文学作品的分析和评论，培养学生的人文素养、文学审美能力，在学习过程中了解中西方文化差异和不同时期的社会习俗，树立正确的价值观、人生观、世界观。

## 二、课程思政教学目标

　　围绕课程知识传授、能力提升和价值引领相结合的整体目标，挖掘自身蕴含思政的素材和资源，结合自身课程的特色和优势，以文学理论为基础，构建批判性思维，展示社会社会主义核心价值观、弘扬中华传统美德，同时将"构建个人品德、认识西方制度本质、坚定民族文化"的课程思政目标融入其中，实现了课程思政建设与教学目标的契合，与教学内容的融合，与教学素材的整合，与教学过程的结合，实现教书、授业、育人、解惑的同向同行、同频共振，强化显性思政、细化隐性思政、构筑三全育人大格局。

## 三、课程思政教学设计

　　课程采取"知识讲授+课堂讨论+思政元素"的教学设计模式，在讲授理论知识的同时以三观引导为主线，进行自主学习活动，融入思政元素，培养学生批判性思维和专业知识应用能力，潜移默化地进行人文精神、价值取向、马克思主义文艺观，形成特色的课程教学设计："一条主线+一个核心要素+三个课程案例库+三个教学实施环节。"

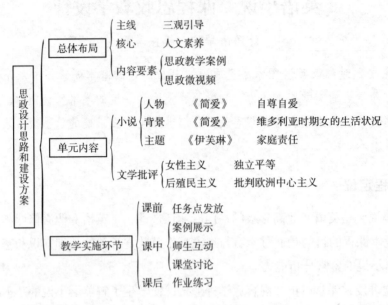

**教学方式特色：** 该课程改革创新教学方式，基于教学内容进行交互式教学活动，在传授知识的同时引发学生深入思考，提升思维品质。

**教学模式特色：** 混合式教学模式，丰富的在线教学资源补充了教学内容，满足学生个性化要求，有助于提高教学效果。

**思政元素隐性化和显性化相结合：** 通过知识的传授、能力的培养，润物无声。同时，教师直接提出讨论问题，学生进行价值观和马克思主义方法论指导下的思考。

《英语小说》课程思政建设将形成内容较完整、结构较合理的立体化、多维度、开放型资源。根据文学体裁和授课内容提炼出思政元素，建设思政教学案例，制作微视频资源。

### 四、课程思政元素的融合

1. 在讲授《伊芙琳》《简·爱》两部小说时，除了意识流和现实主义写作方法的讲授，在对人物和主题的分析过程中和学生展开讨论，家庭责任和个人追求的选择，不完整的爱情如何解决，帮助学生树立正确的家庭观和爱情观。

2. 在讲授《年轻的好小伙布朗》时除了讲授霍桑矛盾的清教思想和象征主义写作手法外，用现在的PUA理论分析宗教是怎样对人进行思想控制的，使学生对宗教有更深和全面的了解。

3. 在讲授《菊花香》时，主要阐述西方工业文明对自然和人性的破坏，唤起学生建立和谐的两性关系和人与自然的关系。

4. 女性主义、后殖民主义批评方法的介绍和结合作品的分析使学生对西方文学产生新

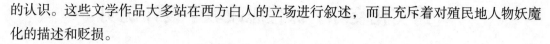

的认识。这些文学作品大多站在西方白人的立场进行叙述，而且充斥着对殖民地人物妖魔化的描述和贬损。

5. 在授课过程中，主要使用讲授法、讨论式、启发式、问题式教学法，让学生从不同角度反复思考，并以小组和个人等形式进行文献检索。读书汇报，使学生对文学作品的理解得到提高。学生通过这些作品的学习可以举一反三，分析其他的作品，同时对自身的人生方向起到警示、深入思考和正确选择的引领作用。

## 五、教学效果

通过精心设计课程教学，保障授课教学效果，达成教学目标。在教学过程中，坚持教书与育人相统一，挖掘并积累思政元素，以"春风化雨、润物无声"的形式，显性与隐性相结合，在专业课程课堂教学环节，不断丰富课程思政的内涵，在传授专业知识的同时，引领学生思想、塑造价值观、培养个性品格、处理好人与人之间的关系。

## 六、教学案例对文学类课程的推广

本课程融合显性和隐性思政的教学模式，可供文学类课程借鉴并推广应用，使专业课程与思政教育同向同行，形成协同效应。坚持立德树人为中心，践行"门门课程有思政""教师人人讲育人"，提高课堂教学效果和质量、提升学生学习热情和成效。

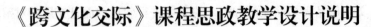

# 《跨文化交际》课程思政教学设计说明

外国语学院　蒙苑宁

《跨文化交际》是我校英语专业三年级专业必修课程。本课程具有多学科性质，主要涉及语言、文化、心理等，旨在帮助学生认识中西文化的异同，分析文化差异的根源，深化学生对中西方文化的理解，培养学生的文化认同感，提高学生的跨文化交际能力。教学中采用教师为主导、学生为主体的教学模式，采用课堂讲授、典型案例分析、模拟交际练习、交际失误分析等教学手段，充分调动学生的积极性和能动性，融入爱国信念、勇于担当等思政点，充分利用现代化的教学手段，开发新的教学资源，最大限度地提高教学效率和效果。

## 一、课程简况

《跨文化交际》是我校英语专业三年级专业必修课程。

## 二、课程思政教学目标

立足课程思政的现代课程观，《跨文化交际》课程重新认识、重新定位和重新塑造了教学目标，在知识性和能力性目标之外，还将"构建理性的思维、树立法治的信念、坚守中国的立场、勇挑时代的担当"的课程思政目标融入其中，贯穿于课程教学大纲的各个单元，实现了课程思政建设与教学目标的契合，与教学内容的融合，与教学素材的整合，与教学过程的结合。

## 三、课程思政教学实施设计

课程所使用的教材为《跨文化交际英语教程》（许力生主编，上海外语教育出版社出版），该书内容涵盖面广、信息量大、内容丰富，涉及全球化交际问题、文化与交际、各类文化差异、语言与文化、跨文化适应、跨文化能力等多方面内容。在《跨文化交际》课程思政教学探索过程中，将教材内容与课外阅读资料相结合，从文化对比着眼，将思想政治教育融入专业课学习中。在教学过程中，根据各个教学单元的内容特点，选取更切合的课程思政教学目标融入，并配合以相应的教学活动设计，促进知识、能力和课程思政教学目标的同步有效达成。

### 1. 传播传统文化，树立文化自信

将中国传统文化精髓融入《跨文化交际》课程，帮助学生理解中华民族的"根"与"魂"，培养中国情怀，树立文化自信。使学生体会到博大精深的中华文化，积淀着中华民族最深沉的精神追求，包含着中华民族最根本的精神基因，代表着中华民族独特的精神标识，是我们生生不息、发展壮大的丰厚滋养。

在课程思政教学模式下，紧扣《跨文化交际》教学内容，凸显素材中的中华文化内涵。如教材的第三单元"文化多元性"一章，阐释了儒家学说精髓。教师紧扣这一主题，激发学生们的学习能动性，探寻源远流长的中华文化的民族根源及思想内涵。在课下深入查阅中华优秀传统文化资料后，让学生们进行英文报告展示，互相学习分享，从古典诗词、国学经典名句、文化习俗、地理环境等多种不同角度进行比较分析。中华文化独特的气度、智慧、意韵，让学生们深深为之沉醉；中华民族的自强不息、团结奋进，让学生们精神为之振奋，从而激发出内心强大的爱国情怀及文化自信。

**2. 跨文化对比，树立正确价值观**

在我国对外开放的新形势下，既要了解中国自身，又要开阔视野，积极认识外部世界，积极借鉴人类文明创造的有益成果。对世界形势发展变化，对世界上出现的新事物新情况，对各国出现的新思想新观点新知识，有及时、充分的了解，才能更好地发展我们自己。《跨文化交际》课程涉及众多西方文化及思想，更应根据课程自身特点，大力发挥课程育人功能。通过中西文化对比，培养学生的国际视野及社会责任感。

在课堂教学实践中，教师加强课程思政教学设计。通过开展"英文讲中华传统故事""一带一路文化介绍""跨文化交际情景表演"等一系列学生实践活动，提升其跨文化意识及政治思想觉悟。在此教学实践活动中，学生们一方面可深入地了解中国文化，提升政治思想觉悟，另一方面可感受到不同文化的差异，学会批判性地看待问题，树立正确的世界观、人生观和价值观。

通过将思想政治教育与知识传授相结合，学生们既加深了国学知识的积累，也进一步掌握了中华优秀传统文化中的精神文化内核。同时，学生们开拓了眼界，对于外部世界的认知更为客观全面，能够明辨是非，更理性地看待西方文化与西方制度，去其糟粕，取其精华。同时，各小组成员在课题研究及展示过程中，英语语言表达能力得到锻炼、协作能力得到增强，综合素质得到全面提升。

# 《青少年社会工作》课程思政教学设计

人文法律学院　向平萍

该课程主要讲述青少年社会工作的基本理论知识和基本技能，阐述当代青少年及其家庭面临的社会问题与社会工作服务方案，培养学生的创新思维和实践能力，融入爱国主义、民族精神、职业道德、时代精神等课程思政点，培养学生德能兼修素养和助人自助的专业情怀。

## 一、课程定位

《青少年社会工作》是社会工作专业本科三年级开设的必修课程，也是社会工作专业的专业课程。作为将社会工作理论同具体实务领域链接起来的桥梁课程，其基本理论、基本知识、基本技能全面阐释了课程体系的专业、实用和有针对性的特点。通过本门课程的学习，培养学生掌握青少年社会工作的基本概念和理论基础，具备分析和解决当今青少年及其家庭面临的主要问题的能力，理解并内化青少年社会工作的价值取向和伦理基础。

通过课堂讲授、角色扮演、案例教学、混合教学等形式，讲解青少年社会工作的基本概念、理论基础、工作方法、政策依据、服务对象、服务内容等，提升青少年社会工作服务的综合应用能力。通过课程的学习，让学生在新进展、新思路、新技术、新能力、新思维下，将理论学习和实务操作相联系，实现对青少年群体的专业服务。

## 二、课程思政教学目标

围绕课程知识传授、能力提升和价值引领的相结合的整体目标，挖掘自身蕴含思政的素材和资源，结合自身课程的特色和优势，以社会工作理论为基础，提升理论思维，彰显社会工作者的科学精神；以助人自助为主线，内化专业伦理与价值，坚守社会工作者的助人理念；以方法技巧为手段，培养实务能力，践行社会工作者的服务能力；以促进青少年健康成长为目的，关注弱势群体，践行社会工作者经世济民的崇高理想，形成了本门课程"科学精神、助人理念、服务能力、经世济民"的课程思政目标，实现传道、授业、解惑三者并存，课程思政显性、隐性并举，构筑"三全育人"的格局。

## 三、课程思政教学设计

课程采取"知识讲授+自主探究+思政元素"的教学设计模式，在讲授理论知识的同时以青少年社会问题为主线进行自主探究活动，融入隐性思政元素，培养学生社会工作专业的伦理价值和实操能力，潜移默化地进行科学精神、职业道德、社会公德下的新时代中国本土社会工作者的责任、情怀与担当，并形成特色的课程教学设计："一条主线+两个重点+三个模块+四个教学实施环节"（见图1）。

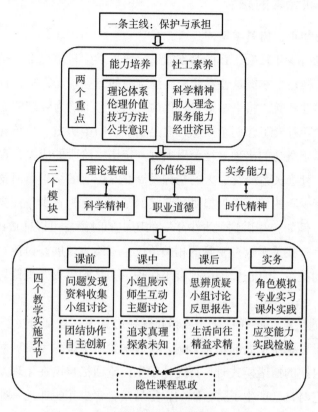

**图1 课程思政教学设计**

**一条主线：**以"青少年是国家的未来和民族的希望"——保护青少年的健康成长和全面发展与"勇做走在时代前列的奋进者、开拓者、奉献者"——鼓励学生作为青少年积极承担时代责任、投身社会服务事业。

**两个重点：**促进学生知识传授、能力培养与价值引领有机统一，以能力培养和社工素养为重点。通过青少年社会工作基础理论知识的讲解，构建理论体系，体现社工的科学精神；通过伦理两难困境的选择，内化专业伦理与价值，坚守社工的助人理念；通过技巧方法的掌握，培养实务能力，彰显社工的服务能力；通过青少年社会问题的认知，形成公共意识，践行社工经世济民的理想。

**三个模块：**在教学过程中挖掘思政元素，促进学生知识传授、能力培养与价值引领三个模块的有机统一。模块一是用科学的精神传授青少年社会工作理论知识；模块二是以职业道德为引领的专业伦理和价值的养成；模块三是围绕时代精神打造学生青少年社会工作实务能力。

**四个教学实施环节：**以学生为主体、以教师为主导、以模拟为关键、以网络为载体，通过"课前+课中+课后+实务操作"四个实施环节，完成教学，实现隐性教育与显性教育相统一。

## 四、课程思政元素的融合

### 1. 学专业理论知识，树科学精神

结合青少年和青少年社会工作的基本概念，培养学生科学思维。科学思维本身，能够协助学生在从专业视角上掌握这些看起来生涩难懂的专业术语，整合自己的知识体系的同时，结合自身的感性经验，将书本知识转化为自己的思维能力和理解能力，从时间维度上理解青少年和青少年社会工作两个概念，立足当下、回望历史、总结规律，更放眼未来，让学生意识到青少年概念的出现是社会发展到一定历史阶段的成果，青少年社会工作的出现是生产力发展、社会关系变化、人的精神发展交互影响的结果。而党和国家对青年工作的重视，不仅为青少年的健康发展提供了坚实的基础，更为青少年社会工作的发展搭建了更加宽广的舞台。例如：在讲到"青少年"的历史的时候，可以播放B站视频《奔涌吧，后浪！》，让学生查找关于这一视频的相关争议，围绕争议展开讨论，从而认识到青少年与社会发展之间的关系，真正做到以社会工作理论为基础，提升理论思维，彰显社会工作者的科学精神。

结合青少年的生理、心理特征，培养问题导向意识。该部分主要在学生亲身经历的基础上，结合关于青少年发展的相关案例，唤起学生对于青少年发展问题的感同身受。例如，在讲青少年时期的情绪模式时，首先让学生讨论回忆自己在生理发育期间自己的主要情绪模式，以及它对自己产生了哪些影响，然后结合青少年犯罪的一些案例，让学生认识到如果不能正确处理青少年的不良情绪模式，可能产生哪些不良反应。通过这些案例，除了能为深刻的认知相关理论知识外，更能有效帮助学生重新反思自己的成长过程，解决可能遗留的成长困惑。

结合青少年发展的理论，培养学生的追求真理的精神。通过讲述各位生理学家、心理学家、社会学家和社会工作者创立理论的经历，让学生看到，任何理论都不是无本之木，他们来自于社会科学学者对于社会的观察与思考，来自于他们丰富的理论沉淀，来自于他们对于揭示真理（个人、社会发展的内在规律）孜孜不断的追求。

### 2. 习专业伦理价值，树职业道德

社会工作是一个以价值伦理为灵魂的专业，对于社会工作本科学生，需要了解、认同并内化社会工作专业价值、伦理，为将来进入社会工作行业做好准备。青少年社会工作的专业伦理是以社会工作专业伦理为基础，结合青少年权利和青少年观而形成的。因此，在学习青少年社会工作专业价值和伦理的时候，教师会以当代青少年观为基础，介绍习近平主席对当代青年的殷殷寄语，明确青少年在社会中的地位和责任，结合青少年社会工作的具体案例和项目引导学生认识到：作为一名青少年社会工作者既是维护青少年权利促进青少年全面健康发展的专业工作者，需要建立爱岗敬业、办事公道、服务群众、奉献社会、

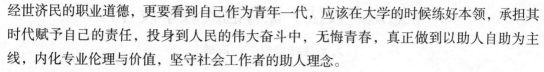

经世济民的职业道德，更要看到自己作为青年一代，应该在大学的时候练好本领，承担其时代赋予自己的责任，投身到人民的伟大奋斗中，无悔青春，真正做到以助人自助为主线，内化专业伦理与价值，坚守社会工作者的助人理念。

**3. 练专业实务能力，展时代精神**

尊重接纳，以人为本。社会工作专业面临的都是弱势群体，青少年作为社会中的弱势群体，无论是个体还是群体都很难通过自己的力量摆脱自己面临的困境。因此，在学习青少年发展成长的主要问题时，社会工作者需要结合具体案例，站在全面建成小康社会的视野高度上，尊重青少年的个人和群体价值，接纳他们的困惑与迷茫，以人为本，把青少年和人民的整体利益放在首位，维护青少年的合法权利，满足他们的合法需求。

不忘初心，公平正义。青少年作为社会中的重要群体，也应该公平地享受社会发展带来的各种红利。在讲授青少年福利和青少年福利政策的时候，可以结合我国青少年福利和青少年福利政策的变化和发展，向同学们展示我国青少年政策和制度的完善与发展，并引导同学思考，这些政策和制度是如何保障我国青少年的健康成长和合法权益，从而共享改革发展的成果。

价值追求，敢于奉献。在讲授青少年社会工作服务的实务时，应该结合脱贫攻坚（教育脱贫）、未成年人检察工作社会支持体系建设等项目，以及感动中国2020年度人物张桂梅的事迹，去学习维护青少年合法权益、促进青少年健康成长和发展优秀人物的奉献精神，真正做到以促进青少年健康成长为目的，关注弱势群体，践行社会工作者经世济民的崇高理想。

## 五、教学效果

通过精心设计课程教学，保障授课教学效果，达成教学目标。在教学过程中，坚持教书与育人相统一，挖掘并积累思政元素，以"春风化雨、润物无声"的形式，隐性融入社会工作专业课程课堂教学环节，不断丰富课程思政的内涵，在传授专业知识的同时，引领学生思想、塑造价值观、培养崇高理想。

学生通过课程学习，深刻认识到在青少年社会工作服务中，树立科学精神、职业道德和时代精神，感受作为新一代青年社会工作者的双重责任与担当，建立我们的专业自信心、社会责任心、人生奋斗心，感受在党的领导下，所有人民共享社会发展成果，增进人民福祉、促进人的全面发展！

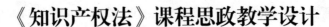

# 《知识产权法》课程思政教学设计

人文法律学院　郑丽娜

　　该课程主要讲述知识产权法律制度的基本理论知识和案例分析基本技能，阐述包括著作权法、专利法、商标法等法律制度的具体规定及应用，培养学生的业务素养，创新精神和社会责任，融入"提升专业认同，培养家国情怀；养成科学思维，拓宽国际视野；形成批判思维，提高创新意识；坚持专业伦理，健全个人品格"等课程思政点，培养学生的家国情怀、国际视野、创新思维、专业伦理和学术修养。

## 一、课程定位

　　《知识产权法学》课程是法学专业本科二年级开设的必修课程，也是兼有法学、管理和工科知识交叉特色的课程。

　　该课程以法理学、民法学等前期课程为基础，是最近几年借助国家知识产权战略快速兴起和发展的法学学科，每年都有若干引起社会关注的热点案例。这些案例往往与网络技术发展、新生科技事物、新型经济模式等紧密结合，具有一定的挑战度和创新度。学生通过本课程的学习，能够提升对热点问题的敏感度和思考能力，有助于他们了解最新的信息，促进分析、解决实际问题的能力。

## 二、课程思政教学目标

　　立足课程思政的现代课程观，《知识产权法学》课程重新认识、重新定位和重新塑造了教学目标，在知识性和能力性目标之外，还将"提升专业认同，培养家国情怀；养成科学思维，拓宽国际视野；形成批判思维，提高创新意识；坚持专业伦理，健全个人品格"的课程思政目标融入其中，贯穿于课程教学大纲的各个单元，实现了课程思政建设与教学目标的契合，与教学内容的融合，与教学素材的整合，与教学过程的结合。

### 三、课程思政教学设计

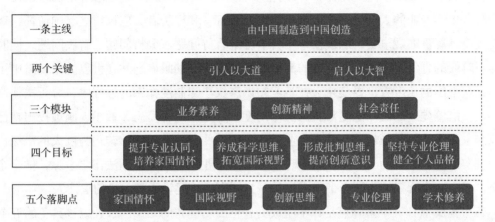

| 一条主线 | 由中国制造到中国创造 |
| 两个关键 | 引人以大道　启人以大智 |
| 三个模块 | 业务素养　创新精神　社会责任 |
| 四个目标 | 提升专业认同，培养家国情怀　养成科学思维，拓宽国际视野　形成批判思维，提高创新意识　坚持专业伦理，健全个人品格 |
| 五个落脚点 | 家国情怀　国际视野　创新思维　专业伦理　学术修养 |

**一条主线：**当今世界，随着知识经济和经济全球化深入发展，知识产权日益成为国家发展的战略性资源和国际竞争力的核心要素，成为建设创新型国家的重要支撑和掌握发展主动权的关键。国际社会更加重视知识产权，更加鼓励创新。从贴牌到品牌，从制造到创造，从跟跑到领跑，中国科技发展正在与欧美缩小差距，中国正在改变创新版图。学习知识产权，树立知识产权意识，是大学生适应中国制造到中国创造这一国家知识产权战略发展目标的必备要素。

**两个关键：**是否愿意成为一个知识产权人？如何成为一个知识产权人？怎样做好一个知识产权人？教学追求的两个关键点就是引导学生走上专业知识的大道，启迪学生具备创新的大智。

**三个模块：**模块一通过各种科技发展推动社会进步、创造社会价值的实例，让学生意识到，在知识经济时代背景下，知识产权实施效果直接关系到一国经济发展、科技进步、文化与教育的繁荣，从而对知识产权制度有一个感性认识，初步感受所学专业的社会价值，从而培养学生的法律业务素养；模块二通过鼓励学生多思考，使其敢于对现有法律规定提出质疑，培养学生预测知识产权政策和法律制度发展的能力；模块三通过展示习近平总书记关于"核心技术论"的讲话，让学生切实体会到只有把核心技术掌握在自己手中，才能真正掌握竞争和发展的主动权，才能从根本上保障国家经济安全、国防安全和其他安全。在进行知识产权对外转让时，引导学生要坚持总体国家安全观。让学生明白，在知识产权对外转让过程中，如果未对涉及国家安全的核心知识产权转让行为进行严格审查，就有可能造成重大经济损失，对我国自主创新能力和国际竞争优势带来重大负面影响。通过以上介绍，学生充分认识到知识产权已经成为国家发展的战略性资源和国际竞争力的核心要素，成为掌握发展主动权的关键和创新型国家建设的重要支撑，从而培养学生的家国情怀、行业理想和社会责任感，为加快建设知识产权强国，推动知识产权各项事业高质量发展，实现知识产权从"量变"到"质变"而努力奋斗，从而培养学生的社会责任感。

**四个目标：**认识到学习知识产权的重要性，能够意识到科学没有国界，但是科学家有国籍。法学专业的大学生，作为未来法律的践行者和守护者，应该树立家国情怀，尊重客观规律，尊重客观事实，能理性地用科学思维看待问题、分析问题、解决问题。同时，作为新时代的青年，应该站在全球的高度，有放眼世界的眼界、站在世界的角度看中国发展，站在中国的角度看世界变化。在学习知识产权法律制度体系的过程中，分析法律制度的不足，借鉴先进的法律制度对我国法律制度不足之处进行反思，敢于大胆地提出自己的观点和主张，培养创新精神，坚守专业伦理，在一些科技创新能够转化为巨大的市场价值这一现实面前，不能为了经济利益而忘记自己的职业道德操守，钻法律之空隙，健全个人品格，成为一个真正能为社会带来正能量、为国家法治建设贡献力量的法律人。

**五个落脚点：**五个落脚点是让学生成为合格的、优秀的知识产权人应该具备的五个素质，也是实现四个思政目标后在学生知识层面、道德层面的综合体现。

## 四、课程思政元素的融合

### 1. 提升专业认同，培养家国情怀

全球贸易一体化背景下，贸易与知识产权紧密相关。伴随由贸易大国向贸易强国的发展转型，我国与美国等发达国家之间的技术差距在缩小，尤其是中国在新技术革命中的突破引发了美国的不安，中美贸易争端尖锐化。美国长期将中国知识产权作为贸易谈判的焦点议题，在这一轮贸易争端中更是极尽责难，以国家安全的名义打压中国经济、科技，对中国企业、科技人员予威慑恫吓、规制遏制。面对热点新闻和尖锐的争论，学生需要理性思维去认识国际社会的大环境，进行理性思考。因此，这部分的专业讲授注重对学生意识形态和舆论的正确引导，例如：讲到专利权的新颖性标准问题，中国科技正朝着价值链上游攀升。在知识产权制度的规制中，中国早已不再处于从属地位。作为创新驱动发展的全球第二大经济体，中国必须成为一个与之相应的知识产权强国，握有足具市场控制力的知识产权，强有力地维护自身的知识产权利益，尤其是在国际贸易中的国家利益。这必然要求中国要具备主导国际知识产权规则的能力，抵制知识产权霸权，以保障国家未来发展。中国践行人类命运共同体理念，营造并维护公平公正的国际政治经济秩序，也需要在国际规则上有强有力的话语权和影响力，引领解决国际知识产权争议，"领跑"全球化时代国际知识产权制度。通过具体的案例和热点事件，让学生认识中国的世界经济地位以及国际社会责任。

在《伯尔尼公约》、《Trips协定》、PCT申请、马德里协定等国际条约的讲授中，突出讲授"家国情怀"思政目标的教学理念，努力提升学生国际意识和规则主导意识，让学生能够充分理解"学习的法学是中国的法学"，只有用中国的立场讲述法学、研究法学、

建设法学才能完成中国法律人的使命和担当。这一目标的达成，能够将爱国、报国、强国的强大精神动力转化为学习法学的热情，形成强烈而持久的学习内驱力。

中美知识产权之争本质上是经济主权之争。全球化时代知识产权规则制定，不单纯是一国之内的事务，必须密切关照国际经济活动，估量责任权利与本国地位能力，确定利于本国的制度选择，必须具备国际意识。规则是未来推动经济全球化和贸易全球化的生命线，而国际知识产权规则正处于调整变化的过程中。我们要透过国际贸易争端的滚滚硝烟，认识"规则之争"的实质所在。因此，在继续完善国家知识产权制度，提高知识产权保护水平的同时，我们要更自觉地站在国际高度，以更自觉的"规则主导"意识，从国家整体利益需要出发，考量并提起国际规范、规则标准的修正和制定。

这部分内容在讲授过程中，注重对相关制度的形成渊源进行介绍和分析，例如，从本次新冠病毒疫情和疫苗的研发出发，引出《多哈宣言》和《Trips协定》之间的关系，提出知识产权保护与公共健康之间的关系，让学生了解发展中国家和不发达国家在国际人权及不发达国家在公共健康保障斗争中做出的努力，引起学生的共鸣，在课堂让学生对药品知识产权保护和对不发达国家的强制许可使用进行讨论，帮助学生增强国际责任意识，肩负大国成员的责任。

这部分从两个方面实现教学中的思政目标。引导学生树立遵守国际公约的规则理念，面对国际公约的各种制度，应基于充分的认识、理解和遵守，赢得国际社会的尊重；同时，应坚守中国经济主权的立场，在国际贸易交往和争端中，合理合法地主张自己的诉求；引导学生将知识视野放宽到国际领域，坚定地站在国家立场，在今后的法律执业生涯中不忘自己的职业坚守。

**2. 养成科学思维，拓宽国际视野**

知识产权作为一门实践性很强的法律，每个法律制度、每个条文，都有着深厚的社会生活基础，体现着创制者深刻的立法意图。在介绍知识产权制度产生、发展和变革时，教师要引导学生运用科学的历史观，探讨该制度的历史类型、社会基础、时代背景，寻找其发展规律和趋势，从而得出近代知识产权制度存在一条联结科技、经济、法律一体化的发展轨迹，即从社会生产科技化到科技成果商品化，再到知识商品产权化和权利制度体系化，培养学生科学的逻辑思维方法。在分析科技发展与知识产权的辩证关系时，让学生从辩证唯物主义出发，把握知识产权的发展动力和在不同阶段对科技进步的作用，从而得出：知识产权制度在适应科学技术发展需要时，就能够起到促进科技发展的作用；相反，知识产权制度不适应科学技术发展需要时，就会对科技发展产生阻碍的作用。学生在分析过程中，会体会到事物的两面性，学会一分为二地看待问题。

在进行中外知识产权立法案例比较时，要引导学生客观、全面地分析不同国家、地域因文化传统、经济体制等原因导致的立法差别，如大陆法系的"著作权"制度和英美法系

的"版权"制度差异，开拓学生的国际视野。在讲述知识产权国际立法时，让学生们明白知识产权国际保护制度是在一定的社会环境中生存和发展的，必定随时代而发展、变化。

### 3. 形成批判思维，提高创新意识

知识产权制度具有与时俱进的时代先进性。所以，知识产权法学教育不仅只是传授法律知识和技能，还具有创新性、研究性、开放性特点。课程教学中，应该鼓励学生多思考，使其敢于对现有法律规定提出质疑，培养学生预测知识产权政策和法律制度发展的能力。

课程讲授过程中，要始终坚持以学生为本的主体性原则，引导学生参与其中，做到自主思考、共同讨论。换言之，让学生们动起来，课堂活跃起来，"课程思政"才能更有效率。《知识产权法学》课堂教学中，除启发式、讨论式、问答式教学方法外，案例教学是培养学生研究能力和创新意识的重要方法。在数字技术、网络技术、传播技术不断革新的知识经济时代背景下，著作权领域面临的挑战层出不穷。教师在授课中要体现前沿内容，结合热点案例培养学生解决复杂问题的综合能力和高级思维。

### 4. 坚持专业伦理，健全个人品格

就法学教育而言，传授其知识，培养其技能，生成其伦理，塑造其品格，应丝丝相连、环环紧扣。在《知识产权法学》授课过程中，在讲解法律知识的同时，使学生自主领悟法律知识背后的法律价值，将其内化为自身世界观、价值观、人生观和思维方式，是进行专业伦理教育和个人品格塑造的重要途径。

通过讲授专利权制度保护的是"技术商品化"的创新成果，著作权制度保护的是"作品商品化"的创新成果，让学生意识到知识产权法背后蕴含的创新价值。学生只有将法律知识和理念真正吸收，内化为人格要素与精神养分，才会在面临职业伦理困境时学会作出选择。

又如，在专利合理使用、强制许可制度的教学内容的讲授中强化"专业伦理"的思政目标。对于法学专业学生，社会责任感和时代使命感能够帮助他们建立坚定、稳定、持久的职业责任感和职业荣誉感，这种情感反过来也能够帮助学生真正理解法律职业存在的社会和人文价值。

学生在学校里的学术成果和创新成果以及走入社会后工作过程中的智力成果，产权归属是学生关心且不可回避的问题。只有让学生在实际生活和案例中体验到知识产权法律制度的精神意蕴与价值追求，才能切实理解复杂法治理论背后的实践意义。梳理正确的知识产权信念后，更有利于学生处理与学校、与单位以及他人的社会关系，从法律知识层面上防范社会纠纷，处理社会问题，形成良好、忠诚的职业信仰，激发学生的自主学习动力。

该部分选取了一些学生熟悉的生活现象和典型案例，唤起学生的法治信念。例如，通过对毕业论文的著作权归属分析，结合学校的管理制度，帮助学生厘清学校毕业论文使用

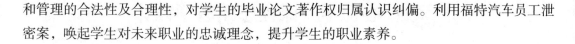

和管理的合法性及合理性，对学生的毕业论文著作权归属认识纠偏。利用福特汽车员工泄密案，唤起学生对未来职业的忠诚理念，提升学生的职业素养。

## 五、教学效果

课程运用案例教学法、苏格拉底教学法、支架式教学法等多种教学方法，引导学生了解我国知识产权基本法律制度、国家对科技创新和文化创新的激励机制以及知识产权权益保护与公共利益之间的平衡举措。《知识产权法学》是知识产权专业课程，在课程中引入课程思政，在课程内容中寻找与家国情怀、国际视野、专业伦理、学术修养、社会主义核心价值观等德育元素触点，通过对教学素材的设计和运用，以"润物无声"的方式做到"引人以达到""启人以大智"，使学生成为专业知识和业务素养扎实、创新精神和求实态度强烈、社会责任感和法律意识浓厚、实践能力强的知识产权实务人才。这不仅是知识产权专业建设需要，也是落实"全过程育人、全方位育人、全课程育人"的需要。

在具体授课内容设计中，将课程思政目标孕育在理论知识中。譬如：知识产权在诸多民事权利制度中最具科技含量、最多知识要素。它主要包括著作权、专利权、商标权。著作权发生在文化创作领域，与文化创新、文化产业息息相关，如以电影、游戏、玩具、主题公园等版权开发形式，如创造2000亿元产业经济的英国小说《哈利波特》系列；专利权产生于技术应用领域，与科技创新、科技产业紧密相连，比如通信巨头华为投入巨资进行研发，在将引发新科技革命的5G行业发明专利授权量第一；商标权则运作于工商经营领域，涉及商品销售、市场贸易等问题，比如"江小白"系列商标归属案。通过以上介绍，让学生意识到，在知识经济时代背景下，知识产权的实施效果，直接关系到一国经济发展、科技进步、文化与教育的繁荣，从而对知识产权制度有一个感性认识，初步感受所学专业的社会价值。在介绍中国知识产权战略和相关政策时，通过数据图表让学生们认识到我国目前虽然是专利申请大国和商标申请大国，但远远不是专利强国，更不是品牌强国。在进行知识产权对外转让时，引导学生要坚持总体国家安全观。让学生明白，在知识产权对外转让过程中，如果未对涉及国家安全的核心知识产权转让行为进行严格审查，就有可能造成重大经济损失，对我国自主创新能力和国际竞争优势将带来重大负面影响。组织学生课后观看纪录片《国之利器》，从政策、法律、经济、历史、社会等角度，专业解读知识产权在实现资本原始积累和转型升级发展中的重要意义。在介绍《知识产权协定》等国际条约时，嵌入习近平总书记对"人类命运共同体"的阐释，解读其对知识产权国际新秩序的影响，让学生深刻认识到应以知识共享取代权利垄断，以国际合作代替南北对抗，促进人的全面发展，构建知识产权保护体系中的"和谐世界"，确立人本主义与和谐发展的知识产权价值观。

# 《教育心理学》课程思政教学设计

心理与精神卫生学院　高志华

该课程是应用心理学专业的理论和应用课程，承担着提升专业理论应用能力、专业素养、伦理和职业修养以及公民道德的重要作用。课程教学中融入个人品德修养、专业伦理道德、教师职业道德等课程思政点，帮助学生树立职业和专业荣誉感、责任感，激发学生的教师职业责任感。

## 一、课程简况

《教育心理学》课程是应用心理学专业本科三年级开设的必修课程，也是应用心理学专业的理论和应用课程。作为心理学的重要分支学科，其基本理论、方法论和意识形态，《教育心理学》承担着提升专业理论应用能力、专业素养、伦理和职业修养以及公民道德的重要作用。

## 二、课程思政教学目标

立足课程思政的现代课程观，《教育心理学》课程重新认识、重新定位和重新塑造了教学目标，在知识性和能力性目标之外，还将"训练学生勤学笃实、明辨是非，注重个人品德修养，培养心理学专业伦理道德和教师职业道德"的课程思政目标融入其中，贯穿于课程教学大纲的各个单元，实现了课程思政建设与教学目标的契合，与教学内容的融合，与教学素材的整合，与教学过程的结合。

## 三、课程思政教学实施设计

在教学过程中，根据各个教学单元的内容特点，选取更切合的课程思政教学目标融入，并配合以相应的教学活动设计，促进知识、能力和课程思政教学目标的同步有效达成。

1. 在教育心理学的概述、教育体系、认知学习理论、个体建构、发展与教育的关系、学习迁移、知识学习和社会规范学习等基础知识的讲授部分突出"训练学生勤学笃实、明辨是非，注重个人品德修养"的思政目标。这部分的知识核心是构建学生的教育心理学的思维体系，建立学生对教育体系与教育心理学的正确认知，掌握基本的学习理论和学习规律，理解并反思个体的行为与思想获得的可能途径、方式和相关的影响因素。

该部分将通过引入现实案例和专业实验案例让学生认识到个人的品德修养是社会规范不断内化的结果，是外在环境因素与个体因素相互作用的结果。例如，在讲授教育体系结构时，结合当下香港"反修例"风波中教材和教师对殖民时代的错误认识对广大香港青少年思想的毒害，并进而引导学生思考如何开展爱国主义教育、教育体系在个体的思想教育和品德修养中的作用。

2. 在联结主义学习理论、社会建构主义理论、折中学习理论和技能学习等讲授中融入"培养心理学专业伦理道德"的思政目标。通过教学中理论教学与案例教学互辅互成，帮助学生树立正确的心理学专业伦理观念和科学研究的道德标准，并以此约束其当下与将来在从事职业活动，以及规范科学研究中的操作；同时通过正面的案例，帮助学生树立职业和专业荣誉感和责任感。

该部分主要采取专业实验、心理名家传记与社会热点问题来强化学生的职业伦理教育和科学精神培养。例如，在联结主义学习理论教学中引入华生的"Little Albert"的实验，引导学生思考华生实验违法了哪些科研伦理，使学生认识到科研伦理和实验伦理的重要性；在观察学习理论学习中引入班杜拉的"波波娃实验"，并介绍班杜拉的工作对美国电影分级制建立的作用，引导学生思考心理学专业人员的社会责任，帮助学生树立专业和职业社会责任感。

3. 在人本主义、发展与教育的关系、学习动机理论和教学心理等的部分的讲授中，更突出促进"教师职业道德"思政目标的达成，让学生能够充分理解"身教重于言教"和"德高为师，身正为范"，只有教师自身拥有正确的三观和良好的品行才能对学生的品行的培养起到良好的示范作用。这一目标的达成，能够将有助于学生积极主动提高自我的道德修养和自我完善，增加知识学习的策略性。

该部分更多的启发式的案例教学，教学中大量引入教学案例，让学生体验教师的职业荣誉感和社会责任，发现教育中存在的现实问题，探讨可行的改革举措。例如，利用"中国当前的学前教育对儿童的身心发展是有益还是无益"为题召开辩论会深化对发展与教育关系的认识的同时，激发学生的教师职业责任感；在"学习动机的目标理论"教学中引入自己的研究案例，激发学生的对老师的教学策略的思考；人本主义学习理论教学中，举"谁来当队长"的例子，引导学生贯彻"以学生为本"的教学思想。

# 《散打》课程思政教学设计

体育部 马 威

该课程主要讲述武术散打的基本理论知识和基本技能，阐述各种技术在实战中的合理运用，培养学生健康的体魄和顽强拼搏的体育精神，融入民族精神、爱国主义、个人品德、社会公德等课程思政点，培养学生德能兼修素养和爱国主义的情怀。

## 一、课程定位

### 1. 课程性质

大学一、二年级公共选修课。

### 2. 课程地位

武术散打是中国武术的重要组成部分，更是中华传统文化的重要组成部分，历经几千年发展到现在，逐渐形成了按照规则，运用踢、打、摔为主的对抗性体育竞赛项目。《散打》课程是本科一、二年级开设的公共体育选修课，是在教师的指导和学生参与下，由教师向学生系统有效的传授散打理论知识、技术技巧，培养学生不怕苦、不怕累的顽强拼搏精神品质，发展学生身体综合素质，并掌握一定的攻防格斗技能。由于此项目本身具有的健身性、实用性，在教学中必然体现为教学任务的多元性、教学内容的多样性、教学方法的多变性、教学过程的艺术性和对教师知识结构要求的全面性。

### 3. 课程教学内容与意义

《散打》课程通过系统的理论课和实践课的教学，让学生了解武术散打的历史与发展以及运动技术特点和作用，通过示范、讲解、完整、分解和预防和纠正错误动作等教学方法，使学生掌握武术散打的基本拳法、腿法、摔法以及身体锻炼的手段和方法，培养学生勇敢顽强、勇于拼搏、不断进取、团结协作的思想品格，进而树立起终身体育、健体强国、强体卫国的健康理念和爱国情怀。

## 二、课程思政教学目标

立足课程思政的现代课程观，《武术散打》课程重新认识、重新定位和重新塑造了教学目标，在学习散打技术动作和体能锻炼之外，还将"帮助学生基本树立终身体育意识，使学生在掌握散打基本礼仪规范和散打常用基本技术的基础上，初步培养勇敢、顽强的意志品质和爱国主义情感，同时促进大学生身体的健康，并进一步培养他们竞争及尊师重道的良好意识和明礼、谦恭的良好品德"的课程思政目标融入其中，贯穿于课程教学大纲的各个单元，实现了课程思政建设与教学目标的契合，与教学内容的融合，与教学素材的整合，与教学过程的结合。

### 三、课程思政教学设计

课程采取"技术教学+自主探究+思政元素"的教学设计模式，在教授技术动作的同时，以"提高体魄和文明精神"为主线进行自主探究活动，融入隐性思政元素，提高学生身体素质和体育精神，潜移默化地进行爱国情怀、体育精神、拼搏意志等思政塑造，并形成特色的课程教学设计"一个主线+两个核心要素+四个主要思政点+五个教学实施环节"（见图1）。

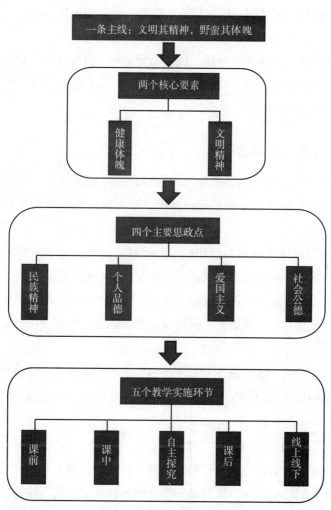

**图1　散打课程思政教学设计**

**一条主线：**以毛主席倡导"文明其精神，野蛮其体魄"为第一为主线，培养学生养成终身受益的锻炼习惯和体育精神的传承。

**两个核心要素：**提高学生身体素质、培养体育精神与价值引领相统一，以提高身体素质和体育精神培养为核心要素。通过体育基础知识的讲解，让学生了解和掌握体育运动的基本知识，提高体育知识素养；通过散打专项身体素质的练习，提高学生身体素质，增强体育健康意识；通过散打对练和条件实战学习，提高学生专项能力，防身技能，锤炼意志品质。

**四个思政点：**在教学过程中挖掘思政元素，促进学生运动技能学习、运动能力提升、健康意识强化及民族体育运动传承，形成体育运动与思政元素的完美结合。一是以民族精神、传承精神、奉献精神、迎难而上体现中国精神为主题的思政元素组合；二是以遵纪守法、规则意识体现社会公德为主题的思政元素组合；三是以体现个人品德、健全人格、意志品质的思政元素个人品德体现；四是以爱国主义教育为主，通过国家公祭日进行默哀仪式，从而教育学生提高国防意识、居安思危、自强不息，奋发图强等思政元素体现的时代精神。

**五个教学实施环节：**以学生为主体、以教师为主导、以实践为关键、以网络为载体，通过"**课前+课中+自主探究+课后+线上线下相结合**"五个实施环节，完成教学任务，实现运动技能教育与思政教育相统一。

## 四、课程思政元素的融合

在教学过程中，根据各个教学单元的内容特点，选取更切合的课程思政教学目标融入，并配合以相应的教学活动设计，促进知识、能力和课程思政教学目标的同步有效达成。

1. 在开学第一课教学生懂得和运用武术的礼仪。言行有礼，发扬中华民族的传统美德，比如师生上下课互行抱拳礼、鞠躬礼，学生互相对练时互行抱拳礼。强调"习武先习德，人讲礼仪为先"，让武术散打课程健身又健心。该部分更多的让学生了解抱拳礼的含义，教会学生不但在课上要行抱拳礼，而且课下和老师或长辈见面也要养成行礼和打招呼的习惯。

2. 通过在课上列举古今武林豪杰"精忠报国"的光辉故事，使学生树立爱国、修身、正义、助人的思想和品格，增强学生的民族自豪感和责任心，培养维护国家尊严，保家卫国和人民利益的爱国主义精神。

3. 在课堂教学训练中，是对学生的性格信念、情操等的陶冶过程。学习武术散打不仅要对自己严格要求，还必须克服各种私欲，锻炼极强的自制力。只有这样才能使习武者登堂入室，学得武艺的精髓真谛。散打是一项文明的健身术，更是防身自卫的有效武器。因此，在教学过程中加强对学生进行侠义精神的教育，要求学生不要恃强凌弱，要除暴安良，匡扶正义，见义勇为，培养学生遵守公共道德，敢于同有害于国家和人民利益的言行作斗争。

4. 培养学生不怕困难勇往直前的品格。在散打防守练习中，教会学生敢于注视对方的进攻，这样才能观察对方的进攻线路，采取有效的防范，并且告诉学生一切恐惧都源于未知，而未知源于不敢尝试。让对方打到你，只要你防范好的情况下，是没有想象中那么危险的。

5. 培养合作精神。在每节课上都会强调，对手是你进步的阶梯，没有好的练习伙伴你是不会在技艺上提高的。所以要懂得尊重对手，尊重练习伙伴。对练时，对手技术上或方法上有问题要及时给对方纠正；对打上要注意保护对手，注意不要击打禁击部位；两人练习前后要互行抱拳礼。

6. 用一些纪念日，来影响学生的三观、仪式感和爱国情怀。比如，每年的国家公祭日12月13日，都会带着学生进行默哀仪式，缅怀遇难同胞，同时反省现在的生活学习状态，让学生明白只有国家强大才能人民安居乐业，传达最简单的爱国方式就是：读书和运动。

7. 在每节课后小结时，提醒学生维护好训练场的环境卫生，带走空水瓶和捡起用过的纸巾，培养学生爱护环境的环保意识。

## 五、教学效果

### 1. 课程思政教学目标达成度

通过精心设计课程教学，保障授课教学效果，达到教学目标。在教学过程中，坚持教学与育人结合，挖掘思政元素，以细致入微的形式，隐含于课堂教学环节中，不断丰富课程思政的内涵，在传授技术、技能的同时，引领学生思想、思维，树立正确的价值观、人生观，培养家国情怀，弘扬民族传统体育文化。

学生通过课程学习，深刻领会体育运动健身的科学性和重要性，感受体育精神、中国精神、民族文化的真正蕴含，建立体育运动自信心，感受拥有健康的体魄所带来的幸福与美好。

### 2. 做到教书与育人的统一

教书的目的是学习知识，培养人的知识运用能力及人们适应社会的能力。体育教学具有特殊的教学形式与教学方式，普及体育专业知识，推广体育健身的途径，弘扬民族传统体育，培养人的意志品质，达到育人的目标。

在进行体育教学比赛中，培养学生的沟通能力、团队协作能力、奉献精神和养成规则意识的良好品质，有意识的培养学生的爱国情怀和社会责任感。

弘扬民族传统体育运动，是我们责无旁贷的责任，传承民族的、传统的运动形式内容，加强民族传统体育教育，符合中国传统教育思想理念，传扬民族的、本土的、传统的。民族传统体育是由各民族创造的为获得增强体质的技能而进行的竞技娱乐和教育的一种综合性文化形态，发展民族传统体育运动，展示民族传统体育的魅力，助力民族传统体育的国际化发展。

# 《雅思英语-2》课程思政教学设计

外国语学院　陈俊玉

该课程主要讲述出国留学雅思考试的听力理解能力和口语表达能力，以及相关的知识和语言基本技能，在国外生活学习各种场景下的语言听力和交流能力，培养学生表达和沟通的语言应用能力，融入理性思维、批判思维、文化自信等课程思政点，培养学生克己修身、关注社会和民族国家情怀。

## 一、课程简况

《雅思英语-2》课程为中德合作办学项目第四学期开设的重要的英语语言能力提升课，是机械设计及其自动化专业、电气专业和化学专业的限选课程。雅思听力和雅思口语是英语能力的两个专项，是沟通交际、有效表达的必要语言技能、是顺利完成学业的必要条件。雅思听说无疑承担着语言交际、文化认知、文化对比和文化传播的重要作用。

## 二、课程思政教学目标

立足课程思政的现代课程观，《雅思英语-2》课程重新认识、重新定位和重新塑造了教学目标，在知识性和能力性目标之外，还将"提振高效的国际语交流、平等互通，构建批判的大文化思维、兼容并蓄，涉猎浩瀚的大中华文化、谦卑有礼，强调积极的社会参与、亮响中国声音"的课程思政目标融入其中，贯穿于课程教学大纲的各个单元，实现了课程思政建设与教学目标的契合，与教学内容的融合，与教学素材的整合，与教学过程的结合。

## 三、课程思政教学实施设计

在雅思听说的教学过程中，根据各个教学单元的内容特点，选取更切合的课程思政教学目标融入，并配合以相应的教学活动设计，促进知识、能力和课程思政教学目标的同步有效达成。

雅思的听说内容，均是与留学生在国外的生活、学习和休闲娱乐等日常有关。英语是国际通用语言，是世界上使用范围最广的语种，学生在练习时，不需要仰视白人文化、也无须高看英语语言，我们只需要"平视"——即以平等的姿态——来学习这一语言，才能提升学习效率、实现沟通，突出"提振高效的国际语交流、平等互通"的思政目标。听力部分是语言输入，足量的输入才能保证语言的输出，口语表达。听力需要足够的静心，这部分的知识核心是帮助学生积累，养成平和的心态，有条不紊地练习，假以时日一定能克服英语听力难题。"提振高效的国际语交流、实现平等互通"的前提其实就是听懂英文语

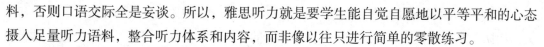

料，否则口语交际全是妄谈。所以，雅思听力就是要学生能自觉自愿地以平等平和的心态摄入足量听力语料，整合听力体系和内容，而非像以往只进行简单的零散练习。

听说课程是大部分中德班学生最头疼的课程，往往英语学习还没有开始，心理就已经畏惧三分。听力部分其实就是学生在国外的语言环境中遇到的各种各样的情景和情境，是再普通不过的事情了，所以我们要让学生充分意识到这一点，克服心理上的障碍，突破听力难关，才可能实现英语的跨越。口语问题也是普通的谈话讲话而已，不必怯弱，勇于表达才是非常可贵的学习品质。

雅思的听力材料都是纯英文的，内容也是反映英美等西方国家生活的点滴，学生在学习外国新知识新科技的同时要注意审慎批判，注意和其他文化（如非洲文化、南美洲文化以及亚洲不同文化）的认知、区别和比较，透过英语国际语言这扇窗通看世界上其他国家的人文事物，将世界文化的多元性理解得更透一些，不盲目崇拜，亦不可管中窥豹。这就是要在课程中融入"构建批判的大文化思维、兼容并蓄"的思政目标。只有真正让学生体验到多元文化的共存共融，才能形成大文化思维观，在面对各种文化的同时能保持兼容并蓄的豁达和明理。这种坚定的大文化观一旦达成，既能够在知识层面上有利于学生学习的理论内容，又有利于学生在实践中体味文化的多样性，极大地激发学生的自主学习动力和学习激情。

该部分主要选取西方文化中有代表性的情景，唤起学生的文化区别意识。尤其是国外新闻媒介中出现的表达等需要批判地对待。例如，选取西方课堂学习的模式和情景，对比其他文化中不同的教学方式，讨论各自的优缺点，探索其形成的原因等，感受不同的教育教学文化的深邃，逐步形成兼容并蓄的大文化世界观和文化观。

在雅思口语教学内容中，专门设置中华文化课程的学习讨论，在学习西方知识文化的同时，我们更应该了解中国文化，用中华文化的精髓引领我们做谦卑有礼的中国人。 这就是课程中"涉猎浩瀚的大中华文化、谦卑有礼"的思政目标。我们不仅仅要帮助学生认识到中华文化的浩瀚和博大，而且更要帮助学生懂得天地万物一体的整体观和此消彼长的阴阳平衡。我们当然要有文化自信，更要掌握与人沟通的"理"和"礼"。这一目标的达成，能够将文化自信的本质融入语言交流中、人际交往中。

中国文化的精髓在于中国哲学思维的高度。对于中国哲学思想的认知是重要的方面，课程融入阴阳五行和中庸等重要哲学概念，从引入到学习，从讨论到辩证，从思考到实践，从认知到传播，分层次分步骤智慧地讲授，既要让学生正确认知中华文化的精髓，不要歪解和误解，更要学习如何融入学习和生活中，体验中国文化的智慧，尽量避免学用脱节，同时避免对中国文化的妄自尊大。中国学生对于中国文化往往认知不足，需要补课，对于中德班的学生更要涉猎，以实现树立良好的国人形象和有效国际传播的目的。这是国家意志。

在雅思听说教学过程中"强调积极的社会参与、亮响中国声音"的思政目标。有个人、团队、集体和国家的概念。人，作为社会的一员，无论什么身份，都应该做有思想的社会人，不能做无声无息的遁世者。课堂是社会的一部分，亮出铿锵有力的声音。在课堂内外都要参与交流，丰富个人的经历和文化，为提升个人和国家形象亮出观点。学生在参与社交活动过程中，锤炼领导能力、语言表达能力、外语沟通能力等，这种能力最终将帮助中国声音在国际社会响彻。

这部分教师会强调课堂是社会，自己要发挥个人的潜能，为社会做贡献。强调两个概念"Everybody's job is my job"和"Our job is my job"。该部分更多的口语话题的展示、分析总结他人的观点，积累不同的素材，为将来一展中国学生的风采积累基础。教学中可以借助网络平台让每一位学生在课堂内的社会活动中都有表达观点的机会，在不知不觉中感受到自己的勇敢和潜力，不断提升思想定位，拓宽知识视野，在社会中积累自信，锻炼能力，不断成长。

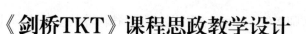

# 《剑桥TKT》课程思政教学设计

外国语学院　刘艳丽

该课程主要讲述英语语言知识（语音、词汇、语法）与英语语言技能（听力、口语、阅读、写作）的学习方法与教学方法，培养学生的英语综合运用能力和英语教学能力，融入爱国主义、社会公德、职业道德、创新精神等课程思政点，培养学生爱国主义和爱岗敬业的情怀。

## 一、课程定位

《剑桥TKT》（Teaching Knowledge Test）是一门外国语学院开设的通识选修课，授课对象是全校各年级和各专业本科生，授课学时24学时，学分1.5分。《剑桥TKT》是英国的英语教学能力考试，等同于中国的英语教师资格考试。针对我校学生英语学习需求和参加英语教师资格考试需求，本门课程主要讲授英语语言知识（语音、词汇、语法）与英语语言技能（听力、口语、阅读、写作）的学习方法与策略，使学生对英语语言有更深刻的理解，进一步提升英语综合运用能力。同时，要求学生掌握基本的英语教学理论与教学方法，能够运用于英语语言知识与技能教学，具备初步的英语教学能力。通过课程学习，学生会更加了解教师在教书育人方面的重要作用，努力提高英语教学水平和品德修养，为将来做好社会主义事业接班人奠定坚实的基础。

坚持成果导向（OBE）教育理念，从学生的预期学习成果出发，设计教学和改进教学方法，提高学生课堂参与的积极性和主动性，增强学习的成就感和责任感，提高品德修养。课前利用学习通线上预习学习内容；课堂采用PPP教学法，讲授英语教学与学习理论知识，采用任务型教学法、交际型教学法鼓励学生将理论知识运用于英语教学实践，积极进行英语语言知识和技能教学课堂展示，提高英语教学能力和英语运用能力；课下学生利用线上学习巩固和运用所学内容。教师在教学过程中秉承"立德树人"的根本任务，在提高学生英语综合运用能力和英语教学能力的同时，关注学生的品德修养，"立德树人"贯穿于《剑桥TKT》课程教学的全过程，显性育人与隐性育人相结合，实现教书与育人的双重目标。

## 二、课程思政教学目标

本课程要求学生掌握英语语言知识和技能的学习策略和教学方法，为提高英语综合运用能力和英语教学能力奠定基础。同时，培养学生的社会责任感，践行社会主义核心价值观，踏实做事，老实做人，提高人文素养和道德修养，实现立德树人；运用所学英语教学方法和理论，初步进行教学实践，使理论与实践相结合，提高英语教学能力；同时，给学生提供一些优秀教师案例，让学生更清楚教师品德修养的重要性，以师德促进学生的品德培养，实现双赢；学习西方教学理论与教学方法的同时，联系我国英语教育现状，优化教学理论与方法，坚定文化自信，讲好中国故事，提高思辨能力和创新能力；鼓励学生课外关注实事，加强爱国主义学习，积极维护祖国尊严和荣誉，讲好中国故事，用实际行动践行社会主义核心价值观，提高个人修养，努力成为一名品学兼优的大学生。

### 三、课程思政教学设计

《剑桥TKT》课程思政教学采用"课前润物无声，课中课程思政，课后自主思政"的教学模式，教学过程分为充分发挥网络教学资源的作用，同时优化课堂教学，使线上教学和线下教学相互补充，相互促进，提高课程的教学效果和育人效果。

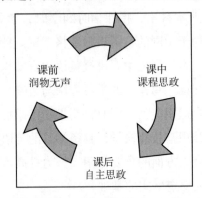

**课前润物无声**：充分利用课前10分钟播放一些体现思政点的视频，学生通过观看视频，自己领悟做人的道理、奋斗精神、爱国情怀、人文素养等思政点，立德树人，起到润物无声的作用。必要时引导学生讨论，使课程思政更具针对性，使隐性学习变成显性学习。教师本身的言行举止，也会对学生的品德培养起到至关重要的作用，教师一定要起到示范、引领作用。

**课中课程思政**：课中讲授学习策略和教学方法等理论知识时，找一些和课程思政相关的教学资源，在学习知识的同时，又起到了提升品德、净化心灵的作用。有些理论知识本身就包括好的思政点，例如教师的职业素养、教师对待学生的态度、教师的教案撰写等，教师需要着重强调这些，是很好的立德树人素材。教师课堂教学中注意自己的行为规范，严格要求自己，用良好的师德师风感染学生，立德树人。

**课后自主思政**：课后教师布置一些和课堂学习课程思政相关的作业，进行巩固和拓展，重要的是运用于实践。同时，鼓励学生自主学习品德培养等方面的知识，养成学习习惯，使思政学习成为常态，终身学习与实践，努力成为对社会有用的社会主义事业建设者和接班人。

我校是地方性应用型本科院校，依托我校理、工、医科优势，开展信息技术与《剑桥

TKT》课程的深度融合，使这门面向我校各年级和各专业的通识选修课发挥更大的作用。课程教学设计基于OBE理念，以学生理解教学理论，能够灵活运用教学理论知识进行课堂教学和评价其他同学和教师的课为课程设计的出发点，基于课程思政，设计和开展教学。课堂教学以问题为导向，任务为驱动，启发学生思考与探讨教学理论知识，提高知识运用能力，实现预期学习成果，使学生学习的目的性和获得感更强，同时提高品德修养。

《剑桥TKT》课程有机融合教学理论知识和课堂教学实践，培养学生的英语教学能力和思维能力。课程教材是英语原版教材，需要结合我国教学实际进行适当改良，使教材趋于本土化，培养学生的批判性思维能力和创新能力。该门课程是基于目前学习者个人提高英语综合能力和教学能力的需求开设的，极具实用性。课程对学生来说是陌生的学科，教学实践机会相对较少，有一定的难度，对学生课堂线上学习和课下线上学习都有较高的要求，需要跳一跳才能学好，具有挑战性。英语教学方法和教学理念随着时代发展而发展，课程内容有时代性，教学形式多样化，充分体现以学生为中心的教育理念，互动性强，学生的学习成果具有个性化和探究性，比如学生在课堂上实践语法教学，因此《剑桥TKT》课程具有创新性。

课前与课后学生自主学习思政元素，关注实事，加强爱国主义学习，积极维护祖国尊严和荣誉，讲好中国故事，践行社会主义核心价值观，提高个人修养，努力成为一名品学兼优的大学生。课堂上掌握英语语言知识和技能的学习策略和教学方法的同时，培养学生的社会责任感，践行社会主义核心价值观，提高人文素养和道德修养；运用所学英语教学方法和理论，初步进行教学实践，使理论与实践相结合，提高英语教学能力和实践能力。同时，给学生提供一些优秀教师案例，让学生更清楚教师品德修养的重要性，以师德促进学生的品德培养，实现双赢；辩证地看待西方英语教学方法，联系我国英语教育现状，优化教学理论与方法，坚定文化自信，讲好中国故事，提高思辨能力和创新能力。

## 四、课程思政元素的融合

利用课前10分钟给学生看一些励志感人等传递正能量方面的资源，学生通过讨论，弘扬社会主义核心价值观；或者通过一些新闻实事，帮助学生了解党的大政方针，始终跟党走，使学生心系国家，增强爱国主义；针对西方对中国的错误言论，引导学生维护国家荣誉和尊严，积极为祖国发声，树立文化自信，讲好中国故事。

课堂讲授英语学习策略和教学方法时，结合含有思政要素的英语材料，使思政教育和英语教学充分结合起来，实现润物细无声，学生在不知不觉中提高思想道德觉悟，学习核心价值观，进而更好地践行社会主义核心价值观。在运用英语策略和教学方法时，教师也会尽力去找一些体现课程思政的英语材料，帮助学生提高英语教学实践能力，同时也能够净化心灵，提高品德修养。

此外，课堂上也会讲授师德、师风方面的知识，例如教师的责任感、平等对待每一位学生、热爱自己的工作、品德高尚、业务精湛等。学生能够从师德教育迁移到作为一名学生应该具备什么样的品德修养，实现思政元素的内化。同时，教师的优良师德师风本身就是立德树人很好的素材。

课下教师通过学习通和其他网络平台给学生提供一些含有思政元素的新闻实事和其他资源，学生写感想，必要时开展课堂讨论。学生通过线上学习使思政学习从课堂延伸到课外，同时也提高了学生的自主学习能力和学习责任感。鼓励学生课下自己去搜索这方面的材料，使思政学习变得更为主动，授之以渔，思政教育效果会更好。

总之，立德树人不是一朝一夕的事情，需要教师和学生长期的共同努力，教师的示范引领作用也尤为重要，所以作为《剑桥TKT》的教师，深感自己的责任重大，始终严格要求自己，努力成为学生的德育标兵，实施立德树人。

## 五、教学效果

《剑桥TKT》课程能够充分发挥英语的工具性作用，同时注重学生的人文素质的培养，立德树人，引导学生热爱教育事业，使英语语言的工具性和人文性作用在教学法课程中得到充分的体现，提高学生的语言能力、思维品质、文化意识和学习能力。思政学习成为学生的学习习惯，学生能够自主学习，使立德树人从课堂延伸到课外。学生能够运用思政元素于学习和生活中，实现思政学习和实践的有效结合，提高思政学习效果。

教师本身良好的师德师风就是一种很好的隐性课程思政教学内容，所以教师要严格要求自己，以教师的学识和品行隐性教育学生，立德树人。教学过程中的思政元素有时需要教师直接指出、讲解，有时可以鼓励学生去挖掘，这也是将显性思政教学与隐性思政教学相结合的一种重要方式。

传授知识和思政教学并不矛盾，因为我们要培养的是品学兼优的社会主义事业接班人。在教授知识的同时，挖掘思政元素，做到教书与育人同步进行。当然，我们也不能为了思政而思政，使思政教学过于流于形式，应该实现教书与课程思政的自然衔接，水到渠成。

思政元素的学习不能只是停留在口头上，应该落实到笔头上和行动上，通过讨论或者其他形式加深印象，做成宣传海报或者写感想。思政学习最后应该落实到行动上，通过行动检验思政学习效果，使思政学习真正做到知行合一、内化于心、外化于行，立德树人。

# 《创新思维与设计》课程思政教学设计

以升创新教育基地　王志军

课程是主要培养学生具有创新思维和设计方面基础知识，主要掌握创新性思维的概念、创新原理和创新方法等内容。课程将"树立科学精神、培养工程理念、激发民族自豪感和自信心"的课程思政目标融入其中，贯穿于课程教学大纲的各个单元，实现了课程思政建设与教学目标的契合，与教学内容的融合，与教学素材的整合，与教学过程的结合。

## 一、课程简况

《创新思维与设计》课程是机械设计制造及其自动化专业三年级开设的专业选修课。课程培养学生具有创新思维和设计方面基础知识，主要掌握创新性思维的概念、创新原理和创新方法等内容。

## 二、课程思政教学目标

立足课程思政的现代课程观，《创新思维与设计》课程重新认识、重新定位和重新塑造了教学目标，在知识性和能力性目标之外，还将"树立科学精神、培养工程理念、激发民族自豪感和自信心"的课程思政目标融入其中，贯穿于课程教学大纲的各个单元，实现了课程思政建设与教学目标的契合，与教学内容的融合，与教学素材的整合，与教学过程的结合。

## 三、课程思政教学实施设计

在教学过程中，根据各个教学单元的内容特点，选取更切合的课程思政教学目标融入，并配合以相应的教学活动设计，促进知识、能力和课程思政教学目标的同步有效达成。

（1）在创新方法讲述中，引入机器人的概念、机器人的原理等知识，突出"树立科学精神、培养工程理念"的思政目标。这部分的知识核心是构建学生的机械工程创新性思维体系，利用严谨的科学精神和工程理念，促进学生真正在专业视角上解决工程中遇到的实际问题，并整合自己的知识体系，而不是进行知识的简单零散识记。

该部分更多的让学生利用数学、物理等严谨的科学知识，解决工程实际中的创新能力，强化专业理性思维对学生原有知识的认知和批判。以机器人技术为载体，系统的传授科学精神和工程理念。面对问题要牢固树立科学精神，遵循辩证唯物主义和历史唯物主义。科学表现为系统的知识体系，是人类在认识世界、改造世界过程中形成的关于世界本质和发展规律的理论知识体系。科学知识是分门别类的知识，有自然科学知识，也有社会科学知识，有关于对象世界本质的理解性知识，也有改造对象世界趋利避祸的应用性知识。培养学生科学的内涵，以抽象与概括、分析与综合、归纳与演绎等基础思维为起点，向着批判性思维、直觉思维、复杂性思维和创造性思维等高级阶段发展，这意味着科学思维能力的不断提升。使学生形成了一套科学的方法，特别是近代科学所特有的数理实验方法。数学的方法就是将一切都转化为数量化的，通过数学的方法来计算、推理和预测，进而加以控制；实验的方法就是通过观察、假设和验证来发现事物的本质及其相互之间的联系和发展规律，体现工程理念。科学在其发展的过程中，形成了真实性和客观性的原则。真实性就是尊重事实，从事实出发，在事实的基础上形成概念、判断、分析、综合和推理。客观性就是排除任何的主观臆断，超越个别性，从而使得科学知识具有可重复验证的普遍有效性。科学的思维、方法和原则最终凝聚为科学的精神。科学精神表现为求真的精神、理性的精神、探索的精神、怀疑的精神、批判的精神。人类任何的认识和行为，都必须建立在事实的基础上，都必须经过科学的论证，合乎逻辑，经得起实践的检验，而不是取决于个人的好恶、权威的观点和宗教的信仰。

（2）在我国创新性产品的实例讲解中，融入"激发民族自豪感和自信心"的思政目标。民族自豪感是对自己祖国和民族的悠久历史和灿烂文化，对祖国和民族在历史中所取得的成就及对人类文明发展做出的贡献，对自己民族的品格和地位感动、满足的感情。机器人的发展史体现了我们民族不断探索、追求进步、勇于创新的民族精神，体现了时代特色。

该部分主要选取中国古代和近代历史中出现的与创新相关的革命和创新事迹，唤起学生的民族自豪感和自信心。例如，根据唐朝《酉阳杂俎》记述，鲁班曾远离家乡做工，因为念妻心切，就做了一只木复鸢，只要骑上去敲几下，木鸢就会飞上天，该故事讲述了工匠鲁班制作能够飞行的木鸟。又如汉代科学家张衡，发明了用来测量车辆行驶里程的"记里鼓车"。记里鼓车的原理是马匹拉着该车向前行走，带动左、右足轮转动。再如，《三国志·诸葛亮传》记载："九年，亮复出祁山，以木牛运，粮尽退军……十二年春，亮率大众由斜谷出，以流马运。"该正史记载了诸葛亮发明木牛流马运输过粮食，通过巧妙的连杆机械装置达到省力的目的。

以上这些，都是中华民族悠久历史和灿烂文化的反映，都对人类文明的发展和进步做出了巨大的贡献。教学中可抓住历史长河中的一些闪光点，激发和引导学生探究和体验，使他们在学习知识、发掘兴趣的同时，为自己民族的成就而感到骄傲和自豪。

# 《书法1》课程思政教学设计

艺术学院　周佳驿

该课程主要讲述书法的基本理论知识和书写的基本技能，阐述汉字的造型特征、书写要领，实现中华传统文化在书法课上的立体渗透，培养学生艺术修养和审美情趣，融入美育情怀、传承精神、陶冶情操、文化自信等课程思政点，培养学生传统文化修养、树立文化自信。

## 一、课程定位

通过本课程的学习，使学生掌握传统书法的基本理论、方法，掌握书写的表现技能，并通过研究分析古代书法大师与当代书法名家的作品提高学生的书法修养，辅助国画创作能力，拓宽传统文化修养，使学生掌握书法书写的基本技能，熟悉传统字体和风格。结合自身平时所学，提高书法水平和艺术修养，建立个性化的书法品位；掌握书写中的步骤和主要技法、提高学生的书写能力和立意。教学方法采用课堂讲授，学生实践，个别辅导，整体总结。

## 二、课程思政教学目标

通过本课程的学习，提高学生的传统文化修养，增强学生的民族自尊心和自豪感，为今后的社会主义文化建设及自身的创新创业打下良好的理论和实践基础。课程要求学生掌握汉字的造型特征、书写要领，实现中华传统文化在书法课上的立体渗透，让学生从书法课中深入领会到中华传统文化的内涵与精髓，激发学生对中华优秀传统文化弘扬和继承的积极性和主动性。

## 三、课程思政教学设计

在教学过程中，根据各个教学单元的内容特点，选取更切合的课程思政教学目标融入，并配合以相应的教学活动设计，促进知识、能力和课程思政教学目标的同步有效达成。

书法富有增强民族认同感的魅力，正发展成为世界性的艺术。书法展现在人们面前的首先是书者的人文修养、道德追求和精神气度，其次才是表现出技巧。书法特别强调书品与人品的统一，"苟非其人，虽工不贵"；"高韵深情，坚质浩气，缺一不可为书"。书艺一道，尤重人品。书法与中国的文化相表里，是整个民族精神的外化。在几千年的书法发展史上，修身立品、完善人格，始终是书法的主旋律，书法也成了中国传统文化中最具经典标志的民族符号。

教学过程中，要改善传统的书法选修课教学模式（传统教育的课程教学严格遵循规定的进程，统一的教学时间、内容、方式等），从只是单一的讲授书法发展史或者相关理论常识、简单的书写体验转化成为从真正的书法相关知识及审美意趣等方面与非本专业理论知识交叉融合，让学生系统地进行书法实践，让学生能真正地参与进来，乐在其中地体会"书法之美"。

课程开始会给大家展示历朝历代名家名作，比如"二王""唐楷四大家""宋四家"……欣赏课是以培养学生鉴赏能力为目的的，同时也可以培养学生的发散思维和聚合思维。通过观察、鉴赏，可以使同学之间互相取长补短，提高临写水平，激发学生的书法兴趣，陶冶其思想情操，提高思想素质。教学中可以利用对比欣赏以及联想迁移方法的可选择性培养发散思维，利用继承传统，博采众长方法的正确性培养学生的聚合思维。此外，还要给同学们指引正确的方向和更高的审美标准，我们应该强调学生从学习的一开始就有明确目标和预期表现，学生清楚所期待的学习内涵，教师更清楚如何协助学生学习。因此，学生可以按照各自的学习经验、学习风格、学习进度，逐步达成目标，所有的学生均有机会获得成功。

### 四、课程思政元素的融合

**1. 在学习书法的基本原则、掌握用笔方法、书法作品赏析的讲授中融入"热爱祖国，热爱中国传统文化，加强自身文化修养"的思政目标**

中国书法富有增强民族认同感的魅力，正发展成为世界性的艺术。书法展现在人们面前的首先是书者的人文修养、道德追求和精神气度，其次才是表现出技巧。书法特别强调书品与人品的统一，"苟非其人，虽工不贵"；"高韵深情，坚质浩气，缺一不可为书"。书艺一道，尤重人品。书法与中国的文化相表里，是整个民族精神的外化。在几千年的书法发展史上，修身立品、完善人格，始终是书法的主旋律，书法也成了中国传统文化中最具经典标志的民族符号。

**2. 在楷书的艺术特点、楷书的基本点画及写法讲授中融入"培养高尚的道德情操，树立正确的价值观"思政目标**

书法艺术古人视为小道，是博学余暇，游手于斯的末技，但他却与文学、诗词、音乐、绘画、舞蹈乃至哲学和美学等有着密切联系，若要写好字就必须博涉这些与之相关的姐妹艺术，于潜移默化中提高自己的审美观念，使自己的心灵得到净化，在超脱凡俗的胸襟里升华自己的理想。作书写字又能寄托怀抱，排遣心性，人生或时有窘困、潦倒、落魄、失意之时，古之文人因牢骚愁怨之感，发沉雄伟博之辞，诗人则以万种苦心不得已而寓之于诗，而书家则于笔墨中宣泄自己的情感，在一种虚一而静的境界中澡雪自己的精神。艺术创作应该是一种超然于功利之上而不计较利害得失的活动，作书是一种游戏，又是一种消遣；既是一种雅事，亦是一种闲事。如果功利性太强，过分地追求结果而忽略了过程，如果自我感觉太良好而肩负着一种历史的使命感，势必就会在挫折中给自己带来一连串的痛苦。特别是在当今社会中，艺术的商品化确实促使一些人躁动不安，以急功近利之心，行舍本图末之举，朝学执笔便暮夸己能，理法未备便奢言抒情，规矩未谙便自诩创新，气格未成便狂言个性，虚荣慕势，博浮誉于一时，驰逐声利，与时俗之共好，于是学道入魔，野狐惑世，则未有不颠者也。故学书之道，入门要正，心态要平，入门正则能达其变，心态平则能通其灵，排除一切杂念，在这微妙的天地里通灵达变。作书写字还可以颐养身心，古人要求作书前宜先散怀抱，任情恣性，而作书时宜收视返听，绝虑凝神，一心一意注意到笔尖在纸面上的运动，这和气功中的意守丹田有同工异曲之妙。

**3. 在书写的过程之中注重对学生创新、创业能力的培养**

（1）对学生想象能力的培养。古人云："夫书肇于自然。"书法中关于笔画形态的描述，很多是来自于我们的生活和自然现象，像我们描述线条的质量高时，常以"屋漏痕（下雨时农家房檐滴的雨线）"作喻。唐代草书大家张旭从公孙大娘舞剑中悟得笔法之理，也是关于书法艺术与想象力培养的例证。

（2）对学生辩证思维能力的培养。在临摹古代书法中，有很多辩证统一的思想贯穿其中，如字形的向背、行笔的提按、墨色的浓淡、行笔速度的疾涩、起笔时的顺锋与逆锋、笔画形态的方圆等等，都构成了书法学习中矛盾又统一的现象。从某种意义上来说，书法艺术乃至艺术创作的规律，就是运用辩证法，在矛盾中求得统一的过程。

（3）对学生专注力、耐力的培养。正所谓"梅花香自苦寒来"，现在学生流行打网络游戏、刷韩剧、听流行歌曲……我想，我们如果引导学生在中国传统艺术投入足够的学习和关注，我想沉迷网络、恐怖暴力等种种发生在青少年身上不良现象也许会得到一定程度的遏制。

## 五、教学效果

建立书法教学中的线上线下混合教学模式，通过在线课堂等方式，拓展学生多样化学习空间，完善书法教学中学生教学效果的评价体系。在线上开展丰富的教学活动，如：讨论、作业展览、教师点评等环节，大大增加了同学们的学习兴趣，学生的书写水平也得到了显著的提高。通过学生对教学的评价反馈和跟踪调研，了解学生的学习情况，最后总结教学质量的评价指标，总结教师及学生在书法教学过程中遇到的问题，在书法教学与其他学科相融合过程中予以解决。对先期开设书法课程的专业中总结教学方法和教学经验，并拓展应用于其他学科，全面提升教学效果和各学科的教学质量。

## 六、教学案例对其他学科课程的推广

结合其他专业建立学科交叉融合的书法教学体系。针对不同专业的课程内容与特色实施教学方法改革。根据不同学院不同专业具体研究方向，制定和撰写教学内容、教学方法、考核评价体系，制作相关教学课件，录制教学视频，从中切合实际地深入探讨"书法与平面设计的关系""书法和现代设计的关系""书法与管理的关系""书法教学的发展与创新"等内容，从多重角度分析目前教学过程中美育存在的问题和潜在的发展空间，深入推广高校美育工作。

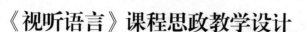

# 《视听语言》课程思政教学设计

艺术学院　魏笑然

　　该课程以艺术专业为基础，结合多媒体时代下新设计语言与动态画面、声画关系、影视理论等基础知识综合的现代艺术课程。通过系统阐述动画视听语言的各构成要素，从镜头、构图、景别、角度、运动、轴线、场面调度、剪辑、声音等不同方面进行深入分析，培养学生掌握视听语言在影视动画中的主要特点与常用表现手法，在增强民族文化自信、国家认同感的同时提升个人品德修养与专业艺术能力。

## 一、课程定位

　　《视听语言》这门课程是数字媒体艺术专业的一门专业必修课，是多媒体时代结合动态画面语言和声画关系、影视理论等基础知识综合的现代艺术课程。本课程通过系统阐述动画视听语言的各构成要素，从镜头、构图、景别、角度、运动、轴线、场面调度、剪辑、声音等不同方面进行深入分析，使学生掌握视听语言在影视动画中的主要特点与常用表现手法，让学生树立正确的视听语言概念，拓展其艺术思维空间。

## 二、课程思政教学目标

**1. 传播中华传统文化，弘扬民族精神，坚定民族文化自信，勇于挑战自我，掌握自己人生**

　　教学中注重提升学生创新设计能力，具有发现、辨析、质疑、评价本专业及相关领域的问题，培养审美观念和创造性解决问题的能力以及良好的交流、沟通、与人合作的能力，具有终身学习意识和自我管理。远离偏见、歧视，理解和尊重世界不同文化的差异性和多样性，保持真诚善良正直、坚守正确的价值观，掌握自己人生。

**2. 案例如何体现课程思政案例教学目标**

　　（1）通过对案例《哪吒之魔童降世》中不同景别对角色表现的差异，帮助学生正确理解和认识影视剧中景别的概念与用法，提升对故事剧情创造、改编的理解力和锻炼解决问题的能力；

　　（2）通过《哪吒之魔童降世》中具体段落中不同景别的不断切换，加强学生对专业知识的用法有自己的理解、辨析、质疑与评价能力；

　　（3）通过《哪吒之魔童降世》中剧情发展和角色的表现，帮助学生认识中华传统文化的魅力，弘扬民族精神的热情，激发民族自豪感，认识如何以善良和坚定的自我来面对偏见、歧视，守住自我，掌握自己人生。

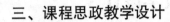
### 三、课程思政教学设计

**1. 重点分析：案例与本讲内容的关联度**

本课的内容是视听语言中的景别部分，以《哪吒之魔童降世》为影片案例进行讲授。知识性的教学目标是学生识记法的几个作用，立德树人的案例《哪吒之魔童降世》景别的变化在不同剧情发展、角色出场和情绪转折上起到的作用。

**2. 如何达成课程思政预期目标：采取适宜的教学方法和教学模式**

（1）案例导入使用参与式课堂活动的方法，将学生带入亲身的经历体验中，既使学生深刻理解景别的概念，同时根据影片案例的具体内容了解景别变化后能够起到的不同效果，另外，对渲染的情绪和氛围进行着重的讲授，不露痕迹的将学生带入价值思考中，为后面立德树人的开展做好思想准备。

（2）使用视频对《哪吒之魔童降世》进行简单介绍，快速将学生带入进剧情中，并选取具体的段落来刻画每种强烈的情绪。

（3）使用讲授法，通过对《哪吒之魔童降世》在本课程中所起到的作用，展示角色在面对偏见、歧视、片面的一家之言时，最终都能够围绕中国传统文化和民族精神的核心，心存善念，负重前行，珍爱亲情、友情和博爱的世界观，这是深刻烙印在中国人心中的民族自豪感和文化传播优势。

在最后的总结性的讲授中，在宏观背景下将本案例提升到爱国主义、中国立场、时代担当的高度，进一步使学生树立起牢固的法治信念和职业信心，激发学生持久健康的学习动力，坚守法学初心，激励学生在今后的学业过程中克服学习困难，实现专业和职业理想。

### 四、课程思政元素的融合

在教学过程中分别通过课程主要内容的解读，并引出教学案例《哪吒之魔童降世》，并对课程主要内容进行简单概括，明确思路和课程逻辑。

案例内容（14分钟）

（1）案例形式：《哪吒之魔童降世》动画、图片+讲授。

（2）视频名称：《哪吒之魔童降世》；

（3）视听语言景别的变化在《哪吒之魔童降世》中具体的使用方法和效果。

视听语言，是多媒体时代结合动态画面语言和声画关系以及主题思想的融合，与各位观众进行情感交流和价值理念的传递，通过影片的制作与表达。其中景别的用法与变化，是制作者与观众交流最为直接的一种画面语言，景别的不同切换，怎样变化，何时变化，是视听语言课程中极为重要的表现部分。

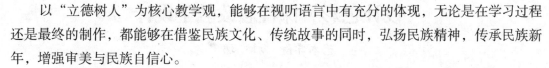

以"立德树人"为核心教学观，能够在视听语言中有充分的体现，无论是在学习过程还是最终的制作，都能够在借鉴民族文化、传统故事的同时，弘扬民族精神，传承民族新年，增强审美与民族自信心。

A. 教育价值。"立德树人""言传身教"，无论影片本身、专业的课程本身，都是使用不同个方式来传递理念，感动他人。

B. 审美价值。影片和动画电影这种艺术表现形式的本身就具有高度集成的审美观，镜头语言的艺术、画面语言艺术、音乐、动作、包括影片本身深刻的内容意义都需要建立在足够充分的审美基础上。

C. 娱乐价值。影片和动画电影具有极强的娱乐性和大众性，影片主题的不同变化，包括动画电影的这种形式，能够给从儿童到年长的观众都带来一段美好、放松的观影时间。

D. 文化价值。影片作为一种传递民族精神、展现文化内涵的艺术语言，能够从画面、故事、角色设计等等来表现民族特点，传递民族精神。

（4）爱国主义、中国立场、使命担当。

《哪吒之魔童降世》改编自中国传统的神话故事，经过改编之后，加入了大量的社会现象，偏见、歧视、片面之言都能够对一个人产生非常深远的影响，改变人生的方向，但同时，围绕中国传统文化和民族精神的核心，又主要刻画了角色在以上种种压力下的心存善念，负重前行，珍爱亲情、友情和博爱的世界观，这是深刻烙印在中国人心中的民族自豪感和文化传播优势。

电影的强大表现力，很多都是来自视听语言中的景别一部分，用不同的取景景别来加强、塑造情景的重点，氛围的特点。

# 《设计色彩》课程思政教学设计

### 艺术学院　杜珺

　　该课程是设计学专业本科二年级开设的必修课程，也是环境设计专业方向的专业课程。《设计色彩》是连接色彩写生和专业色彩设计的桥梁，主要研究未来"有目的专业设计"中的色彩问题。教学过程中，学生将学会搜集、整理、运用色彩素材，掌握设计色彩的概念、科学原理、配色方法和心理效应，为后续专业问题当中的色彩设计提供必要的理论基础与实践依据。以文化自信、大美中国为本门课程思政主线，提升设计思维，坚守设计"为民原则"；以色彩设计为手段，培养创新思维，彰显设计师情怀，实现教书、授业、育人、解惑的同向同行、同频共振，强化显性思政、细化隐性思政、构筑三全育人大格局。

## 一、课程定位

　　《设计色彩》是设计学专业本科二年级开设的必修课程，也是环境设计专业方向的专业课程。《设计色彩》是连接色彩写生和专业色彩设计的桥梁，主要研究未来"有目的专业设计"中的色彩问题。教学过程中，学生将学会搜集、整理、运用色彩素材，掌握设计色彩的概念、科学原理、配色方法和心理效应，为后续专业问题当中的色彩设计提供必要的理论基础与实践依据。

　　通过本门课程学习，学生应理解设计色彩的概念、科学原理和方法；能够科学理性的分析、归纳、评价色彩关系，并具备一定的重构、创新能力；课程通过相关专题训练，验证配色的基本方法，并将科学、艺术、情感相融合，提升学生对造型、色彩及空间的表现能力。

## 二、课程思政教学目标

　　本课程围绕知识传授、能力提升与价值引领的相结合的整体目标，挖掘课程中蕴含的思政素材、资源，结合本学科特色与优势，以色彩的配色原理为课程基础，以优美的自然色彩为体验对象，构建设计色彩逻辑思维，积累色彩设计素材，提升审美修养。

　　以文化自信、大美中国为本门课程思政主线，提升设计思维，坚守设计"为民原则"；以色彩设计为手段，培养创新思维，彰显设计师情怀，实现教书、授业、育人、解惑的同向同行、同频共振，强化显性思政、细化隐性思政、构筑三全育人大格局。

## 三、课程思政教学设计

　　课程采取"知识讲授+自主探究+思政元素"的教学设计模式，在讲授理论知识的同时以探寻中国的四季美景、大美家乡、探寻城市生活一天中的感人色彩等自主探究活动，融入隐性思政元素，培养学生观察生活、关注细节的设计习惯，将色彩设计的科学原理与心理效应结合起来，潜移默化地发现平凡生活中美丽的实物，以色彩分析为视角，探求其生成的原因，并运用它们解决相应的设计问题，同时也努力培养学生的科学精神、价值取向、情怀与担当，并形成特色的课程教学设计："一条主线+两个核心要素+三个中国系列模块+四个教学实施环节。"

**一条主线：** 以"文化自信，大美中国"为思政主线，贯穿于整个专业课程，将自然色彩与设计色彩、将科学色彩规律和空间环境色彩设计统一起来，实现感性与理想，基础理论与专业素养之间的整合。

**两个核心要素：** 促进学生知识传授、能力培养与价值引领的有机统一，以思维培养和设计师素养为核心要素，通过设计色彩系统化的讲解，构建逻辑思维，体现良好的审美修养；通过一系列课题设计，提升学生的色彩设计能力，成为新时代服务于本民族、本地区的合格设计师，体现良好的职业素养。

**三个中国系列模块：** 模块一祖国四季，以"春夏秋冬"为观察视角，在祖国壮丽山河中探寻优美的色彩关系，然后再进行采集与重构，唤起学生爱祖国的山山水水、热爱中国五千年的灿烂文化的爱国情怀，增强民族自信，文化自信。模块二大美家乡，以"家乡"为观察视角，发现养育了我们的故土的优美色彩关系，然后再进行采集与重构，培养学生的审美素质，引导更加热爱家乡，热爱家乡的父老乡亲，热爱自己的骨肉同胞，具有新时代设计师的责任与担当。模块三美好新时代，发现在当下大数据时代下，都市生活中平凡一天的美好场景，然后在进行采集与重构，讴歌新生活，歌颂新时代，培养当代大学生突破陈规，奋勇争先、勇于担当的精神。

**四个教学实施环节：** 以学生为主体、以教师为主导、以体验为关键、以网络为载体，通过"课前+课中+课后+自主探究实践"四个实施环节，完成教学，实现隐性教育与显性教育相统一。

## 四、课程思政元素的融合

### 1. 严守理论阵地，培养学生正确的审美观念

结合"色彩的科学原理、色彩的配色原理、色彩的心理效应"等专业课程的关键性问题，突出主流审美，培养学生正确的审美观念。欣赏、分析、评价贯穿于整个课程，通过大量作品分析，将视觉、功能、情感、思政元素结合起来，借助不同时代的审美情趣分析美与时代、生活方式、观念的关系，突出基础理论知识与实践的结合。

### 2. 聚焦设计实践，体验从观念到设计，从理论到实践的过程。

学习本门课程的目的在于未来生产实践中的具体应用，解决"有目的设计"当中的色

彩问题，课程通过大量主题性的课题训练，帮助学生体验色彩对比与色彩统一、科学配色与色彩情感的关系，在进行理论性探索的同时，加大与生活的结合，缩短课堂与生活应用之间距离。同时，帮助学生理解并梳理色彩的三要素在实际设计过程中产生的各类错综复杂且极具逻辑性强的关系，能够关注色彩设计的细节。在授课过程中将基础知识中融入新的研究进展和研究成果，让学生去感受马克思主义中的辩证思维，激发学生探索意识与创新精神，知行合一，提升实践能力。

**3. 拓宽创新视野，培养设计师职业素养**

《设计色彩》是一门理论性强、实践性较强的学科。课题训练、分析过程及最终视觉效果的呈现，均依赖于设计师的职业敏感性、综合的艺术修养以及把握细节的能力等等，这些也是衡量一位设计师实力水平的重要指标。

新时代，随着网络时代的到来，各类数字媒体技术不断创新，色彩设计逐渐变得更加多元化、立体化。课程中借助大量现代空间设计的优秀案例，让学生体会到中国当代技术取得的飞速进展，已从跟随模仿逐渐向对艺术、技术的自主创新；让学生们意识到只有坚持不懈的超越自我，顺应技术发展规律，不急躁、不浮躁，才能迎头赶上，从而培养学生敢为人先的创新精神，激发学生兴趣和热情，增强科技创新自信心。

故事化、情景化、视觉化等多元化手段穿插于整个课程的学习，将科学的敬业精神、工匠精神、设计创新的思政元素融入其中，让学生明白一位新时代下的设计师，在服务社会、人民过程的中应具备求真务实、严谨、批判的科学精神，时刻关注前沿设计手段，为国人创造优质、高效、优美的空间环境。

## 五、教学效果

通过精心的课程设计，严格把握教学的全部环境，保障教学效果，实现教学目标。在教学过程中，坚持教书与育人相统一，挖掘并积累思政元素，以"春风化雨、润物无声"的形式，隐性融入设计学环境设计的专业课堂的各个教学环节，不断丰富课程思政内涵，在传授专业知识的同时，引领学生思想、塑造价值观、培养家国情怀。

学生通过课程学习，必将深刻认识到设计色彩与本专业、生活、情感的诸多关系，受到中国精神、大美祖国、大美家乡、大美的新时代的感召，逐渐肩负起新一代青年空间设计师的责任与担当，建立民族自豪感、民族自信心、民族创造力，感受在党的领导下，创造更加优美、健康、高效生活、工作、娱乐等空间环境。

# 《中国美术史》课程思政教学设计

艺术学院　孙利波

　　《中国美术史》课程是绘画专业本科一年级开设的必修理论课程，也是绘画专业的基础课程。该课程主要从历史的角度，讲授中国历史上每一个时代、每个王朝的艺术家和艺术品，以及具体的艺术流派和艺术思潮，使学生学习感受中国美术在历史中的模样。课程教学将"文化自信"与"爱国情怀"的思政目标融入其中，贯穿于课程教学大纲的各个单元，实现了课程思政建设与教学目标的契合，与教学内容的融合，与教学素材的整合，与教学过程的结合。

## 一、课程定位

　　《中国美术史》课程是绘画专业本科一年级开设的必修理论课程，也是绘画专业的基础课程。该课程主要从历史的角度，讲授中国历史上每一个时代、每个王朝的艺术家和艺术品，以及具体的艺术流派和艺术思潮，使学生学习感受中国美术在历史中的模样。中国文化是一个从未被外来文化打断的持续连绵性文化，而中国美术史证实了这一论断的正确性，这也是我们每一个中国人引以为自豪的地方。该课程除了旨在学生对中国历代美术知识积累，从中更好的认识中国画历史的变迁和提升认识美和创作美的能力外，还对于很多美术专业院校而言也是绘画类学生考研必考的一门课程，故其重要性不言而喻。

## 二、课程思政教学目标

　　《中国美术史》是一门典型的讲授中华民族艺术文化的美育课程，其目的除了传授专业知识，提升学生审美和创美能力外，自然而然的可将"文化自信"与"爱国情怀"的思政目标融入其中，贯穿于课程教学大纲的各个单元，实现了课程思政建设与教学目标的契合，与教学内容的融合，与教学素材的整合，与教学过程的结合。

## 三、课程思政教学设计

　　本课程在教学过程中，根据教学的内容，选取更切合的课程思政教学目标融入，并配合以相应的教学知识延伸和课下讨论，促进知识、能力和课程思政教学目标的同步有效达成，增强学生的文化自信和爱国情怀。

　　1.该课程在审美观念的角度突出"文化自信"和"爱国情怀"的思政目标。就这个方面，其核心是引导和增强学生对审美体系的专业认识，形成自己的专业的审美观念，从而促进学生真正在艺术实践中应用所学理论知识和专业审美认知，整合自己的知识体系，而非像以往的学生盲目学习。通过学习不同朝代，不同流派和不同画家作品的艺术特点，使学生具备专业的审美视野，指导他们进行更好的艺术认识和艺术实践活动。例如，在学习历代中国山水画的布局和笔墨的演变，使学生对中国山水画的传统技法和创作思想有更深刻的认识，从而提高他们的认识美与创作美的能力。

2. 该课程从历史的角度可突出"文化自信"和"爱国情怀"，中国绘画史历史悠久，是世界上最古老的艺术形式之一。同时通过比较现当代艺术的取向，让学生体验艺术发展的历史继承性和革新性，这样才能切实理解纷繁复杂艺术现象背后的联系和价值取向，从而建立更全面完整的审美意识。从历史的角度让学生清楚地认识到中国艺术的悠久与辉煌，并且中国绘画历朝历代都有其独特的艺术特点和审美取向，但这离不开继承，没有对前朝的继承就没有后来的新风格。历史发展的层面上，使学生从马克思历史唯物主义的角度去看待昨天、今天的艺术，摆脱学习盲目无序的学习状态，激发学生的自主学习动力，构建逻辑清晰的知识发展的框架体系。

3. 在课程知识延伸和课后自由讨论中，鼓励学生发挥其主观能动性，积极主动地去查找相关讨论题的论据资料，甚至可以进行与同一时代与西方艺术的对比，通过这样的思考学习，使得学生更清晰地认识到我们的祖先曾经创造过无数人类艺术的辉煌，从而增强学生的民族自信和爱国情怀。比如中国南朝5世纪的画家宗炳提到的"竖画三寸有千仞之高，墨横数尺提万里之迥"，即此时中国人对山水风景的近大远小透视问题已有正确的理解与应用，而西方在一千年后意大利文艺复兴时期以乔托和乌切洛为代表的画家才开始尝试着进行艺术实践。

## 四、课程思政元素的融合

在教学过程中，根据各个教学单元的内容特点，选取更切合的课程思政教学目标融入，并配合以相应的教学活动设计，促进知识、能力和课程思政教学目标的同步有效达成。

1. 从我们中国美术史中看，之所以能够创造出如此辉煌伟大的中国艺术，它离不开先民们求真求实的精神，也离不开他们精益求精的职业担当。自古以来，我们的先民们就在不断的探索未知的宇宙世界，这种探索创造的精神始终扎根与我们的艺术之中。早在新石器时代的良渚文化中出土的玉琮，今天看来其除了是一件精美的艺术品外，玉琮外方内圆的外形，不正是中国古代先民用"天圆地方"对天地宇宙的一种朴素抽象的解读吗？此外，青海出土的一件精美的彩陶双耳水罐，其特殊的造型，只需将空水罐置入水中，无水时水罐平行漂浮于水面，当水逐渐流满容器时，水罐就会自动垂直于水面，这正是古人在不断的劳动实践中，下意识地发现了浮力同时利用力学原理取水的一种智慧之物。这种不断探索，勇于创新的精神，就从这个没有文字的史前时代一直贯穿了中国美术史每一个时期的艺术品，而正是我们的民族凭着这种求真、探索和创新的精神，才可能创造了历史上伟大的中国艺术。当然我们伟大的民族艺术的缔造还离不开精益求精的匠人精神，而这一点也是我们历史上早已有之的，比如山东龙山文化出土的黑陶蛋壳杯，其最薄的地方只有0.02厘米，这需要非常精湛的技术才可以做到，可见这种精益求精的大匠精神已经成长期存在于我们的历史之中。

2. 中国美术史也是让我们引以为自豪的历史。中国的书法可以追溯到3600多年的商朝甲骨文，这是世界上最古老的文字之一，也是迄今为止唯一一脉传承下来的文字。今天我们用的汉字就是它的后代，其象形表意、单音节的特点一直没有改变。而与它同样古老的文字，埃及的象形文，美索不达米亚的楔形文等今天都已经被封存于博物馆，不再流动使用。除了古老长寿，同时汉字就象形表意之特点可谓是世界上独一无二的文字。随着中国经济的崛起和国力的增强以及国际影响力的扩大，最为使用人数以绝对优势排第一的文字，今天也为越来越多的国家与地区使用。此外在2000多年前的秦始皇陪葬坑里，出土了一柄青铜宝剑，其有两个地方令人叹为观止。其一，宝剑长度冲破青铜铸造极限，居然长达一米有余。其二，剑表上涂有一层铬盐氧化层，这是中国古老的防锈术，所以使得这秦之青铜宝剑越千年，而寒光耀眼。这种防锈术德国在20世纪30年代才申请的专利，可见我们的先民所创造的传统文化是伟大的，引人自豪的。

3. 纵观中国美术史，是一部继承传统的历史，这就使得中国的文化和艺术是世界上唯一连绵不断的文化与艺术。当然，继承法古虽然是中国人的一个特点，但这并不是意味着我们的文化和艺术是封闭的。在中国的艺术长河中，横的来看，很多作品都体现了南北交融、东西借鉴的特点。如纵向来看，我们也会发现，很多艺术家、艺术作品在某个时间段会呈现出跨越式，分水岭式的变化。比如唐代著名诗人，开元年间状元王维，他的艺术主张，以及绘画风格可谓是开启了中国山水画一个新的时代。有人说在他之前中国的山水叫"丹青"，而他以来中国的山水画多了一种叫"水墨"。此外，北宋的文人苏东坡他所推行的"文人画运动"，也是以摧枯拉朽之势改变了中国画绘画的目的和观念。中国画的第二个一千年基本以这位文人的艺术观点为基调向前发展。中国历史上这类有着推陈出新、创新求变者不在少数，正是因为他们的存在，中国的艺术才会变得那么生动鲜活。

## 五、教学效果

《中国美术史》确实是一门典型的美育课，本课程通过"看图、读图、说图"的学习模式，再加上线上线下的混合教学，使得学生更加生动地感受到这门美育课其中"美"之魅力所在，从实际上提升学生的审美能力和创美能力。一张画作、一件雕塑，一种服饰，它的造型、色彩、构图等艺术语言为什么会产生美感，有什么样的内在规律，除形式语言在外，寓于其中的意蕴、含义是什么，形与意所产生的意境、作品的格调、品味，雅与俗都是我们要通过寓教于乐的方式教授给学生的。同时，这些作品中也承载着我们上面所提到的先民们的求真、探索、创新、认真的精神与担当，这也是要潜移默化的去陶冶、熏陶每一位学生，从而培养他们成为新一代艺术工作者的责任担当，树立民族自豪感和自信、秉着求真探索的大匠精神继承传统的同时去锐意进取推陈出新，开拓未来，创造更加优秀的民族艺术文化。

# 《世界设计史》课程思政教学设计

艺术学院　王　珺

　　该课程紧密结合艺术设计相关专业的特点，以世界现代艺术设计发展为基础，系统介绍各种设计学派、设计风格、著名设计师经典作品，以及当代设计发展的趋向。课程教学注重培养学生创新思维和实践能力，融入民族自豪感于设计中，培养学生的爱国主义情怀，增强文化自信，增加国家认同、文化认同等课程思政点，培养学生德能兼修素养和获得综合艺术设计能力提升。

## 一、课程定位

　　《世界设计史》课程是视觉传达设计、产品设计、绘画专业和环境设计专业的一门重要的理论课。本课程紧密结合艺术设计相关专业的特点，以世界现代艺术设计发展为基础，系统介绍各种设计学派、设计风格、著名设计师经典作品，以及当代设计发展的趋向。通过本课程的学习，其目的旨在使学生了解设计发展的脉络，对于吸取历史文化精华，借鉴已往的设计经验，正确把握专业设计的未来都有积极的意义。课程教学注重培养学习能力、设计能力和创新理念，提高分析问题和解决问题的能力，为学生搭建起由理论学习向设计实践过渡的桥梁。

## 二、课程思政教学目标

　　立足课程思政的现代课程观，《世界设计史》课程重新认识、重新定位和重新塑造了教学目标，在知识性和能力性目标之外，还将"构建创新性的思维、树立以设计人为本的理念、坚守设计师的责任、勇挑时代的担当"的课程思政目标融入其中，贯穿于课程教学大纲的各个单元，实现了课程思政建设与教学目标的契合，与教学内容的融合，与教学素材的整合，与教学过程的结合。

## 三、课程思政教学设计

　　在教学过程中，根据各个教学单元的内容特点，选取更切合的课程思政教学目标融入，并配合以相应的教学活动设计，促进知识、能力和课程思政教学目标的同步有效达成。

　　1. 在艺术设计的概念、要素、作用、分类等基础知识的讲授部分突出"构建创新性的思维"的思政目标。这部分的知识核心是构建学生的艺术设计专业思维体系，使学生意识到艺术设计是感性思维与理性思维相结合的产物，是创新性思维的集中体现。作为一名合格的艺术设计人员要有意识地训练缜密的理性思维能力，同时也要通过知识和经验的积累熏陶艺术修养，锻炼感性思维。

该部分更多的让学生理解理性思维与感性思维、艺术设计与艺术、艺术设计与科技的联系和不同，建立起科学技术的发展与创新是艺术设计发展与创新的基础的理论，明确创新性思维在艺术设计活动中的作用，树立起创新性思维观念。

2. 在现代主义艺术设计、后现代主义艺术设计章节的讲授中融入"树立设计以人为本的理念"的思政目标。通过思政内容的注入，使学生树立艺术设计是为人服务的理念。艺术设计的根本目的是使人们生活的更安全、更舒适、更健康、更幸福、更美好，只有真正让学生体验到设计以人为本的精神意蕴与价值追求，才能切实理解纷繁复杂的设计风格背后的实际意义。这种理念一旦建立，既能有利于学生分析不同设计风格的演变，又能帮助学生树立正确的职业信仰，极大的激发学生的自主学习动力和克服学业困难的毅力。

3. 在工艺美术运动、新艺术运动、包豪斯等章节的教学中，更突出促进"坚守设计师的责任"思政目标的达成，让学生能够充分理解"设计师的责任是改善人们的生活，让世界变得更美好"。只有树立的正确的职业观，明确了作为设计师的目标，才能成为一名合格的设计师，才能承担起作为一名设计师的使命和担当。这一目标的达成，能够将改善人们的生活，让世界变得更美好的强大精神动力转化为学习艺术设计的热情，形成强烈而持久的学习内驱力。

4. 在美国现代主义艺术设计、欧洲各国及日本现代设计的教学内容的讲授中强化"勇挑时代的担当"的思政目标。当今"第四次工业革命"的到来使得世界各国抢占国际市场的竞争日趋激烈，设计创新成为国家在国际竞争中保持优势的重要因素。历史中伴随着每一次工业革命都将引起新的艺术设计运动，产生新的设计风格、思想，是否能够主导"第四次工业革命"将成为"实现中华民族的伟大复兴""两个一百年"奋斗目标的关键，未来的中国设计将会起到重要作用。通过社会责任感和时代使命感的建立，能够帮助学生建立坚定、稳定、持久的职业责任感和职业荣誉感，这种情感反过来也能够帮助学生真正理解艺术设计职业存在的社会和人文价值。

## 四、课程思政元素的融合

### 1. 遵循设计规律，融入民族元素

通过学习现代艺术设计发展史，总结艺术设计规律，在讲述艺术设计基本设计规律同时，注重设计作品中民族精神的融入。

在第一堂课中通过问题的提出，引导学生对于答案进行分析，得出影响设计的基本要素，这和本章节的教学目标是完全契合的。课程思政案例同时也是课程专业知识的典型案例，专业知识和课程思政同步同向同过程完成。案例最后进行的总结和升华，也同时提升了本讲课"构成设计的要素"专业知识的站位和理论层次，即：其一，更好的理解设计的

基本要素，优秀设计中除了基本的设计要素外，具有"正能量"的主题也是必不可少的要素。优良的艺术设计在创造物质财富的同时也在创造精神文明；其二，更好的理解将民族自豪感融入设计中的意义，认同艺术设计在"实现中华民族伟大复兴"目标中的作用，就能更好的理解中国设计人的责任担当，能够更牢固地树立艺术设计理念。二者在教学内容和教学目标上彼此契合，共同促进。

**2. 明确设计的作用，勇挑时代的担当**

这部分内容的知识性教学目标是使学生了解二战后德国工业设计的发展过程；了解意大利现代主义艺术设计的发展；了解英国及北欧四国现代艺术设计的发展；了解日本现代艺术设计的兴起与发展，通过历史事实讲解艺术设计在现代国家发展和振兴中所起到的重大作用，这和本章节的教学目标是完全契合的。课程思政案例同时也是课程专业知识的典型案例，专业知识和作用分析同步同向同过程完成。案例最后进行的总结和升华，也同时提升了本讲课"欧洲各国及日本现代设计"专业知识的站位和理论层次，即：其一，更好的理解艺术设计在国家发展、振兴中起到的作用，才能更好地理解和掌握艺术设计在创造物质财富和精神文明中能起到什么作用和为什么起到这样的作用；其二，更好的理解艺术设计在"实现中华民族伟大复兴"目标中的作用，就能更好的理解中国设计人的责任担当，能够更牢固地树立艺术设计理念。

## 五、教学效果

通过精心设计课程教学，保障授课教学效果，达成教学目标。在教学过程中，坚持教书与育人相统一，挖掘并积累思政元素，以"春风化雨、润物无声"的形式，隐性融入艺术设计专业课程课堂教学环节，不断丰富课程思政的内涵，在传授专业知识的同时，引领学生思想、塑造价值观、培养家国情怀。

学生通过课程学习，深刻认识到艺术设计在社会发展、经济促进、文化建设中起到的积极作用，感受中国力量、中国制造、中国精神、中国故事，感受作为新一代青年设计师的责任与担当，建立我们的民族自豪感、民族自信心、民族创造力。

# 《中国画（工笔花鸟创作）》课程思政教学设计

艺术学院　余晓庆

该课程主要讲述中国画（工笔花鸟创作）的构图方法、构图心理，现代理论知识、现代表现技法。教授学生写生创作和组稿能力，使其能独立完成一幅相对成熟的作品，培养学生创新思维和实践能力，融入创新精神、爱国主义、文化自信、民族自信等课程思政点，培养学生改革创新突破陈规、大胆创新、展现时代的情怀。

## 一、课程定位

《中国画（工笔花鸟创作）》课程是绘画专业主要专业课，是《工笔花鸟临摹与欣赏》的后续课程。在了解传统的中国花鸟画发展脉络、赏析历代名画的基础上，使学生掌握中国画（工笔花鸟创作）的构图方法、构图心理，现代理论知识、现代表现技法，使学生具有一定的写生创作和组稿能力，能独立完成一幅相对成熟的作品。课程以学生写生实践为主，采用"课堂讲授""观看名家视频""师生讨论""技法讲解""范画示范""问题改进"等多种教学方法。

## 二、课程思政教学目标

立足课程思政的现代课程观，《中国画（工笔花鸟创作）》课程借鉴中央美术学院"三位一体"的中国画教学模式，"以写生为中心，以意境、情感和笔墨的练就为依归，以为祖国河山立传为抱负"。从实践中来，形成一套临摹、写生、创作有效统一的花鸟画创作教学方案。将弘扬中国传统艺术精神，传达自然之语、时代精神，树立民族特色的课程思政目标融入其中，贯穿于课程教学大纲的各个单元，实现了课程思政建设与教学目标的契合，与教学内容的融合，与教学素材的整合，与教学过程的结合。

## 三、课程思政教学设计

课程采取"知识讲授+从理论到实践+思政元素"的教学设计模式。以美术史、美学原理、画理画论对历代花鸟经典作品进行剖析为基础；"以写生为中心，以意境、情感和笔墨的练就为依归，以为祖国河山立传为抱负"；比较中西美术，加强民族自信。一切从传统中理论中来，写生素材源于生活，加强创新精神，融入隐性思政元素，培养学生热爱中华传统文化、敬畏自然的心态，并且引领学生认识到想理解、表现中华民族的传统文化最终还是由内心的学识涵养决定的，要涤除玄鉴、修身养性，不断提高自己的审美感受力、创造力。本课程的特色课程教学设计为："四个教学实施环节下的三点教学任务"（如图1）。

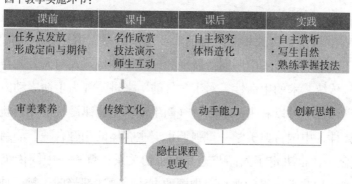

一个基础：以中国传统美学思想为基础
两个培养：培养体悟自然的能力，培养创造力和创新精神
三个思政点：·弘扬传统文化，提升爱国情怀，加强民族自信
　　　　　　·热爱生活，敬畏自然，歌颂生命
　　　　　　·创新思维、修身养性，审美素养

**图1　课程教学设计**

**四个教学环节分别是**：课前、课中（线上线下混合模式）、课后、实践。教学过程中以学生为主体、以教师为主导、以体验为关键、以网络为载体，完成教学，实现隐性教育与显性教育的统一。

在"课中"教学环节，着重完成三点教学任务：

**一个基础**：以中国传统美学、哲学思想为基础。中华民族五千年文明史孕育的中华优秀传统文化，是文化自信的重要源泉。遵循前人的优秀传统文化，贯穿于课程教学大纲的各个单元。习近平总书记在庆祝中国共产党成立95周年大会上的重要讲话中指出："文化自信，是更基础、更广泛、更深厚的自信。"

**两个培养**：培养体悟自然的能力；培养创造力和创新精神。艺为心之表，中国传统艺术的主体性，决定了人品与艺品之间的密切关系，因此要引导学生在日常的学习生活中"涤除玄鉴"修养身心，热爱祖国的大好河山，培养敏锐的洞察力、独到的感受力，丰富的想象力和创作力。

**三个思政点**：一、弘扬传统文化，提升爱国情怀，加强民族自信。二、热爱生活，敬畏自然，歌颂生命。三、创新思维，审美素养。创作是心灵的体验与灵魂的碰撞。认知艺术创造的真谛和美学价值，体悟和谐统一的审美观和中国宏博精深的文化传统，在教学过程中挖掘思政元素，促进学生知识传授、能力培养与价值引领有机统一。

## 四、课程思政元素的融合

在教学过程中，根据各个教学单元的内容特点，选取更切合的课程思政教学目标融入，并配合以相应的教学活动设计，促进知识、能力和课程思政教学目标的同步有效达成。

（1）中国传统艺术精神建立在中国传统哲学的基础之上，这部分的知识核心是构建学生对中国传统哲学与专业技法相互融合的专业思维体系。道——中国传统艺术的精神性，"天人合一"决定了中国画中所期待展现的最高境界是"人与人，人与自然的和谐统一"；气——中国传统艺术的生命性，对于"气韵"来讲，气为生命之动力，韵为生命之风采，在中国花鸟画史上可以看出一条以"气韵生动"主旋律漫长的发展轨迹；心——中国传统艺术的主体性，中国古典美学一贯强调审美主客体的相融合一、心与物的交融合、人与自然的交融合一，也决定了人品与艺品的密切关系；舞——中国传统艺术的乐舞精神，"舞"是中国一切艺术境界的典型，中国的书法、画法都趋向飞舞，抽象化的最终形态是线；悟——中国传统艺术的直觉思维，真正的艺术家必须要有悟性，想要达到"悟"的境界，需要澄怀味象、涤除玄鉴；和——中国传统艺术的辩证思维，"中和之美"、"文质彬彬"是中国强调的一种适中精神。

该部分更多的是厚植中华传统文化，加强民族自信，将中国传统哲学思想融入工笔花鸟画的创作中去，通过经典作品展现具体应用方式。例如，南宋《夜合花图》，夜合花本是一株一花的植物，但画家主观地将五朵花安排到了一枝主杆上，这五朵花分别是花苞、半开花苞、半开花朵、盛开花朵、凋零的花朵，一幅简单的折枝花卉展现了植物生命的整个历程，达到了"天人合一"的境界。

（2）中国画从本体出发有其特有的形式语言与民族特色。其表现形式是多样的，或从传统技法入手，或从视觉心理的角度切入，或从社会学的方法开掘，如《清明上河图》从形式语言层面上，散点透视的构图方式来源于中国哲学中"提神太虚"的思想；《出水芙蓉》从视觉心理的角度分析，荷花与绿色叶子对比柔和统一，是中国传统文化中"中和之美"的运用；另外，任何一幅经典的作品流传下来都是一份历史的报告，起到"成教化，助人论，鉴戒贤愚"的作用，如《清明上河图》记录了历史，《芙蓉锦鸡图》教育人们遵循"五德"。因此，中国工笔花鸟画的创作要熟悉艺术创造的真谛和美学价值，体悟和谐统一的审美观和中国宏博精深的文化传统，从而强化中国工笔花鸟画的民族特色。

（3）艺为心之表，"知人论世"是中国古典美学中一个概念，常被用在古代画论中说明人品与画品的关系。同时它也是接受者理解艺术作品的一个原则。要理解某位艺术家的艺术作品，就必须从整体上了解这位艺术家的出身、生活经历、思想态度、个性气质。中国传统艺术的主体性，决定了人品与艺品之间的密切关系，因此要引导学生在日常的学习生活中修养身心，不断提高审美感受力与艺术创造力。

### 五、教学效果

艺术审美教育的特点是"寓教于乐""潜移默化"，这一特点说明审美教育实际涉及艺术功能的各个层面，艺术思政教育所产生的影响更应是"和风细雨润物无声"的。通过精心设计课程教学，保障授课教学效果，达成教学目标。在教学过程中，坚持教书与育人相统一，挖掘并积累思政元素，隐性融入绘画专业课程课堂教学环节，不断丰富课程思政的内涵，在传授专业知识的同时，引领学生思想、塑造价值观、培养家国情怀。

学生通过课程学习，深刻体会中国传统文化，感受中国力量、中国精神、中国故事，感受作为新一代艺术工作者的责任与担当，建立我们的民族自豪感、民族自信心、民族创造力，感受在党的领导下，健康生活的幸福和美好。

# 《三维设计》课程思政教学设计

艺术学院　魏笑然

该课程是数字媒体时代三维计算机技术制作知识结构中的重要组成部分，通过本课程的教学，使学生能确认识三维技术在当代艺术设计领域的应用性、可持续发展与多学科融合的必要性、三维设计的应用领域与制作方法，锻炼学生的项目制作能力、思考能力、动手能力与分析反思能力，在融入民族自豪感的同时大胆创新、以科技创未来、增加国家认同感，为以后从事数字媒体、动画、游戏、设计领域等相关行业大打好坚实的基础。

## 一、课程定位

《三维设计》课程是数字媒体专业学生开设的一门专业必修课程，是数字媒体时代三维计算机技术制作知识结构中的重要组成部分，是一门重要的技术高阶课程。通过本课程的教学，使学生能确认识三维技术在当代艺术设计领域的应用性、可持续发展与多学科融合的必要性。了解三维设计的应用领域与制作方法。本课程的主要内容以三维与剪辑合成的等相关软件，使学生熟练掌握从项目的构思、前期准备、制作过程中的模型、材质、灯光渲染、动画、骨骼、特效等系列基础与进阶的三维设计制作内容，到声音、镜头剪辑等后期内容，锻炼学生的项目制作能力、思考能力、动手能力与分析反思能力，为以后从事数字媒体、动画、游戏、设计领域等相关行业大打好坚实的基础。

## 二、课程思政教学目标

1. 通过这门课程，踏进科学创新的大门，紧跟时代发展，勇于探索，成为创新中国，科技强国不可或缺的重要人才，认识到中国发展科学技术、技术美术的高端水准，激发爱国热情。提升学生创新设计能力，具有发现、辨析、质疑、评价本专业及相关领域的问题，培养审美观念和创造性解决问题的能力；良好的交流、沟通、与人合作的能力，具有终身学习意识和自我管理。

2. 案例如何体现课程思政案例教学目标。

（1）通过对《三维设计》中概述章节的讲解，让学生了解三维的概念，提升空间概念和专业概念，拓宽思路，敲开科学技术的大门，提升理解能力锻炼解决问题的能力；

（2）通过对《三维设计》中概述章节的讲解，让学生了解三维应用领域，了解三维设计的重要性、前沿性与中国发展的紧密型，让学生认识到三维设计的跨学科融合性与未来发展的必要性。

（3）通过对《三维设计》中概述章节的讲解，让学生认识到三维设计的专业性与优势，了解中国发展科学创新、科技强国的意义。

### 三、课程思政教学设计

1. 如何达成课程思政预期目标：采取适宜的教学方法和教学模式。

（1）案例导入使用参与式课堂活动的方法，将学生带入亲身的经历体验中，既使学生深刻理解景别的概念，同时列举三维设计的广阔前景和技术的重要性，不露痕迹的将学生带入价值思考中，为后面立德树人的开展做好思想准备。

（2）使用讲授法，通过对《三维设计》概述的空间概念、技术难点、项目在中国科技领域中所起到的作用，展示出课程内容的时代性、融合性与前沿性，最终围绕中国科技强国和民族精神的核心，认识到中国发展科学技术、技术美术的高端水准，激发爱国热情。

在最后的总结性的讲授中，在宏观背景下将本案例提升到爱国主义、中国立场、时代担当的高度，进一步使学生树立追求创新和职业信心，激发学生持久健康的学习动力，坚守初心，激励学生在今后的学业过程中克服学习困难，实现专业和职业理想。

### 四、课程思政元素的融合

通过《三维设计》概述中，对三维这一名词概念的解释，引出正文，并对课程主要内容进行简单概括，明确思路和课程逻辑。

1. 案例形式：以《三维设计》概述的整体框架为主导，动画、图片+讲授。

2. 三维的概念，三维设计的应用领域与优势。

三维以模拟真实世界为基础进行再创造世界的过程，包括我们当代的科学定理和物理法则，所以在课程中我们将应用不同的物体和角色的数字化模型制作、匹配仿真或更具创意的材质和纹理、角色骨骼创建和动作制作、动力学系统、粒子特效、加上模拟环境系统的灯光、大气环境等渲染，配合镜头的角度变化，甚至进入引擎系统实现人机交互和虚拟现实等更具科技感复杂的系统操作，最终实现数字化三维模型设计的完整制作。

以"立德树人"为核心教学观，能够在三维设计中有充分的体现，无论是在学习过程还是最终的制作，都能够在紧跟科学技术发展，弘扬科技创新、科技强国的同时，帮助增强审美与国家自信心。

（1）教育价值。"立德树人""言传身教"，无论课程的专业技术难度本身、创新性与发展性，都是使用不同个方式来传递理念，感动她人。

（2）审美价值。三维设计作为艺术专业的一种艺术表现手段，本身就具有高度集成的审美观，技法本身的严谨性、材质、空间布局的高度统一性，镜头语言的艺术、画面设计艺术、音乐、动作、包括最终输出图片、影片本身深刻的内容意义都需要要建立在足够充分的审美基础上。

（3）娱乐价值。三维技术、艺术审美发展到今天，正逐渐成为影视娱乐、游戏、教育的一种主流审美或技术偏好，具有极强的娱乐性和大众性，三维项目主题的不同变化，包括动画电影、游戏、实验项目等形式，能够给从儿童到年长的观众都带来一段美好、放松的观影时间。

（4）文化价值。三维项目作为一种充满科技感和现代时代感的艺术表达手段，能够充分传递民族精神、展现文化内涵的艺术语言，能够从画面、故事、角色设计等等来表现民族特点，传递民族精神。

3. 爱国主义、中国立场、使命担当

三维技术的发展始终都跟随着科学技术的进步而不断产生新的变革和应用，除了艺术之外在更广阔的行业应用三维建模系统、实现物体、环境和人机交互的可视化与操作模拟。工业包括军事机械，航天模拟等等逐渐与各种专业、科学领域不断地融合。都应用三维技术在各自领域实现科技强国，建构中国发展的一部分。

# 《卡通形象与衍生品设计》课程思政教学设计

## 艺术学院 李 雪

该课程主要讲述卡通形象与衍生品的基本理论知识和基本设计技能，阐述卡通形象设计与衍生品设计的综合应用，培养学生树立正确的审美观念，高尚的道德情操，促进学生创新思维和实践能力的全面发展，融入创新精神、爱国主义、传统文化、文化自信等课程思政点，培养学生"艺心"，树立正确的设计目标，服务社会，服务人民的远大志向。

### 一、课程定位

《卡通形象与衍生品设计》是视觉传达艺术设计专业数字媒体方向的专业课程。课程立足于数字设计与实体化并重与整合，在研究与实践相结合的基础上，引领学生树立正确的审美观念，培养高尚的道德情操，促进学生的全面发展和健康成长，落实立德树人的根本任务。课程教学从卡通形象设计规律和视觉认识规律出发，遵循造型设计规范，结合形式美法则展开基础思维训练和创造规律的研究。通过系统的理论教学使学生掌握卡通形象和衍生品设计的理论知识、技术知识及进行创造思维训练，同时把卡通形象设计与市场需求调研及衍生品开发结合起来，做到设计落地。

授课以学生为主体，采用"启发式""课堂讲授""讨论式""案例导入式"等多种教学方法，课题训练思路根据从易到难，从专项技能到全面职业能力的培养来设计教学情境。

### 二、课程思政教学目标

课程目标1：通过课程教学使学生理解和掌握卡通形象设计，衍生品设计与制作的基本概念、应用及创作方法，最终了解和掌握其工作理念，具有初步的设计能力，构建一个设计思维。

课程目标2：通过课程教学引领学生树立正确的设计价值与审美观念，培养高尚的职业道德情操，促进学生的全面发展和健康成长，落实立德树人的根本任务，树立两个职业信念。

课程目标3：通过"理论授课——课内实操——专业训练"循序渐进的授课过程，逐步加强对卡通形象与衍生品设计的理解，培养学生的专业能力与实践动手能力，在课程中提升学生的创作思路、课题探索以及拓宽就业方向，结合中国文化，弘扬民族传统文化，坚定文化自信。

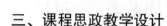

### 三、课程思政教学设计

在教学过程中，根据各个教学单元的知识特点，结合学生自身的基本情况，在内容选择、教学手段、教学方法和考核方式等方面选取更切合的课程思政教学目标进行"润物细无声"的融入，并结合教学活动设计"一个思维+两个信念+文化自信"的模式，促进知识、能力和课程思政教学目标的同步结合，提升课程教学质量和效率。

（1）在卡通形象概述、卡通形象设计方法、设计基本原则等基础知识的讲授部分突出"构建一个设计思维"的思政目标。这部分的知识核心是要求学生牢固掌握设计专业基本观念和基础能力。此部分的理论基础部分是后续设计的基础但内容相对枯燥，所以在教学设计上立足翻转课堂，打破以往学生缺乏表达，作品与专业知识无法衔接等情况，能够促进学生真正在专业角度上认识专业，表达专业的知识体系。

（2）在衍生品设计与制作的教学和实践环节中巧妙融入思政目标，注重"树立两个职业信念"课程思政的融入，树立正确良好的职业道德和职业操守。这部分的知识核心是把卡通形象设计与市场需求调研及衍生品开发结合起来，做到设计落地。通过主题的设定，一方面学生可以在艺术形态探索和创造中发现自然、生活、心灵的美，感受艺术本色的真实力量，震撼人心的至善之美，它们能够带给学生感官上的愉悦和精神上的享受。另一方面经过调研市场，模拟专业的市场设计展示演练，为进入工作岗位做好前期铺垫，使学生能够快速地步入社会工作。

（3）在卡通形象设计的主题式教学和实践环节也要融入"弘扬民族传统文化，坚定文化自信"的思政目标。这部分的知识核心通过构成作品案例中"文化"鉴赏与形象元素提取的探索，主要从创作取材作为切入点，理解作品艺术价值与文化内涵，通过作品欣赏，视频赏析，谈论交流，主题创作等形式，引导学生学习并热爱中国传统文化，坚定文化自信，弘扬中国精神，传播中国文化。

### 四、课程思政元素的融合

（1）"一个设计思维"此部分更多的是让学生理解与掌握平面设计到立体实物转化，在实践过程教学中，改变以往纯设计式的作业，不断激发学生创新意识，着重加强学生理解设计原则，强调基本形态的重组与创造，有针对性地补充设计案例，使学生更好地理解设计与专业设计之间的关系，要求学生具备专注的专业精神和勇于进取的创新探索精神，全身心地投入到实践中去。在实践过程中，学生要做到知行统一，同时具有随时面对失败的抗挫能力，在不断练习和实践中形成良好的规范意识。

（2）"树立两个职业信念"课程思政的融入，树立正确良好的职业道德和职业操守。此部分以学生自主学习为主，了解课程内容，展开市场调研，教师及时了解与掌握学

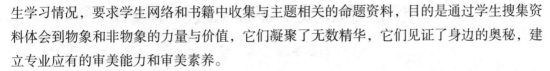

生学习情况，要求学生网络和书籍中收集与主题相关的命题资料，目的是通过学生搜集资料体会到物象和非物象的力量与价值，它们凝聚了无数精华，它们见证了身边的奥秘，建立专业应有的审美能力和审美素养。

（3）"弘扬民族传统文化，坚定文化自信"的思政目标，此部分更多让学生了解学生作为传统文化艺术中蕴含的美学素养，如"传统经典角色的设计过程"。在学生实践环节，充分调动学生的学习积极性，启迪学生好的设计能够给人带来美好的体验，教师通过课程环节引导，培养学生"艺心"。在创作过程体验传统文化的魅力与生命力，在创作中追寻文化。《卡通形象与衍生品设计》课程多处涉文化自信、弘扬民族传统文化等内容，帮助学生树立正确的设计目标与服务社会，服务人民的远大志向，培养具有正确的人生观，世界观和价值观，做对社会有益的建设者和接班人。

## 五、教学效果

1. 激励了学生奋发学习与参与实践的热情。学生课堂发言与课下讨论更加积极，参与创新实践活动热情日益高涨，学生以《山海经》《封神榜》等中国传统文化为案例，设计角色形象，弘扬民族传统文化等选题参与各类创新大赛并得到良好成绩。

2. 立德树人，以身作则。教学相长，共同进步。与学校创新实践和宣传活动相配合，将思政教育贯穿在课程教学全过程与师生关系中，持续培育学生良好品德与专业素养。

3. 多媒体课件不断适时更新，持续补充新形势、新观点、新材料，丰富充实教学内容，采取多重教材交叉学习，提倡学生结合专业特点与其他课程多交叉学习，相互借鉴，并鼓励学生多质疑多思考。

# 《空间形态构成》课程思政教学设计

艺术学院　米　姗

　　该课程主要讲述空间形态构成的历史、设计内容和审美规律，阐述不同维度空间形态构成的形式和应用方法，培养学生的设计创新思维、空间建构和实践操作能力，建立美育情怀，融入专业思维，培养学生职业修养，探索未知、迎难而上的科学精神和敬业、精业、传承和创新的工匠精神，融入祖国大好河山和优秀传统文化元素，培养学生保护环境观念，培育学生文化修养，建立文化自信。

## 一、课程定位

　　《空间形态构成》课程是环境设计专业本科二年级开设的必修课程，也是环境设计专业的学科基础课程，是连接艺术与环境设计的桥梁课程。课程采用课堂讲授、案例教学、视频欣赏、示范教学、翻转课堂等形式，使学生通过本门课程的学习，了解空间空间形态构成的历史，理解空间空间形态构成的审美规律，掌握空间空间形态构成的形式和方法。课程学生实践部分让学生结合作品主题进行创作，使学生在新思维和新技能下熟练地展开空间构成作品的设计、制作和展示，提升创意设计和实践操作的能力，理解其在环境设计中的地位，引导学生艺术作品融入祖国大好河山和优秀传统文化元素，培养文化修养，建立文化自信。

## 二、课程思政教学目标

　　以AHT·CDIO环境设计教育理念为导向，围绕课程知识讲授、审美提升、实践操作和价值引导的课程核心目标，结合专业特色和思政资源，对《空间空间形态构成》课程目标重新认识、重新定位和重新塑造，形成以理解自然和人文环境之美为起点寻找作品构思，体会自然环境的奥秘和传统文化的智慧，培育保护环境的观念，建立文化自信；以掌握空间构成理论为基础展开作品分析实践，体会审美规律和空间构成方法，培育审美和空间构建能力，建立美育情怀；以作品设计、实践、展示和评价为手段，建立专业思维、创新实践能力和职业修养，体会职业设计师设计语言和艺术作品的评论与批判，培育探索未知、迎难而上的科学精神和敬业、精业、传承和创新的工匠精神，通过"三以、三体、三育、三建"的课程思政目标，实现"构建专业思维，感知真善美，弘扬传统文化，培养工匠精神"的课程思政建设。

## 三、课程思政教学设计

　　课程采用"知识讲授+设计创作与实践+作品展览+思政元素"的教学模式，通过理论知识的讲授，以设计创造与实践为核心，融入隐性思政元素，培养学生设计思维、审美原则、专业知识和实践操作能力，潜移默化地进行爱国主义、美育情怀和大国工匠价值观下的设计师职业素养和精神塑造，形成具有专业特色的课程教学设计："AHT·CDIO导→学→练→展→评"，通过教学设计实现"任务—实施—评价—反思"教学机制（图1）。

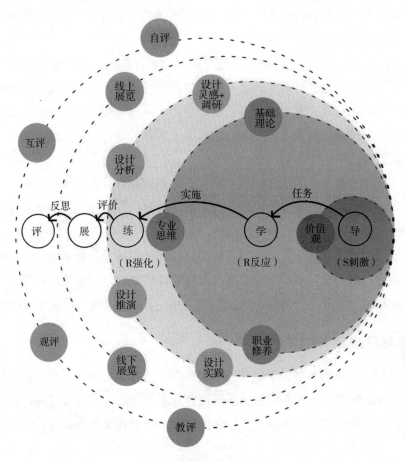

**图1　课程思政教学设计**

1. 导：习近平总书记"绿水青山就是金山银山"——环境保护；"在5000多年文明发展中孕育的中华优秀传统文化，在党和人民伟大斗争中孕育的革命文化和社会主义先进文化，积淀着中华民族最深层的精神追求，代表着中华民族独特的精神标识"——文化自信；培养更多高技能人才和大国工匠"——工匠精神，以"环境保护+文化自信+工匠精神"为主线，培养学生热爱祖国大好河山，热爱中国文化和树立学生以敬业、精业、传承和创新为目标的专业意识。

2. 学：首先，学基础理论：以时间为线，使学生了解空间空间形态构成发展历史，理解变化与发展背后的多元因素，养成从现象看本质，培养学生辩证地看待问题；从空间形体构成的审美规律和构成方法，构建空间感知能力、实践操作能力和审美能力，培养美

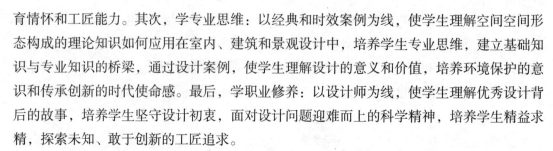

育情怀和工匠能力。其次，学专业思维：以经典和时效案例为线，使学生理解空间空间形态构成的理论知识如何应用在室内、建筑和景观设计中，培养学生专业思维，建立基础知识与专业知识的桥梁，通过设计案例，使学生理解设计的意义和价值，培养环境保护的意识和传承创新的时代使命感。最后，学职业修养：以设计师为线，使学生理解优秀设计背后的故事，培养学生坚守设计初衷，面对设计问题迎难而上的科学精神，培养学生精益求精，探索未知、敢于创新的工匠追求。

3. 练：以主题为驱使，通过设计灵感与调研→设计分析→设计推演→设计实践四个设计过程，将基础知识与专业相结合。通过设计灵感与调研，提升审美和辨析能力，培养学生环境保护意识，树立文化自信；通过设计分析，巩固空间空间形态构成知识，培养创新思维；通过设计推演，构建专业思维，培养职业素养；通过设计实践，提升实践操作能力，践行工匠精神。

4. 展：以线上和线下展览为手段，将设计作品面向公众，使学生在展中发生互动，提升会展示、会规划和会分享等能力，培养自主学习能力；传递作品所蕴含的情感和思想，推广正确的价值观，推动评价机制完整生成。

5. 评：通过自评、互评、观评和教评环节，用评价引反思，使学生接受实践检验，培养马哲辩证思想；培养学生戒骄戒躁、不畏批判的科学精神；通过评价环节，使目标达成反馈，建构化总结，实现反刍与消化的反思性学习，完整的实现个性化学习和精准学习。

## 四、课程思政元素的融合

在教学过程中，根据各个教学单元的内容特点，结合学生基本情况，在内容选择、教学手段、教学方法和考核方式等方面选取更切合的课程思政教学目标，进行润物细无声地融入，并配合与之相应的教学活动设计，促进知识、能力和课程思政教学目标的同步并有效达成。

### 1. 扎实构思底蕴，瞰祖国大好河山，悟中国优秀传统文化

正所谓设计来源于生活，在空间形态构成的构思教学和实践环节，首先融入"祖国大好河山，建立环境保护意识"的思政目标。通过主题的设定，学生可以在艺术形态探索和创造中发现自然、生活、心灵的美，感受艺术本色的真实力量，震撼人心的至善之美，它们能够带给学生感观上的愉悦和精神上的享受。

其次融入"弘扬传统文化，坚定文化自信"的思政目标。通过作品"文化"鉴赏与形象元素提取的探索，学生了解传统文化艺术中蕴含的美，理解作品艺术价值与文化内涵，引导学生学习并热爱中国传统文化，坚定文化自信，弘扬中国精神，传播中国文化。

此部分以学生自主学习和创作为主，教师及时了解与掌握学生学习情况，要求学生多渠道调研与主题相关的设计资料，体会到物象和非物象的力量与价值，它们凝聚了无数

精华，它们见证了身边自然和文化奥秘，建立专业应有的审美能力和审美素养，充分调动学生的学习积极性，启迪学生好的设计能够给人带来美好的体验，教师借助课堂内外环节引导，融入《中国植物》《水果传》《美丽中国》和《营造密码》等纪录片，通过作品欣赏、视频赏析、讨论交流、主题创作等形式，培养学生"艺心"。真正实现以理解自然和人文环境之美为起点寻找作品构思，体会自然环境的奥秘和传统文化的智慧，培育保护环境的观念，建立文化自信。

**2. 打好理论根基，体历史变化，强力学力行、知行合一**

不积跬步，无以至千里；不积小流，无以成江海。此部分知识核心是构建学生环境设计专业基本观念和基础能力，让学生理解与掌握空间形态构成维度、审美、制作的原理、方法和工艺，直面空间的形态，色彩，材质与光影等感知体验，着重加强学生对元素形态的重组与创造，实践技能操作，不断激发学生创新意识和专业技能。在实践过程中，学生要做到力学力行、知行统一，同时具有随时面对失败的抗挫能力，在不断练习和实践中形成良好的规范意识。

此部分以教师讲授和学生实践为主，通过视频和示范，生动形象地讲解理论知识，融入北大教授王昀的《观念中的几何形》，将基础理论与自然和文化相联系，使学生真正理解与掌握设计如何彰显底蕴；融入《保罗·杰克逊的完全褶皱设计》国外教学示范和纪录片《在褶皱之间》《古法造纸》等形象地体会构成知识、方法和制作工艺，深入了解材料背后的故事，真正实现以掌握空间构成理论为基础展开作品分析实践，体会审美规律和空间构成方法，培育审美和空间构建能力，建立美育情怀。

**3. 构建专业思维，立职业精神，谈大国工匠**

此部分基于AHT·CDIO理念，在基础知识理论讲授和学生实践基础上，融入"构建专业思维，培养职业能力，树立工匠精神"的思政目标。此课程打破传统教学模式，避免学生缺乏表达、作品与专业知识无法衔接等情况，能够促进学生真正在专业角度上认识专业，表达专业的知识体系。有针对性地补充设计案例，使学生更好地理解构成设计与专业设计之间的关系，如立体构成课程空间练习阶段，针对性地对建筑、景观、室内进行空间探索，鼓励设计创新，掌握从具象到抽象的提炼方法，从浅入深的思考方式，感知环境空间构成形态特征，建立初步空间意识和设计思维；通过制作与评价，体会艺术品从量变到质变，提升学生制作艺术品的水平，使学生接受实践检验，培养马克思主义思想；通过三维空间艺术品展示和评价，理解劳动的目的和意义，养成劳动习惯，培养学生热爱劳动，尊重劳动创造，由衷地弘扬劳动精神，培养学生坚守设计初衷，不怕困难、勇攀高峰的科学精神；同时，课程融入《城市观》、《抽象：设计的艺术》和《与古为友》等纪录片和案例，培养传承创新的时代使命感，培养学生精益求精，探索未知、敢于创新的工匠追求，真正实现以作品设计、实践、展示和评价为手段，建立专业思维、创新实践能力和职业修养，体会职业设计师设计语言和艺术作品的评论与批判，培育探索未知、迎难而上的科学精神和敬业、精业、传承和创新的工匠精神。

## 五、教学效果

面对新的教育观念，在坚持实事求、创新思维、突出重点和注重时效原则的基础上，在教学方案、课堂教学、实践教学和学生自主学习等环节多元融入，以保证教学效果，达成教学目标。通过显现教育与隐性教育相结合，在讲授知识的同时融入课程思政元素，引领学生正确的专业思维，职业理念，工匠精神和价值观，培养美育和爱国情怀。

学生通过课程学习，深刻认识与专业的紧密联系，与国家的密不可分，感受中国文化、中国美景、中国精神、中国智慧，感受作为新一代环境设计师的责任与担当，建立我们的国家自信和国家自豪感，感受当下生活的健康幸福美好。

## 六、教学案例对环境设计专业类课程的推广

借由课程实现理论提升与实践育人同形式发展，以知识讲授为基础，实现预期价值提升的相关融通。在教学实施过程中，凝练出"AHT·CDIO导→学→练→展→评"极具专业特色的教学设计，以学生为中心，以项目为线，通过多种教学方式，将基础知识与专业思维相结合，提升设计能力，将社会主义核心价值观融入教育教学全过程。培养艺术素养好，专业思维灵敏、创新能力突出、实践能力强、具有团队协助精神和爱国情怀的复合型人才，这正与十九大报告中所提出的建设知识型，技能型，创新型劳动者大军，弘扬劳模精神与工匠精神所契合。

本课帮助学生树立正确的宏伟目标与服务社会主义，服务人民的远大志向，并具有正确人生观，世界观和价值观，做对社会有益的建设者和接班人。本课程的教学模式，可供环境设计类课程借鉴和推广应用，使基础课程、专业课程与思政课程共同发挥效应，坚持立德树人。